RESIDENZEN

DER

ROMANTIK

HEINZ BIEHN

Residenzen

DER

Romantik

München 1970

PRESTEL

Hans Melchers

dem Freund und Mentor

zum Angedenken

ISBN 3 7913 0302 3

J. Fink KG Stuttgart

Inhalt

EINLEITUNG

Nur zögernd beginnt das Verständnis für den vielschichtigen Komplex der sogenannten ›Neugotik‹ und damit auch für die Schloßbauten der Romantik zu wachsen – Leistungen, die noch immer und weitgehend als künstlerische Irrungen gewertet werden.

In den nachfolgenden Kapiteln soll versucht werden, die Residenzen der Romantik als legitime Zeugnisse einer aus geistigen und gesellschaftlichen Wandlungen resultierenden Entwicklung auszuweisen. Die Schloßbauten von Architekten wie Moller, Schinkel, Weinbrenner und Gärtner erfahren dabei nur insoweit eine Betrachtung, als sie dem Romantischen als Gegenpol des Klassischen verpflichtet sind. Ist es doch ein Phänomen des 19. Jahrhunderts, daß nicht mehr wie in den vorangegangenen Epochen eindeutig nur ein Formenkanon herrscht, sondern daß es zu Spaltungen kommt, ausgelöst von Strömungen, die zwar unter der Oberfläche immer vorhanden waren, die aber nun zutagetreten und ein Eigenleben beanspruchen.

Während die vorgenannten Architekten wiederholte Würdigungen erfahren haben, kann man das von vielen anderen jener Zeit nicht behaupten, insbesondere, wenn es sich um Baumeister jener spätesten romantischen Phase handelt, die man gewöhnlich als Historismus bezeichnet. Als Persönlichkeiten sind die Architekten dieser letzten Phase uns kaum noch gegenwärtig. Allzuwenig Fakten ihres Lebens und ihrer Entwicklung haften noch im Bewußtsein, und nur zögernd werden Versuche unternommen, diese Künstler und ihre Werke aus dem Dunkel, wohin sie so schnell gesunken sind, hervorzuholen. In der Gesamtheit waren sie eine schöpferische

Kraft, die von vielen nur deshalb geleugnet wird, weil sie sich aus dem Formenkanon vergangener Epochen gespeist hat. Aber hat nicht auch das alte Rom sich von Griechenland und die Renaissance von beiden befruchten lassen? Auch die Architektur der Romantik besitzt trotz der Aufnahme und Verwendung von Formen vergangener Jahrhunderte eine Bauphantasie eigener Art, die zu den Stilformen abendländischer Kunst der Vergangenheit in einem ähnlichen Verhältnis steht wie jene Früchte aus der Beziehung zwischen Renaissance und Antike – vielleicht mit dem Unterschied, daß letztere reifer und kräftiger waren.

Die Architekten jener Epoche waren sich ihrer Situation wohl bewußt, die auch in einer Äußerung eines zu Unrecht nahezu vergessenen nassauischen Architekten, Christian Karl Boos, zum Ausdruck kommt: »In unserer Zeit ist die Stilfrage noch nicht geklärt. Es wird darum noch zur Zeit jedem einzelnen Baukünstler Pflicht sein, nach seinen ernsthaft erwogenen Ansichten zu handeln und abzuwarten, ob es ihm gelungen ist, den Anschauungen und Forderungen der Gegenwart einen Ausdruck zu verleihen.« (20. Februar 1855)

Die Wiederaufnahme älterer Formen in dem von der Wissenschaft beherrschten 19. Jahrhundert mußte sich unter einem anderen Aspekt vollziehen als am Ausgang des Mittelalters und zu Beginn der Renaissance. Die Kunstwissenschaft hat – nach anfänglich tastenden Versuchen – im Verlaufe des 19. Jahrhunderts im Bewußtwerden ihrer Aufgaben eine eigene Welt entwickelt, an der die Architekten jener Zeit und ihre Baubüros einen nicht geringen, reziprok wirkenden Anteil besaßen.

In der Frühzeit des romantischen Schloßbaues – in der ersten Phase – sind vielfach literarisch inspirierte Autodidakten und künstlerische Dilettanten am Werke gewesen, die naiv die Tradition des Schloßbaus in einem neuartigen Sinne weitergeführt haben, um die durch historische und gesellschaftliche Entwicklungen neu ausgelösten Vorstellungen in der Architektur darzustellen. In den späteren Phasen, in denen für den damaligen Architekten die Formenwelt vergangener Epochen sich in einer für ihn beglückenden Weise aufzufächern beginnt, werden nicht ohne Einfallsreichtum die Formen der Vergangenheit benutzt, zuweilen auch routiniert durchgespielt, was diesen Bauten vielfach Ablehnung eingetragen hat.

Während im 16. und 17. Jahrhundert in der europäischen Kunst und Kultur Italien und Frankreich eine anregende und einflußreiche Rolle gespielt haben, begann mit dem Fortschreiten des 18. Jahrhunderts England mit seiner Architektur und seiner damals aufsehenerregenden Erfindung des Landschaftsgartens in den Vordergrund künstlerischer Entwicklung zu treten. In den Bauten dieses Landschaftsparkes liegt eine Hauptwurzel der romantischen Architektur. Eine erste Welle des insularen Einflusses, literarischer und künstlerischer Art, fand gegen Ende des 18. Jahrhunderts Eingang auf dem Kontinent, und zwar in der Architektur auf deutschem Boden, während in den romanischen Ländern, die sich abwartend verhielten, dieser Einfluß eigentlich nur im Dekorativen zum Ausdruck kam, sei es im Dekor französischer Papiertapeten, sei es in Italien beispielsweise in den Fresken Domenico Tiepolos im Gästehaus der Villa Valmarana zu Vicenza, wo Gesellschaftsszenen des Rokokos von neugotischer, gemalter Scheinarchitektur gerahmt werden.

Eine zweite, ebenfalls literarisch gefärbte Welle, deren Einfluß abermals von englischen Architekturwerken bestimmt wird, kommt seit dem ersten Viertel des 19. Jahrhunderts wiederum vornehmlich im deutschen Raume zum Tragen, während sich die romanischen Länder abermals eher abwartend verhalten mit Ausnahme des bis zum Beginn des Rinascimento unter österreichischem Einfluß stehenden Oberitalien, wo beispielsweise der Bahnhof von Brescia in den fünfziger Jahren in Form eines Kastells mit viereckigen Türmen und Zinnen ersteht. Wie in der ersten Phase wird auch in der zweiten die Entwicklung durch persönliche Begegnungen mit neugotischer Architektur in England von fürstlichen Besuchern und ihren sie begleitenden Architekten gefördert.

Die späteste Phase – von Pevsner in seiner ›Europäischen Architektur‹ als ›Maskenball der Stile‹ bezeichnet – schöpft dagegen hauptsächlich aus einheimischen Reservoiren in Gestalt deutscher Vorlagewerke.

Das Verhältnis des slawischen Raumes zur romantischen Architektur bedarf noch der Klärung. Tatsache ist, daß der hohe Adel Rußlands im späteren 19. Jahrhundert häufiger – vornehmlich auf der Krim – den romantischen Formenschatz begierig aufgegriffen hat. Ansonsten waren es vornehmlich deutsche Fürsten, die, fern ihrer angestammten Heimat, solche romantischen Residenzen geschaffen haben.

Die Entdeckung der Geschichte und der damit verbundene Versuch, die kulturellen und künstlerischen Leistungen des Mittelalters zu würdigen, führte zur Schöpfung romantischer Residenzen. Der Mensch lebt nicht mehr ausschließlich in seiner Zeit, sondern er beginnt die Last der Vergangenheit zu spüren, mit der auseinanderzusetzen er sich verpflichtet fühlt. Die fürstlichen Auftraggeber haben für ihre Person die Probleme in den seltensten Fällen kaum wirklich erkannt, aber meistens soviel begriffen, daß eine für sie neue ›Mode‹ sie zwang, in neuartigen, von der Vergangenheit inspirierten Formen zu bauen.

Das Verhältnis der Fürsten zu ihren Residenzen hat sich in der Architektur der Romantik wiederholt gewandelt. Hatte zu Ende des 18. Jahrhunderts eine Flucht aus den weiträumigen Sälen der barocken Residenzen eingesetzt, so begann sich im Verlauf des 19. Jahrhunderts die fürstliche ›Monde‹ wieder in jene Vergangenheit zurückzusehnen, die man verlassen, oder besser gesagt, zu verlassen geglaubt hatte. Man wünschte wieder Residenzen, ähnlich jenen der Renaissance- und Barockzeit, den Epochen, in denen fürstliche Gewalt noch unumschränkt geherrscht hatte, eine Macht, die zum Ende des 18. Jahrhunderts zum ersten Male erschüttert und in den vierziger Jahren des 19. Jahrhunderts abermals ernsthaft bedroht worden ist. Man feierte in neuen großen Schloßanlagen um die Mitte und in der zweiten Hälfte des 19. Jahrhunderts eine vermeintliche Behauptung gegenüber den unbequemen Angriffen des Bürgertums – Schloßanlagen, die nach ihrer Fertigstellung selten oder nie bewohnt wurden und sehr oft nur als eine Art Denkmal fungierten; Ansätze zum Denkmalhaften finden sich allerdings schon in der Frühzeit der Romantik.

In den Schloßbauten der spätesten Phase manifestierte sich zum letzten Male fürstliches Selbstbewußtsein, das besonders in den Schlössern des von seiner Majestät durchdrungenen Königs Ludwig II. von Bayern in einer geradezu hybriden Weise zum Ausdruck gebracht wurde.

Wie in der Vergangenheit sind die adeligen Gefolgsleute der Fürsten dem Beispiel der Souveräne gefolgt, und als ein Neues hat sich dazu die Schicht des, nicht selten später nobilitierten, Großbürgertums gesellt, das sich mit seinen Palais – nicht zu vergessen das Palacehotel – solche der ›Residenz‹ vergleichbare, von ihr abgeleitete Höhepunkte zu schaffen suchte. Auch die Großbauten des sich entwickelnden technischen Zeitalters standen anfänglich vielfach noch im Banne der romantischen Architektur, und es bedurfte einer gewissen Zeitspanne, bis es gelang, für diese die ihren technischen Funktionen gemäßen Formen zu finden. Als noch vor dem endgültigen Sturz der europäischen Souveräne neue Formvorstellungen sich durchzusetzen begannen, haben sie begreiflicherweise häufig fürstlichen Unmut erregt und Ablehnung erfahren.

1.

VORLÄUFER DER ROMANTISCHEN RESIDENZEN

Die Wohnungen, von denen aus die Staatsoberhäupter oder ihre Vertreter zu regieren und repräsentieren pflegen, bezeichnet man noch heute in althergebrachter Weise als Residenzen. Vornehmlich in der europäischen Welt des 17. und 18. Jahrhunderts haben diese Residenzen – Schloßbauten – ihre vielleicht großartigsten und vielbewunderten Darstellungen gefunden. In jener Epoche, die man als Zeitalter des Absolutismus zu bezeichnen pflegt, entstanden nach dem eindrucksvollen Vorbild von Versailles, der Residenz des Sonnenkönigs Ludwig XIV. von Frankreich, jene mehr oder weniger bedeutsamen Schloßanlagen der zahlreichen weltlichen und geistlichen Fürstentümer Deutschlands, wobei den großen Häusern, etwa den Wettinern, Wittelsbachern und Hohenzollern, durch die geistlichen Fürsten nicht zu verachtende Rivalen entstanden.

Mit diesen Schloßbauten waren davon ausstrahlende und darauf bezogene Gartenanlagen in geometrischer Manier verbunden – ein erweiterungsfähiger Schauplatz für Theater, Karussell und sonstige Aufzüge –, worin sich gewissermaßen als Trabanten noch zahlreiche kleinere Architekturen wie Orangerie, Lust- und Badhaus, Grotte und Tempel befanden.

Im Mittelpunkt des höfischen Schauplatzes stand das Auftreten des Fürsten, der nicht nur den Staat regierte, sondern ihn in eigener Person verkörperte. Diese Identifikation äußerte sich in einem Hofzeremoniell, von dem das Leben der Gesellschaft bis in die privatesten Angelegenheiten wie Kleider- und Rangordnung durchdrungen war. Dieses Zeremoniell diente im Tagesablauf des Fürsten und seiner Umgebung zur bildhaften Herausstellung eines überhöhten Daseins des Regenten; es zwang alles Geschehen in seinen magischen Bann.

Eine Gesellschaft aber, deren vordringliche Aufgabe und Inhalt darin lagen, sich selbst – und das zu jeder Stunde – darzustellen, mußte von der Furcht vor Langeweile beherrscht sein. Blaise Pascal, der französische Philosoph, bemerkt dazu in Erkenntnis dieses Wesens: »Man lasse einen König ganz allein ... und man wird erleben, daß ein König ... ein Mensch ist voller Elend, und daß er fühlt wie irgendein anderer. Darum vermeidet man dies so sorgfältig und darum fehlen in der Nähe der königlichen Personen niemals die Menschen, die ihre Mußezeit bewachen und für Vergnügungen und Spiele sorgen, damit nur keine Leere entsteht.«

Marly

Trotz seiner Überhöhung war der Monarch auch nur ein Mensch, den es zuweilen nach Stunden der Besinnung und Gelassenheit drängte. Schon Ludwig XIV. hatte sein Lustschloß Marly in der Absicht schaffen lassen, dort eine Eremitage zu besitzen, wohin er sich, begleitet von nur zwölf Personen zu seiner Bedienung, dreimal im Jahr für drei Nächte von Mittwoch bis Sonnabend zurückzuziehen gedachte. Bezeichnenderweise ist ihm dieses Vorhaben nicht gelungen, weil die äußeren Umstände – die Magie der Darstellung – stärker waren als seine privaten Wünsche.

Während Marly, den architektonischen Vorstellungen jener Epoche gemäß, in einem streng symmetrischen Pavillonsytem ausgebildet war, sind die späteren Eremitagen des 18. Jahrhunderts häufiger mit naturhaften Elementen in Gestalt von Rindenhütten, grottenartigen Gehäusen und Ruinenformen verquickt worden; Formen, die in Verbindung mit dem Eindringen des englischen Landschaftsgartens auf den Kontinent als beliebte Staffagen in die Parkanlagen gestellt wurden.

Bayreuth

In Bayreuth hatte beispielsweise der in seinen Neigungen etwas skurrile Markgraf Georg Wilhelm (1712-1726) sich nach seiner Devise »Ich bin allein, wenn ich vergnügt sein will«, eine solche Eremitage als Fluchtmöglichkeit vor dem Zeremoniell geschaffen, das im übrigen im späteren 18. Jahrhundert allenthalben mehr und mehr von seiner Magie einzubüßen begann. Man sehnte sich allgemein nach Stätten, wo man sich zwanglos geben konnte, wollte man nicht überhaupt allein sein.

Waghäusel

In der phantastischen Eremitage des Kardinals Hugo Damian von Schönborn, des Erbauers des Bruchsaler Schlosses, in Waghäusel, findet sich um 1731 in der Deckenmalerei der auf ›eremitisch‹ gemalten Kuppel eine in eine antike Ruine hineingebaute Eremitenlaube.

Magdalenenklause in Nymphenburg

Im Park von Nymphenburg bei München schuf sich der alternde Kurfürst Max Emanuel von Bayern (1662-1726) am Ausgang eines stürmisch bewegten Lebens, das ebenso reich an Genüssen wie an schmerzlichen Enttäuschungen gewesen war, eine Eremitage, eine Stätte der Besinnung, in Gestalt der sogenannten Magdalenenklause, deren Name schon die Vorstellung der Buße wachruft, und es wirkt wie eine Ironie, daß der Erbauer ihre Vollendung nicht mehr erlebt hat.

Diese Klause ist die dritte der sogenannten Parkburgen der Nymphenburger Gartenanlage. Während aber die beiden anderen, Badenburg und Pagodenburg, zur Zeit ihrer Entstehung in der gärtnerisch gestalteten Umgebung noch dem traditionellen strengen Formenkanon des 18. Jahrhunderts verhaftet waren, zeigte die Magdalenenklause sowohl in ihrem Ruinencharakter wie auch in der Umgebung ein Neues: in einem natürlichen Hain entstand eine Backsteinarchitektur in bewußt bizarren architektonischen Formen, die Stilelemente ihrer Entstehungszeit (1725-1728) mit mittelalterlichen und orientalisierenden Formen verbindet. Auch heute noch verfehlt diese Anlage nicht ganz die ursprünglich beabsichtigte Wirkung, aber um wieviel stärker muß auf die Zeitgenossen der Kontrast zwischen den heiteren Parkburgen inmitten einer streng stilisierten gärtnerischen Umgebung, und der gehölzartigen Fassung des ›jardin sauvage‹ der Magdalenenklause gewirkt haben. Diese ist ein langgestreckter Bau, der, trotz einer sicher beabsichtigten Asymmetrie, ungewollt das symmetrische Prinzip nicht verleugnen kann, indem zumindest bei einer Sicht auf eine der beiden Längsfronten an den beiden Enden je ein Apsidenhalbrund, bei der Sicht auf die andere Längsseite sich zwei niedrige Runderkervorbauten an den Enden entsprechen; von diesen Runderkern ist der nördliche ungegliedert neben einen gotischen Strebepfeiler gelegt. Die Apsis des Altarraumes der Kapelle an der Südseite zeigt Fenster in maurischen Formen, während die Apsis an der Nordseite, die im Innern die Bettnische enthält, keine Fenster besitzt und starke, künstlich hervorgerufene Spuren des Verfalles zeigt. Über dem Eingang an der Ostseite befindet sich ein barocker Giebel, der nach italienischer Manier als Glockenstuhl gebildet ist. Der düster wirkende Innenraum gliedert sich in die Kapelle mit einem Vorraum und vier an diese anschließende rustikale, holzvertäfelte Wohnräume – Vorzimmer, Kabinett, Refektorium mit Alkoven und Betzimmer –, die paarweise nebeneinander liegen. Die Kapelle selbst ist mit Tuffsteinen verkleidet, auf denen Korallen und Meeresgewächse neben Muscheln wuchern – Ausklang barokker Grottendekoration in einem ruinenhaften Gehäuse, das hier schon sehr früh als pittoreskes Moment auftritt. Durch ein Innenfenster im Betzimmer war es möglich, vom Alkoven her auf den Altar der Kapelle zu schauen, bewußte oder unbewußte romantische Erinnerungen an Philipp II. von Spanien und den Eskorial. Das Kellergeschoß enthielt die Küche und die Wirtschaftsräume, womit eine vollkommene, wenn auch nur auf Zeit gedachte Residenz gegeben war.

Ähnliche Eremitagen in Ruinencharakter und mit mittelalterlichen Formelementen ausgestattet erscheinen im Rahmen der sogenannten englischen Gärten seit der Mitte des 18. Jahrhunderts häufiger, doch sind sie nur Teil einer Vielzahl von Staffagen klassizistischer, orientalischer oder ostasiatischer Manier in Gestalt von Tempeln und Lusthäusern, die ihre Formen vergangenen Zeiten und fremden Ländern entliehen haben.

VON DER MINIATUR-PARKBURG ZUM WOHNSCHLOSS

Was die Ruine anbetrifft, so wurde sie als Stimmungsträger gewertet, um die Eindrücke der Natur zu erhöhen, ganz im Sinne von Rousseau, nach dessen Meinung das Natürliche höher als die Form stand. Vorlagen für alle diese Staffagen boten in reicher Zahl und Auswahl die zu jener Zeit höchst beliebten Taschenbücher für Gartenfreunde oder sonstige gestochene Vorlagewerke, insbesondere englischer Herkunft, wie sie damals alle Schloßbibliotheken in genügender Zahl besaßen.

In diesen Miniaturparkburgen des Landschaftsgartens liegt eine Hauptwurzel der späteren romantisch-sentimentalischen Residenzen – Löwenburg im Park von Wilhelmshöhe bei Kassel, Franzensburg im Laxenburger Park bei Wien, Mosburg im Biebricher Schloßpark und andere – als Ausdruck einer im Wandel begriffenen Lebenshaltung und -auffassung gegen den Ausgang des 18. Jahrhunderts.

Daß sich diese frühen Miniaturparkburgen in der Folge zu einer beherrschenden Architektur und zum Wohnschloß entwickelten, dazu bedurfte es eines weiteren Anstoßes, dessen auslösendes Moment ebenfalls in England zu suchen ist, wo die Architektur eine vom Kontinent in vieler Hinsicht unabhängige und eigenwillige Entwicklung genommen hatte, weil eben dort der Formenkanon des Mittelalters niemals ganz zum Erlöschen gekommen war. Allerdings gab es auch auf dem europäischen Kontinent solche Zeugnisse eines Weiterlebens mittelalterlicher Formen, die aber im Gegensatz zu England sporadischer Natur sind.

Reinhart Haferkorn hat in seiner vielseitigen und ausgezeichneten Untersuchung über ›Gotik und Ruine in der englischen Dichtung des 18. Jahrhunderts‹ den Quellen zur Belebung einer altheimischen Architektur, der gotischen Tradition, nachgespürt und festgestellt, daß in England um 1700 das Ideal antiker Herrlichkeit und Größe von dem Leitbild des romantisch gesehenen gotischen Mittelalters abgelöst wird. Um 1760 beginnt der historische Sinn zu erwachen, verbunden mit der Erkenntnis, daß zwischen Vergangenheit und Gegenwart sowohl ein zeitlicher wie auch wesenhafter Unterschied besteht. Man lebt hinfort nicht mehr im Bewußtsein des ungebrochenen selbstverständlichen Zeitablaufs, sondern ein neu erwachter historischer Geist scheidet und wertet, verneint und bejaht. Zu jener Zeit erreicht eine seit 1740 in England einsetzende Woge der Empfindsamkeit, die ein Idealbild der Vergangenheit spiegelt, ihren Höhepunkt. ›Gefühl‹ und ›Stimmung‹ sind die Leitmotive, wie sie uns sowohl in der Literatur wie in der Kunst um jene Zeit begegnen.

Strawberry Hill

Eine Sensation bildete im Jahre 1764 die Eröffnung des Hauses Strawberry Hill in dem an der Themse gelegenen Twickenham. Der Schöpfer war Sir Horace Walpole – Sohn des berühmten Ministerpräsidenten –, der nicht nur ein Mann von Geist und Welt, sondern auch künstlerisch und literarisch außerordentlich interessiert war. Strawberry Hill erwies sich als eine Sensation, weil es den geladenen Gästen überraschend neuartige Züge darbot. Es mußte frappieren, in dieser Architektur zwar bekannten gotischen Formen, diesen aber in einer ungewöhnlich verwandelten Fassung zu begegnen, in der die gotischen Elemente wie Versatzstücke gebraucht waren, deren Anordnung nur darauf zielte, Stimmung zu erwecken. Walpole hatte im Jahre 1747 zur Verwirklichung seiner Ideen ein in seinen ältesten Teilen aus dem Jahre 1698 stammendes Landhaus gekauft und 1750-1753 die ersten größeren Umbauten durchgeführt, woran seit 1753 nach wechselnden

Plänen weitergebaut wurde, denn selbst nach der Einweihung von 1764 geht der Ausbau durch Anfügen von Anbauten und Dekorationsausstattung weiter.

Kern der Anlage ist die übliche, bereits 1753 vollendete Eingangshalle mit dem danebenliegenden sogenannten ›Great Parlour‹, über den 1754 die Bibliothek gelegt wurde. Der Kreuzgang und eine darüberlaufende Galerie, dazu der runde Turm an der Südwestecke sind 1760 entstanden, das große nördliche Schlafzimmer mit den zwei Erkern 1770, das achtseitige Kabinett und ein weiterer Turm 1780; die gesamten Arbeiten waren erst nahezu nach einem halben Jahrhundert, 1797, ein Jahr vor dem Tode des Erbauers, vollendet.

Diese Schöpfung enthält in Form und Charakter Tendenzen, die auch in der Folge wirksam bleiben. Nicht nach einem vorher festgelegten Plan wurde gebaut, an dem bestenfalls Abstriche gemacht werden konnten, wie es in der barocken Baukunst häufiger vorkam, sondern in Strawberry Hill improvisierte man eine Entwicklung, indem man nach und nach Stück für Stück hinzufügte und ständig variierte. Alfred Kamphausen hat in seiner geistvollen Untersuchung ›Gotik ohne Gott‹ Aufbau und Inhalt dieser Anlage in einer unübertrefflichen Weise charakterisiert, wenn er schreibt: »Da ist zuerst der Grundriß, der sich nicht so sehr aus dem etappenweisen Bauvorgang erklärt, als vielmehr eine Absicht bezeugt. Er ist verwunderlich wirr und planlos, ein Teil schiebt sich in den anderen, und das Ganze wirkt in gesetzloser Addition gereiht. Vom Gesetz symmetrischer Entfaltung und von einem bestimmenden Kern findet sich keine Spur. Wenn auch die Addition selbständiger Teile und weite Streuung der Dominanzen eine besondere Eigentümlichkeit des englischen Herrenhausbaus im georgianischen Zeitalter war, so blieb doch die ordnende Planung sichtbar, die hier willentlich aufgegeben scheint. Dafür tritt in Strawberry Hill das Maßlose ein; das ungesetzlich Entstehende wird Prinzip. Beachtet man dann den Aufriß, die zinnenbewehrten Wandungen, hinter denen kein Dach sichtbar wird, durch das ein Bau erst seine

Körperlichkeit zu beweisen pflegt, das Gegenspiel der folienhaften Wände zu den ein- und angeschobenen stumpfen Turmrundungen und Erkern, das Ineinander von in verschiedenen Ebenen verlaufenden Flächen und stereometrischen Gebilden, dann wird die gewollte Zufälligkeit dieses Baus aus Versatzstücken, das Heuristische, noch deutlicher. Es soll naturhaft geworden und nicht als vollkommene Neuschöpfung geplant erscheinen. Aber statt vor einem Urwesen stehen wir vor einer Phantasmagorie. Die Mauern des Hauses bewähren sich nicht als Substanzen, die die Kraft zum Relief haben und aus sich heraus Formen bilden, wie sie es trotz aller englischen Vorbehalte bei John Vanbrugh, James Gibbs und selbst William Kent noch vermochten, sondern alle zierende Form ist angeworfen. Fenster sind eingeschnitten oder in einer rahmenden Fassung vorgeheftet. Sturzgesimse in π-Form hängen frei in der Fläche.

In den Innenräumen vermißt man erst recht die gesättigte Bindung der Proportionen; auf den Menschen gestimmte Maße scheinen ebensowenig gewollt wie im Manierismus des 16. Jahrhunderts. Die Wände sind weitgehend aufgelöst, mageres Stabwerk ist ihre Dekoration, immer wieder steigt es in das Überhöhte, und das Hochgezogene findet kein befriedigendes Gegengewicht. Die gotisierenden Decken sind aus Pappmaché. Das sind alles Züge, die wir noch oft in neugotischen Bauten, die dadurch kulissenhaft wirken, finden werden. Daß sie mit geschichtlicher Gotik nicht viel gemein haben, braucht hier noch nicht erörtert zu werden. Walpole selbst, obwohl er seine Bibliotheksschränke wie gotische Chorgestühle baute und seine Freunde rätselten, nach welchem mittelalterlichen Grabmal oder Gehäuse dieses oder jenes Ausstattungsstück kopiert sei, war sich dessen bewußt und fand es richtig, als er 1794 sagte: ›Every true Goth must perceive that they (my rooms) are more the works of fancy than imitation.‹ Von der Wirklichkeit von Strawberry Hill aber fällt auch ein Licht zurück auf die poetischen Auseinandersetzungen mit der Gotik. Auch sie sind keine Realschilderungen, sondern subjek-

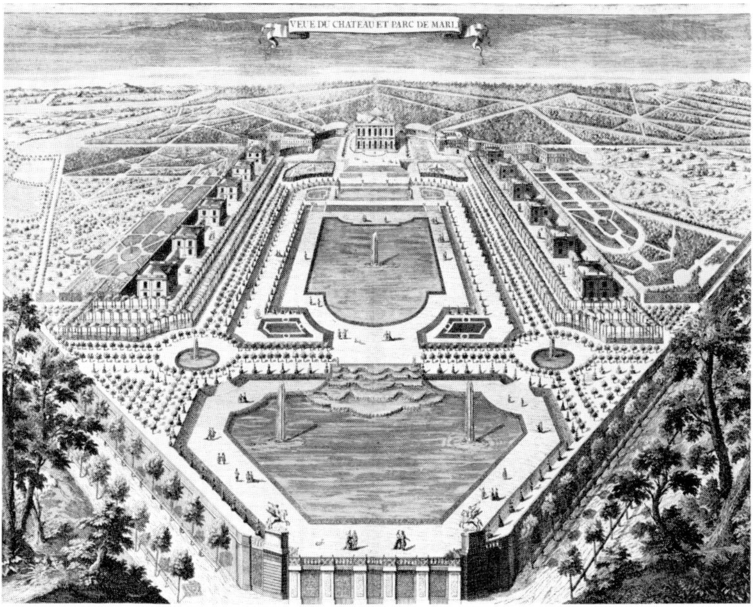

1 Schloß und Park in Marly-le-Roi, die erste große axial angelegte Eremitage mit zwölf Pavillons (Schloß und Pavillons 1806 abgerissen)

2 *Die Galerie in Strawberry Hill*

3 Magdalenenklause im Schloßpark Nymphenburg

4 Die Eremitage bei Bayreuth

tive Spekulationen, Umschreibung einsamer Stimmung, das gotische Requisit ist nur das Reizmittel, um das Chthonische in sich selbst zu kosten, wenn nicht ihm zu erliegen.«

Bezeichnend für die Stärke der romantischen Stimmungen jener Zeit ist die Tatsache, daß Walpole nicht nur in der Architektur dilettiert, sondern auch in romantischer Literatur sich versucht hat, indem er sich im Zusammenhang mit seinem Haus zu einem Ritterroman ›The Castle of Otranto‹ in »venerable barbarisme« hat inspirieren lassen. Dieses 1764 erschienene Werk verdankte seinen ungewöhnlichen Erfolg den darin vorkommenden spukhaften Erscheinungen, kaltblütigen Verbrechen und sonstigen grauenerregenden Vorkommnissen, die in Verbindung mit den durch die dunkle Abgründigkeit ihres Seelenlebens erschreckenden Charakteren faszinierten. Der angeblich auf altitalienischen Handschriften des 15. Jahrhunderts fußende Roman wurde neben dem ähnlich originellen Roman ›Vathek‹ von William Beckett, dem Erbauer des neugotischen Schlosses Fonthill Abbey, zu einem Ausgangspunkt für die in der Folge rasch wachsende Zahl von Schauer-, Ritter- und Geisterromanen, die für jene Epoche etwa das darstellen, was der Grusel- und der Kriminalroman in der Gegenwart bedeuten. Eine derartige Ritterbibliothek von Hunderten von Bänden besaß bis zum letzten Weltkrieg auch die Löwenburg im Park von Wilhelmshöhe, deren Bestände leider durch die Ereignisse des Zweiten Weltkrieges – Zerstörung und Diebstahl – bis auf einen unbedeutenden Rest in Verlust geraten sind.

2.

PARKBURGEN
DER SENTIMENTALISCHEN
ROMANTIK

Während im 17. Jahrhundert Paris als Hauptstadt der großen Welt neben Italien ein selbstverständliches Ziel der Kavalierstouren der jungen Fürsten und Adeligen war, begann sich im Laufe des 18. Jahrhunderts England als lockende Anregung in den Vordergrund zu spielen. Anreiz dafür boten die Entwicklung der Demokratie und der Aufbau des Parlamentarismus, dazu eine wirtschaftliche Blüte durch die weitreichenden überseeischen Beziehungen, verbunden mit Anregungen aus Literatur, Kunst, Mode und Sport. Eheliche Verbindungen zwischen dem englischen Königshaus und dem fürstlichen Adel des Festlandes trugen dazu bei, diese Kontakte zu fördern.

In Deutschland, wo der Boden für derartige Anregungen vorbereitet war, wurden sie begierig aufgegriffen und begannen sich mit ähnlichen, bereits vorhandenen Bestrebungen zu amalgamieren. Denn auch auf dem Kontinent hatte ein Rückgriff oder besser gesagt die Beschäftigung mit Zeugnissen der Vergangenheit in der ersten Hälfte des 18. Jahrhunderts begonnen. Es ist sicher mehr als ein Zufall, daß im Jahre 1721 unter dem Pseudonym Melisanthes ein Buch mit dem Titel ›Das erneuerthe Altertum oder curieuse Beschreibung einiger Bergschlösser‹ aufgelegt wurde.

Der Felsengarten Sanspareil

In den Jahren 1746-47 ließ die Markgräfin Wilhelmine von Bayreuth in einem romantischen Wald- und Felsengelände nahe ihrer Residenz einen Garten, Sanspareil, anlegen, in dem nicht nur zum ersten Male in der europäischen Gartenkunst die zufällige Bildung von Felsen unverändert zum Gegenstand eines künstlerischen Programms gemacht wurde, sondern man hat außerdem in diese Anlage als romantische Staffage die darüberliegende, auf einem Felsen weit vorkragende Burg Zwernitz einbezogen. Dabei hat eine Rolle gespielt, daß die Burg ein natürliches Denkmal der markgräflichen Familiengeschichte war, da sie seit 1290 sich im Besitz des Burggrafen von Nürnberg und damit im Besitz des Stammvaters des Hauses Brandenburg-Preußen befunden hat, dem die Markgräfin Wilhelmine entstammte. Man war bemüht, die Burg instandzusetzen »und den hohen runden Thurm mit einer Glocke zu zieren«. Auch errichtete man im Hinblick auf die Vorfahren am Eingang des Gartens ein Burggrafenhaus.

Antike Ruinen als Gartenstaffage hat es zwar schon seit der Renaissance gegeben. In Sanspareil aber erscheint erstmals eine mittelalterliche Ruine als frühestes Beispiel einer bewußten Hinwendung zur abendländischen Vergangenheit – ein Moment, das bei der Anlage der Fürstensitze der Romantik nachmals eine so bedeutsame Rolle gespielt hat. Man lebt nicht mehr im Ablauf eines Geschlechtes als naturhaftes Glied, sondern mit dem neuerwachenden historischen Bewußtsein setzt zugleich eine Rückbesinnung ein, wie sie in dem berühmtgewordenen Familienroman ›Der Leopard‹ von Lampedusa der letzte Fürst Salina mit den Worten zum Ausdruck gebracht hat: »... denn die Bedeutung eines adeligen Geschlechtes liegt ganz in den Traditionen, das heißt lebenskräftigen Erinnerungen...«

Diese romantischen Ansätze verstärkten sich seit der Mitte des 18. Jahrhunderts auch auf dem Kontinent, nicht zuletzt durch die von England auf das Festland gelangten Zeugnisse von Kunst und Literatur. Insbesondere ist es der Kreis der Stürmer und Dränger, zu denen auch der junge Goethe zu zählen ist, der mit seinem ›Götz von Berlichingen‹ dem ritterlichen Zeitalter dichterische Huldigung dargebracht hat, und endlich die eigentlichen Romantiker, vornehmlich Clemens Brentano und Achim von Arnim, die sich in ihren Schöpfungen in starkem Maße von »ritterlicher Vorzeit« haben inspirieren lassen. ›Die Kronenwächter‹, ein Werk von Achim von Arnim, ist, um nur ein Beispiel zu nennen, mehr als eine Darstellung ritterlicher Abenteuer vor dem Hintergrund des späten Mittelalters, weil es in einer geradezu atemberaubenden Weise Umbruch und Aufbruch zur Neuzeit und deren Folgen intuitiv, wenn auch in phantastischer Verbrämung, erfaßt hat. Dieser literarische Faden, der nicht ohne Einwirkung auf die künstlerischen Bestrebungen bleiben konnte, wird weitergesponnen über Eichendorffs ›Schloß Durande‹, Fouquets ›Zauberring‹ – einer Lieblingslektüre des preußischen Kronprinzen und nachmaligen Königs Friedrich Wilhelm IV. von Preußen – bis zu Hauffs ›Lichtenstein‹, um nur ein paar Fixpunkte zu nennen.

Der Sturz der Bourbonen durch die Französische Revolution 1789 hatte die Gefährdung der bis dahin nahezu unbestrittenen Macht der fürstlichen Geschlechter deutlich gemacht – die Enthauptung der Königin Maria Stuart und König Karls I. von England wurde erneut ins Bewußtsein gerufen und erschien plötzlich in einem neuen Licht. Die Souveräne wurden sich, wie schon angedeutet, des Alters der fürstlichen Geschlechter auf eine neue Art bewußt, eines mit der Ahnung möglichen Unheils gepaarten Stolzes, der in der Todessehnsucht der sentimentalischen Romantik seinen Ausdruck gefunden hat. Damit verband sich, wie schon Hans-Günther Sperlich in seinem Essay über die Neugotik so treffend ausgeführt hat, ein starkes Gefühl für den Stammsitz des Geschlechtes: »Die Zusammengehörigkeit von Geschlecht und Stammsitz erfährt in der Romantik eine fast mystische Ausdeutung. Die Dichtung der Zeit ist dafür ein beredter Spiegel. Und unter den Dichtern sind es die Angehörigen alter aristokratischer Familien, bei denen zum wenigsten eine Attitüde befürchtet werden muß, wenn immer wieder die geheimnisvolle Identität zwischen Architektur und Familienschicksal auftaucht. Joseph von Eichendorff läßt in seinem 1815 erschienenen Roman ›Ahnung und Gegenwart‹ eine der Hauptfiguren, Romana, durch Selbstmord zugrunde gehen, und zwar in einer alten Burg, angesichts derer sie ihrem Begleiter erklärt: ›Das ist mein Stammschloß und ich bin die Letzte des alten, berühmten Geschlechtes.‹ Romana liegt später nicht nur ›über den Trümmern ihrer Ahnenbilder‹, sondern hat zuvor das ganze Schloß in Brand gesteckt. Der Held entrinnt: ›Hinter ihm stieg die Flamme auf die höchste Zinne der Burg und warf gräßliche Scheine weit zwischen den Bäu-

men. Das Schloß sank wie ein dunkler Riese in dem feurigen Ofen zusammen, über der alten, guten Zeit hielt das Flammenspiel im Winde seinen wilden Tanz; es war, als ginge der Geist ihrer Herrin noch einmal durch die Lohen.‹ In der 1837 veröffentlichten Novelle ›Das Schloß Durande‹, in der Eichendorff schon im Titel die Bedeutung der Architektur betont, läßt er unmittelbar nach der tödlichen Verwundung des Grafen gleichen Namens, der selbstredend der Letzte seines Geschlechtes ist – ›sein steinernes Wappenschild lag zertrümmert im hohen Grase‹ – das Schloß in die Luft sprengen. ›Da tat es gleich darauf einen furchbaren Blitz und donnernd stürzte das Schloß hinter ihnen zusammen. Dann wurde alles still. Wie eine Opferflamme, schlank, mild und prächtig, stieg das Feuer zum gestirnten Himmel auf, die Gründe und Wälder ringsumher erleuchtend... Das sind die Trümmer des alten Schlosses Durande, die weinumrankt in schönen Frühlingstagen von den waldigen Bergen schauen...‹«

Dieses Zurück zu den Urgründen im Sterben findet einen bezeichenden Ausdruck in dem Wunsche vieler Erbauer von romantischen Anlagen, in ihren Schöpfungen auch zur letzten Ruhe beigesetzt zu werden.

Das Gotische Haus in Wörlitz

Vielleicht der größte Englandverehrer unter den deutschen Fürsten zu Ende des 18. Jahrhunderts ist Leopold Friedrich Franz von Anhalt-Dessau (1740-1817) gewesen, der wiederholt die englische Insel aufgesucht hat, um sich dort Anregungen für die Verwaltung und künstlerische Förderung seines Landes zu holen. Während seiner Reise in den Jahren 1763-64, die er gemeinsam mit seinem Architekten Wilhelm von Erdmannsdorf und seinem gärtnerischen Berater Friedrich Eyserbeck unternommen hat, dürfte er kaum versäumt haben, auch Strawberry Hill zu besuchen, wovon damals tout le monde sprach. Das hing sicher auch mit der Persönlichkeit von Walpole zusammen, denn seltsamerweise hatte das von

I C. MILLER
Schloß Hohenschwangau
mit Schwansee und Alpsee

Öl auf Leinwand, 1872
Jagdschloß Schachen bei Garmisch

Lord Byron 1749 vor dem Hintergrund der mittelalterlichen Ruine von Newstead Abbey erbaute, vom Volksmund als »the folly castle« bezeichnete scheingotische Haus kein solches Aufsehen erregt.

Nach dieser Reise kommt es in Deutschland durch den Dessauer Fürsten zur Schöpfung von Schloß Wörlitz mit seinem großen Landschaftsgarten, der bis heute nichts von seinem im Zusammenklang von Wasser, Gehölzen und Bauten zauberischen Stimmungsgehalt eingebüßt hat, einem Reiz, wie ihn Goethe so bildhaft in der Zeit der Entstehung 1778 in einem Brief an Frau von Stein geschildert hat: »Hier ist's jetzt unendlich schön, mich hat's gestern abend, als wir durch Seen, Canäle und Wäldgen schlichen, sehr gerührt, wie die Götter dem Fürsten erlaubt haben, einen Traum um sich herum zu schaffen. Es ist, wenn man so durchzieht, wie ein Mährgen, das einem vorgetragen wird, und hat ganz den Charakter der Elisischen Felder, in der sachtesten Mannigfaltigkeit fließt eins ins andere, keine Höhe zieht das Aug' und das Verlangen an einen einzigen Punkt, man streicht herum, ohne zu fragen, wo man ausgegangen ist und wo man hinkommt. Das Buschwerk ist in seiner schönsten Jugend und das Ganze hat reinste Lieblichkeit.«

Unter den zahlreichen baulichen Staffagen nach englischem Vorbilde fehlte es auch nicht an einer Eremitage, die im späteren sogenannten Schochschen Garten gegenüber dem Schlosse auf der anderen Seite des Sees 1766 entstand – ein kleines Haus mit Spitzbogenfenstern, ganz im Sinne dieser frühen Mittelalterschwärmerei, deren Anfänge bis in das frühe 18. Jahrhundert zurückreichen, für die das Sichhinträumen zur Gotik zugleich eine Versenkung in die Natur bedeutete; 1760 hatte Rousseau in der ›Nouvelle Heloïse‹ aus solchem Grunde gotische Kapellen im Naturpark gefordert. Doch war diese kleine, vom Gärtner Schoch als Wohnung genutzte Anlage der Vorläufer eines größeren, als intime Residenz gedachten Bauwerkes, das, 1773 begonnen, erst 1786 vollendet wurde, und zwar unter sehr ähnlichen Aspekten wie

Strawberry Hill. Auch im Falle von Wörlitz ist kein eigentlicher Architekt am Werke gewesen. Denn wenn auch Erdmannsdorf den Bau überwacht haben mag, so erfolgte die Planung auf Grund von Vorschlägen von Georg Christoph Hesekiel (1732-1818), einem ehemaligen Kammerdiener des Fürsten, der seit 1786 als Baudirektor fungierte; diesen Titel erhielt er wahrscheinlich als Ausdruck des Dankes für die Erstellung dieses *Gotischen Hauses*. Das Ergebnis, das den Unvoreingenommenen durch eine gewisse Bizarrerie noch heute überrascht, wenn nicht entzückt, war nicht minder seltsam wie in Strawberry Hill: im Grundriß die Verknüpfung einer langen Reihe von Räumen, wobei statt einer beherrschenden Mitte die Schwerpunkte an den Enden liegen.

Wie Strawberry Hill ist auch diese Anlage in mehreren Abschnitten entstanden. Der erste Bauabschnitt umfaßte den heutigen, nach dem Wolfskanal gelegenen Vorderbau des Gotischen Hauses – ein nahezu quadratischer, zweigeschossiger, von venezianischer Gotik inspirierter Baukörper mit einer durch Lisenen dreigeteilten Fassade, deren überhöhter Mittelteil durch einen Schaugiebel abgeschlossen wird. Im Mittelteil der Hauptfassade liegt die spitzbogige Eingangstür mit einem darüberliegenden ovalen Fenster, flankiert von spitzbogigen Fenstern im Erdgeschoß; die Seitenwände, ebenfalls mit spitzbogigen Fenstern, sind einfach gehalten. Das Innere enthält in beiden Geschossen, einschließlich des Entrees, acht ziemlich kleine, teils gefangene, teils durch schmale Gänge verbundene Zimmer, wobei der Zugang nach oben durch eine Wendeltreppe gegeben war. Schon in den Jahren 1785-86 erfolgte eine Erweiterung, nachdem der Fürst, der dieses Haus tatsächlich bewohnt hat, unter der bald eingetretenen Raumnot gelitten haben dürfte. Auf der Rück- oder Gartenseite wurde ein T-förmiger Trakt angefügt, dessen Längsbalken sich als schmaler, schräg angesetzter Teil darstellt, der im Obergeschoß Schlaf- und Wohnzimmer des Fürsten – kleine an einem Gang liegende, mit Eichenholz getäfelte Räume – enthielt. Der Querbalken des T erfuhr eine

Verbreiterung durch ein Heran- beziehungsweise Vorschieben weiterer Räume an einen Mittelteil: im Erdgeschoß ein breitgelagerter Gartensaal mit zwei Nebenräumen auf der rechten und linken Seite, im Obergeschoß der ›Rittersaal‹ mit dem zu rechter Hand gelegenen ›Speisesaal‹ und dem sogenannten ›Geistlichen Kabinett‹ sowie dem zur linken Hand gelegenen ›Bibliotheksaal‹ mit dem ›Kriegerischen Kabinett‹. Beiderseits dieses Anbaus entstanden Höfe, die durch einen Spitzbogendurchgang im Untergeschoß verbunden waren. Bei dem Erweiterungsanbau traten an die Stelle der sparsamen Ornamentik des ersten Wohnbaues die reicheren Formen der sogenannten englischen Tudorgotik mit Backsteinpilastern, geschweiften Giebelumrissen, Fialentürmchen und breiten Spitzbogenfenstern – jener Mischung von gotischen und renaissancehaften Elementen, wie sie in den Jahrhunderten zwischen der Gotik und dem Klassizismus in England üblich war. Während die Zweigeschossigkeit nach der Kanalfront kaschiert wird, tritt sie nach der Gartenseite sehr betont in Erscheinung in Gestalt einer stattlichen Türöffnung und großer, breitschwingender Fenster in beiden Geschossen.

Interessant ist in diesem Zusammenhang, daß man im zweiten Bauabschnitt Dekorationsstücke aus dem alten Schloß in Dessau vom Ende des 16. Jahrhunderts eingebaut hat – Vertäfelungen und Schmuckteile eines Kamins –, um auch in Gestalt des Materials eine offensichtliche Verbindung zur Vergangenheit herzustellen.

Fast gleichzeitig mit dem Erweiterungsbau hat man 1786 einen Treppenturm auf achteckigem Grundriß an das alte Haus auf der Südwestseite herangeschoben, dem 1789-90 ein quadratischer Turmbau auf der Nordostseite, der ›Neue Turm‹, folgte, dessen spitzer, blechverschalter Helm eher chinesisch als gotisch wirkt. Diese den Seitenfassaden angefügten Türme, die bewußt die ausgewogene Symmetrie der ersten Anlage unterbrechen, machen den Gesamteindruck der Kanalfassade mit Willen unruhig. Ebenso herangeschoben wie die Türme wirken die in den Jahren 1787-88 entstandenen kleinen einstöckigen Pavillons rechts und links des alten Hauses, die mit diesem durch niedere, zinnenbewehrte Mauern in Verbindung stehen, über welche die Türme hinwegschauen. Dieser lockeren, teils symmetrischen, teils asymmetrischen Reihung von Teilen im Außenbau begegnen wir auch im Innern.

In diesem Hause wünschte der Fürst nach Aussage seines Kabinettsdirektors Rohde, dem wir eine ausführliche Beschreibung der Anlage verdanken, »in der Mitte seiner ruhmvollen Vorfahren mit der Vorwelt sich selbst zu leben... und versammelte darin um sich alles, was dazu dienen konnte, seinen Geist in die Vorzeit zu versetzen. Daher nicht allein die Bilder seiner Ahnen in der weitesten Ausdehnung, sondern auch solcher Personen, die sich zu ihrer Zeit durch Thaten, Kunst und Wissenschaft auszeichneten: Daher die Rückblicke in wichtige Zeitbegebenheiten, Erinnerungen an alte Sitte, Gebräuche: Daher vorzüglich die lebendigen Darstellungen des Ritterwesens und die Seitenblicke auf damalige religiöse Verhältnisse: Daher endlich so viele schätzbare Kunsterzeugnisse jener Zeit...«

Wie schon aus dieser Begründung hervorgeht, sollte das Haus vor allem die Sammlungen des Fürsten aufnehmen, wobei die von der oranischen Urgroßmutter ererbten Gemälde mit seinen stetig sich vermehrenden Neuerwerbungen vereinigt wurden. Allerdings ist der ursprüngliche Bestand heute nicht mehr in vollem Umfange erhalten, denn bei den Vermögensauseinandersetzungen nach dem Ersten Weltkrieg wurde ein Teil davon dem Herzogshaus übergeben, das wiederum Perlen dieser Sammlung verkauft hat. Weitere Stücke gingen bei der Auslagerung im Zweiten Weltkrieg verloren. Auch ist die 1918 nach Schloß Zerbst verbrachte Waffensammlung 1945 untergegangen. Aber noch immer ist im Gotischen Haus eine Fülle von Kunstgegenständen vorhanden, und es muß einstmals in den Räumen ein echter Horror vacui geherrscht haben. Unter den zahlreichen Kunstgegenständen des 18. Jahrhunderts zeichnet sich vor allem ein

Schatz an farbigen Glasgemälden aus, die, in den Fenstern eingelassen, dem Gotischen Hause ein unverwechselbares Ambiente verleihen.

Dem Fürsten ging es nicht mehr nur darum, sich eremitenhaft aus dem allgemeinen Getriebe der Hofgesellschaft zurückzuziehen, sondern er verband damit die Absicht, sich mit den künstlerischen Zeugnissen der Vorzeit zu beschäftigen – eine bewußte Flucht in die Vergangenheit. Zur besseren Einstimmung wird die Umgebung entsprechend gestaltet. Es begegnet uns hier wieder jene Rückschau auf künstlerische Zeugnisse des Mittelalters, die von Goethe mit seinem Hymnus auf das Straßburger Münster literarisch eingeleitet wurde.

Fürst Leopold Friedrich Franz selbst stand ja wie der junge Goethe in engerer Verbindung zum Kreise der Stürmer und Dränger. Johann Caspar Lavater, der allgegenwärtige Vermittler in diesem Kreise, war es, der den Sinn des Fürsten auf das Mittelalter gerichtet hatte. Er trug Sorge, daß die noch als altmodisch geltenden Zeugnisse höchst bedeutsamer Schweizer Glasmalerei gerettet und in die Fenster des Gotischen Hauses eingebaut wurden. Auch fanden viele Tafelgemälde aus Zürich ihren Weg nach Wörlitz. Zwei Jahrzehnte bevor die Brüder Boisserée mit dem Retten und Sammeln mittelalterlicher Tafelmalerei aus säkularisierten Klöstern des Rheinlandes begannen, wurde bereits in Wörlitz ein Schatzhaus mittelalterlicher Kunst geschaffen, in dem der Fürst auch Wohnung nahm. Das Gotische Haus war für ihn das ähnliche wie die Kulisse für den Schauspieler. Weil aber die Kulisse des Gotischen Hauses für ihn Wirklichkeit war, stellte sie mehr als ein bühnenhaftes Phantom dar – sie wurde zur Wirklichkeit romantisch gefärbter Lebenshaltung.

Die ›Ruine‹ im Schloßpark Weimar

Herzog Karl August von Sachsen-Weimar und Goethe, die im Jahre 1778 als Gäste des Fürsten in Wörlitz geweilt hatten, waren von dieser Schöpfung so beeindruckt, daß sie – heimgekehrt nach Weimar – in der thüringischen Residenz ähnliches zu schaffen wünschten.

In diesem Entschluß wurden der Herzog und sein Minister sicher noch durch einen Besuch von Wilhelmsbad bei Hanau zu Beginn des Jahres 1780 bestärkt, wo der Kurprinz von Hessen-Kassel im vorhergehenden Jahre den Grundstein zu einer künstlichen Burgruine, von ihm ›Burg‹ genannt, gelegt hatte, die ihm als Wohnsitz dienen sollte – einer Schöpfung, von der später noch zu sprechen sein wird. Jedenfalls entstand auch in den Weimarer Parkanlagen eine künstliche *Ruine*, für deren Bau im Jahre 1784 »der Echtheit halber« Bruchstücke von alten Gebäuden verwendet wurden. Auch hat man ein altes Orangenhaus in den Jahren 1786-87 zu einem Gesellschaftshaus in gotischer Manier umgebaut; doch wurde dieser ›Salon‹ mit spitzbogigen Fenstern, Zinnen und anderen gotischen Details im Jahre 1811 durch das sogenannte ›Tempelherrnhaus‹ ersetzt.

Die Kesselburg in Buchwald

Dieser Drang zur Schaffung von Behältnissen für alte Kunstwerke wurde ein allgemeiner, wobei, soweit es sich bis jetzt übersehen läßt, der Rhein die Grenze gegen Westen bildete, während er im Osten bis nach Polen reichte. In seinem schlesischen Landschaftspark Buchwald hatte der kunstsinnige Staatsminister Graf Reden neben einem Wartturm eine – nach einem Freund des Grafen als ›Kesselburg‹ bezeichnete – künstliche Ruine errichtet, und nicht weit davon entfernt befand sich eine im gotischen Stile erbaute Abtei mit einem gotischen Saale und einer Kapelle, ausgestattet mit entsprechendem Mobiliar, sowie eine Familiengruft, in der 1815 der Graf und 1854 seine Gemahlin ihre letzte Ruhestätte gefunden haben.

Das Gotische Haus zu Pulawy

Dem ›Gotischen Haus‹ von Wörlitz als einer antiquarischen Schatzkammer noch stärker verwandt war eine Anlage gleichen Namens im Park von Puławy, eine Schöpfung der Fürstin Elisabeth Czartoryska (1734-1825), einer Cousine des Königs Stanislaus August von Polen.

Bereits am Außenbau kündete eine Reihe von antiken, aber auch neueren Erinnerungsstücken vom Sammeleifer der Erbauerin. Eugen Freiherr von Gutschmidt berichtet davon im achtzehnten Gesang seines 1829 erschienenen, fast hundertdreißig Seiten langen Loblieds ›Erinnerungen an Puławy‹:

Von neuem überrascht den Wandrer wieder,
Der schon so viel des Schönen hier erblickte,
Ein Tempel, der Vergangenheit geweiht.
Hat hier der Feen Zauberstab gewaltet?
Denn eingemauert in den goth'schen Wänden
Erblick ich hier, was nah' und fernen Zeiten
Und nah' und fernen Ländern angehört.
Hier steht ein Fels vom stolzen Capitol,
Das Haupt von Rom, wie Rom das Haupt der Welt,
Das, wie das Römerreich, in Trümmern liegt;
Hier von des Coliseums Riesenbau,
Ein würdig Grabmal alter Herrlichkeit, ...
Und von Pompeji auch und Herculanum
Wo, wann in eines Weisen Schrift der Wandrer
Ergänzt den abgebrochenen Gedanken,
Der überraschte Geist kaum wagt zu scheiden
Das Gestern vom verflossenen Jahrtausend;
Hier aus dem Land der Fabeln und der Wunder
Vom fernen Orient ein Marmorbild,
Das einst Palmyra's prächt'ge Hallen schmückte;
Die Sphinx dort von des Nils entfernten Ufern;
Und hier von jenem Schlosse in Paris,
Das einst, in wenig Stunden niederstürzend,
Durch seinen Fall dem staunenden Europa

Das Zeichen gab zu nie geseh'nen Kämpfen;
Dort Reste noch von einem schott'schen Schlosse;
Und da ein Stein von jenem kleinen Hause,
In dem der große Mann das Licht erblickte,
Der einst den Gang der himmlischen Gestirne
Auf neue Weisen uns erklären sollte.
Allein ist gleich noch Vieles zu erzählen
Von dem, was hier der Sinn für Kunst vereint, –
Der Führer winkt, das Innre auch zu schauen.

Hier folgen wir der Beschreibung, die uns Gräfin Potocka in ihren Memoiren vom ›Gotischen Haus‹ und seinen darin verwahrten Schätzen gab:

»... Ein anderer Bau, den man das ›gothische Haus‹ nannte, ist von ganz anderer Art, in ihm ist der flämische mit dem maurischen Stil aufs glücklichste vereint. Man könnte meinen, der Bau wäre zu verschiedenen Zeitepochen immer wieder neu begonnen und endlich in geschmackvollster Weise vollendet worden. Die Fürstin hat ihn mit Erinnerungen aus aller Herren Länder angefüllt...

Neben einer Haarflechte der Agnes Sorel in einem prachtvollen Krystallbehälter, der mit Edelsteinen inkrustirt ist, sieht man eine unförmliche Schale, welche bei der Salbung der Czaren von Rußland benutzt und aus Moskau von unseren Soldaten mitgenommen wurde. Unter einem herrlichen Porträt Raphael's, von ihm selbst gemalt, steht ein Ruhesessel Shakespeare's; nicht weit davon ein Tisch, einst im Besitz Voltaire's, dessen goldener, schön ciselirter Schlüssel ein Schubfach öffnet, in welchem Schätze ohne Zahl aufbewahrt sind. Zunächst eine Sammlung von Briefen berühmter dem Zeitalter Ludwig XIV. angehöriger Männer, unter anderen ein schöner Brief Turrenne's, von ihm eigenhändig kurz vor seinem Tode geschrieben; ein kleines Büchelchen in altem defektem Einbande enthält Befestigungspläne, welche Vauban entwarf und dem Herzog von Burgund dedicirte. Autographen von sämmtlichen Königen Frankreichs von Franz I. bis auf Napoleon; ein Gebetbuch der La Vallière und eine Menge Merkwürdigkeiten, die man bedauert, nur flüchtig in Augenschein nehmen zu können.

Das Gotische Haus zu Puławy

Die Mauern des Gebäudes sind über und über mit alten Inschriften bedeckt, deren Inhalt Beziehung zur Geschichte Polens hat. Die Fürstin war damals gerade mit der Abfassung eines Kataloges ihrer Schätze beschäftigt. Auch werden jetzt Kupferstiche von den hervorragendsten Sachen angefertigt. Es ist dies eine umfangreiche Arbeit; sie beweist, wie eingehend die Fürstin die Geschichte der Länder, deren Reliquien sie sammelte, studirt hat. Auch die französische Revolution hat das ›gothische Haus‹ bereichert. Es war ja die Zeit, da die alten Erinnerungen zu herabgesetzten Preisen losgeschlagen wurden! Die Gräfin Sophie Zamoyska, Tochter der Fürstin, die sich zu dieser denkwürdigen Zeit in Paris aufhielt, hat Erwerbungen gemacht, die heut zu Tage unbezahlbar sind.

Ich kann das Interesse, das Vergnügen kaum schildern, welches man der Berichterstatterin entgegenbrachte; hatte sie doch ihr Leben verwendet, um diese Reliquien zu sammeln. Sie selber machte den Cicerone und wußte jedem Gegenstand, den sie zeigte, eine wunderbare Legende beizufügen.«

Der Turm im Garten von Prillwitz

Gleichzeitig mit solchen gotischen Häusern entwickelte sich ein verwandtes Gebilde von mehr burgenhaftem Charakter. So gleicht der kubische Turm im Garten von Prillwitz wahrhaft einer Turmburg. Ihn hatte Herzog Carl von Mecklenburg-Schwerin nahe den Resten einer mittelalterlichen Anlage errichten lassen, nachdem er im Jahre 1795 Prillwitz, dessen Geschichte bis in das 13. Jahrhundert reicht, als zukünftigen Sommersitz für seine Familie gekauft hatte, wo er in der Folge großartige Gartenanlagen im Stile des englischen Landschaftsparkes schuf.

Die Rossel auf dem Niederwald

In der vorzüglich von dem Burgenerlebnis bestimmten Rheinromantik, und insbesondere in den Briefen und Dichtungen der Geschwister Brentano und ihres Freundes Achim von Arnim, die eine starke und langanhaltende Wirkung ausüben sollten, stellt »Osteins Felsenburg«, die Rossel, ein wuchtiger, gedrungener Turm mit Anbau, auf dem Niederwald oberhalb von Rüdesheim so etwas wie einen Fixpunkt dar. Diese künstliche Turmruine liegt in einem 1776–1777 von dem in Geisenheim residierenden Grafen Ostein – Verwandtem des gleichnamigen Mainzer Kurfürsten – geschaffenen Naturpark, der zu den frühesten Anlagen dieser Gattung auf dem Kontinent gehört. Die Turmanlage befindet sich auf der äußersten Spitze eines Felsgrates, hoch über dem Rhein – 265 Meter über dem felsigen Flußbett des ›Binger Loches‹ – und zeichnet sich durch den vielleicht herrlichsten Blick am Mittelrhein aus. Dieser Meinung war auch der junge Jacob Burckhardt, der in einem Brief vom 15. April 1841 an seinen Freund Eduard Schauenburg schreibt: »... Dort hatte ich eine Aussicht, die ich an poetischem wie an malerischem Wert dem Herrlichsten und Prachtvollsten gleichstellen muß, was ich je gesehen...«

Die Ritterburg im Schloßpark Machern

Ähnlich wie auf dem Niederwald die Rossel, erscheint eine Ritterburg auch unter den zahlreichen Stimmungsträgern im Garten von Schloß Machern – einer ehemaligen Wasserburg – im Raume von Leipzig. Bei der Anlage dieses um 1760 im Auftrage derer von Lindenau begonnenen größten Landschaftsparkes von Sachsen, in der die sentimentalisch-romantische Richtung der Gartenkunst zum vollendeten Ausdruck kam, waren der Kondukteur I. E. Lange aus Leipzig und der preußische Bauinspektor Ephraim Wolfgang Glasewald tätig, die beide ein Buch über diese Schöpfung verfaßt haben. Glasewalds ›Beschreibung des Gartens zu Machern‹ von

Die Ritterburg im Park von Machern

1799 enthält unter seinen Plänen und Entwürfen auch eine genaue Darstellung der von ihm entworfenen Ritterburg, die – heute Teil eines Gartentheaters – noch nahezu in der alten Form und Ausstattung erhalten ist. Diese zeitgenössische Beschreibung gibt in ausgezeichneter Weise Aufschluß über die Gefühlsregungen, die eine solche Anlage damals auslösen sollte: »... Man dünkt sich hier in jene finsteren Jahrhunderte des Faustrechtes versetzt, die bei aller Barbarei doch ein ungemeines Interesse haben! Diese Ritterzeiten, welche in den Fortschritten jedes Volkes zur Cultur vorkommen, bleiben immer eine merkwürdige Erscheinung der Menschennatur. Wir sehen den kraftvollen Ritter selbst handeln, seine Thaten fließen aus seinem persönlichen Charakter. Die zunehmende Cultur hat diese Persönlichkeit verwischt und die öffentliche Meinung an ihre Stelle gesetzt. Jetzt wird es uns oft unmöglich zu bestimmen, ob eine Handlung aus dem Charakter des Handelnden oder aus der öffentlichen Meinung entspringt, der er wider Willen huldigt...«

In dieser Anlage sind alle damaligen Möglichkeiten beschworen, um die Einbildungskraft in Bewegung zu setzen und die für erforderlich gehaltenen sentimentalischen Schauer hervorzurufen. In einer künstlich gemauerten Felswand dient ein gotischer wie in die Felswand gehauener Bogen als Eingang zur Burganlage. Man muß zuerst eine Grotte durchqueren, die in Felsen eingehauen scheint. Das Gewölbe ist durch ein Gittertor abgeschlossen, durch das man in einen sich krümmenden, dunklen, nur schwach von oben beleuchteten Gang schaut. Der »schauerliche Eindruck« wurde früher noch dadurch erhöht, daß, sobald man sich der Tür näherte und auf die Stufen des Eingangs getreten war, »das eiserne Gittertor von selbst und mit einem Geprassel aufsprang, so daß die Wände furchtbar widerhallten«. In diesem Gang fehlte es nicht an den notwendigen ritterlichen Ingredienzien in Gestalt eines in Stein gehauenen Ritters sowie einer Mauernische mit einem Altar aus einer rohbehauenen Granitplatte. Ein Kruzifix, ein Totenkopf und ein altes deutsches Ritterschwert sollten die Tapferkeit und fromme Schwärmerei der alten Zeit vergegenwärtigen. Elf Stufen führen in eine Vorhalle in »altgothischem Stil«. Hieran schließt sich ein kleines Vorgewölbe, in dem sich eine Treppe befindet, die in den unteren Raum eines Turmes führt. Zwei Falltüren verschließen eine tief ausgemauerte Höhlung, das obligate Burgverlies. Nach oben schafft die Treppe die Verbindung zu den oberen Geschossen. Im ersten Stockwerk liegt ein einfaches Zimmer mit bunten Glasfenstern, während das zweite Stockwerk von dem Rittersaal eingenommen wird, dessen dreifach gekuppelte Spitzbogenfenster ebenfalls schöne Glasmalereien enthalten. Das Zimmer im dritten Stockwerk ist mit einer Holztäfelung bekleidet.

Dieser Turm sollte vorzüglich ein Erinnerungsmal sein, das »die Erinnerung der Vorzeit so lebendig in uns hervorbringt, und unsere Phantasie mit den reizenden Bildern des rauhen aber biederen Ritteralters anfüllt, mit welchen unser Jahrhundert einen so gewaltigen Contrast macht. Die großen Kraftäußerungen jener Menschen, die Energie ihres Charakters, die Resignation, mit welchen sie oft handeln, ist leicht fähig und zu ihrem Vorteil zu bestechen, aber doch gewinnt die sanftere Cultur unseres Jahrhunderts bei dem Vergleich. Zwar hat sie mit der Rauhigkeit des Menschen einen Theil ihrer Kraft hinweggenommen, aber sie hat uns schadlos gehalten, indem sie Talente geweckt und Fähigkeiten entwickelte, die man damals nicht ahndete. Die schönen Künste und die Philosophie haben uns die Sonne des Humanismus heraufgeführt bei deren wohltätigem Licht jene rohen Zeiten in den Schatten zurücktreten...«

Der Schillerturm in Herrnsheim

Die Überlieferung will Friedrich von Schiller mit einem Turm, dem Schillerturm, im Park von Schloß Herrnsheim bei Worms, ehemals der Stammsitz der berühmten Familie derer von Dalberg, in Verbindung bringen. Dort soll der Dichter nach seiner Flucht aus Stuttgart zeitweilig gewohnt haben. Diese Legende mag ihren

Ursprung in der Tatsache haben, daß ein Mitglied der Familie, der Mannheimer Theaterintendant, Wolfgang Heribert von Dalberg, das erste Drama Schillers, ›Die Räuber‹, an seiner Bühne im benachbarten Mannheim uraufgeführt hat.

Dieser, der ehemaligen mittelalterlichen Befestigung von Herrnsheim zugehörige Turm wurde bei der Neugestaltung des Schloßparkes durch Friedrich von Sckell um 1815 in sehr freier Weise restauriert und dabei mit einem spitzbogigen Portal und vierzehn prachtvollen Schlußsteinen aus dem abgebrochenen doppelgeschossigen Kreuzgang des Wormser Domes ausgestattet. Die Schlußsteine erwarb in den sechziger Jahren dieses Jahrhunderts das Badische Landesmuseum für seine Skulpturensammlung, während der eigentliche und ursprüngliche Inhalt des Turmes, eine von dem Duc Emmerich Joseph von Dalberg (1773–1833) zusammengetragene Sammlung von Handzeichnungen und Kupferstichen, schon im 19. Jahrhundert aufgelöst worden ist, als die letzte weibliche Erbin aus dem Hause Dalberg einen englischen Adeligen heiratete. Der Besitz wurde an die neugeadelten Freiherren von Heyl verkauft, die ihn nach dem Zweiten Weltkrieg an die Stadt Worms veräußert haben. Diese hat das durch die Nachkriegsereignisse stark herabgekommene Schloß in vorbildlicher Weise wiederhergestellt und ebenso die ursprünglich geplante Aufsiedelung des Parkgeländes verhindert. Ehemals lag diese am Rande des Dorfes befindliche Anlage eingebettet in die sie umgebenden Felder – ein Landschaftserlebnis besonderer Art, das heute durch neue Wohnbauten viel von dem ursprünglichen Reiz verloren hat.

Die ›Burg‹ in Wilhelmsbad

Bedeutsamer für die Zukunft ist die schon erwähnte ›Burg‹ im Park von Wilhelmsbad bei Hanau geworden – Teil einer Kuranlage unweit der alten Residenzstadt der Grafen von Hanau, die nach dem Aussterben des Geschlechtes an Hessen-Kassel übergangen war. Glückliche Umstände haben diese reizvolle Schöpfung aus dem Ende des 18. Jahrhunderts in nahezu unveränderter Gestalt auf uns überkommen lassen. Diese Anlage, die sich sehr rasch inmitten eines englischen Parkes zu einem Treffpunkt der Großen Welt entwickelt hatte, besteht recht eigentlich aus zwei architektonischen Zentren – den Kurgebäuden für die Badegäste in Gestalt eines Art Badeschlosses mit Pavillons und der ›Burg‹, einer künstlichen Ruine, die damals der Wohnsitz des Gründers von Wilhelmsbad war, des Kurprinzen Wilhelm von Hessen und nachmaligen Landgrafen Wilhelm IX. von Hessen-Kassel.

Der gesamte Komplex enthält außerdem noch eine ganze Anzahl von Staffagen, von denen manche, wie die Kettenbrücke und die Einsiedelei, an ähnliche in Wörlitz erinnern. Ein Meisterwerk der Ingenieurbaukunst jener Tage stellt das Karussell dar, die einzig erhaltene Anlage mit Wagen und Pferden aus jener Zeit. Als ein weiteres kostbares Vermächtnis gesellt sich noch ein Scheunentheater dazu, das seit jüngster Zeit wieder bespielt wird.

Kurprinz Wilhelm, Sohn von Landgraf Friedrich II. von Hessen-Kassel und dessen Gemahlin Marie, Tochter König Georgs II. von Großbritannien, hatte 1760 nach dem Tode seines Großvaters, des Landgrafen Wilhelm VIII., die Regierung des Hanauer Landes übernommen, wohin er schon früher mit seiner Mutter – nach deren Scheidung von ihrem zum Katholizismus übergetretenen Gatten – übergesiedelt war. Durch seine Mutter hatte der Kurprinz eine sehr sorgfältige Erziehung erhalten, wobei sich die Regentin bemühte, seine historischen und antiquarischen Neigungen zu fördern. Wilhelm war, wie ein seit seiner Jugend bis zu seinem Tode geführtes intimes Tagebuch ›Mémoires de ma vie‹ beweist, eine höchst aktive Persönlichkeit, eine stark sinnliche Natur, die zu keinem Augenblicke untätig sein konnte. Er las sehr viel, schrieb selbst kleine lokalhistorische Abhandlungen und besaß einen ausgesprochenen Sammlersinn, vornehmlich für Medaillen und geschnittene Steine. Diese Passion war es auch, die ihn in eine erste Berührung mit Meyer Amschel Rothschild, dem Stammvater der berühmten Finanzdynastie Rothschild, gebracht hat. Das sollte später zu einer ständig sich verstärkenden Geschäftsverbindung führen, die Wilhelm IX. schließlich zu einem der reichsten Fürsten Europas werden ließ, der nicht nur die nordischen Länder, sondern auch das Haus Österreich zu Schuldnern hatte. Wilhelm war das, was man einen geschäftstüchtigen Fürsten nennen darf, und Wilhelmsbad verdankt sicher seine Entstehung ebensosehr merkantilen Erwartungen wie der Bauleidenschaft des Prinzen. Jedenfalls sah er sich in seinen Hoffnungen nicht enttäuscht, denn das kleine Bad kam so rasch in Flor, daß sehr bald Erweiterungen der baulichen Anlagen notwendig wurden. Zu dem rasch ansteigenden Besuch dürfte nicht zuletzt die Neugierde der Kurgäste beigetragen haben, seine für die damalige Zeit höchst eigenartige Wohnung kennenzulernen.

Wilhelm, der nach dem Brauche seiner Zeit schon sehr jung eine der üblichen Fürstenehen geschlossen hatte, vertrug sich auf die Dauer nicht mit seiner Gemahlin, Karoline von Dänemark, deren frigide Natur die starke Sinnlichkeit des Prinzen nicht zu befriedigen vermochte, so daß es sehr bald zu einer Entfremdung kam. Wilhelm suchte Ersatz bei seinen Favoritinnen, mit denen er zahlreiche Kinder zeugte, deren Wiege in dieser Frühzeit nicht selten in Wilhelmsbad gestanden hat. Die Geschlechter Haynau und Heimrod stammen beispielsweise aus solchen Verbindungen; Kinder, die nachmals ohne Schwierigkeiten auf seinen Wunsch hin legitimiert und geadelt wurden, weil Wilhelm die Adelstitel – als Entgelt für den teilweisen Verzicht auf Darlehen, die er dem Kaiser gegeben hatte – eintauschte.

Wahrscheinlich haben auch solche Romanzen zur Schöpfung der ›Burg‹ mit beigetragen, wie überhaupt Eros, dem bei der Anlage vieler ›maisons de plaisance‹ des 17. und 18. Jahrhunderts eine besondere Rolle zugefallen war, trotz aller vorgegebenen eremitischen Neigungen und Vorwände auch jetzt seine Herrschaft zu behaupten vermochte.

Nachdem der Kurprinz anfänglich in einem der Pavillons der Kuranlage gewohnt hatte, begann in ihm der Wunsch nach einem eigenen privaten Domizil zu reifen. Im Juli 1781 war die ›Burg‹ vollendet, so daß Wilhelm am 21. Juli erstmals in seiner intimen Sommerresidenz nächtigen konnte, bei welcher Gelegenheit er in seinem Tagebuch vermerkt: »Es war damals, daß ich zum ersten Mal die Annehmlichkeiten des Lebens genoß, das Glück, dessen die Fürsten so selten teilhaftig werden und das man an den Höfen nicht findet, weil man von den Günstlingen beobachtet und von den Höflingen belauscht wird... nunmehr befand ich mich in der Mitte eines Waldes ganz allein, ohne Minister, ohne Günstlinge, um die Klagen eines jeden (Untertans) selbst zu hören, um selbst mit eigenen Augen zu sehen. Diese Einsamkeit und die Art abgesondert zu leben, mißfiel allen denen, die nur wollten, daß ich durch ihre Augen sehe und durch ihre Ohren höre...«

Die ›Burg‹ war die Verwirklichung eines romantischen Traumes, die Schaffung eines Fluchtortes und einer eigenen kleinen Welt, in der sich der Fürst frei von Zwang und Etikette bewegen konnte. Eine für jene Epoche charakteristische Beschreibung – eine von vielen – findet sich im ›Teutschen Merkur‹ von 1785 mit dem Titel: ›Aus dem Briefe eines Reisenden, Hanau und Wilhelmsbad‹:

»Dieser Thurm ist erst vor einigen Jahren neu gebauet, und dabei gar meistermäßig alles angebracht worden, was nur immer dazu dienen kann, um Täuschung zu bewirken. Die Steine sehen ganz verwittert und so aus, als ob der Zahn der Zeit schon viele Jahrhunderte lang daran genaget hätte; hier ist eine Spalte, dort eine Lücke, hier schon Steine herabgefallen, dort scheinen sie den augenblicklichen Einsturz zu drohen, wenn sie nicht noch durch Moos, Epheu, und einiges aus den Mauren heraus gewachsenes halb grünes und halb dürres Gesträuche gehalten würden. Um die Illusion noch mehr zu vergrößern, so stehet dieser Thurm mitten zwischen alten Eichen, die schon Jahrhunderte durch den Stürmen und Winden getrotzet haben. Diese Bäume hat man ganz nahe um ihn herum stehen lassen, ein Einfall, der seinem Erfinder Ehre machet, ohngeachtet sie freylich wohl, wie man leicht denken kann, bey dem Bau selbst mögen sehr hinderlich gewesen seyn. So gar das Schilderhäusgen bestehet aus einer alten hohlen Eiche, ein Gedanke, der ebenfalls meinen ganzen Beyfall hat. Ein kleines schön roth gefärbtes modernes Bretter-Häuschen würde mit diesem alten ehrwürdigen Gebäude einen gar ärmlichen Kontrast gemachet, und auch schon auswärts zum Theile dasjenige verrathen haben, was man erst inwendig selbst entdecken soll. Ueberhaupt haben mir, um es nur im Vorbeygehen zu sagen, diese bunte ärmliche Häuserchen vor großen Pallästen nie behagen wollen, wo dergleichen erforderlich ist, müssen sie in Nischen von Mauern oder sonst auf eine andere schickliche Art angebracht werden.

Wenn man nun vollends in dieses von außen so alt, wild und verfallen aussehende Gebäude hinein tritt; so wird man auf eine unbeschreiblich angenehme Art überraschet, und ist für süßem Entzücken außer sich; man glaubt wirklich in ein bezaubertes Feenschloß, in die Wohnung der Elfenkönigin zu kommen, und es machet das Innere mit dem Aeußeren den vollkommensten auffallendsten Kontrast, der sich nur immer denken lässet. Man kömmt in prächtige Zimmer, welche mit äußerster Eleganz im neuesten englischen Geschmacke meubliret, und eben so schön als bequem eingerichtet sind. Ein gewisses darin herrschendes Clairobscur, welches die Gegenstände ohngefähr so, wie Gaze das Antlitz der Schönen verschleiert, machet alles dieses noch anziehender. Hier ist es, wo der Durchlauchtigste Erbauer im Sommer diejenige Stunden, welche Ihm von ernsteren und mühsameren Regierungsgeschäften noch übrig bleiben, den Musen widmet, welche Er liebet, und von ihnen wechselweise geliebet wird, und welches man deswegen mit Recht Sein philosophisches Sanssouci nennen könnte. Nicht leicht wird man einen angenehmeren und zweckmäßiger eingerichteten Sommeraufenthalt finden, wie eben diesen; wo das Kühle der Grotte mit dem Schönen und Bequemlichen des Pallasts so schön gepaaret ist, wo man mitten unter tausend Menschen sich in der tiefsten Einsamkeit befindet, und wo schon das gedämpfte Sonnenlicht die Seele der Rückkehre in sich selbst empfänglicher machet. Aus dem untern Stocke stieg ich in das zweite, und so wie ich höher hinauf kam, wuchs auch mein Erstaunen. Hier kam ich auf einmal in einen Saal, der selbst zu Versailles, und in dem neuen Palais bey Potsdam noch schön heißen würde; der wenn er schon nicht, wie manche in jenen Königshäusern, mit gehäuften Verzierungen und Dorüre überladen ist, dennoch durch seine mit geschmackvoller Eleganz verbundene edle Einfalt für den Kenner nur desto anziehender wird. So wie die schöne Schäferin im leichten reinlichen Gewande, mit ihrem einfachen Bande und der Rose im Haare fast immer besser, wie die von Gold- und Silberbrocade starrende, fein schön gemahlte à la Herison frisirte Hofdame gefället.

Der Saal ist ziemlich geräumig, und nimmt das ganze Innere des Thurms ein, die Zeit war zu kurz um alle einzelne Schönheiten dieses herrlichen Gemachs genau zu betrachten; doch fiel mir gleich auf den ersten Blick die hieher sehr passende und wohlangebrachte Decoration auf: daß der ganze Saal mit den Brustbildern der Hessischen Fürsten, von Landgraf Philipp dem Großmüthigen an, bis auf das gegenwärtige Haus, en Medaillon in Basrelief gemahlet, ausgezieret war; eine Gallerie, bey der jedem Hessischen Patrioten das Herz hoch aufschlagen muß...«

Anregungen zu dieser Anlage mag sich in gemeinsamen Überlegungen mit dem Prinzen sein Baudirektor Franz Ludwig Cancrin in England geholt haben, woher ja auch die Mutter des Prinzen stammte, die bereits im Jahre 1766 Sorge getragen hatte, hinter dem alten Hanauer Stadtschloß ein ›bosquet anglois‹ anlegen zu lassen.

›Gothic Pavillons‹, wie sie in einem Musterbuch von 1747 von Batty Langley vorgeführt wurden, hatten sehr rasch in England ihren Niederschlag in damals neu entstehenden gotischen Turmburgen gefunden wie beispielsweise in dem von Sanderson Millar 1747 nach dem Typus normannischer Keeps erbauten Hagley, das nach dem Urteil des Schöpfers von Strawberry Hill, Horace Walpole, »the true rust of the Baron's« war, oder in Edgehill (1746) und Shrubs Hill (1772).

Cancrin hat in seinen Entwurf als besonderes Element das

Wasser einbezogen, indem er die Anlage auf einer künstlichen Insel erstellte, die durch Stauung des den Park durchfließenden Braubaches entstanden war. Da die ›Burg‹ nur für die engste Umgebung des Prinzen Platz bot, hatte Cancrin auf einer zweiten der Burgruine benachbarten Halbinsel einen weiteren kleineren Turm zur Aufnahme von Küche, Keller und Wirtschaftsräumen geschaffen, während die Dienerschaft in einem kleinen, im Zweiten Weltkrieg zerstörten Blockhaus untergebracht war.

Entsprechend den englischen Turmburgen hat Cancrin dem Grundriß der Burg im Untergeschoß die Form eines Quadrates gegeben, an das an den Ecken vier schräg gestellte, wie Reste von Burgmauern wirkende kleine Vierecke angefügt sind, die die Spitzen der Ecken des Hauptquadrates abschneiden. Oberhalb des sonst ungegliedert emporragenden Erdgeschosses, das innen durch ein viereckiges gewölbtes ›Verlies‹ abgeschlossen wird, verändert sich die Gestalt des Gebäudes, denn aus dem kastenförmigen Unterbau wächst ein mächtiger trommelförmiger, über einem Kreisgrundriß aufsteigender Turmaufbau bis zur Höhe einer Plattform empor. Von den Eckbauten des Untergeschosses enden drei oberhalb des Erdgeschosses in Dachterrassen, während der vierte eine Wendeltreppe enthält, die bis zum Obergeschoß begehbar ist; im Innern des Hauptturmes führt dann über die Kuppelwölbung eines dort gelegenen Saales eine Holztreppe bis zur Plattform. Sowohl die Eckbauten wie der Turm haben einen den Verfall vortäuschenden Abschluß, wobei der Eindruck des Ruinösen durch den nur unvollständig hochgemauerten, auf Rundbogen vorkragenden Zinnenkranz noch vermehrt wird. Während die Außenfront solchermaßen den Anschein einer Ruine erweckt, war die Innenausstattung in dem damals modischen Louis-seize gehalten – ein Überraschungsmoment, wie man es auch in den 1774 entstandenen ›Englischen Anlagen‹ von Hohenheim bei Stuttgart angewandt hatte, wo man – wie es in einer zeitgenössischen Beschreibung heißt – »erstaunt aus täuschenden Ruinen, aus zerbröckelten Felsstücken und hängenden Gemächern sich auf einmal in glänzende Prachtzimmer versetzt« findet. Allerdings waren diese Anlagen Staffagen in dem von Herzog Karl Eugen von Württemberg geschaffenen Park, während die ›Burg‹ von Wilhelmsbad als Sommerresidenz und Wohnung diente.

Das Erdgeschoß wird im Innern durch Zwischenwände in drei rechteckige Zimmer geteilt, wozu sich in zwei der Eckbauten noch kleine quadratische Zimmer gesellen; in dem Anbau gegenüber der Wendeltreppe liegt ein runder Raum. Ein vorgetäuschter Einbauschrank im größeren südlichen Zimmer kaschiert eine Tür und ermöglicht den Zugang zum südöstlichen Anbau, so daß der Prinz bei Bedarf Personen unauffällig vorübergehend verschwinden lassen konnte. Der ›Schrank‹ ist der leider letzte Rest des Ameublements, das nach den Untersuchungen von Gerhart Bott durch einen Straßburger Bürger, Philippe Antoine Ferrier, beschafft worden war. Nur einige schöne Stücke des ehemaligen Mobiliars befinden sich heute in den städtischen Sammlungen von Hanau und in Schloß Fasanerie bei Fulda im Besitz der Nachfahren des Hauses Hessen-Kassel. Es war eine höchst elegante Einstimmung auf die dekorativ ausgestatteten Räume mit verzierten Stuckdecken mit Akanthusformen in den Ecken und weitschwingenden zopfigen Girlanden und üppigen Rosetten in der Mitte. Einen Höhepunkt bildet der große, runde, von einer Kuppel überwölbte Saal im Obergeschoß. Bis zum Ansatz der Kuppel ist der Saal vollkommen mit Holz verkleidet. Sechzehn Pilaster tragen auf prächtigen Kompositkapitellen ein Gebälk mit Zahnschnitt, über dem sich die Kuppel erhebt. Acht Wandfelder zwischen je zwei nebeneinanderstehenden Pilastern zeigen über einer Sockelzone mit einer Girlande geschmückte Felder. Die Mitte des gerahmten Feldes ist jeweils mit einem ovalen Medaillon, mit auf Kupfer gemalten Porträts en grisaille, besetzt. Zwischen diesen Wandfeldern liegen Nischen. In einer sitzt die Tür zum Treppenturm, sechs andere tragen Fenster, wobei die vier Fenster zwischen den Seitentürmen einen Ausblick in die Hauptachsen der Windrose bieten; die südliche auf die vom Erbprinzen angelegte, schnurgerade vom benachbarten Schloß Philippsruhe zur ›Burg‹ führende ›Burgallee‹. Gegenüber der Eingangstür befindet sich bündig mit der Wandfläche ein großer Spiegel, unter dem ehemals ein Kamin saß. Die Pilaster setzen sich in der Zone der Kuppel in Rippen fort, die Zwischenfelder sind mit aufgemalten, plastisch wirkenden Rosetten auf blauem Grund geziert. Die mit Stuck verzierten Rippen stoßen im Scheitel der Wölbung an eine große kreisförmige Rosette, die von Perlstäben, einem Eierstab und Akanthusblattspitzen umzogen wird und in der Mitte, nach einem zweiten Blattkranz, eine Spirale von gleichen Blattformen bildet. Eine auf- und niedersteigende Girlande umzieht den Rand der Kuppel und umfährt acht ovale, wenn auch etwas größere Medaillons mit Porträtdarstellungen in gleicher Art wie die auf den unteren Wandfeldern. Insgesamt zieren den heute leider ziemlich verwahrlosten, in Restaurierung befindlichen Saal sechzehn in kunstvoll geschnitzte Rahmen eingefaßte Medaillons in Grisaillemalerei, die Vorfahren und nächste Verwandte des Erbprinzen darstellen, so daß Wilhelm im Saale sich im Kreise seiner Ahnen und Verwandten befand – in einer Galerie, wie sie seit dem Ausgang des Mittelalters bei den fürstlichen Geschlechtern üblich war. Allerdings ist die Wilhelmsbader eine ›künstliche‹ Ahnengalerie, eine von dem Hanauer Hofmaler Anton Wilhelm Tischbein zum Teil nach Vorlagen geschaffene Sammlung von Porträts, im Unterschied zu den natürlichen, im Laufe der Generationen gewachsenen Bildnissammlungen. Es ist bezeichnend, daß gerade in der Zeit der Romantik, da man sich bewußt mit der Vergangenheit konfrontiert, solche künstlichen Galerien häufiger entstehen.

Die Wilhelmsbader Reihe beginnt mit Landgraf Philipp dem Großmütigen von Hessen, der unter seine Ahnen die heilige Elisabeth von Thüringen zählen durfte, die den Landgrafen Ludwig IV. von Thüringen und Hessen geheiratet hatte; ihre Tochter aus dieser Ehe vermählte sich dem Grafen

Heinrich von Brabant; deren Sohn Heinrich, ›das Kind von Brabant‹, wurde nach der Teilung von Thüringen und Hessen im Jahre 1265 der erste Landgraf von Hessen, der in Kassel seine Residenz nahm. Seine Nachfolger haben das Erbe – trotz zweimaliger, allerdings sehr rasch wieder aufgehobener Teilungen in zwei Linien Hessen-Kassel und Hessen-Marburg – fleißig zu mehren gewußt, bis es dann nach dem Tode Philipps des Großmütigen (1509-1567), als Folge seiner legitimierten Doppelehe, zu einer erneuten Teilung der hessischen Erblande kam.

In Wilhelmsbad erscheinen in der oberen Reihe die älteren Vorfahren des Erbauers von Philipp dem Großmütigen (gest. 1567) bis auf Friedrich I., der seit 1720 auch König von Schweden war, während die untere Reihe mit den nächsten Vorfahren des Erbprinzen, mit Wilhelm VIII., seinem Großvater, beginnt und bis zu seinen Brüdern reicht. Bezeichnenderweise enthält dieses Programm nur die Linie Hessen-Kassel, die gegenüber dem jüngeren hessen-darmstädtischen Zweig stets den Vorrang in bezug auf Anciennität vertreten hat, woraus nicht selten Spannungen zwischen den beiden verwandten Häusern resultierten.

Löwenburg auf der Wilhelmshöhe

Jene ›Burg‹ von Wilhelmsbad bildete gleichsam nur die Ouvertüre für eine ähnliche, jedoch umfassendere Anlage, die der Erbprinz nach seinem Regierungsantritt als Wilhelm IX. im Park der Kasseler Sommerresidenz Wilhelmshöhe – die heutige Löwenburg – errichten ließ. Dieses romantische Kleinod stellt, trotz teilweiser Zerstörung im letzten Weltkrieg, durch seine Lage und seinen seltsam bizarren Aufbau noch immer das Entzücken sehr vieler Besucher dar, wobei die Innenausstattung durch die Fülle und Verschiedenheit der Kunstwerke eine besondere Überraschung für den Neugierigen bietet.

Ursprünglich hatte der Landgraf beabsichtigt, Schloß

Wilhelmshöhe, um dessen Neugestaltung schon seine Vorgänger bemüht gewesen waren, als ein Ruinenschloß neu erstehen zu lassen – ein Wunsch, der die vornehme Baugesinnung seines Baudirektors du Ry erschrecken mußte. Diesem, der notgedrungen und wider Willen um entsprechende Entwürfe bemüht war, die uns auch überliefert sind, ist es schließlich gelungen, den Landgrafen für eine klassizistische Architektur, das heutige Schloß Wilhelmshöhe, zu gewinnen.

Der Landgraf, in diesem Falle um eine Lieblingsidee betrogen, war keineswegs gewillt, für Dauer auf die Verwirklichung seiner romantischen Bauidee zu verzichten. In dem jungen Architekten Heinrich Christoph Jussow (1754-1825), den er zur Förderung seiner Ausbildung in den Jahren 1784 bis 1787 nach England geschickt hatte, fand er den Mann, der gewillt war, seinem Wunsche nach einer Burg Rechnung zu tragen, um dort das ritterliche Leben der Vorfahren Wilhelms zu beschwören. Noch während des Schloßneubaus lieferte Jussow 1790 die ersten Entwürfe zu der späteren Löwenburg.

In diesem Zusammenhang ist die Tatsache interessant, daß reiches Planmaterial aus dem Nachlasse von Jussow in den Kasseler Kunstsammlungen verschiedene von ihm gefertigte malerisch aufgefaßte Ansichten von zwei hessischen, im Kasseler Raum befindlichen Burgruinen – Jesberg und Löwenstein unweit Fritzlar – enthält, die ganz offensichtlich mit ihren Türmen dem Architekten als Anregung dienen sollten. Zeigen doch die ersten Entwürfe für die Löwenburg ebenfalls nur einen stattlichen Turm ähnlich wie in Wilhelmsbad, wobei sich in einem der Projekte noch ein kleiner, am Sockelgeschoß des Turmes befindlicher Vorbau mit fünf gotischen Bögen als eine Art Vorhalle hinzugesellt hat. Bei einem anderen Projekt erscheinen die beigefügten Zubauten in einem ruinösen Zustand, und zwar links vom Turm eine zweite, kleinere Turmruine und rechts eine Ruine in quadratischer Form mit anschließendem Mauerrest – Kulissen, die wahrscheinlich wie in Wilhelmsbad die Wirtschaftsräume aufnehmen sollten.

Was den Standort anging, so einigte man sich nach mannigfachen Überlegungen schließlich auf den heutigen Platz: »Die vorzügliche schickliche Lage des Platzes über dem Thiergarten, wo ehemals ein Steinbruch gewesen und die Schöne Aussicht, die man dort findet, veranlaßten Serenißimum diesen Ort zu wählen, um daselbst ein Gebäude nach der Form der alten gothischen Schlösser erbauen zu lassen, und es, da es auf Felsen gegründet war, Felsenburg zu benennen«, schreibt Strieder, Zeitgenosse des Erbauers und eine Art Historiograph der Wilhelmshöhe.

Als Ergebnis der immer weiter ausgreifenden Pläne des Fürsten hat die geplante Turmburg sich schließlich zu der heutigen, einen Hof umschließenden Vierflügelanlage entwickelt. »Dieses Gebäude, das, der ersten Idee nach nur durch Vorstellung einer alten Warte und weniger Reste zerfallener Mauern die Erinnerung der verflossenen Zeiten zurückrufen sollte, ist seit dem Anfange seines Baues bis zu einer beträchtlichen Größe erweitert worden, in dem des Herrn Landgrafen Hoch-Fürstliche Durchlaucht jene erst von Höchstdemselben mit so glücklicher Auswahl des Platzes, gefaßte Idee in die eines ganzen gotischen Bergschlosses umzuschaffen gnädigst geruhet haben.« (Strieder)

Nachdem die Fragen des Planes und Platzes im Jahre 1793 geklärt waren, in dem gleichen Jahre, in dem die jungen romantischen Dichter Tieck und Wackenroder in das Land der Franken fuhren, wurde im November mit dem Aushub der Fundamentgräben begonnen und am 2. Dezember der Grundstein gelegt. »Ende 1794 war der große Thurm, zwey daran stoßende Zimmer mit einem abgebrochenen Thurm, die Küche, die Thürmerswohnung und das daranliegende Thor zum Theil, in Ansehung der Mauerarbeit zustandegekommen; nicht weniger an der Bergseite der Felsen von der darauf liegenden Erde mehr entblößt und bis ins Thal hinunter mit der Treppe versehen worden.« (Strieder) Doch erst 1796 wurde der im Zweiten Weltkrieg nahezu zerstörte Bergfried endgültig im Ausbau vollendet, der, wie sein Vorläufer in Wilhelmsbad, ebenfalls rund war, aber schon gotische Fensterformen zeigte, die bei jenem noch nicht vorhanden waren. In halber Höhe vor dem Rittersaal umlief den Turm ein Balkon mit einem Gitter. Im Erdgeschoß lag vor der Zerstörung der Speisesaal mit einem runden Spiegelgewölbe und kurzen Spitzbogenfenstern. Darüber befand sich in einer Art Zwischenstock die niedrige, flachgedeckte Bibliothek, deren kreisrunde Fenster zwischen den Konsolen des äußeren Umgangs saßen. Hauptraum des Turmes war der darüberliegende Rittersaal, der ein hohes, schönes Sterngewölbe mit birnstabförmigen Rippen hatte. Das niedrige Geschoß über dem Rittersaal hatte man als Adjutantenwohnung in drei Kammern aufgeteilt. Den Abschluß bildete ein achteckiges, spitzes, im Turm versenktes Zeltdach.

Der Ausbau begann im Jahre 1794 mit dem Palasflügel südlich des Bergfrieds, der im Obergeschoß die Wohnung des Landgrafen, im Untergeschoß ein Gästeappartement in Gestalt einer Ritterwohnung enthält. Die Fortführung erfolgte in zwei größeren Abschnitten und zog sich bis zum Jahre 1801 hin, nachdem der Landgraf besorgt war, die Anlage in einen Zustand zu bringen, der ihm gestattete, die Löwenburg als nahezu ständigen Wohnsitz zu benutzen. Es wurde also nicht wie in der barocken Schloßanlage ein Idealplan zugrundegelegt, an dem aus finanziellen Gründen meistens Abstriche gemacht werden mußten, sondern aus einem Kern entwickelte sich hier wie anderwärts ein romantisches Ensemble. So hat man 1795 den Palas noch um einen Flügel nördlich des Turmes erweitert, an ihn schloß sich seit 1798 der ursprünglich nicht vorgesehene Frauenbau zur Beherbergung der Favoritin des Landgrafen an. Der Frauenbau wurde durch die anschließende Vogtwohnung in Verbindung zu dem ruinös gestalteten Nordtor gebracht, während das 1796 vollendete Südtor sich als ein schöner Bau mit fast quadratischem Grundriß darstellt. An das Südtor schloß sich der Küchenbau an, nach dessen Fertigstellung mit der Inneneinrichtung begonnen wurde, die 1798 vollendet war. »Am 29ten August geruhten des Herrn Landgrafen Hoch-Fürstliche Durchlaucht die Burg zu beziehen und am 2ten September des Abend solche illuminieren zu lassen.«

Sehr bald fand ein weiterer Ausbau statt in Gestalt der dem Bergfried und Palas gegenüberliegenden Gebäude der Rüstkammer, des Marstalls und der Kapelle, Arbeiten, die sich bis zum Jahre 1800 hinzogen. Die 1799 vollendete Rüstkammer und der Nordteil des im Zweiten Weltkrieg teilzerstörten Küchenbaues flankieren die Kapelle.

Die durch eine Tonne mit vier Stichkappen überwölbte Rüstkammer enthält eine Sammlung wertvoller Waffen und Rüstungen, darunter auch die des ›Schwarzen Ritters‹, der den Trauerkondukt von Kurfürst Wilhelm I. – Landgraf Wilhelm IX. hatte 1803 die Kurwürde erhalten – anführte.

Bei Errichtung der Kapelle wurden Bauteile von der gotischen Unterneustädter Kirche – die damals abgebrochen wurde – verwendet. Der Innenraum, eine kurze dreischiffige Halle mit Kreuzgewölben, die von vier Rundpfeilern in der Mitte und acht Halbsäulen an den Wänden gestützt werden, zeichnet sich vor allem durch die sehr schönen Glasfenster des Mittelalters und der Renaissance aus, die man teilweise hessischen Kirchen entnommen hat. In der Ausstattung mischt sich Altes mit Neugotischem in einer höchst phantasievollen Weise. Hinter dem Hauptaltar erhebt sich in der halbrunden, mit drei Fenstern versehenen Apsis ein mächtiger Sarkophag mit der lebensgroßen Figur eines schlafenden Ritters; es ist das von J. Chr. Ruhl (1764-1842) geschaffene Grabmal für Kurfürst Wilhelm I., der auf seinen ausdrücklichen Wunsch hin im Jahre 1821 in der darunterliegenden Gruft beigesetzt wurde.

Als letztes wurden nach 1800 Burggarten und Turnierplatz geschaffen; letzteren hat man mit großen Schauterrassen in den Hügelhang südlich der Burg eingebaut, was heute noch in einer Art Freilichttheater erkennbar ist, während die hölzernen Schranken und das reizvolle hölzerne Turnierhaus nur in Abbildungen überliefert blieben. Der 1800 angelegte

Garten mit geschnittenen, regelmäßigen Hecken wurde Ende des 19. Jahrhunderts verändert.

Auch die Löwenburg verkörperte jene Sehnsucht nach einem vermeintlich kraftvolleren Zeitalter, wie sie der hessische Hofpoet, Professor und Rat des Kurfürsten, Casparson, in einem emphatischen Lob der Löwenburg zum Ausdruck gebracht hat: »So sehen wir im Geiste an ihren ungeheueren Massen noch den Geist ihres Schöpfers, wir sehen noch die starken Arme, welche sie in Bewegung setzten, an ihren Mauern, auf ihren Türmen, und noch das Blut derer, welche sie verteidigten. Wir sehen in den Hallen und Gewölben, welche ihre Andacht erbaute, noch schauernd die Gruft eines Ahnherrn, der als Held hier auf dem Schild ruht, der einst seine Heldenbrust deckte, noch ruhet das Schwert an seiner Seite, das einst seine Feinde schlug... Das Auge des Anschauenden steht gleichsam angewurzelt, wie sein Fuß, furchtsam scheint er es zu wagen von der Höhe zu dieser hinauf zu schauen, ein unbekanntes Gefühl treibt seine Brust auf, daß er seine Gestalt gleichsam zu erhöhen und zu erweitern sucht, um das große gantze auf einmal zu fassen. Er verliert sich in der Kühnheit des sie einst bauenden Ritters, sie ist Größe des Geistes und Stärke des Hertzens. Das Innere hier in dem oben zertrümmerten Turm die altreiche Wohnung des Ritters für ihn, für seine Minne, für seinen Gastfreund, für Rittterernst und Spiel... Der anschauende Wanderer gantz staunen, gantz schauen, gantz in die Ritterzeit hineingezaubert – und doch alles, alles Täuschung. Denn Wilhelm IX. gründete die Burg, er führte sie auf. Nicht ist sie aus den alten Zeiten der Heinriche und Hermanne, der Ludewige, der Wilhelme des alten Hessens. Sie ist das Denkmal, welches Größe und Stärke, das Denkmal, welches er denen widmete, die solche auf ihn vererbten. Ruinen werden also in unserem Deutschland unwidersprechlich am schicklichsten Anlagen nach gothischem Geschmack, das bewies Wilhelm der IX., er tats, er lebe!«

Was die Innenräume anbetrifft, so bleibt auch hier die

barocke Wohnvorstellung von Appartements – wenn auch leicht verschlüsselt – mit Antichambre, Salon und Schlafzimmer erhalten. In der Innenausstattung begegnet man auf der Löwenburg wie in Wörlitz der Neigung für Antiquarisches. Nicht die zeitgenössische Mode bestimmt den Stil des Mobiliars, sondern ein vermeintlich mittelalterliches Ambiente, wofür man hessische Schlösser geplündert hat, um die Räume zu füllen. Befand sich doch ehemals hier mehr als ein halbes Tausend Bilder, mit deren Auswahl der Landgraf seinen Hofmaler Johann Heinrich Tischbein d.Ä. beauftragt hatte. Dieses Sammeln in bezug auf die Vergangenheit manifestiert sich auch in den sonstigen Löwenburg-Beständen, sei es in den Möbeln, sei es in Zeugnissen des Kunsthandwerks – Rüstungen, Gläsern, Bronzen und Bildteppichen. Für die Rüstkammer, unentbehrlicher Bestandteil einer solchen Anlage, wurde zwar ein Teil der Ausstattung dem fürstlichen Zeughaus entnommen, aber der größere Teil von einem Nürnberger Kunsthändler, Abraham Wolfgang Küfner, gekauft, nachdem der Fürst eine Erweiterung der Rüstkammer »nach gothischer Art« verlangt hatte.

Die Mehrzahl der Möbel hat man den hessischen Schlössern Wabern und Haydau entnommen, und es ist interessant, daß frühbarocke Möbel schon als »antique« und deshalb als »schicklich« angesehen werden. Da diese Bestände jedoch nicht ausreichten, wurden von dem Hoftapezierer neue Nutzmöbel – darunter auch der Schreibtisch des Landgrafen – »in antiquem Geschmack« angefertigt – zuweilen unter Verwendung von Teilen alter abgängiger Stücke.

Diese neugefertigten Möbel zeigen eine reizvolle Mischung von Elementen des zeitgenössischen Louis-seize mit solchen einer klassizistisch anmutenden Gotik; unter Anspielung auf ihre zukünftige Aufstellung wurden sie mit Löwentatzen, Löwenburgtürmen und ähnlichem versehen. Der Baumeister ist, wie erhaltene Entwürfe zeigen, offensichtlich auch als Möbelzeichner tätig gewesen. Bei der Planung der Einrichtung hat man anscheinend unterschieden zwischen neu gearbeiteten Möbeln einer Raumgruppe für den persönlichen Bedarf und einer mehr ›historischen‹, wofür Inventar von älteren Schlössern herhalten mußte.

Während der Kasseler Professor Raspe noch 1768 erfolglos den Vorschlag gemacht hatte, in Kassel »ein Museum gothischer Altertümer von Karl dem Großen bis Albrecht Dürer« zusammenzutragen, wurde diese Forderung von Wilhelm IX. bei der Ausstattung der Löwenburg in gewissem Sinne erfüllt, wodurch die Löwenburg zu einem Vorläufer der historischen Museen Hessens geworden ist. Der einzige Unterschied gegenüber dem reinen Museum ist die Tatsache – und das ist ein entscheidendes Moment für die Bewertung der Löwenburg –, daß die Anlage als Wohnung für den Landgrafen bestimmt war und als solche von ihm auch benutzt wurde. Erst im 19. Jahrhundert sind zahlreiche Objekte in die neubegründeten öffentlichen Kunstsammlungen Kassels gewandert.

In der Kapelle, seiner ureigensten Schöpfung, und nicht in der Gruft seiner Väter, hatte der Kurfürst verlangt, beigesetzt zu werden, was auch tatsächlich geschehen ist. So verbinden sich auf der Löwenburg Vergangenheit und damaliges Leben auf eine eigenartige, aber folgerichtige Weise, was auch im Trauerkondukt zum Ausdruck gekommen ist, in dem sich Formen der Vergangenheit mit denen barocker Repräsentation gemischt haben. Weil Wilhelm auf der Löwenburg gewohnt hat und auch dort im Tode ruht, ist diese Anlage mehr als nur eine fürstliche Spielerei.

Der Wartturm bei Schloß Wilhelmsthal

Nachdem Simon Louis du Ry hinsichtlich von Planung und Ausführung der Löwenburg seinem jüngeren Konkurrenten Jussow unterlegen war, dürfte er sich wahrscheinlich um den Beweis bemüht haben, daß auch er trotz seines hohen Alters noch fähig sei, den Anforderungen auf dem ihm verhaßten Gebiet der romantischen Architektur zu genügen. Jedenfalls stammen die Pläne für den zwischen 1799 und 1801 erbauten romantischen Wartturm auf dem Weinberghügel in dem Wilhelmshöhe benachbarten Park von Wilhelmsthal – einem Zeugnis aus der letzten künstlerischen Ausgestaltung dieses Komplexes – von der Hand des nahezu siebzigjährigen du Ry. Doch wirken die Entwürfe ein wenig trocken und routiniert.

Schloß Wilhelmsthal, eine der reizvollsten Rokokoanlagen Deutschlands, die in vollendeter Form Anmut und Eleganz dieses Spätstiles verkörpert, besaß ursprünglich einen dem Bauwerk adäquaten Garten von architektonischen Formen mit geschnittenen Heckenquartieren, einem linearen Wegenetz und den notwendigen Staffagen mit einer Grotte, Kaskaden und Chinesenhäusern. Da alle diese Dinge in der Zeit von Wilhelm IX. nicht mehr Mode waren, trug der Fürst Sorge, den geometrischen Garten in einen modischen Landschaftspark à l'anglaise zu verwandeln, dessen Bekrönung der eben genannte Wartturm darstellt, der an den Platz eines kuppelüberdachten Aussichtstempels trat. Für den Bau bot sich das Material der noch immer nicht vollendeten und unmodern gewordenen Kaskaden hinter dem Schloß an. Der Turm, der Wilhelm IX. ebenfalls als zeitweiliges Buen Retiro bei seinen Besuchen in Wilhelmsthal dienen sollte, zeigt im Grundriß ein regelmäßiges Achteck mit kreisrundem Innenraum, dessen in einem rechteckigen Risalit liegende Spindeltreppe den Zugang zu drei Obergeschossen mit je drei Fenstern vermittelt; die Räume sind ihrer ursprünglichen Einrichtung heute beraubt. Über dem dritten Obergeschoß liegt ein offener Altan. Die Fassaden mit lagerhaften Bruchsteinen und mit ausgekragter Zinnenbekrönung werden überragt von dem obersten Geschoß der Treppe in Gestalt eines zinnengekrönten Pfeilers. Während die Tür und die Fenster des Erdgeschosses spitzbogig sind, wechseln sie im ersten Stock ins Kreisrund, sind im zweiten Obergeschoß rechteckig und im dritten spitzbogig und haben alle eine gotisierende Sprossenteilung.

Die Emichsburg im Park von Ludwigsburg

Eine verwandte, fast aus den gleichen Jahren stammende Turmburg mit runden Türmen finden wir im Park von Schloß Ludwigsburg bei Stuttgart. »Östlich und nordöstlich vom Schlosse, teils in gleicher Höhe, teils mit jähem Absprung ins Tal, erstrekken sich die königlichen Anlagen; auf ödem, verwahrlostem

5 Felsengarten Sanspareil mit Burg Zwernitz und Eremitage

6 Ursprüngliche Ansicht der Eremitage in Sanspareil mit ›Morgenländischem Bau‹ (Mitte) und dem heute verschwundenen ›Markgrafen-‹ (links) sowie ›Burggrafenbau‹ (rechts)

7 Das ›Gotische Haus‹ (Kanalseite) im Schloßpark Wörlitz

8 Ruine Rossel auf dem Niederwald

9 Die ›Burg‹ in Wilhelmsbad bei Hanau

10 Die Löwenburg auf der Wilhelmshöhe bei Kassel

11 Entwurf zur Löwenburg

12 Die Großherzogliche Familie vor der Löwenburg

13 Schillerturm im Schloßpark Herrnsheim bei Worms

14 Panorama der Pfaueninsel mit Lustschloß und dem inzwischen verschwundenen Palmenhaus

15 Blick über die Hellebachschlucht auf die ›Alte Burg‹ (links) und das Schloß (rechts) in Fürstenstein

16 Die Franzensburg im Park von Schloß Laxenburg

17 Franzensburg mit Knappenhof und Fährenturm von Westen

18 Spaziergang der kaiserlichen Familie, in der Mitte Franz I. von Ö

h, vor der Franzensburg

19 Franzensburg, Speisesaal

20 Franzensburg, Schlafgemach

21
Das Burgverlies der Franzensburg

22 Die Mosburg im Park des Schlosses zu Biebrich

23 Das ›Gotische Haus‹ im Großen Tannenwald bei Bad Homburg

24 Langenburg, Entwurf für den neugotischen Ausbau der Bastei auf dem Lindenstamm

Raum hat hier König Friedrich von Württemberg den reizendsten, seiner Zeit weit berühmten englischen Park hervorgezaubert. Über die Wipfel ragt reckenhaft wie ein Bau des Mittelalters mit weit ausladendem Zinnenkranz der epheuumsponnene Rundturm einer 1798 erbauten künstlichen Ruine, der Emichsburg; sie ist hart an den Rand des Abgrundes gerückt, den die steilen Wände des alten Schnellersteinbruchs im Halbrund umgeben; über grünumrankte Felswand stürzt sich ein Wasserfall in die Tiefe, von wo die einen Weiher umgebenden Waldbäume ihre Kronen bis zur Burg emporheben. In der Tiefe des Felsens war früher in einem spärlich von außen erhellten Gelaß in voller Rüstung der in Wachs bossierte Graf Emich von Württemberg zu sehen, seinem Beichtvater an einem mit Humpen besetzten Tisch gegenübersitzend. Noch tiefer liegt die Folterkammer mit allerlei Altertümern.« (Berthold Pfeifer)

In jüngster Zeit hat man diese Burg mit einem schlanken höheren und einem breiten gedrungenen runden Turm in den Märchengarten einbezogen, und statt des sagenhaften Stammvaters Emich der Württemberger Dynastie residieren nunmehr Dornröschen und Rübezahl in der romantischen Anlage.

König Friedrich I. (1797-1816), der sich noch als Herzog Friedrich II. von Württemberg in zweiter Ehe mit einer Tochter Georgs III. von Großbritannien, Charlotte Mathilde Auguste (1766-1828), vermählt hatte, mag diese Anlage in Erinnerung an das ehrwürdige Alter des württembergischen Hauses und zugleich als Huldigung für seine englische Gemahlin erbaut haben; deren Schwester Elisabeth war mit dem Landgrafen Friedrich VI. von Hessen-Homburg vermählt worden, die für ihren Gemahl das ›Gotische Haus‹ im Tannenwald bei Homburg baute, das uns später noch beschäftigen wird.

Das Belvedere auf dem Brauhausberg in Potsdam

In Potsdam entstand wenige Jahre später, vielleicht angeregt durch einen Besuch des preußischen Königspaares in der zu seinen Ehren illuminierten Löwenburg im Park von Wilhelmshöhe und in Wilhelmsthal, ein ähnlicher Turm. In seiner Darstellung ›Die königlichen Schlösser und Gärten zu Potsdam‹ (1854) berichtet August Kopisch: »Da die Königin Lust an schönen Aussichten hatte, ließ Friedrich Wilhelm der Dritte ihr im Jahre 1804 auf dem Gipfel des Brauhausberges dem Schloß gegenüber ein Belvedere in Form eines englisch-gothischen Turmes errichten. Er enthielt in drei Etagen verschiedene Zimmer, am oberen Geschoß auf Consolen einen Altan zu freierer Aussicht.«

Die Alte Burg in Fürstenstein

Noch aus dem Ende des 18. Jahrhunderts stammt die ›Alte Burg‹ über dem Fürstensteiner Grund, nahe von Schloß Fürstenstein in Schlesien. Ihr Erbauer gehörte dem alten, mit zahlreichen fürstlichen Häusern versippten Geschlecht der Reichsgrafen von Hochberg an, die von dem preußischen König im Jahre 1850 zu Fürsten Pleß erhoben wurden.

Der junge Graf Hans Heinrich VI. von Hochberg (1782-1833) gab zu Ende des 18. Jahrhunderts seinem ehemaligen künstlerischen Lehrer, dem 1790 als Baudirektor nach Fürstenstein berufenen Maler Christian Wilhelm Heinr. Tischbein (1751 bis 1824), einem Neffen des Kasseler Hofmalers Johann Heinrich Tischbein d. Ä., den Auftrag, im Rahmen eines englischen Parkes über dem Fürstensteiner Grund an Stelle einiger mittelalterlicher Mauerreste der im Jahre 1475 zerstörten ›Vorstinburg‹ eine neue Anlage in romantischem Stile, die ›Alte Burg‹, zu errichten.

Der das Schloß Fürstenstein und die ›Alte Burg‹ umgebende ›Grund‹ ist eine tiefe, vom Hellebach durchflossene Gebirgsschlucht mit felsigem Gewände, zugleich von besonderem landschaftlichem Reiz durch die gewaltigen Grauwackenmassen, die aus dem üppigen Baumwuchs hervorragen und somit eine stimmungsvolle Kulisse abgeben, wie es in einer zeitgenössischen Beschreibung von 1816 des im benachbarten Salzbrunn tätigen Badearztes Zemplin zum Ausdruck kommt: »... da erweitert sich plötzlich das schmale Thal zu einer Aue mit Anemonen überstreut, in ihrem Hintergrunde erheben sich hohe Felsen, und auf ihnen ruht die Fürstenburg und ragt mit den runden Thürmen in den klaren Himmel hinein. Welch ein überraschender Anblick aus dem stillen Wiesenthal, von der fröhlich blühenden Aue unerwartet hinauf zu schauen zu dem Schmuck der Felsen aus dem grauen Alterthum! Wie mächtig schirmen die alten Thürme das hohe Burggebäude in ihrer Mitte, und um sie her die vom Zahn der Zeit gebrochne Mauer zum Theil von Birk' und Ahorn überhangen. Gern trug unser Auge einen freudigen Dank dem Wiederhersteller dieser Burg zu, die uns in eine kühne Vorzeit versetzt, zu einem Thun und Treiben, was wir nicht mehr sehen, sondern nur noch aus alten Büchern lesen: dessen Erinnerungen aber auch unstreitig angenehmer sind, als uns ihre Wirklichkeit heute sein könnte.

Lange konnten wir uns von dem so überraschenden Anblick nicht trennen, und über die Wiese hin dem schwankenden Stege, der uns über den Bach tragen sollte, zuschreitend, hatten wir immer noch die Augen auf die Burg geheftet... Bald erreichten wir einen kleinen Teich, aus dem ein Bächlein herabrieselte, und endlich betraten wir, am Turnierplatze vorbei, die hohe schwankende Aufziehbrücke, über welche man durch ein Thor mit zwei kleinen spitzigen Thürmen verwahrt,

Die ›Alte Burg‹ in Fürstenstein

in den Burghof gelangt. Welch ein romantisch Gefühl ergreift den Wandrer hier! Zwar sind es nicht mehr dieselben Hallen, die uns umfangen, in denen einst die Burgherren lebten, aber es sind doch dieselben Mauern, aus denen sie zu Fehde und Kampf auszogen, und noch dröhnt der Fußtritt über denselben Gewölben, auf denen sie sich versammelten zur Berathung wie zur Vertheidigung.

Das eigentliche Wohngebäude hat noch ein Thürgerüste von wirklich alter Steinhauerarbeit von einem Schlosse zu Kittlitztreben hierher versetzt. Nun ist es eingefügt in den neuen Bau, und Kirsch- und Attichblüthen wölben sich über seinem Bogen, als wäre es immer so gewesen. Das Gebäude scheint klein, enthält aber eine Menge Gemächer, und Raum genug, daß wohl eine Familie darin wohnen könnte. Auch der Hof ist geräumig, aber der Säulengang darin ist nur eine Andeutung geblieben. Groß und im alten Geiste ist der Thurm angelegt, der den Bogengang schließt, und in welchem die Kapelle sich befindet. Wer verweilt nicht gern Tage hier in dem Hofe unter dem Schatten der Buchen, Fichten und Linden, um hinauszuschauen über die abgebrochene Mauer in die herrliche Gebirgslandschaft. Tief im Grunde rieselt der silberne Hellebach durch die Blumenau, und von seinen Ufern steigen Felsen zu uns auf, und Fichtenwipfel und goldne Birkenhäupter reichen mit Ahorn- und Buchenarmen aus der Tiefe bis an die Burgmauer heran... Über sie weg schweift jedoch das Auge freudig in das breite Thal hinaus, in welchem der Salzbach hernieder kommt...

Eilig ging es nun in die Burg, um ihr Innres zu beschauen. Auf dem Saale hängen mehrere alte Familiengemälde aus der Hochbergschen, Stollbergschen und Bibranschen Familie. Gleich über der Treppe erblickt man einen Ritter und seine Hausfrau von Tischbein gemalt. Das erste Gemach, welches sich öffnete, war der Rittersaal, mit guten gothischen Verzierungen. In der Mitte hängt ein Kronleuchter aus zwei vielästigen Hirschgeweihen bestehend; er wurde aus dem Adelsbacher Hause hieher geschenkt, und ist wirklich ein Alterthum. An den Saal stößt ein Klosett, welches eine herrliche Aussicht nach Salzbrunn gewährt. Neben diesem tritt man in das Kredenzkämmerlein, wo mehrere Schränke alte Gläser, die uns einen Beweis von der Trinklust der Altvordern geben, und chinesisches Porzellan bewahren.

Rechts aus dem Saal gelangt man in ein Wohn- oder vielmehr Prunkzimmer, ganz nach alter Sitte verziert, und mit zeitgemäßem Hausrath versehen. Tapeten bekleiden die Wände, schön an Farben und Zeichnung. Weniger kunstreich sind die Stickereien auf den Stühlen und der Ruhbank mit reich verzierten Lehnen. Das merkwürdigste wohl ist der Tisch mit einer Gipsspathplatte von seltener Größe. Aus diesem Prunkzimmer tritt man in das sogenannte Gerichtszimmer. Von der geschachteten Decke herab wehen auf den langen grünbehangnen Tisch die weißen Panner, welche bei dem Ritterspiel im Jahre 1800 von einem der Thürme, und von der Schaubühne der Königin wehten. An den Wänden hängen die Schwerter und Lanzen, welche damals zu dem Spiel gebraucht wurden. Um den Tisch herum stehen sieben Lehnstühle mit schönen Wirkereien. Sie lagen ungenützt im Schloß zu Rhonstock, bis sie hier zweckmäßig angewendet wurden, und haben trotz ihres Alters die frischesten Farben. Der Castellan gab sie über vierhundert Jahr alt aus, welchem aber die Stickerei auf der einen Stuhllehne widerspricht, welche eine Gruppe Männer darstellt, die um ein Weinfaß herumstehen, und von denen der eine aus einer kleinen Gipspfeife raucht, wie sie erst gegen Ende des 16ten Jahrhunderts in Holland üblich wurden. Unmöglich kann daher die Stickerei älter als der Gebrauch dieser Pfeifen sein. Von hier gelangt man weiter in das Schlafgemach. Einladend zum Schlafen, und zierlich gearbeitet, mit goldnen Schildern geschmückt, stehen die Betten da, züchtig nach alter Sitte mit grün seidnen Vorhängen verschlossen. Die Waschgeräthe sind nach alter Weise angebracht, so wie darüber die drei großen hölzernen Nägel nicht fehlen, um welche weiland die Hausfrauen das lange, gezogene Handtuch wanden, wie ich aus meiner Jugend mich noch erinnere es bei ehrsamen Bürgern gesehen zu haben. In einem der Fenster ist ein kleiner Schreibtisch angebracht. Gar herrlich mag es sich an ihm arbeiten, wenn es im Gemüth so klar und ruhig ist, wie heute draußen vor dem Fenster in der schönen Frühlingslandschaft. Eine schmale Wendelstiege wies der Führer uns nun hinan, und wir traten in die Rüstkammer, ein rundes Thurmgemach, gefüllt mit Waffen aller Gattung aus dem Mittelalter, von denen namentlich eine mit Elfenbein ausgelegte Büchse jeden Kunstkenner anziehen wird. Einer dankbaren Erwähnung verdient, daß einige Breslauer Innungen ihre Waffen, noch aus dem Mittelalter her, nicht bei ihrer Auflösung verkauft, sondern zur Verwahrung dieser Rüstkammer geschenkt haben.

Wieder in das Schlafzimmer herabgestiegen, öffnete sich uns nun das letzte Zimmer, wohl das heiterste und freundlichste von allen. An den Wänden lachen schön gewirkte Tapetenwälder, über einem künstlich gearbeiteten Schrank hängen zwei alte Bilder der berühmtesten Hochberge, welche Fürstenstein so schön ausgestattet haben, und blickt man durch die runden Scheibenfenster, so schaut man tief (256 Fuß nach Maynhardt) in den schaurigen Grund. Der wilde Bach schäumt in seinem ausgepeitschten Felsenbette; schroffe Steinblöcke heben, gleich Thürmen, die spitzigen Zacken aus der Tiefe herauf, und zwischen ihnen streben dunkle Tannen zu den Zacken und silberne Birkenstämme, in deren grünen Locken sich fröhliche Vögel wiegen: aber grade hinaus erhebt sich auf grünbewachsenem Felsenlager das prachtvolle neue Schloß Fürstenstein. Welch ein schöner erhabener Anblick! Endlich wendet man sich um, das Zimmer zu verlassen, da steht noch einmal das schöne Bild vor den Augen, täuschend wiedergegeben durch einen gar sinnig angebrachten Spiegel an der entgegengesetzten Wand. Nun gelangten wir durch den bedeckten Gang in die Hauskapelle, die sich in dem Thurm befindet, der südlich die Burg bewahrt. Die ganze Kapelle bildet eine hochgewölbte Kuppel, und ist wohl einer der schönsten Theile des Gebäudes. Ein einfacher Altar schmückt den geweihten Ort, vorzüglich aber das über ihm aufgestellte Bild der heiligen Anna, welche Jesum lesen lehrt, von Tischbein brav und fleißig gemahlt. Kunstkenner dürften an dem Bilde dasselbe aussetzen, was man an dem Ritterpaar auf dem Flur aussetzet, es sei zu stark entworfen. Rechts und links am Altar bewahren ein paar Wandschränke die Überreste, welche man beim Wiederaufbau der Burg fand. Sie bestehen in mancherlei Eisengeräthen, unter andern in ein paar Schlüsseln, nach denen alle Schlüssel der Burg gemacht sind, in Lanzenspitzen, Hufeisen, Topfscherben, und vielerlei Knochen. Aus der Kapelle stiegen wir hinab in das finstre Burgverließ. Hier umfangen noch den Wandrer die alten Mauern, und selbst das Gewölbe, welches vor Jahrhunderten den heimlichen Ort schon verbarg. Ein kalter Schauer überlief uns, als hörten wir die Wände sprechen: hier moderten Menschen, schuldige und unschuldige. Große Blöcke mit Ketten stehen an den feuchten Mauern. Wer mag an sie geschmiedet sein letztes Stündlein erwartet haben? Dankend, daß eine Zeit vorüber ist, deren trügerischen Schimmer wir uns so gern vor die Augen stellen, ohne zu bedenken, welche Greuel ihr auch eigen waren, eilten wir aus der finstern Höhle des Jammers unter das klare blaue Himmelsgewölbe, welches freundlich uns umfing und hinab in den schmalen Zwinger, der in einen offnen Mauerthurm auf steilem Felsenriff sich endet, und wo keine feuchte Decke, sondern ein fröhliches Dach von Ahorn und Birkenlaub uns verbarg...

...Die Sonne hatte hoch im Mittag schon gebrannt, als wir die Burg verließen, um neuem Genuß entgegen zu gehen. Über die hohe Aufziehbrücke zurück besahen wir noch den Turnierplatz, der Burg gegen über, mit seiner Schaubühne in altdeutschem Styl gebaut, leider nur von Holz, daher schon sehr beschädigt. Von ihr herab sahen unser theurer König und unsre unvergeßliche Königin dem ihnen zu Ehren im Sommer 1800 gehaltenen Ritterspiele zu. Ein Fest war es, was Jahrhunderte nicht mehr gesehen hatten. Sechzehn Edelleute ritten angekleidet nach der Sitte des 16ten Jahrhunderts in vier Quadrillen nach aufgesteckten Zielen. Kampfrichter, Würtel, Herolde, Panner von Reisigen bewacht, alles war nach alter Sitte geordnet. Die Königin des Landes und aller Frauen hing mit der nur ihr allein eignen Huld den vier Siegern den Ritterdank um; bestehend in eigens dazu geprägten goldnen und silbernen Schaumünzen. Ein Augenzeuge dieses seltenen Festes sagt davon: ›Die Pracht und die Feierlichkeit der Darstellung, abwechselnde Chöre der Musik, viel tausend versammelte Zuschauer, und die Umgebungen einer romantisch wilden, mit Überresten alter Jahrhunderte bezeichneten Natur, machten das Ganze zu einem der anziehendsten und seltensten Schauspiele...‹«

Ein Felsvorsprung bildet die Plattform für dieses 1794 entstandene Bauwerk mit einem Burghof in Gestalt eines unregelmäßigen Vierecks. Durch einen Geländeeinschnitt getrennt, liegt auf der Zugangsseite noch ein weiterer Platz, der für die Turnierbahn benutzt wurde. Zwei Wachttürme beschirmen den Eingang zu dem von einer ruinenhaften Mauer umfaßten Burghof, in dem sich das Hauptgebäude erhebt, das die bei Zemplin geschilderte Abfolge von großen und kleinen rechteckigen und quadratischen Räumen enthält. Dieser Bau teilt den Hof in einen Vorhof und in einen hinter dem Palas liegenden dreieckig gestalteten Hofteil, der auf der einen Seite von einem das Burggebäude mit einem hohen Wartturm verbindenden Wehrgang begrenzt wird; dieser Turm ist im Innern mit einer hochgewölbten Kuppel zu einer der heiligen Anna geweihten Kapelle ausgebildet, in der tatsächlich katholischer Gottesdienst abgehalten wurde, obwohl die Hochbergs strenge Protestanten waren. Das Gewölbe ist wie im Rittersaal ein Klostergewölbe, hier über polygonalem Grundriß. Die Rippen sind in Gips aufgelegt; ein reiches gotisches Ornament, das trotz aller Spitzbögen ebenso wie die Konsolen durchaus rokokohaft anmutet, ziert die Felder. Aus der Kapelle gelangte man in das bei Zemplin so schauervoll geschilderte Burgverlies, einem unentbehrlichen Bestandteil dieser frühen romantischen Burgen.

Ähnlich wie in Wörlitz, wo eine Verbindung zwischen dem Fürsten und dem Kreis der Stürmer und Dränger bestand, glaubt Konrad Nonn, der sich erstmals mit der Person des Architekten beschäftigt hat, auf Grund der Fürstensteiner Akten annehmen zu dürfen, daß auch die ›Alte Burg‹ als Sitz eines der in damaliger Zeit häufig erblühenden Freundschaftsbünde zur Pflege vaterländischer Gesinnung errichtet wurde.

Die Pfaueninsel

Um die gleiche Zeit wie die vorgenannten Burganlagen entstand im Norden Deutschlands auf der Pfaueninsel bei Potsdam ein höchst liebenswürdiges Traumschloß in Gestalt eines leicht ruinenhaften Gebildes mit zwei runden Türmen. Den Charakter dieses in den Jahren 1794 bis 1797 entstandenen romantischen Schlößchens haben spätere Generationen, wenn nicht gerade verfälscht, so doch verwischt, indem man in den Jahren 1911-1913 die ursprünglich mit Sandsteinsand verkleidete und rustizierte Holzfassade in Beton restauriert und die hölzerne Verbindungsbrücke zwischen den Türmen schon 1802 durch eine solche aus Eisenguß ersetzt hat. Dessen ungeachtet hat dieses Bauwerk bis heute nichts von seinem fragilen Reiz eingebüßt, der schon Generationen entzückt hat, und noch immer gilt jene Notiz aus dem uns so vorzügliche Einblicke in das biedermeierliche Leben Berlins gewährenden Tagebuch von Lily Parthey: »...Es ist ein herrlicher Aufenthalt und die ganze Insel ein Garten. Das kleine Schloß ist allerliebst eingerichtet...«

Nur mittels einer Fähre kann man über einen Arm des Wannsees dieses märkische Kythera erreichen, in dem sich Kunst und Landschaft auf eine wahrhaft romantische Weise vermählen.

Nachdem der Große Kurfürst auf dieser, ursprünglich Kaninchenwerder genannten Insel im Jahre 1683 nicht nur eine Kristallglashütte, sondern auch ein geheimes Laboratorium für den Chemiker und Goldmacher Kunckel von Löwenstern eingerichtet hatte, ist die Insel von Geheimnissen umwittert geblieben, auch wenn der Traum von Gold schließlich in ein Nichts zerflossen und nur Rubinglas entstanden war, das man allerdings zu den kostbarsten kunsthandwerklichen Raritäten zählen darf.

Wahrscheinlich war es die stets auf der Suche nach neuen Vergnügungen für König Friedrich Wilhelm II. von Preußen bedachte ›schöne Wilhelmine‹, die diese kleine Insel in das Programm der Unterhaltungen für den königlichen Liebhaber und Freund einbezogen hatte. Diese, nicht zu Recht vielgeschmähte Mätresse des Neffen und Nachfolgers Friedrichs des Großen hatte schon als Dreizehnjährige den damaligen Kronprinzen angezogen, der Sorge trug, daß der aus kleinen Verhältnissen stammenden Wilhelmine Encke eine entsprechende Ausbildung zuteil wurde. Das Mädchen, das nachmals auf Befehl des Großen Königs mit dem Kammerdiener Rietz verheiratet wurde, hat es verstanden, die Erwartungen des fürstlichen Liebhabers nicht zu enttäuschen. Wenn auch zeitweilig andere Favoritinnen, wie die Gräfinnen Voß und Dönhof, es verstanden haben, ihren Einfluß zu mindern, so gelang es doch diesen dem König sogar morganatisch angetrauten Damen nicht, auf Dauer die verhaßte Rivalin völlig auszuschalten. Im Gegenteil, Wilhelmine wußte sich bis zu seinem Tode – zum Ärger seiner Familie – in der Gunst des Königs zu halten, was nicht zuletzt auch darin zum Ausdruck kam, daß er die ehemalige Trompeterstochter anläßlich einer italienischen Reise, die sie ohne seine Begleitung unternahm, in Berlin zur Gräfin Lichtenau erhob, um ihr durch eine solche Standeserhöhung einen leichteren Zugang zu den kleinen italienischen Fürstenhöfen zu verschaffen.

Wilhelmine hatte sich im Laufe der Jahre – auch darin der Mätresse von König Ludwig XV. von Frankreich, Madame Pompadour, ähnlich – zu einer echten Freundin des Fürsten entwickelt, die nicht nur dank ihrer Sinnlichkeit, sondern auch dank einer mit der Zeit erworbenen beachtlichen geistigen und künstlerischen Bildung ihren königlichen Freund zu fesseln verstand, ein Bund, dem auch Kinder entsprossen sind, die nachmals zu Grafen und Gräfinnen von der Mark erhoben wurden.

Auch auf der Pfaueninsel ist, wie bei einer Vielzahl von romantischen Bauten, kein eigentlicher Architekt am Werk gewesen; dem von Wilhelmine künstlerisch geförderten Baumeister Langhans wäre angesichts seiner klassizistischen Vorstellungen ein solcher Auftrag als Horror erschienen. So haben Wilhelmine und der König – wahrscheinlich an Hand von Kupferstichvorlagen – die Grundlagen für das von dem Potsdamer Tischlermeister Brendel erbaute Schlößchen entwikkelt und gemeinsam sich um die Innenausstattung gekümmert.

Aber nicht nur der Baumeister war ein Potsdamer Kind, sondern auch die Innendekoration wurde unter Ausschaltung der Hofbeamten nahezu ausschließlich von Potsdamer Handwerkern durchgeführt. Das Ergebnis war eine in ihren Formen höchst anmutige Innenraumgestaltung, die, ähnlich wie in Wilhelmsbad, noch ganz klassizistischen Vorstellungen verhaftet ist.

Der von dem Dekorationsmaler Burnat mit einer gemalten Kassettendecke gezierte Eingangsraum ist umschlossen von vier kleinen Wohnräumen und einem runden Zimmer in dem einen Turm, während sich in dem zweiten Turm der Aufgang zum ersten Stockwerk in Gestalt einer geschickt geführten Wendeltreppe befindet. Tapeten aus Berliner Manufakturen bedecken die Wände der Wohnzimmer, während der Raum im Turm, das sogenannte ›Otaheitische Kabinett‹, mit Leinwand bespannt ist, die Burnat in der Art einer ostindischen Hütte mit Palmenbäumen, auf denen eine Bambusdecke ruht, bemalt hat; dazwischen liegen über einer Scheinbalustrade Landschaftsdarstellungen mit Ansichten der Pfaueninsel, des Marmorpalais, Parschenkessels und des Kälberwerder von dem Landschaftsmaler Peter Ludwig Lütke (1759-1831) – Ansichten, die sich in einer höchst reizvollen Weise mit den tatsächlichen Ausblicken aus den Fenstern in die märkische Landschaft vermählen: im Effekt ein verspätetes Auftreten jener illusionistischen Malereien, in denen das 18. Jahrhundert Meister war – eine Illusion, die aber auch in der Zeit der Romantik noch gern genutzt wird. Ebenso ist der weiträumig wirkende Saal im Obergeschoß – die Formbreite zwischen den Türmen und die halbe Tiefe des Schlosses einnehmend – eine meisterliche Leistung jener klassizistischen Innenarchitektur, die trotz beschränkter Maße einen Eindruck von Eleganz und Weitläufigkeit zu vermitteln vermochte. Die mit Pilastern gegliederten und mit wertvollen Hölzern – Rüster, Nuß, Pappel, Pflaume, Taxus und Kastanie – boisierten Wände sind in ihrem warmgetönten Habitus ein Werk der Potsdamer Kunsttischler J. Fr. Selle d. Ä. und Joh. Chr. Ziedrich sowie von E. Fr. Plettenberg aus Bielefeld. Die höchst qualitätvoll geschnitzten Dekorationen stammen von dem Holzbildhauer Joh. Chr. Angermann. Die Kassettendecke ist von Burnat gemalt und durch drei allegorische Gemälde nach Guido Reni und Annibale Carracci von dem Akademiedirektor Johann Christoph Frisch bereichert. Vier Türen – die Supraporten sind Marmorreliefs mit allegorischen Darstellungen – führen, indem sie sich auf großartige Weise der Boiserie einpassen, nach dem Treppenhaus, einem Turmzimmer über dem ›Otaheitischen Kabinett‹ und nach zwei mit ostindischem Zitz bespannten Wohnräumen. Das runde Turmzimmer darf man hinsichtlich seiner Ausstattung als geradezu vollkommen bezeichnen mit seiner von Burnat gemalten Kuppeldecke und den vierzehn an den Wänden befestigten, von Volpato gemalten Ansichten aus dem Vatikan unter gerundeten Glasscheiben. Harmonisch fügen sich die Wandsofas und Stühle dem Raum ein mit dem beachtenswerten Akzent eines Schreibtisches von dem Kunsttischler Hackert, der seine Schulung der Roentgenwerkstatt verdankte. Während der Saal mit seinem bemerkenswerten dekorativen Kamin aus spanischem Marmor von Heinrich Friedrich Kambly und das Turmzimmer nur Mahagonimöbel enthalten, sind in den beiden Wohnzimmern Sofa und Stühle weiß lackiert und mit Chinoiserien bemalt.

In dem an das östliche Wohnzimmer anschließenden Kabinett befindet sich noch heute das Feldbett König Friedrich Wilhelms III. von Preußen, Sohn und Nachfolger des Erbauers, der, ebenso wie sein Vater, eine Neigung für die Pfaueninsel besaß; mit seiner Gemahlin, der Königin Luise, sowie später mit der ihm morganatisch angetrauten zweiten Gemahlin, der Gräfin Liegnitz, hat er häufig auf der Pfaueninsel gewohnt. Sein Nachfolger Friedrich Wilhelm IV. ist allerdings nur noch zu gelegentlichen Besuchen auf die Insel im Wannsee gekommen, ohne dabei wie seine Vorgänger im Schloß zu wohnen.

Gleich dem Erbauer des Schlosses sind auch seine Nachfolger bestrebt gewesen, die Insel zu verschönern und zu bereichern, wie die zahlreichen, heute noch erhaltenen Nebengebäude beweisen. Leider hat sich das 1829-1831 von dem Hofbaumeister Albert Dietrich Schadow (1789-1860) errichtete große Palmenhaus nicht erhalten. Im romantischen Stil des Schlosses ist auch die um 1795 von Brendel erbaute Meierei gehalten, die im zweiten Geschoß nach dem Entwurf von Ph. Boumann einen Saal mit einer gotisierenden Stukkaturverzierung von Constantin Philipp Georg Sartori (1747 – um 1812) und Wandmalereien von dem Berliner Dekorationsmaler Bartolomeo Verona enthält, die zu den reizvollsten Raumausstattungen jener Zeit gerechnet werden dürfen. Der unter Friedrich Wilhelm III. westlich der Meierei erbaute Rindviehstall von 1802 wurde mit Rücksicht auf seine Nachbarschaft in Form einer gotischen Kapelle gehalten. Nicht minder interessant ist das sogenannte Kavalierhaus, das 1824-1826 aus dem Umbau eines kleineren Gebäudes durch Schinkel entstand, wobei der Architekt die Fassade eines gotischen Patrizierhauses aus Danzig verwendete, das man für die Pfaueninsel erworben hatte. Es kündigt sich hier ein Neues an, das uns noch im folgenden Kapitel beschäftigen wird. Es geht nicht mehr wie bei den Bauten der sentimentalischen Romantik darum, Material alter Bauten willkürlich zu verwenden, um das Romantische ›echter‹ erscheinen zu lassen, sondern es tritt hier ein denkmalpflegerisches Moment auf, das vorzüglich bestimmend für die Hochschlösser der eleganten Romantik wurde.

Jagdhaus Waldleiningen

Zu der Gattung der Parkburgen gehörte auch der Vorläufer des heutigen, im Stile einer etwas trockenen Tudorgotik errichteten Jagdschlosses Waldleiningen bei Amorbach, der im Gegensatz dazu sicher ein phantasievolleres Gebilde gewesen ist, von dessen Aussehen wir nur noch aus einer Abbildung im Jahrbuch ›Sylvan‹ von 1813 Kenntnis haben.

Dieses Schlößchen leitete, wie das heutige, seinen Namen vom Hause derer von Leiningen ab, einer Familie, die auf eine lange und ehrenvolle Geschichte zurückblickt, deren Anfänge bis in das 11. Jahrhundert zurückreichen. Ihr Stammland erstreckte sich ursprünglich über weite Gebiete der Rheinpfalz bis südlich von Straßburg und östlich bis Metz, und nur eine ungünstige Konstellation in der Zeit der Salier hat es ihnen verwehrt, den Kaiserthron zu besteigen. Wenn auch der Landbesitz der Grafen im Laufe der Jahrhunderte zurückgegangen war, so beherrschten sie im 18. Jahrhundert noch immer ein stattliches Gebiet im Herzen der heutigen Pfalz mit Dürkheim als Residenz. In der Französischen Revolntion wurde 1793 Dürkheim von den Franzosen besetzt und die Familie vertrieben, die gezwungen war, von Hof zu Hof zu reisen und Almosen zu empfangen. In Coburg vermählte sich der Erbprinz Emich Karl mit Victoria Marie Louise, der Tochter des Herzogs von Sachsen-Coburg-Saalfeld; ihre drei Brüder waren Herzog Ernst, Leopold und Ferdinand. Leopold heiratete wider den Willen ihrer Eltern die präsumptive englische Thronfolgerin, Tochter des damaligen Prinzregenten und späteren Königs Georg IV. von Großbritannien; doch starb Charlotte bei der Geburt ihres ersten Kindes, und Leopold, später König von Belgien, sah sich einstweilen in seinen ehrgeizigen Erwartungen enttäuscht. Glücklicher war seine Schwester Victoria, die nach dem Tode ihres ersten Gatten als verwitwete Leiningen eine zweite Ehe mit dem Herzog von Kent einging und Mutter der nachmaligen Königin Victoria von England wurde. Doch bevor es soweit kam, begleitete Victoria ihren ersten Gatten Emich Karl nach Amorbach, wo man von seiten des Reiches den Fürsten im Jahre 1803 mit der säkularisierten Abtei Amorbach sowie einigen mainzischen und würzburgischen Ämtern für den Verlust seiner linksrheinischen Besitzungen zu entschädigen versucht hatte. Emich Karl, der wie sein Vater nicht nur den schönen Künsten huldigte, sondern auch ein passionierter Jäger war, hatte im Jahre 1808 mit der Erbauung des Vorgängers des heutigen Schlosses Waldleiningen begonnen, von dem außer einem Laufbrunnen in neugotischen Formen und Zieraten und der Inschrift ›VML Fürstin zu Leiningen‹ nichts mehr erhalten ist. Nach der schon erwähnten Abbildung war dieses am 17. August 1810 eingeweihte Jagdhaus wie das heutige Schloß auf einen behäbig zu Tal fallenden Hügel gestellt und als Ruine einer in weitem Umfang zerfallenen gotischen Burg gebaut. Im unteren Stockwerk des langgestreckten Baus lagen die schlichten Räume, während das Obergeschoß Ruinencharakter aufwies. Eine größere Anzahl von strohgedeckten Häusern – »die Idee eines odenwäldischen Dörfchens realisierend« – lag verstreut zu Füßen des Schlosses als Wohnung für die Beamten und Bediensteten, einer der letzten Nachfahren des Hameau der Marie Antoinette im Park von Versailles und des württembergischen ›Dörfle‹ in Hohenheim.

Bei der Innenausstattung des Schlößchens waren der Bildhauer Berg und der Hofmaler Eckardt tätig, was vermuten läßt, daß auch hier wie auf der Pfaueninsel, in Wilhelmsbad und auf der Löwenburg Scheinarchitektur mangelnde Architektur ersetzen mußte. Die Wohnräume der Fürstin wurden als anspruchslos bezeichnet. Ein Zimmer war mit Jagdzeichnungen und Jagdgemälden geschmückt, ein zweites Zimmer vollkommen mit Zeugjagden ausgemalt, das dritte Zimmer war eine Jägerstube im Geschmack des 15. Jahrhunderts, womit das spätere, so gern gebrauchte ›Altdeutsche‹ hier bereits zum Zuge kam. Die Wohnräume des Fürsten waren »in einem einfachen edlen Stil ameubliert«. Ansonsten erwähnt ein am 8. Juli 1814, wenige Tage nach dem Tode des Fürsten aufgestelltes Inventar für Waldleiningen fast ausschließlich Möbel von Tannen- und Eichenholz, die naturfarben gehalten oder grün gestrichen waren, Nuß- und wenige Kirschbaummöbel und »zwölf gothische Stühle mit rothem Kreuz«. Die sechzig Stühle waren im Sitz durchweg »weidengeflochten«. An Bildern werden zwei Porträts von Martin Luther und seiner Frau sowie einundzwanzig Jagdgemälde und eine Karte vom Wildpark aufgeführt.

Die Lebensdauer dieser Anlage mußte bei der kulissenhaften Art der Errichtung eine begrenzte sein, wenn nicht ständig laufende Instandsetzungen die Substanz bewahren halfen. Schon im Jahre 1815, kurz nach dem Tode des Fürsten, be-

Jagdhaus Waldleiningen

gannen die Klagen, und im Jahre 1821 stellte der damalige fürstliche Baumeister Friedrich Brenner den Antrag, die Gebäude »durch kräftige Reparaturen« herzustellen oder es bliebe – nach seiner lakonisch geäußerten Meinung – nichts anderes übrig, als »das Ganze nicht eine scheinbare, was sie vorstellen sollte, sondern eine vollkommene Ruine werden zu lassen«. Doch diese Klage verhallte ungehört, zumal die Fürstin Victoria nach ihrer zweiten Heirat mit Eduard, Herzog von Kent – einem Bruder von König Georg IV. von Großbritannien – im Jahre 1819 Amorbach verlassen hatte und wegen ihrer bevorstehenden Niederkunft nach England übersiedelt war, um ihr Kind auf britischem Boden zur Welt bringen zu können und somit seine Erbaussichten nicht durch eine Geburt im Ausland zu gefährden. So schritt man denn 1826 zum Abbruch der Kavalierhäuser sowie des Jäger- und Bedientensaales, und 1828 begann man mit dem Abbruch des Schlößchens. Doch noch im gleichen Jahre befahl der Sohn

Zeitgenössischer Kupferstich

des Erbauers, Fürst Karl, »das eingestürzte Jagdhaus zu Waldleiningen« wieder aufbauen zu lassen, wovon später noch zu sprechen sein wird.

Franzensburg im Schloßpark von Laxenburg

Als bedeutendste Nachfolgerin der Löwenburg darf man die von dem deutschen Kaiser Franz II. – ab 1806 als Kaiser von Österreich Franz I. – begründete und nach ihm benannte Franzensburg im Park von Laxenburg bei Wien bezeichnen.

Franz I., ein nüchterner Mann und wie sein Staatskanzler, Fürst Metternich, allen liberalen Ideen abhold, mag den Bau der Franzensburg, nicht zuletzt auf Drängen seiner Gemahlin, betrieben haben, weil ein solches Bauwerk ihm ein glückliches Symbol der großen Vergangenheit Österreichs und damit seines Hauses dünkte. Ansonsten war der Kaiser wie sein Kanzler Fürst Metternich dem neu heraufkommenden Zeitgeist feindlich gesinnt, als dessen Vertreter ihm einzelne seiner Brüder, insbesondere Erzherzog Johann, höchst verdächtig waren. Diesen Abscheu gegen Neues beweist nicht zuletzt das Schicksal der ›Wildensteiner Ritterschaft‹ oder ›Ritterbund zur blauen Erde‹, die sich auf der Feste Seebenstein bei Thernberg installiert hatte. Dort war von einem ehemaligen Herrschaftspächter, Anton David Steiger, der sich aus Laune oder Passion mit dem alten Ritterwesen beschäftigt hatte, die vorgenannte Vereinigung begründet worden – einer von jenen Männerbünden, wie sie uns schon im Zusammenhang mit Schloß Fürstenstein begegnet sind. Diese Vereinigung stellte sich als Aufgabe, unter Beobachtung aller alten Sitten und Gebräuche das mittelalterliche Rittertum sowohl äußerlich als auch der inneren Gesinnung nach im getreuen Spiegelbilde wieder aufleben zu lassen. Der Wahlspruch der Vereinigung lautete: »Alles für Gott, Kaiser, Österreich und Freundschaft«. Eigene Statuten regelten die Ritterschaft, in der es Ritter, Knappen, Vögte, Kanzler und so weiter gab. Man feierte nicht nur Feste, sondern gab auch große Beträge und dauernde Spenden für wohltätige Zwecke. Trotzdem erregte diese »systemisierte Vergesellschaftung« bei den obersten Polizeibehörden Anstoß, die sicherheitshalber ein Verbot anstrebten. Das mag den Kaiser veranlaßt haben, im Jahre 1811 die ›Feste Wildenstein‹ zu besuchen, um sich durch eigenen Augenschein ein Bild des Unternehmens zu machen, dem sein Bruder Erzherzog Johann seit 1810 als Mitglied unter dem Namen ›Hans von Österreich, der Thernberger‹ angehörte. Franz, der sicher höchst kritischen Blickes die Burg mit ihrer Sammlung von Altertümern und Kunstwerken durchforscht hat, fand – nicht zur Freude der Gegner dieser Gesellschaft – das Ganze »über seine Erwartung«. Während des Wiener Kongresses lud Erzherzog Johann seine besten Freunde beim Kongreß zu einem Rittergastmahl ein, wo die Freundschaft erneut besiegelt wurde und jeder der Teilnehmer nach Burgsitte als ›Ritter der blauen Erde‹ einen eigenen Namen erhielt. Prinz Leopold von Koburg durfte sich als ›Friedrich der Streitbare von Meißen‹, Herzog Karl August von Sachsen-Weimar als ›Pant von Weimar‹ bezeichnen. Als im September 1821 auch die Erzherzöge Franz, Karl und Ludwig erschienen, nachdem schon 1816 der Hoch- und Deutschmeister Erzherzog Anton seinen Besuch gemacht hatte, sahen sich die Wildensteiner in ihren Bestrebungen bestätigt. Doch sie hatten nicht mit der Hartnäckigkeit der mißgünstigen Hofpartei gerechnet, die sich schließlich als die Stärkere erweisen sollte. Am 30. April 1823 erhielt die Ritterschaft eine Zuschrift aus Wien, wonach auf »ausdrücklichen Allerhöchsten Befehl die Gesellschaft unverzüglich gänzlich aufzulösen und ihre Versammlungen auf immer einzustellen sind«. Erzherzog Johann aber vermerkte in seinem Tagebuch: »Die einen betrachteten die Sache als eine Mummerei, einen bloßen Scherz, andere als etwas Ernstliches und eine bestimmte Zwecke verfolgende Verbrüderung, andere als eine bloße Schwelgerei – von allem diesem nichts. Harmlos-edel, das war in Wahrheit ihr ganzes Treiben und Tun.«

Franz I. hatte sich inzwischen in der Franzensburg sein privates Seebenstein geschaffen. Laxenburg, dessen Geschichte bis in das 13. Jahrhundert, in die Zeit der Babenberger, zurückreicht, ist seit dem späten Mittelalter eine beliebte Sommerresidenz des Hauses Österreich gewesen, der nicht einmal das von Kaiserin Maria Theresia begründete Schönbrunn den Rang abzulaufen vermochte. Bei der Hofgesellschaft genoß es schon deshalb Beliebtheit, weil die Etikette hier gelockerter war und man sich freier bewegen konnte. In einem wasser- und wildreichen Gebiet gelegen, bot es die mannigfaltigsten jagdlichen Vergnügungen, und man hat hier seit dem späten Mittelalter schon der Reiherbeize gehuldigt, die noch in der Zeit des Wiener Kongresses – wie aus einer zeitgenössischen Beschreibung dieses Festes ersichtlich ist – einen Höhepunkt im Reigen der Festlichkeiten bildete. Mit Stolz mag damals Kaiser Franz die Gäste in seinem den letzten modischen Cri darstellenden Schloß begrüßt haben, das damals allerdings noch von bescheidenerem Umfange war. Denn der Aufbau des Schlosses erfolgte ähnlich wie der der Löwenburg in Kassel in zwei Abschnitten; der erste umfaßte die Jahre 1798-1801, eine Erweiterung fand in den Jahren 1822-1836 statt, als der romantische Schloßbau allenthalben eine neue Blüte erlebte, resultierend aus einer merkwürdigen Mischung von nationalem Selbstbewußtsein und reaktionärer Fürstengesinnung.

Die Gartenanlagen begannen sich unter Franz I. entscheidend zu verwandeln. Neues Gelände wurde hinzuerworben und große Teichanlagen von bedeutendem Ausmaß angelegt. Ein umfassendes Areal wurde dabei zum ›Rittergau‹ bestimmt, in dessen Zentrum sich nachmals die Franzensburg erhob. Bis zur Gegenwart ist nicht eindeutig festzustellen, ob die Idee zu diesem Bauwerk allein dem Privatsekretär und Vertrauten des Kaisers, Johann Michael Riedl von Leuenstern, dem späteren Burghauptmann der Franzensburg, zuzuschreiben ist und welchen Anteil der Architekt Ferdinand Hetzendorf von Hohenberg hatte, von dessen Hand ebenfalls

Entwürfe vorliegen. Die Durcharbeitung und Ausführung der Pläne erfolgte durch den kaiserlichen Steinmetzmeister Franz Jäger (1743-1809) und seinen Sohn gleichen Namens (1780-1839). Neben der Franzensburg entstand im ›Rittergau‹ noch eine ›Rittergruft‹, in die man den Grabstein eines Rektors der Wiener Universität, des Theologen Johann Schauer, aus der aufgelösten Kartause Mauerbach brachte. Bei der ›Rittersäule‹ hat man Bauteile der spätromanischen ›Capella speciosa‹ von Klosterneuburg verwendet. Die ›Capella speciosa‹, die in Klosterneuburg abgebrochen wurde, um mittelalterliches Material zu gewinnen, ist nicht das einzige Reservoir dafür gewesen; auch aus den aufgelassenen Klöstern Säusenstein und Waldhausen kamen mittelalterliche Werkstücke, die man der Echtheit wegen als unentbehrlich erachtete. Es kam wie bei der Löwenburg zur Anlage eines Turnierplatzes, aber mit steinernen Schranken und Tribüne, wo tatsächlich auch Turniere geritten wurden. Eine im Jahre 1801 fertiggestellte Meierei in neugotischen Formen – Erinnerung an den Typus Hameau – ist leider den Zerstörungen des Zweiten Weltkrieges zum Opfer gefallen, unter denen auch die späteste und größte unter den Staffagen – der von Franz Schücht 1840 begonnene Komplex auf der Marianneninsel – schwer gelitten hat.

Im Herzen des ›Rittergaues‹, inmitten eines durch Stauung entstandenen kleinen Sees, erhebt sich auf einer Insel die am 15. Oktober 1801 pomphaft eingeweihte Franzensburg.

Der festliche Tag begann mit einer Falkenjagd. »In den ersten Reihen der Jäger bemerkte man die Kaiserin von Österreich, eine leidenschaftliche Jagdliebhaberin und berühmt wegen ihrer wunderbaren Geschicklichkeit; ferner die anmutige Elisabeth, Kaiserin von Rußland, die Königin Caroline von Bayern, ihre Schwester und eine Menge anderer Damen, von denen eine große Zahl im Kostüm des 16. Jahrhunderts erschienen war.« Auch die Souveräne, angeführt von Kaiser Franz I., erschienen hoch zu Pferd mit Ausnahme des recht umfangreichen Königs von Württemberg, der in einer niedrigen Kalesche saß. Anschließend fand noch eine Reiherbeize statt und schließlich von den Rängen eines großen hölzernen Amphitheaters ein Schießen auf Wild, das man in die Arena getrieben hatte. Graf de la Garde, der charmante Schilderer der Festlichkeiten des Wiener Kongresses, berichtet über den Abschluß dieses Tages: »Als die Jagd beendet war, wurde es eben Abend. Plötzlich wurden wie durch einen Zauber der Rasenplatz und die Alleen des Parkes durch Feuerbecken erleuchtet, die man in der Türkei Maschalle nennt und die ihren Schein weit um sich werfen. In dem gleichen Augenblick sah man alle Zimmer der Ritterburg erleuchtet zum Empfang der erhabenen Gäste, die sich dort vereinigen sollten. Obgleich nur mit einer Einlaßkarte versehene Personen in der Franzensburg zugelassen wurden, so war ihre Anzahl doch so groß, daß man kaum von einem Saal in den andern gehen konnte. Diese bewegte Menge und der verschwenderische Glanz der Lichter bildeten den sonderbarsten wunderlichsten Contrast mit den düsteren Hallen, den Waffentrophäen und den Verzierungen im mittelalterlichen Stile. Die gekrönte schöne Wirthin machte mit ihrer gewöhnlichen Anmut die Honneurs. Man trug den Jägern und Jägerinnen ein vortreffliches Mahl auf, dem ein Conzert von ganz eigenthümlicher Art folgte. In einem Winkel des großen Saales stand nämlich eine Orgel von großer Ausdehnung, deren Bau, Klang und Ausschmückung ganz und gar jene Jahrhunderte nachahmte, mit welchen die Frömmigkeit unserer Vorväter die Kirchen im Mittelalter bereicherte. Den gewichtigen Ton der Orgel begleitete ein Chor von Blasinstrumenten aus Böhmen gekommener Musikanten. Man weiß, zu welcher Vollkommenheit dort die Instrumentalmusik gediehen ist. Um eine angenehme Täuschung hervorzubringen, hatte man die Nationalmelodien zum Vortrag gewählt, die sich von Geschlecht zu Geschlecht überliefert haben. In den Zwischenpausen ließen von dem Thurm herab, der das Schloß beherbergt, die Jäger Jagdlieder erschallen, die wie ein Echo vom Himmel zu kommen schienen.«

Trotz des allgemeinen Beifalles, den die Anlage fand, glaubte der berühmte Parkomane, Fürst Pückler-Muskau, im Anschluß an einen Besuch der Laxenburger Anlagen die Franzensburg tadeln zu müssen. Aber auch er hat schließlich – allerdings erst einige Jahrzehnte später – sich ernsthaft mit dem Plane getragen, eine solche Ritterburg im Park von Muskau zu errichten, wovon neben Skizzen und Plänen auch ein sehr schönes Aquarell von August Wilhelm Schirmer zeugt, dessen Ansicht einer mittelalterlichen Burg Ähnlichkeit mit der Franzensburg hat. Jedenfalls schrieb der jugendliche Pückler im Herbst 1807: »... Der gut angewandte Überfluß an Wasser, und die außerordentliche frische und üppige Vegetation in diesem Park, machen ihn zu einem der angenehmsten dieser Art, die ich gesehen habe, obgleich er durch viele sonderbare Dinge überladen und entstellt ist. Dahin gehört vor allen die am Ende des Gartens frei in der Plaine stehende Ritterveste, welche nur um dem guten Geschmack den Krieg zu erklären, hier aufgebaut zu sein scheint; obgleich sie noch nicht beendigt ist, soll sie bereits über eine halbe Million kosten, denn man verlangt, daß in den modernen Mauern nichts als wahrhaft alte aus den Ritterzeiten herstammende Meublen und Zierden geduldet werden sollen; in dieser Hinsicht sieht man viele interessante Sachen in der Burg; außer einer großen Anzahl Fensterrähme, Säulen, bunte Glasfenster, verschiedene Arten Boiserie und andere Meublen, die sämmtlich viele hundert Jahr alt und aus allen Klöstern, Schlössern und Kirchen in Österreich zusammengesucht sind, findet man einige gute Gemälde von Holbein im Vorsaal; im Rittersaal einen dreihundert Jahr alten Spieltisch aus dem Kloster Mölk, vierhundert Jahr alte Sammetstühle und neunhundert Jahr alte Fenster aus der Kirche Mariastiegen in Wien; in der Wohnung des Burgpfaffen Gemälde auf Holz mit einer Vergoldung, die man in dem Grade nicht mehr zu machen versteht, aus dem Stift Willeringen in Oberösterreich; siebenhundert Jahr alte Bankfüße, aus dem Kloster Neuburg, in der Betstube; in der Wohnung des Burgvogt eine Bettstelle des Kaisers Rudolph des Ersten von Habsburg; im Visitenzimmer siebenhundert Jahr alte Tapeten von gedrucktem Leder u.s.w; im Zimmer daneben ein schönes Portrait des Kaisers Maximilian, von Rubens, ein prächtiger Schrank aus Lapis Lazuli und Ebenholz, in dem jedes Fach mit einem Miniaturgemälde von Werth geziert ist, ein Geschenk des päpstlichen Hofes; in der Rüstkammer die ganze jetzige kaiserliche Familie in Wachs, mit eisernen Rüstungen angethan, Karl des Fünften Bataillenhut, ein Helm Karls des Großen mit grober erhabner Arbeit; im Speisesaal Trinkgeschirre von großem Werth, theils von Krystall, theils von Horn und Elfenbein, von Gold mit Edelsteinen besetzt u.s.w., ferner ein Service braunes Porzellan, von dem ersten, welches in Europa verfertigt wurde, eine große Uhr, die auf ihrem Zifferblatt ein Turnier mit kleinen Figuren vorstellt; in der Kapelle ein Tabernakel aus einem Stein, aus dem Stift Zwetel; und im Audienzsaal ein Fortepiano aus dem sechzehnten Jahrhundert, und einige Stutzuhren seit ihrer Erfindung...«

In der Wiener Nationalbibliothek wird eine dreibändige handschriftliche Beschreibung von Laxenburg von 1821 – zwei Bände Text von Julius Max Schottky und F.C.Weidmann sowie ein Ansichtsband mit Federzeichnungen von Aloys Baumgarten – aufbewahrt, ein Werk, »das mit allergnädigster Bewilligung Seiner Majestät des Kaisers geschrieben wurde«, in dessen Einleitung es heißt: »Das kaiserliche Lustschloß Laxenburg behauptet unter allen öffentlichen Lustschlössern Deutschlands einen ausgezeichneten Rang, den ihm seine schönen Anlagen sowohl als jene zahlreichen Kunstgegenstände geben, die hier sinnig und lehrreich aufgestellt sind. Außerdem ist des Ortes frühe und neue Geschichte keineswegs arm an hervorstehenden Ereignissen, ja es knüpfen sich sogar die theuersten Erinnerungen an ihn, und der Forscher alter Zeit und Sitte wird hier bald den Punkt entdecken, auf den jeder Vaterlandsfreund, jeder fühlende Denker mit Neigung sieht und sehen muß, weil es stets der

Lieblingsaufenthalt mächtiger, edler Regenten war, die ihn nicht allein aufsuchten, um hier ungestört der Ruhe und sich allein leben zu können, sondern vielmehr das Wohl threuer Unterthanen in dieser wohltuenden Abgeschiedenheit zu erwägen, deren Einsamkeit ganz geeignet ist, den Geist zu sammeln und zu stärken...«, womit zugleich eindeutig die Vorstellungen der sentimentalischen Romantik in bezug auf die Schloßanlagen umrissen werden.

Die gesamte Anlage wird nach dem Vorbild des mittelalterlichen Bergfrieds von einem Hohen Turm beherrscht; ist der Ankommende mit der Fähre übergesetzt – im Winter wird eine Brücke geschlagen –, so landet er an einem stattlichen Torturm – dem ›Fährenturm‹ –, durch den man in den ›Knappenhof‹ – heute Gaststätte – gelangt, der in einem kleinen Turm das noch erhaltene Ritterbad mit rotem Marmorbecken enthält. Von dem ›Knappenhof‹ gelangt man durch ein einfaches Tor in den ›Vogtei-‹ oder ›Lindenhof‹, umfaßt von dem Trakt der 1822-1836 erstellten Burgvogtei mit Knappenstube und Rüstkammer im Untergeschoß und der Burgvogtswohnung im Obergeschoß, ferner dem nachmals erbauten Verbindungstrakt mit dem ›Habsburgersaal‹ sowie den Mauern des sogenannten ›Walles‹, der in einer Galerie von Nischen die obligate Ahnengalerie in Gestalt von siebenunddreißig Steinbüsten von Mitgliedern des Hauses Habsburg aus dem 16. und 17. Jahrhundert enthält, wovon nur eine Gruppe von fünf aus Marmor bestehenden Büsten von besserer Qualität ist. Ein weiteres größeres Tor entläßt den Besucher aus dem unregelmäßig gestalteten Raum des ›Lindenhofes‹ nach der Landseite, wo er, in den vom Turnierplatz kommenden Weg einschwenkend, über eine feste Brücke das Burggelände wieder betritt – etwa in der Gegend des großen Bergfrieds, der das Herzstück der ersten Anlage mit dem inneren Burghof darstellt, der in einem verschobenen Fünfeck von den Wohntrakten mit den Empfangssälen, Speisesaal, Thronsaal und Kapelle umschlossen wird. Die Burg umfaßt damit insgesamt drei Höfe: den ›Burghof‹ des ersten Bauabschnittes, den ›Lindenhof‹ und den ›Knappenhof‹.

Man hat es bei einem Rundgang in der Burg schwer, die Orientierung nicht zu verlieren, denn die Trakte mit ihren Gängen, Stiegen und Treppen scheinen ineinanderverschachtelt; das In- und Aneinandergeschobensein hat etwas Verwirrendes und zugleich Bestrickendes, weil es immer neue Überraschungen ahnen läßt. Wird die Raumordnung der Löwenburg noch von der Raumordnung des 18. Jahrhunderts – wenn auch bereits verschlüsselt – beeinflußt, so begegnet uns in der Franzensburg ein Zug zum Unübersichtlichen und Manieristischen. Es herrscht ein Prinzip des Ziellosen, das ständig optische Überraschungen bereit hält.

Wie in der Löwenburg, spielt auch in der Franzensburg das antiquarische Moment eine große Rolle, wie es schon aus der Beschreibung des Fürsten Pückler hervorgeht. Einen großen Teil der Objekte – Geschenke der Klöster Melk, Kremsmünster, Lilienfeld, Heiligenkreuz, Zwettl, Schlierbach und Wilhering und der Besitzer der Schlösser Greillenstein, Rapottenstein und Scharnstein – hat man in Gestalt von Kaminen, Decken und Vertäfelungen fest eingebaut, wobei man durchaus unbefangen mit dem überkommenen Kunstgut umgegangen ist, dem man unbedenklich Zeugnisse des 19. Jahrhunderts hinzugefügt hat, beispielsweise Wappen an den Renaissancedecken. Man hat auch keinen Anstoß genommen, Objekte auseinanderzureißen, um sie dekorativ verwerten zu können, so daß Teile der ›Capella speciosa‹ sowohl im Thronsaal wie im Speisesaal und in der Kapelle erscheinen. Man verfuhr völlig unbefangen mit den alten Werkstücken, die man dazu benutzte, um die neue Schöpfung zu legitimieren; hier liegt eine Wurzel der in der Folge so viel beschworenen ›Materialechtheit‹.

Bei dem Mobiliar haben die Grafen Dietrichstein, Kuefstein, Traun und Cerrini in der Kostbarkeit ihrer Geschenke mit den Fürsten Metternich, Dietrichstein und dem Kardinal Migazzi gewetteifert. Es ist in diesem Rahmen unmöglich, alle

Kunstwerke nur annähernd aufzuführen, und es muß bei Andeutungen bleiben.

Wenn man die Räume vom ›Lindenhof‹ aus betritt, so gelangt man über eine Eingangshalle in den ›Waffensaal‹, einen dreischiffigen, spitzbogengewölbten Saal, der seine Bestände vornehmlich aus dem alten ›Kaiserlichen Zeughaus‹ am Rennweg erhalten hat. Fahnen, Waffentrophäen, Wappenschilder, Spieße, Hellebarden, Morgensterne und Schwerter sind allesamt hervorragende Zeugnisse mittelalterlichen Waffenhandwerks, wozu sich in Erinnerung an die Belagerung Wiens durch die Türken auch türkisches Beutegut gesellt.

Hatte man sich in der ersten Bauzeit noch mit den numinosen Ahnenbildern des Walles zufrieden gegeben, so wurde in dem 1836 erbauten ›Habsburgersaal‹ – einem elliptischen Raum mit gotisierendem Rippengewölbe und Marmor vortäuschenden Stuckwänden, die in Nischen vertieft sind – eine Ahnengalerie der Habsburger geschaffen, die sechzehn Standbilder Habsburger Monarchen von Rudolf von Habsburg bis Maria Theresia enthält. Mit Ausnahme der Letztgenannten und ihres Vaters, Kaiser Karl VI., sind die übrigen, wohl um 1680 entstandenen lebensgroßen Statuen, die einstmals den Stadtpalast des Prinzen Eugen geziert hatten, aus den Werkstätten von Peter und Paul Strudel. Karl VI. ist eine Arbeit des Tiroler Bildhauers Matthias Bernhard Braun und Maria Theresia ein Abguß einer Bleistatue von Franz Xaver Messerschmidt, den man nach Verbringen des Originals in das Museum des Unteren Belvedere in Wien angefertigt hat. In den Lunetten befinden sich, nach Entwürfen von Peter Fendi, von Josef Klieber gemalte Grisaillen mit Darstellungen aus der Geschichte der darunterstehenden Regenten und über den Türen in gleicher Technik die Wappen Böhmens, Ungarns und Österreichs. Die über eine Vorhalle und einen kleinen Kuppelraum zu erreichenden Empfangssäle sind in ihrer Ausstattung ein phantasievolles Gemisch von Zeugnissen der Malerei – darunter sieben Fürstenporträts aus der alten Schatzkammer der Wiener Hofburg im ersten, dem Andenken Kaiser Maximilians I. gewidmeten Empfangssaal – und des Kunsthandwerks, vermischt mit neugotischen Schöpfungen. Eine besondere Kostbarkeit sind die herrlichen Ledertapeten des 17. Jahrhunderts aus Klosterneuburg und eine prächtige Holzdecke des 16. Jahrhunderts aus dem Kuefsteinschen Schloß Greillenstein.

Die heute im Inhalt veränderte ›Schatzkammer‹ verkündete ehemals nach Schottky »mit lauter Stimme des Burgherrn hohen Stand und Reichtum«. Die Mehrzahl der hier aufbewahrten Stücke, darunter berühmte Arbeiten der Prager Hofwerkstatt des 16. Jahrhunderts, wurden im späteren 19. Jahrhundert nach Gründung des Kunsthistorischen Museums in Wien wegen ihres »historischen und künstlerischen Wertes« nach dort übergeführt.

In dem als Gesellschaftszimmer gedachten ›Luisenzimmer‹ zeichnen sich die schönen Renaissancetüren aus Schloß Rapottenstein aus sowie ein großes, 1824 entstandenes Glasgemälde von Gottlob Samuel Mohn, der die österreichische Glasmalerei des 19. Jahrhunderts wiederbelebt hat.

Im ›Speisesaal‹, als frühgotischer Zentralbau gestaltet, entstammt das Baumaterial zum guten Teil der ›Capella speciosa‹. Auch hier trifft man auf kostbare Zeugnisse des Kunsthandwerks, worunter sich ein 1591 datierter Tisch mit großer Platte aus Kehlheimer Stein – gewidmet vom Kloster Melk – auszeichnet.

Das Schlafgemach mit Vorzimmer und Kammer der Zofe – Wohnung der Burgfrau – besitzt ein prächtig erhaltenes gotisches Bett mit Baldachindecke und reichgeschnitztem Maßwerk aus dem Jagdschloß Kilb. Gegenüber dem Alkoven befindet sich eine Kopie des 16. Jahrhunderts der im Kunsthistorischen Museum Wien befindlichen ›Rosenkranzmadonna‹ von Dürer. Die sonstige Einrichtung ist Erfindung im Stil der Laxenburger Gotik.

In der runden, wie das Schlafgemach von oben beleuchteten ›Spinnstube‹ haben bronzierte Holzfiguren unter schönen gotischen Baldachinen aus der Wiener Kirche Maria am Gestade Aufstellung gefunden. Die Samtbespannung der Rundbänke war ursprünglich aus der Kaiserin gewidmeten Ordensmänteln des Goldenen Vlieses gefertigt.

Auch im ›Thron-‹ oder ›Prunksaal‹ finden sich noch Originale, nämlich die Holzkassettendecke von 1680 und Türrahmen aus dem Kaiserzimmer von Stift Zwettl und die aus dem Chorgestühl von Klosterneuburg stammende Rückwand des Thrones. In den Glasfenstern mischen sich ähnlich wie in anderen Räumen alte Scheiben des 14. Jahrhunderts – hier aus der ehemaligen Kartause von Gaming – mit solchen des 19. Jahrhunderts. In diesem Zusammenhang sind die verschiedenen, bis jetzt nicht veröffentlichten Entwürfe für die Dekoration dieses Saales in der Wiener Nationalbibliothek interessant. Für die Ausstattung der kleinen rippengewölbten Kapelle – ein Längsraum mit angefügtem kuppelbedecktem Rundraum – mußte Material aus der ›Capella speciosa‹ herhalten, während die Werkstücke der Fenster aus dem ehemaligen babenbergischen Fürstenhaus an der Hundskehle stammen. Für den Altar holte man sich das in spätester Gotik gehaltene Sakramentshäuschen samt Unterbau aus der Stiftskirche von Zwettl. Auch unter den Glasmalereien und in den Kapellentüren erkennt man alte Stücke.

Von der Sakristei führt ein Durchgang zum Gefängnis im Untergeschoß des ›Hohen Turmes‹, das durch eine Illusionsmalerei im Stile des 18. Jahrhunderts wie eine zeitgenössische Bühnendekoration für die Kerkerszene des ›Fidelio‹ wirkt. Auch die Gestalt des Florestan wurde in der Person eines gefesselten Tempelritters nicht vergessen, der »auf einen Wink des Führers seine Ketten schüttelt und damit oft in zarten Frauenherzen die Gefühle des Mitleidens und Schmerzens geweckt hat. Die anstoßenden Gewölbe sind ebenso schauerlich bemalt und mit eisernen Ringen und Ketten versehen«. (Schottky) Was waren es damals noch empfindsame Zeiten!

Über eine Wendeltreppe gelangt man in die sogenannte ›Gerichtsstube‹, die eine Vorrichtung zum Aufziehen der Gefangenen enthält. In der Mitte ein kreisrunder Tisch mit einem zylindrischen Aufsatz mit Säulchen und Nischen mit vergoldeten Tugendstatuetten bestückt. Im Stockwerk darüber der ›Ritter-‹ oder ›Empfangssaal‹, dessen Eingangstür mit vier spätromanischen Wandsäulen aus der ›Capella speciosa‹ gerahmt ist, während die Tür aus Getäfel des Schlosses Scharnstein in Oberösterreich hergestellt wurde. Die hohen gotischen Fenster enthalten Scheibenfragmente mit Glasmalereien – Szenen aus dem Marienleben – aus der Kirche Maria am Gestade in Wien. Über die ›Zinnen‹ und den ›Mordgang‹ gelangt man in die kreisrunde Wohnung des Burgpfaffen, die mit auf Holz gemalten Heiligendarstellungen des 15. Jahrhunderts und ebenfalls mit Glasgemälden des 16. Jahrhunderts ausgestattet ist. Von hier führt der Weg über das Dach zur sogenannten ›Alten Burgvogtei‹ und über einen Korridor mit zwei anliegenden Gästezimmern in den ›Ungarischen Krönungssaal‹, dessen eindrucksvoller Holzplafond aus dem einst von Wallenstein bewohnten gräflich Cerrinischen Hause in Eger stammt, während die Wandverkleidung eine aus der Erbauungszeit der Franzensburg stammende Spätrenaissanceimitation von 1828 ist. Die Gemälde an den Wänden zeigen in Lebensgröße österreichische Herrscher mit ihren Gattinnen im ungarischen Krönungsornat; in den Fensternischen befinden sich von Anton Kothgasser gemalte Ansichten der ungarischen Städte Pest, Ofen, Preßburg, Erlau, Gran und Neusatz. Im benachbarten, über ein Vorzimmer zu erreichenden ›Lothringersaal‹ entstammen Holzplafond, Getäfel und Türumrahmungen im reich ornamentierten Stil deutscher Renaissance dem Schlosse Greillenstein bei Horn in Niederösterreich. Hier erscheinen auf den Wänden zwanzig lebensgroße Ölporträts von Mitgliedern des kaiserlichen Hauses – abermals eine Ahnengalerie und gleichzeitig eine wichtige Quelle für die Geschichte der österreichischen Malerei des 19. Jahrhunderts.

Die ›Neue Burgvogtei‹ im Seitentrakt zur Rechten des ›Vogtei-‹ oder ›Lindenhofes‹ enthält im oberen Stock zwei höchst geräumige Zimmer, Schlaf- und Wohnzimmer des ersten Schloßhauptmanns und Erbauers der Franzensburg, Joh. M. Riedl, Edler von Leuenstern. Die Zimmer haben ebenfalls sehr schöne Holzplafonds des 17. Jahrhunderts und das Schlafzimmer mit seinem Baldachinbett vorzügliche Ledertapeten der gleichen Zeit. Unter den zahlreichen Zeugnissen des Kunsthandwerks und den Gemälden befindet sich auch ein von Maximilian Joseph Friedl gemaltes Porträt von Riedl; in romantischer Tracht, unter einem Baume sitzend, hält er den Plan von Laxenburg in Händen.

Das Gemisch von wahrhaft kostbaren alten Stücken mit naiv und trotzdem raffiniert erfundenen Stücken in ›altdeutscher‹ oder besser gesagt ›Laxenburger Manier‹ ergibt ein Ensemble von besonderem Reiz, das allerdings vorzugsweise den unvoreingenommenen Besucher anzieht und delektiert.

Mosburg im Park von Biebrich

Wahrscheinlich ist es die Franzensburg gewesen, die Herzog Friedrich August von Nassau-Usingen (1803-1816) zu der Schöpfung der Mosburg in dem Park seiner Biebricher Residenz angeregt hat. Da Friedrich August als jüngster Bruder des regierenden Herzogs Karl Wilhelm von Nassau-Usingen kaum damit rechnen konnte, jemals zur Regierung zu gelangen, hatte er sich dem Brauche der Zeit folgend dem Militärdienst verschrieben, war sehr rasch emporgestiegen und kaiserlich königlicher Feldmarschall, Inhaber eines Kürassierregiments und Reichsgeneral der Kavallerie geworden. In seiner militärischen Eigenschaft stattete er dem Wiener Hof wiederholt Besuche ab. Nachdem sein älterer Bruder überraschend ohne männliche Nachkommen gestorben war, gelangte Friedrich August in den seiner Stammlinie angehörenden Fürstentümern zur Regierung und hielt am 16. Juni 1803 feierlichen Einzug in das von Maximilian Welsch erbaute barocke Schloß Biebrich nahe Wiesbaden.

Er sollte der letzte Herrscher aus der Linie Nassau-Usingen sein, die mit seinem Tode im Mannesstamme ausstarb. Der

II UNBEKANNTER KÜNSTLER
Rotes Zimmer in Fischbach

Gouache aus der
ersten Hälfte des 19. Jahrhunderts
im Besitz I. K. H. Prinzessin Ludwig
von Hessen und bei Rhein,
Wolfsgarten

ihm folgenden Linie Nassau-Weilburg entstammen die noch heute regierenden Großherzöge von Luxemburg, ein Geschlecht, das ebenso wie die oranische Linie in Holland als Ahnensitz Schloß Weilburg an der Lahn ansieht, von dem Walram I., Graf von Nassau, seine Lande regiert hatte. Nach dessen Tod im Jahre 1255 teilte sich das Geschlecht in die walramsche und ottonische Linie, aus denen König Adolf von Nassau und die Oranier in den Niederlanden stammen. In beiden Linien kam es zu weiteren Erbteilungen, die schließlich ein Dutzend Familienzweige erzeugt haben, die nach und nach ausgestorben sind.

Schon zwei Jahre nach seinem Regierungsantritt begann der Fürst am 1. Juni 1805 mit dem Bau der Mosburg im Park des Schlosses, wobei man Fundamente und Teile einer spätmittelalterlichen Burganlage benutzt hat, wie aus zwei älteren Abbildungen im Hausarchiv der Luxemburger und des Hessischen Landesmuseums in Darmstadt hervorgeht.

Der Name Mosburg geht zurück auf ein mittelalterliches Dorf Mosbach in Fortsetzung des Ortes Biebrich, das im vergangenen Jahrhundert mit seiner Brudergemeinde Biebrich verschmolzen wurde, die heute einen Ortsteil der hessischen Landeshauptstadt Wiesbaden darstellt.

Biburc war der alte Name von Biebrich, das erstmals 874 in den Fuldaer Annalen auftaucht, und zwar in Zusammenhang mit einem Besuch von König Ludwig dem Deutschen in Frankfurt, von wo er sich nach Aachen begab, wobei er mit seinem Gefolge in Biebrich die Schiffe bestieg. König Otto III. schenkte »biburc« und »moscebach« dem Benediktinerkloster Selz bei Weißenburg, das für die Klostervögte einen befestigten Wohnsitz schaffen ließ – möglicherweise Vorläufer der heutigen Mosburg. Wahrscheinlich ursprünglich eine Turmburg, wie es deren mehrere im Rheingau gibt, entwickelte sie sich später zu einer Wasserburg mit vier Ecktürmchen und einem rechteckigen Torturm im Bering. Diese im Jahre 1462 als gräflich nassauisches Burghaus im Gerichtsbuch von Mosbach erwähnte Anlage hat in der Folge wiederholt den Besitzer gewechselt. Im Jahre 1647 erhielt Johann Heinrich Pentz, damals schwedischer Resident in Frankfurt, von dem Grafen Johann von Nassau die freie Burg mit allen Burgrechten und Gerechtigkeiten als Belohnung für die Rettung des Grafen vor einer Gefangennahme während seines Aufenthaltes in Frankfurt. Als Pentz 1654 in den Reichsgrafenstand erhoben wurde, durfte er sich mit Erlaubnis des Nassauer Lehensherrn auf Grund des Mosburglehens ›von Pentzenau‹ nennen. Im Jahre 1738 starben die Pentz von Pentzenau im Mannesstamm aus; damals bestand nach einem Protokoll vom 22. Juni 1738 der Besitz aus einem »Haus, die ›Burg‹ genannt, rund herum von Mauern und Garten umgeben, dazu außerhalb des Ortes noch so viel Land, als mit einem Pferd beackert werden kann, und mit guten Wiesen, wovon viele dem Kloster (Klarenthal) zinspflichtig sind«. Im Jahre 1804 kaufte Friedrich August dieses Anwesen mit allen Rechten um 5000 Gulden von der letzten Pentzenauerin, die einen Freiherrn von Holzhausen in Frankfurt geheiratet hatte.

Mit dem Bau der neuen Mosburg beauftragte der Fürst den 1763 zu Ottweiler geborenen Carl Florian Goetz (gest. 1829), der seit 1789 in Wiesbaden als fürstlich nassauischer Bauinspektor und nachmals als Domanialbaurat fungierte. Nach den im Wiesbadener Staatsarchiv liegenden Akten betrug die Bausumme 14343 Gulden. Um der größeren Echtheit willen verwendete man auch mittelalterliches Baumaterial aus der in Mainz abgebrochenen Liebfrauenkirche vor dem Dom. Nach den erhaltenen Rechnungen zu schließen, war man bemüht, die Burg auch im Innern möglichst stilecht mit »altdeutschen Möbeln« einfachster Art auszustatten. Heute ist kein Stück mehr davon erhalten, wie sich auch die Anlage in einem bedauernswerten Zustand befindet.

Über den heute trockenen Graben führt eine steinerne Brücke zu dem stattlichen Torturm, dem einzigen Zugang zum Burgareal, mit einem anschließenden kleinen Hof und dem aus Bruchsteinen und Ziegeln gemauerten Hauptbau, der sich in völligem Verfall befindet. Aus ihm steigt ein rechteckiger Turm mit großen Fenstern auf, der von einem runden Treppenturm überragt wird. Im Untergeschoß befanden sich einst ein von vier Säulen getragener Saal und einige kleinere Räume. Große und kleine spitzbogige Fenster dienten der Beleuchtung und Belebung der schlichten Fassaden.

Verschwunden sind auch die sechs gotischen Epitaphien aus Kloster Eberbach, die man an den Wänden des Torbaus und Hauptbaues eingemauert hatte, um den Eindruck einer Ritterburg möglichst glaubhaft zu machen. Diese Grabsteine von fünf katzenelnbogischen Grafen und dem Grafen Philipp von Nassau-Weilburg hat man im Jahre 1936 bei der Restaurierung der Kirche von Kloster Eberbach wieder an die alte Stelle im dortigen Grafenchor zurückversetzt. Wenn auch nur ein Grabmal einen Fürsten aus dem Hause Nassau dargestellt hatte, so waren doch auch die anderen Grafen dem Hause durch ihr Leben und Wirken verbunden gewesen und damit Symbole einer großen Vergangenheit, deren sich die romantische Neugotik gerne zu ihrer Legitimierung bediente.

Nach dem Ableben von Friedrich August diente die Mosburg als Garten- und Lusthaus, in dem nicht selten Festlichkeiten abgehalten wurden, eine der glanzvollsten anläßlich der Vermählung von Prinzessin Marie – Tochter von Herzog Wilhelm von Nassau-Weilburg – mit dem Fürsten Hermann von Wied. Dieser Ehe entsproß die spätere Königin Elisabeth von Rumänien, die nicht nur als Carmen Sylva in die Literaturgeschichte eingegangen ist, sondern auch zusammen mit ihrem Gatten, König Carol I. von Rumänien, das romantische Kastell Pelesch geschaffen hat. Der Vater der Prinzessin war nach dem Tode des ohne männliche Erben gestorbenen Herzogs Friedrich August von Nassau-Usingen von seiner Weilburger Residenz nach Biebrich übergesiedelt.

Goethe hat man bei seinem Besuch im Sommer 1814, als er von dem Herzog nach Biebrich zur Tafel geladen wurde, die Mosburg gezeigt, worüber er in einem Brief an Christiane vom 8. August berichtet: »... Nach der Tafel sah man den Park und eine recht artig angelegte Ritterburg. Von dem Altan ist die Aussicht sehr schön. Die Vegetation im Garten und Park sehr lebhaft...«

Während seines Biebricher Aufenthaltes hatte Richard Wagner dem Herzog Adolf von Nassau – Sohn von Herzog Wilhelm – »seinem nächsten Nachbarn« den Vorschlag gemacht, ihm die Mosburg im Schloßpark, »in dem die Nachtigallen so herrlich flöten«, als Wohn- und Arbeitsstätte zu überlassen. Doch Herzog Adolf zeigte sich diesem Verlangen um so weniger geneigt, als er sich selbst in die Mosburg gern zurückzuziehen liebte, um, wie man wissen wollte, ehelichen Zwisten aus dem Wege zu gehen.

Herzog Adolf hatte man, nach den für Preußen siegreichen Auseinandersetzungen von 1866, als Verbündeten von Österreich gezwungen, dem Thron zu entsagen und ins Exil zu gehen. Wohl verblieben ihm die Schlösser Weilburg, Platte und Biebrich als privates Eigentum, die jedoch, kaum bewohnt, sehr rasch an Ansehen einbüßten. Schloß Biebrich wurde wie auch Weilburg in den dreißiger Jahren verkauft, nachdem die Nachkommen des Herzogs Adolf, der nach dem Erlöschen des oranischen Mannesstammes im Jahre 1890 Großherzog von Luxemburg geworden war, das Interesse an dem kostspieligen Besitz verloren hatten. Zwar diente die Mosburg seit 1905 als Heimatmuseum, das aber durch Plünderung nach 1945 vernichtet wurde. Die fehlende Nutzung wurde der Anlage sehr schnell zum Verhängnis, und man kann nur hoffen, daß, nachdem sie 1968 durch den hessischen Staat übernommen wurde, der endgültigen Zerstörung Einhalt geboten wird.

Der ›Turm‹ am Steinschen Schloß in Nassau

Außer der Mosburg dürfte auch die romantische Turmanlage des Schlosses in Nassau von der Franzensburg angeregt worden sein, die der Erbauer, der Reichsfreiherr vom Stein, während des Wiener Kongresses kennengelernt hatte. Zu jener

Zeit durfte Stein noch hoffen, wieder eine staatsmännische Rolle spielen zu können, die Napoleon so jäh abgebrochen hatte. Doch seine Abwesenheit vom preußischen Hofe hatten andere Persönlichkeiten zu ihrem Vorteil zu nutzen verstanden, die nicht daran dachten, sich von dem zurückgekehrten Diplomaten ihren Einfluß mindern zu lassen. Man darf das Leben von Stein in staatsmännischer und menschlicher Hinsicht als tragisch bezeichnen, nachdem ihm auch im Familienleben manche bittere Stunde beschert war. Erst spät hatte er sich mit Wilhelmine, einer geborenen Wallmoden-Gimborn, vermählt. Es wurde eine nicht sonderlich glückliche Ehe, der keine männlichen Nachkommen entsprossen sind.

Im Juni 1814 schrieb er an seine Frau über den Nassauer Besitz: »... Das Haus erfordert manches zu seiner Wiederherstellung, der Flügel ist kaum mehr zu bewohnen, ich habe also einen Baumeister Delassaulx von Koblenz kommen lassen, einen gescheiten talentvollen jungen Mann; er leitet das Bauwesen...« Es war Johann Claudius von Lassaulx (1781-1848), der uns in der Folge noch wiederholt begegnen wird. Er war auch der Schöpfer des im Jahre 1816 begonnenen, sich nahtlos dem alten, schlichten Renaissancegebäude anschließenden Turmes.

Umgeben von Hof und Park ist diese eindrucksvolle, im Herzen Nassaus gelegene Besitzung noch immer ein gern und vielbesuchter Ausflugsort der Badegäste aus dem benachbarten Ems.

Um diesen Turm im Äußeren möglichst ›stilecht‹ erscheinen zu lassen, hatte sich der Reichsfreiherr mit dem Bildhauer Peter Josef Imhof in Köln wegen Anfertigung von neugotischen Basreliefs zur Auszierung der Fassade in Verbindung gesetzt. Vorgeschlagen werden Darstellungen der Heiligen Adalbert, Leopold, Georg und Andreas als Schutzpatrone von Preußen, Österreich, England und Rußland; an Stelle von Andreas tritt dann Alexander Newsky. Unter den Skulpturen wünschte Stein die Namen der Heiligen in gotischen Buchstaben eingehauen. Das Steinmaterial wurde von dem Auftraggeber besorgt, ebenso von Petersburg die Vorlage für Alexander Newsky. Die von Imhof nach Entwürfen des Malers und Zeichners Maximilian Heinrich Fuchs geschaffenen Reliefs waren im Jahr 1819 – nach einem Brief vom 19. März – vollendet. »Beharrlichkeit, Mut, Einigkeit und Vertrauen auf Gott«, schrieb Stein an Spiegel, den späteren Kölner Erzbischof, »führen immer zu wichtigen Resultaten – die Basreliefs dieser Tugenden, des heiligen Adalbert, des heiligen Alexander Newski und der Ritter Georg und Leopold zieren die Pilaster meines Turmes.« Über dessen Haupteingang stehen die Worte: »Nicht uns, Herr, nicht uns, sondern Deinem Namen allein gebührt die Ehre«, und auf der entgegengesetzten Seite erscheinen die Anfangsworte des Lutherliedes: ›Eine feste Burg ist unser Gott‹.

Die hier angeschlagene Tonart setzt sich im Innern fort, wenn man von dem in diesem Zusammenhang etwas seltsam anmutenden Marmorbad im Erdgeschoß absieht – möglicherweise eine Reminiszenz an das Bad der Franzensburg, vielleicht auch gedacht als Möglichkeit der körperlichen Reinigung als Vorstufe einer geistigen, die sich in den oberen Räumen vollziehen sollte. Eine schmale Treppe führt in die Bibliothek, die zugleich das Arbeitszimmer von Stein war, für das er schöne mittelalterliche Glasfenster aus der Dausenauer Pfarrkirche erhalten hatte. Dem Eingang gegenüber erblickt man die Bildnisse Luthers und Melanchthons, ihnen zur Seite die Bildnisse der drei Förderer der Reformation: die sächsischen Kurfürsten Johann der Beständige, Friedrich der Weise und Johann Friedrich der Großmütige. Auf der anderen Seite erscheinen die Porträts der Feldherren der Freiheitskriege: Scharnhorst, Gneisenau und Blücher. Über dem Eingang ein solches des von Stein hochgeschätzten Herzogs Friedrich Wilhelm von Braunschweig, den er ob seines Widerstandes gegen Napoleon besonders bewunderte. In diesem Arbeitszimmer weilte Stein mit besonderer Vorliebe, und hier mag ihn auch der Plan zur Herausgabe der Quellen der deutschen Geschichte, der ›Monumenta Germaniae Historica‹, beschäftigt haben, wodurch er sich ein unvergängliches Denkmal gesetzt hat.

Im oberen Geschoß des Turmes ist ein Eisernes Kreuz, der in den Freiheitskriegen gestiftete preußische Orden, angebracht mit dem Wahlspruch der preußischen Landwehr: »Mit Gott für König und Vaterland«. In einer Blende, dem Eintretenden gegenüber, stehen die Büsten von König Friedrich Wilhelm III. und der Kaiser Alexander von Rußland und Franz I. von Österreich. Die besonderen Ereignisse der Freiheitskriege sind auf Gedächtnistafeln in vergoldeter Schrift aufgezeichnet. Mit dieser ehemals durch gotische Glasmalereien mystisch beleuchteten Ruhmes- und Ehrenhalle hatte Stein ungewollt einen Prototyp der nationalen Gedenk- und Befreiungshallen des 19. Jahrhunderts geschaffen. Stein hatte diesen Turm nicht zuletzt gebaut, um damit der nach den Kriegen darbenden einheimischen Bevölkerung Arbeit und Brot zu schaffen. Die Begrenztheit seiner Mittel hat wohl dazu geführt, daß die großen, ihn bewegenden Vorstellungen zwar eine romantische, aber nicht in jedem Falle überzeugende Verwirklichung gefunden haben, so daß der noch der rationalen Aufklärung verhaftete Weltmann Varnhagen von Ense gelegentlich eines Badeaufenthaltes in Ems am 5. August 1830 spöttisch notiert: »... Was für Eindrücke wurden mir in Nassau! Das alte Stein'sche Haus und sein Garten lassen sich stattlich genug ansehen, die Lage ist schön, man sieht, daß hier ein reiches, bedeutendes Geschlecht sich fortgepflanzt hat; aber doch wäre jetzt ein Haus und Garten in offener guter Gegend, vor den Thoren einer bedeutenden Stadt, weit vorzuziehen, und es giebt hundert schönere, befriedigendere Landsitze. Ganz erschrocken aber bin ich über den altdeutschen Thurm, den der Minister Stein zum Andenken der Befreiungskriege mit jahrelangen Anstrengungen und Kosten aufgerichtet, von dem unaufhörlich die Rede war, und der auch mir immer als eine große Sehenswürdigkeit gerühmt worden ist. So was Klägliches und Geringes, Unzweckmäßiges und Geschmackloses habe ich mir nicht vorgestellt!

Sich ein Studirzimmer zu bauen, ein Denkmal des wichtigsten Erlebten, einen Behaglichkeits- und Weihe-Aufenthalt, und nichts anderes zu Stande zu bringen, als diese Spielerei, muß das größte Mitleid einflößen! Die Außenseite will etwas versprechen, das Innere aber ist jämmerlich. Unten sind zwei kellerartige Badstübchen, tief hinab, mit Steinen ausgekleidet; einige bunte Glasscheiben verdüstern die unheimlichen Löcher noch mehr; jeder Mensch wird eine hölzerne Wanne in einem heitern warmen Gemach vorziehen! Enge, steile, hölzerne Treppchen führen in den ersten Stock, den ein mäßiges Schreibzimmer ausfüllt, mit einer hübschen Aussicht, für Bücher ist ein enger Mauerwinkel als Versteck benutzt, während niemand hinderte, einen großen Saal gleich daneben im Schlosse zu haben. Durch noch schlechtere Treppchen gelangt man oben hinauf, wo die Tafeln mit den Schlachttagen sind, und die Büsten der drei Monarchen. Die Büsten von Marmor sind schön, die Tafeln – goldne Buchstaben und Ziffern auf Eisenplatten – sind nicht übel; aber alles macht doch nur einen dürftigen Eindruck, als Denkmal selbst ist es gar nichts, eine Armseligkeit im Vergleich des Geschehenen, als Andeutung eines Denkmals ist es zu wenig von Geist und Einbildungskraft belebt, ohne künstlerische Eingebung, ohne solche, die den Karakter wenigstens ausdrückte. So nehmen sich auch im Schreibzimmer die Bildnisse sehr gering aus. Die ganze Anordnung zeigt, daß Stein ohne höheren Kunstsinn, ohne Geschmack und Schönheitsgefühl war. Die plumpe Bezeichnung genügte ihm. Man sagt, er hat hunderttausend Thaler für den Thurm ausgegeben. Und während noch das Gewicht seiner Persönlichkeit dabei war, ließen sich auch ordentliche Leute blenden und bewunderten das Ding, und meinten, es wäre was damit, oder sie heuchelten und schmeichelten auch nur dem Alten ganz gemein. Jetzt aber zuckt jederman die Achseln...«

Der Gotische Turm in Karlsruhe

Die gleichzeitig als Denkmal ausgebildete Turmanlage begegnet uns bereits in dem im Jahre 1801 von Friedrich Weinbrenner errichteten, heute verschwundenen ›Gotischen Turm‹ im Garten der Markgräfin Amalie von Baden (1754-1832) in Karlsruhe. Diese, eine geborene Prinzessin von Hessen-Darmstadt, hatte 1774 den badischen Erbprinzen Karl Ludwig (1755-1801) geheiratet, der, auf einer Reise zu seinen Töchtern, der Kaiserin von Rußland und Königin von Schweden, zu Arboga in Westermannland am 16. Dezember 1801 durch einen Unfall ums Leben kam. Zu seinem Gedächtnis ließ seine Gattin eine Kapelle an den ›Gotischen Turm‹ anbauen. Im Nebengemach dieser mit einem Gedenkstein des Bildhauers Scheffauer versehenen Kapelle befand sich merkwürdigerweise – ähnlich wie später in Nassau – ein Baderaum mit einer Badewanne, wofür die Markgräfin den kupfernen Sarg bestimmt hatte, worin ihr Gatte von Schweden nach Karlsruhe überführt worden war; selbst ein Heizraum für dieses Bad wurde in die Anlage eingebaut.

Das Gotische Haus im Großen Tannenwald zu Bad Homburg

Ein später Nachfahre der sentimentalischen Parkburgen ist auch das in den Jahren 1822-1828 vor den Toren von Bad Homburg im sogenannten ›Großen Tannenwald‹ erbaute Gotische Haus. Diese ›Große Tanne‹ oder ›Lustwald‹ genannte Parklandschaft war eine Schöpfung des musischen Landgrafen Friedrich v. von Homburg, des Beschützers von Friedrich Hölderlin, der in Homburg den zweiten Teil seines Romans ›Hyperion‹ vollendet und dem Landgrafen zu dessen 55. Geburtstag seine Dichtung ›Patmos‹ gewidmet hat. Dieser Tannenwald bildete eine Fortsetzung des von dem Landgrafen im Stile des englischen Landschaftsgartens umgestalteten alten Homburger Schloßparkes, wobei auch der sentimentalische Grabgedanke noch einmal aufgenommen wurde, denn in dieser seiner Schöpfung, seinem geliebten ›Tempé‹, und nicht in der Familiengruft, wünschte der Fürst nach seinem Tode beigesetzt zu werden; doch wurde ihm sein Wunsch nicht erfüllt.

In diesem Tannenwald hat Elisabeth, die Gemahlin seines Sohnes, des jagdfreudigen späteren Landgrafen Friedrich VI., in Erinnerung an ihre englische Heimat – sie war eine Tochter von Georg III. von Großbritannien – das ›Gotische Haus‹ von dem Darmstädter Architekten Georg Moller erbauen lassen. Über eine schnurgerade Allee – die Tannenwaldallee, die noch heute als ›Elisabethenschneise‹ vom ›Gotischen Haus‹ bis zum Ende des Lustwaldes reicht – stand das Waldschloß optisch mit ihrem Wohnquartier im Schloß in Verbindung.

Die ›Gotik‹ dieses Hauses ist nur Fassade, denn Georg Moller, der durch die Herausgabe der ›Denkmäler der Deutschen Baukunst‹ ein tiefes Verständnis für die Gotik bewiesen hat, war deshalb noch keineswegs ein Freund der gewünschten neugotischen Art, jenes »altdeutschen Geschmacks, dessen Anwendung bei der Errichtung neuer Gebäude getadelt werden muß«. Seine Neigung gehörte dem Klassizismus. Doch hat er es bei dem Bau des ›Gotischen Hauses‹ verstanden, sich geschickt aus der Affäre zu ziehen, indem er einen von klassizistischem Formgefühl getragenen, kastellhaft wirkenden kubischen Baukörper dadurch ›gotisierte‹, daß er ihn an den Ecken mit kleinen Türmchen und Zinnenkränzen schmückte. Dieser Kubus erhebt sich über niedrigen, nach oben gleichfalls flach abschließenden und zinnenbekränzten Anbauten, die ihn gleichmäßig auf allen Seiten umschließen. Die Fenster sind spitzbogig und in der Mitte der Hauptfront breiter und höher. Das Innere mit einem großen Saal im Zentrum wurde durch spätere Umbauten verändert; auch ist die Innenausstattung – bis auf ein paar Möbel des späten 17. Jahrhunderts und einige Bilder der gleichen Zeit mit neugotischen Rahmen im Schlosse Homburg – verlorengegangen.

Der ausführende Baumeister war nach den Rechnungen Joseph Zobel; doch sprechen Einzelheiten am Bau, wie am Sockel, Friese und Sohlbänke, für Moller als den planlegenden Architekten, von dem das Homburger Stadtarchiv noch einen Entwurf von 1826 zur Dekoration der neugotischen Halle des ›Gotischen Hauses‹ besitzt.

Die Anlage, die wiederholt den Besitzer gewechselt hat, dient heute als Gaststätte und ist seit Jahren in Gefahr, dem Abbruch anheimzufallen.

Schloß Meisenheim

Während die bisherigen romantischen Bauten freie schöpferische Erfindungen waren, begegnet uns beim Umbau des durch den Wiener Kongreß an die Landgrafschaft Hessen-Homburg gefallenen Schlosses in Meisenheim am Glan etwas Neues, da hier Georg Moller beauftragt wurde, eine bereits vorhandene ältere Anlage neugotisch zu modernisieren. Auch in Meisenheim glaubt man zu spüren, daß Moller nur mit halbem Herzen bei der Sache war, indem er neugotische mit klassizistischen Elementen mischte. Ein reiches Planmaterial gibt Aufschluß über die vorgesehenen Umbauten der um einen Hof gruppierten Bauteile des 17. Jahrhunderts. Die heutige Situation ist nicht mehr die des 19. Jahrhunderts, da verschiedene Teile sich in der Fassung von 1820 nicht mehr erhalten haben. Von den Gebäuden des Schloßbezirkes steht heute nur die reformierte Schloßkirche, eine höchst stattliche Anlage, und der durch Moller umgestaltete Magdalenenbau, der heute Wolfgangbau heißt und im Jahre 1933 im Innern verändert wurde.

Langenburg

In einem bescheidenen Maße hat auch – ähnlich wie der Freiherr vom Stein in Nassau – im Jahre 1817 ein Fürst Hohenlohe versucht, seinem stattlichen Schloß Langenburg in Württemberg einen neugotischen Akzent zu verleihen. Das in seinem Ursprung aus dem 12. Jahrhundert stammende Schloß wurde nach einer Zerstörung im 13. Jahrhundert unter Benutzung alter Teile wiederaufgebaut, im 14. Jahrhundert erweitert und im 16. und 17. Jahrhundert im Stile der Renaissance neugebaut. Nahe dem ältesten Teile im Westen der Burg hat man nach Entwürfen des Johann Gottfried Klinsky über dem zum Westflügel des Schlosses rechtwinklig verlaufenden Anbau ein neugotisches Obergeschoß aufgesetzt mit Austritt zu einer von neugotischen Zinnen eingefaßten Terrasse über dem sogenannten Lindenstamm, einer Bastion über den nachweislich ältesten Teilen des Schlosses, an deren Fuß noch ein kleinerer neugotischer Turm errichtet wurde – romantisches Erinnerungsmal an das Alter des fürstlichen Geschlechtes.

Blomenburg

Die neugotische Bereicherung von Schloß Langenburg weist bereits auf eine Tendenz der folgenden Phase, indem nicht nur eine mittelalterliche Anlage benutzt, sondern auch der in der Ebene gelegene Landschaftspark vielfach zugunsten der Höhenlage aufgegeben wird. Auch die weiterhin erstehenden und frei erfundenen Turmburgen und Turmdenkmäler ziehen ihre Wirkung aus der Höhenlage und der sie unmittelbar umgebenden Natur, die als wirkungsvolle Kulisse genutzt wird. Teils werden sie – wie das Hermannsdenkmal im Teutoburger Wald – als Ruhmesdenkmäler, teils als bewohnbare Kulisse an ausgezeichneten Punkten der Landschaft aufgestellt, wie etwa die von dem Lehensgrafen Otto Blome 1842-1855 errichtete, von Eduard Knoblauch erbaute Blomenburg, Hauptwerk der romantischen Burgengotik in Schleswig-Holstein: ein blockhafter Backsteinbau in englisch-neugotischen Formen mit Zinnenkranz und einem stattlichen runden Eckturm mit einem diesen überragenden schlanken Treppentürmchen. Auch das Innere ist durch ein apartes Treppenhaus, die Säle und das Turmzimmer mit Maßwerkflachkuppel bemerkenswert.

Dianaburg im Lahntal

Wie die Blomenburg, zeigt auch die im Westerwald auf dem Kesselberg hoch über dem Lahntal errichtete Dianaburg in ihrem Baukörper ein Festumrissenes und Starres gegenüber dem Spielerischen der Anlagen der eigentlichen sentimentalischen Phase. Fürst Ferdinand von Solms-Braunfels, der auch das Braunfelser Schloß durch Zutaten in neugotischer Manier erweitert hat, ließ in den Jahren 1842-1843 durch seinen Architekten C. Stephan diese Turmburg erstellen, die er als passionierter Jäger zu Ehren der Jagdgöttin benannte. Es ist ein stattlicher rechteckiger Turm mit einer Plattform, an deren Ecken sich elegante kegelhafte Ziertürme erheben. Von dieser Plattform genießt man eine wunderbare Rundsicht, nicht zuletzt auch auf das jenseits der Lahn gelegene Schloß Braunfels. Leider haben die Innenräume des Turmes mit Balkendecken und neugotischer Bemalung ihre alte Ausstattung verloren. Ähnlich wie in Wilhelmsbad hat der Architekt, dem Turm benachbart, einen Küchenbau erstellt – ein langrechteckiges Haus, das zur Lagerung und Zubereitung der Speisen diente. Die engere Umgebung wurde durch gehäufte Felsbrocken und durch mit Felsstücken gesäumte Pfade in romantischer Manier gestaltet. Ein Forstwart in seinem unfern gelegenen Wohnhaus mit Stallungen und Holzschuppen sorgte für Aufsicht und Pflege – ein Dorado für den jagdfreudigen Fürsten und seine Gäste.

Schloß Schwarzenstein

Ein sehr spätes Beispiel dieser Gattung ist Schloß Schwarzenstein im Rheingau, eine von der Familie Mumm im Jahre 1874 als Sommerhaus errichtete Burg bei Johannisberg – Turm und Gartensaal mit einer davorgelegten Terrasse, von der man einen herrlichen Ausblick in den Rheingau hat; Dekoration ohne den Sinngehalt der architektonischen Grundlage. Sie ist nur eine besonders charakteristische unter einer ganzen Anzahl ähnlicher Anlagen im Rheingau.

3.

HOCH-, WALD-
UND WASSERSCHLÖSSER
DER ELEGANTEN
ROMANTIK

Die im vorigen Kapitel behandelten Parkburgen der sentimentalischen Phase waren freie Erfindungen mit vorgetäuschter mittelalterlicher Bausubstanz. Soweit beim Aufbau Material der Vergangenheit verwendet wurde, geschah es ohne direkten Bezug auf das Bauwerk als solches und diente nur zu dessen ›Beseelung‹ im Sinne eines ›Älter-Erscheinen-Lassens‹. Die Ausstattung dieser Residenzen war in der Mehrzahl der Fälle alten Schlössern entlehnt, und nur zu einem geringen Teil wurden die Objekte aus dem Handel beschafft. Die neuen Möbel hat man in vermeintlich mittelalterlicher Manier – im ›Löwenburg- oder Laxenburgstil‹ – gearbeitet; sie sind Wurzel des in der zweiten Hälfte des 19. Jahrhunderts so beliebt gewordenen ›altdeutschen‹ Mobiliars. In diesem Zusammenhang ist es interessant, daß der neugewonnene Abstand zur geschichtlichen Vergangenheit und damit deren Wertung noch so knapp bemessen ist, daß frühbarocke Möbel als ›altertümlich‹ gelten und ihre Formen, weil man zeitlich noch nicht zu differenzieren vermochte, den mittelalterlichen gleichgesetzt wurden. Unentbehrlich schien der Besitz alter Glasgemälde, die man älteren Bauten entnommen oder im Kunsthandel erworben hat, um mit ihrer Hilfe die erträumte mittelalterliche Atmosphäre zu beschwören.

Seit den zwanziger Jahren des 19. Jahrhunderts tritt die romantische Architektur, soweit sie den mittelalterlichen Stilformen verhaftet ist, in eine neue Phase, in der das durch die Befreiungskriege geweckte Nationalbewußtsein eine besondere Rolle spielt. Die Begeisterung für eine große deutsche Vergangenheit, bekanntermaßen bereits zu Ende des 18. Jahrhunderts einsetzend, erfährt nunmehr einen neuen Auftrieb unter veränderten Aspekten. Es war eine Begeisterung, die alle Schichten erfaßt hatte, bei der, entsprechend der Bewußtseinslage, verschiedene Akzente gesetzt wurden. Die später so verhängnisvoll sich auswirkende Sehnsucht nach dem Reich äußerte sich zu Beginn im Bestreben, das ruhmreiche Mittelalter neu zu beleben, was vor allem auf dem Gebiete der Wissenschaft, vornehmlich der Geschichtsforschung, seinen Ausdruck fand. Die Wiederentdeckung der Dichtung des Minnesangs, die Belebung von Mythos und Sage, das Sammeln der alten Volksmärchen, alles trug dazu bei, ein neues Verhältnis zur Vergangenheit zu entwickeln. So erlebt die Marienburg – die Hochburg des Deutschritterordens – nunmehr dank der Initiative und einer Denkschrift des Freiherrn Joseph von Eichendorff eine Restaurierung; die Bestrebungen zur Vollendung des Kölner Domes erfahren ihren endgültigen Anstoß; auch das Aachener Münster wurde neu gewürdigt, um nur einige Fixpunkte zu nennen.

Im Westen Deutschlands, in Straßburg, hatte Goethe durch das Münster seine ihn tief rührende Begegnung mit der deutschen Vorzeit gehabt. Die Rheinlandschaft mit ihren reichen Zeugnissen der Vergangenheit blieb auch in der Folgezeit nicht ohne Wirkung auf ihn, und das bis in sein hohes Alter, wobei die Begegnung mit den Brüdern Boisserée und deren Bestreben, die Zeugnisse altdeutscher Kunst zu retten und zu bewahren, eine wichtige Rolle gespielt haben. Als einem der ersten ist Goethe angesichts der Erkenntnis altdeutscher Kunst beim Betrachten der Sammlung Boisserée in Heidelberg der ungeheuere geistige Abstand zwischen dem eigenen Zeitalter und dem der alten deutschen und niederländischen Meister klar geworden, ein Abstand, den er für unüberbrückbar gehalten hat. In seiner Abhandlung ›Neu-deutsche, religiös-patriotische Kunst‹ wendet er sich energisch gegen jene sentimentalischen Tendenzen und frömmelnden Forderungen literarischer Zeugnisse wie die ›Herzensergießungen‹ und ›Sternbalds Wanderungen‹ sowie auch gegen die populär-sentimentale Trivialliteratur der Taschenbücher, »die sich einbilden, damit Vergangenheit zu erraffen«. Er erläutert seine Stellungnahme noch in einem Brief an Boisserée im Dezember 1815, wenn er schreibt: »...im Ganzen kann ich jedoch trotz aller Frömmelei keine wahre Frömmigkeit das heißt nicht Ernst noch Kritik noch Methode darin finden.«

In der zweiten Phase romantischer Architektur wird nun das sentimentalische Moment überwunden und jene Forderung, die Goethe in ›Kunst und Alterthum in den Rhein- und Maingegenden‹ aufgestellt hat, zu verwirklichen begonnen, sei es auf dem Gebiet der Denkmalpflege, des Museumswesens oder der Kunst- und Literaturwissenschaft. Die Bedeutung von ›Kunst und Alterthum‹ für Kunstliteratur und Kunstgeschichtsschreibung liegt ja, wie schon Wolfgang Tichy erkannt hat, nicht so sehr in einer Würdigung der altdeutschen Kunst oder in deren Entdeckung für Goethe, sondern in einer hier fußenden Begründung einer objektiven wissenschaftlichen Betrachtung und Beurteilung aller Kunstepochen.

Der so geborene Historismus hat auch im fürstlichen Schloßbau seinen Niederschlag gefunden, wobei das Bauwerk auch für die Zukunft nicht auf den Garten verzichtet, der im Rahmen der vielfach frei über der Landschaft thronenden Hochschlösser eine optische Verbindung mit der freien, weiten Natur eingeht, die ganz bewußt in die architektonische Komposition einbezogen ist. Die Landschaft bedeutete für den Menschen der Romantik nicht einen Gegenpol seines Seins, sondern war für ihn ein Teil seiner Existenz, die darin eingebettet und von ihr umschlossen ist. Es ist kein Zufall, daß die Landschaft in der Epoche der Romantik neue Bedeutung gewonnen und eine besondere Rolle gespielt hat.

Waren die Parkburgen der ersten Phase freie architektonische Erfindungen – Horace Walpole hatte festgestellt, daß ein wahrer Gotiker seine Schöpfungen mehr als Werk von Phantasie als von Nachahmung empfinden müsse –, so sind die Hoch- und Wasserschlösser der zweiten Phase, der eleganten Romantik, zu einem guten Teil mittelalterlichen Ruinen verhaftet, die sich durch ›Restaurierung‹ – ein neuer Begriff – wieder in bewohnbare Behausungen verwandeln sollen. Dazu kommen in geringerem Maße Renaissancebauten, die man ›neugotisch‹ modernisierte, und schließlich als ein Drittes die unmittelbar von englischen Vorbildern angeregten Neuschöpfungen, kurzum eine Fülle neuer Bauideen.

In die erfundenen Ruinenschlösser der ersten Phase hatten sich die Besitzer wie in eine Klause zurückgezogen, um ihre

Gefühlswelt an ritterlicher Vergangenheit zu entzünden und einer sentimentalischen Todessehnsucht ihren Tribut zu entrichten – Gefühlsbewegungen, die in der zweiten Phase nicht völlig verschwinden, die aber, im neugewonnenen Bewußtsein um eine große Vergangenheit, deren man sich mit Stolz erinnert, überdeckt werden durch den Wunsch, eine Wohnung zu schaffen, um darin in der Gegenwart, aber auch in möglichst enger Berührung mit der Vergangenheit leben zu können.

Wohl hatte Friedrich Wilhelm IV. von Preußen bei der Wiederherstellung von Stolzenfels am Rhein gefordert, »die Überreste so viel als möglich zu schonen und auf alten Grundmauern in dem vorhandenen Burggebäude ein nachgebildetes, aber den Bedürfnissen der jetzigen Zeitverhältnisse entsprechendes vollständiges Ganzes wiederherzustellen«, aber der vollendete Wiederaufbau zeitigte ein höchst eigenwilliges Gesicht, da man nicht mehr wie im Mittelalter hohe und große Innenräume, enge Höfe, kleine Fenster und sehr hohe steile Dächer wünschte – Elemente, die ein Charakteristikum mittelalterlicher Burgen waren. Bei der Mehrzahl der restaurierten mittelalterlichen Objekte hat man tatsächlich ein denkmalpflegerisches Verhalten angestrebt, aber die Verhältnisse erwiesen sich meistens stärker als die guten Absichten, denn es waren schöpferische Architekten am Werke, die sich – mehr oder minder bewußt – als Künstlerpersönlichkeiten darzustellen wünschten.

Der Hofbetrieb erforderte – trotz des aufrichtigen Wunsches, einem zeremoniösen Hofleben zu entfliehen oder es zumindest einzuschränken – gewisse bauliche Voraussetzungen, weshalb man die vielen Asymmetrien mittelalterlicher Anlagen zu beseitigen und in achsiale Verhältnisse zu übersetzen versuchte, um nach Möglichkeit das verschachtelte Ruinengebilde in eine übersichtliche Form zu bringen und Wohnorganismen zu schaffen, die auf die Bedürfnisse eines Regenten des 19. Jahrhunderts ausgerichtet waren. Auf der anderen Seite spürt man das damalige Bestreben, den Enfiladencharakter zu vermeiden oder ihn wenigstens zu verschleiern. Man war bemüht, eine gleichartige Abfolge der Räume zu vermeiden und diese in der Größe zu variieren, wobei eine gewisse Enge und Verwinkelung nicht auszuschließen war. Um optische Überraschungen zu schaffen, wurde versucht, die Türöffnungen so anzubringen, daß eine Durchsicht durch mehrere Räume vermieden wurde. Jedenfalls ist es für den heutigen Besucher nicht immer leicht festzustellen, in welchem Teile des Schlosses er sich befindet, ein Effekt, der sicher beabsichtigt war. Vielleicht das beste Beispiel solcher Tendenzen bietet Schloß Stolzenfels, das in Raumbildung und -ausstattung fast unverändert auf uns überkommen ist. Wie in der ersten Epoche, spielt das farbige Fenster – Scheiben des Mittelalters und der Renaissance – für die Raumwirkung eine bedeutsame Rolle. Dazu gesellte sich als neues Moment das Fresko: Wandmalereien, deren Themen der mittelalterlichen Geschichte und Sagenwelt entnommen sind; die Freskomalerei nimmt einen neuen und nicht zu verachtenden Aufschwung. Das Mobiliar wird nicht in der Hauptsache älteren Bauten entnommen, sondern es erscheinen in größerer Zahl ›moderne‹ Möbel in neugotischen Formen, die durch alte Stücke bereichert und legitimiert werden.

Was den Begriff der ›eleganten Romantik‹ anbetrifft, so war er zu jener Zeit eine gern gebrauchte Bezeichnung für die architektonische Form als solche wie auch für einzelne Teile. Mit dem Begriff des Eleganten verband sich damals der Eindruck von etwas Neuartigem und Geschmackvollem.

Ebersteinschloß

In manchen Fällen hatte man bei der Schöpfung der Hochschlösser, die unter den Anlagen dieser Phase den größten Anteil haben, die Möglichkeit, verhältnismäßig frei schalten zu können, so auch im Falle von Ebersteinschloß, eine dem markgräflich badischen Hause der Zähringer historisch verbundene Geschlechterburg, unweit von Baden-Baden und oberhalb von Gernsbach gelegen.

Diese geschichtliche Bindung dürfte den Markgrafen Karl Friedrich von Baden (1728-1811) bewogen haben, die Burgruine zu erwerben, um sie seinem zweiten Sohne Friedrich (1756-1817) zu schenken, der ein schwärmerischer Verehrer der Natur und mittelalterlicher Romantik war. Markgraf Friedrich beauftragte den Karlsruher Architekten Friedrich Weinbrenner (1766-1828), den Schöpfer der Karlsruher Stadtanlage, mit dem Aus- beziehungsweise Umbau der Ruine – ein Unternehmen, das – kurz nach 1800 begonnen – um 1805 die Anlage bewohnbar machte. Doch hat man auch in den folgenden Jahrzehnten noch weiter daran gebaut; die Ökonomiebauten an der Südseite entstanden 1830, eine Erweiterung des nördlichen Wirtschaftsbaues erfolgte 1865, und 1868 wurde die Freitreppe an der südlichen Ringmauer hinzugefügt. Vorgefunden hatte der Architekt das zu Beginn des 17. Jahrhunderts erbaute Torhaus mit dem Allianzwappen Eberstein-Fleckenstein über einer rundbogigen Tordurchfahrt. Weitere noch frühmittelalterliche Teile sind in den Außenmauern der sich um einen Innenhof gruppierenden Anlage erhalten. Der Stumpf eines Bergfriedes auf der Westseite war die Grundlage für den Großen Turm – unentbehrlicher Bestandteil einer jeden neugotischen Schloßanlage.

Weinbrenner war wie Moller im Grunde seines Herzens dem Klassizismus verschworen, so daß ihn diese Aufgabe nicht sonderlich gereizt haben mag. Doch verstand er sich, wie erhaltene Zeichnungen von seiner Hand beweisen, auch auf den gotischen Formenapparat. Es ist bezeichnend für sein klassizistisches Fühlen, daß er bei dem Umbau der alten Ruine ihr den harten Charakter bewußt genommen hat. Die rauh gefügten Mauern des Innenhofes hat man größtenteils überputzt und die burgartigen Zinnen abgetragen. Der über den Mantel ragende Wartturm wurde zum Teil abgebrochen und durch einen neugotischen Dachaufbau bekrönt – der übrigens später, zuletzt 1951, wiederholte Veränderungen erlitten hat –, und auch die Zinnen und den Wallgang des Mantels hat man beseitigt. Die Innenräume wurden im Obergeschoß zu hellen Wohn- und Schlafräumen umgestaltet und als Festsaal der obligate Rittersaal geschaffen, während im unteren Stockwerk die Küche und der Speisesaal Platz fanden; der alte Küchenbau diente zur Aufnahme der Stallung.

Die Neuschöpfung von Ebersteinschloß war mit einer fürstlichen Romanze verquickt, die in einem im Jahre 1847 erschienenen Buche ›Aus dem Leben einer deutschen Fürstin‹ geschildert wird. In diesem Werk finden sich auch die nachstehenden Bemerkungen über die Geschichte des Schlosses, verbunden mit einer treffenden Darstellung seiner landschaftlichen Reize, wie sie die damalige Zeit empfunden hat: »...Dieses Schloß, allen Besuchern Badens wohlbekannt, ist zugleich durch Namen und Aufbau ein historisches Erinnerungsdenkmal an das seit 1660 erloschene Geschlecht der einst so mächtigen Grafen von Eberstein, durch Heirath mit den Markgrafen von Baden mehrfach verzweigt. Im zwölften Jahrhundert wahrscheinlich wurde auf der Stelle, wo das jetzige Schloß sich erhebt, von dem Grafen Otto von Eberstein, Stifter einer besonderen Linie dieses Geschlechtes, eine Burg gegründet, und im Jahr 1283 der vierte Theil derselben von dem Markgrafen Rudolph von Baden, dessen Gemahlin eine Gräfin von Eberstein war, durch Kauf erworben; 1505

Der Rittersaal im Ebersteinschloß

errichtete Graf Bernhard III. von Eberstein mit Christoph von Baden einen Burgfrieden und Vertrag, in Folge dessen die ebersteinischen Besitzungen im Jahr 1660, nach dem Tode Casimirs, des letzten Grafen von Eberstein, an Baden fielen.

Mit der Zeit indessen verfiel die Burg und sie lag lange in Trümmern. Markgraf Friedrich von Baden gab zuerst dem Gedanken eines Wiederaufbaues derselben Raum, und führte, nachdem ihm das Terrain und die Ruinen für diesen Zweck überantwortet worden, zu Anfang dieses Jahrhunderts die Wiederherstellung aus. Im Styl des Mittelalters erstand die Burg aus ihrem Schutte und wurde ein beliebter Aufenthalt des Markgrafen, welcher mit seiner Gemahlin einen Theil jeglichen Sommers auf dem Eberstein verlebte. Nach dem Tode des Markgrafen Friedrich ging diese Besitzung auf die erlauchte Witwe über, und die Markgräfin sowohl der früheren Gewohnheit huldigend, als von der anmuthigen Lage des

Eberstein angezogen, verweilte noch zum öfteren auf diesem Burgschlosse.

Einsam und still, aus waldbedeckten Höhen hervorragend, zeigt sich der Eberstein schon von Ferne. Die glänzend weißen Zinnen in ihrer alterthümlichen Form zaubern das Empfinden des Beschauers dieser Mauern, des Betreters dieses Bodens, in die dem Ritterwesen eigenthümliche Romantik zurück. Die ernsten, fast feierlichen Regungen, von welchen wir uns ergriffen fühlen an Stätten, die uns bestimmte historische Erinnerungen auffrischen, umstalten sich jedoch in Eberstein schnell in ein heiteres poetisches Anschauen. Es weht einem dort nichts klagend entgegen aus Resten gewalsamer oder zeitgemäßer Zerstörungen. Auf alter Stelle erhebt sich, dem alten Bau in verkleinertem Maßstabe nachgebildet, eine neue Burg. Man denkt sich im Anblick dieser Zinnen, im Durchwandern dieser Räume in das Zeitalter zurück, aus welchem diese bauliche Übertragung stammt, aber das düstere, manchmal grauenhafte, was meist zur Physiognomie der Burgen gehört, ist sowohl der Ansicht des Eberstein wie der Aussicht, welche er darbietet, fremd.

In weiten Kreisen ringsum schweifend, fällt das Auge gerne hinab in das freundliche, von der rauschenden klaren Murg durchschnittene Thal; sucht seitwärts über den Wald Gernsbach, oder verliert sich, eine andere Richtung verfolgend, in den stillen Berghöhen, welche hier in weiter Ferne den Horizont begränzen. Es liegt über dieser in üppiger Vegetation prangenden Gegend ein Liebreiz, eine Behaglichkeit, welche diesem Punkte den Ruf eines der anmuthigsten und schönsten des Murgthales sichert. Die nächste, eine mäßige Ausdehnung einnehmende Umgebung des Burgschlosses ist durch niedere Ringmauern und Felsenabhänge eingeschlossen. Das ganze nur von der einen Seite zugänglich und dieser Eingang durch das Burgthor verwahrt. Innerhalb dieser Begränzung befindet sich ganz dicht unter den Fenstern des Schlosses ein kleines Blumengärtchen. Der noch übrige freie Raum des Burgplatzes ist durch Anlagen verschönert und bietet besonders ein reizendes Ruheplätzchen an einer Stelle dar, von welcher aus sich den Blicken eine der herrlichsten Fernsichten erschließet.«

Der Erbauer, Markgraf Friedrich von Baden, ist mit Christine Louise von Nassau (1776-1829), einer der fünf Töchter des Herzogs Friedrich August von Nassau-Usingen, des Erbauers der Biebricher Mosburg, vermählt gewesen. Eine Schwester seiner Gattin, Auguste (1778-1846), erregte zu ihrer Zeit großes Aufsehen durch eine Liebesromanze mit dem Grafen Friedrich von Bismarck, der nach damaligen Begriffen einer Fürstentochter nicht ebenbürtig war, weshalb man die Prinzessin an den Landgrafen Ludwig Wilhelm von Hessen-Homburg (1770-1839) verheiratet hatte. Doch war die im Jahre 1804 von den Eltern überstürzt in diese Ehe getriebene Prinzessin nicht gewillt, auf ihre Liebe zu verzichten, und tatsächlich gelang es ihrem steten Drängen schon 1805, eine Scheidung durchzusetzen und sich am 7. September 1807 mit dem Mann ihres Herzens zu vermählen. Die Eltern hatten sich allerdings von ihrem unerwünschten Schwiegersohn ausbedungen, daß er sich fern von Nassau eine Stellung schaffen müsse, bevor an ein Zusammenleben gedacht werden könne.

Dem ehrgeizigen Grafen gelang es denn auch, in württembergischen Diensten die militärische Stufenleiter rasch emporzuklimmen und sich als Militärschriftsteller einen an allen europäischen Höfen geachteten Namen zu schaffen; im Jahre 1827 ernannte ihn sogar die berühmte Königlich Schwedische Akademie der Kriegswissenschaften zu ihrem Mitglied. Ein reicher, von nahezu allen europäischen Fürstenhöfen gespendeter Ordenssegen begleitete seinen Aufstieg zum württembergischen Generallieutenant und bevollmächtigten Gesandten an verschiedenen Fürstenhöfen. Seine Gemahlin Auguste war nach dem Tode des badischen Markgrafen von Biebrich an den Karlsruher Hof zu ihrer Schwester übergesiedelt, wodurch sich eine günstige Gelegenheit bot, bequem mit ihrem Gatten zusammenzutreffen, und nicht selten hat Ebersteinschloß das Paar aufgenommen.

Als im Jahre 1829 die badische Markgräfin Louise starb,

wurde ihre Schwester Auguste als einzig noch Überlebende der fünf Geschwister ihre Erbin: »...Schloß Eberstein war aus der Verlassenschaft der Markgräfin, der Prinzessin ebenfalls zugefallen. Die Liebe der Jugend hatte treu und stark die Prinzessin durchs Leben begleitet, und wenn die Jahre auch die Leidenschaft gemindert, so war aus derselben eine unwandelbare, unauflösliche Neigung hervorgegangen. Ihrem Herzen war damit jene nicht welkende Poesie zu Theil geworden, welche das Empfundene veredlen und gerne ein Denkmal von der Wahrhaftigkeit des Fühlens zurücklassen möchte.

Aus solchen Gesinnungen hervorgehend, hatte die Prinzessin den Plan entworfen, in den Anlagen, welche Schloß Eberstein umgeben, auf jenem Plätzchen mit der stillheiteren Aussicht ins Thal, eine Todtencapelle erbauen zu lassen, in welcher dereinst ihr und des Grafen Sarg beigesetzt und sie wie im Leben auch im Tode mit ihm vereint bleiben könne.

Der Markgraf Friedrich hatte indessen die Ruinen von Eberstein unter der Bedingung erhalten, daß, falls er ohne männliche Nachkommen zu hinterlassen stürbe, das regierende badische Haus berechtigt sein solle, gegen Rückerstattung der von dem Markgrafen auf den Aufbau verwendeten Kosten, dasselbe an sich zu ziehen.

Seine Königliche Hoheit der jetzt regierende Großherzog Leopold übernahm demgemäß Eberstein, und verschönerte es durch die geschmackvolle dem äußeren Baustyl angemessene innere Einrichtung. Diese, sowie eine Sammlung alter Rüstungen und Wappenschilder, mehrere Glasmalereien und viele werthvolle alterthümliche Gefäße aller Art, welches Alles in Abwesenheit Seiner Königlichen Hoheit den Besuchern gezeigt wird, machen nunmehr dieses Burgschloß in doppelter Beziehung sehenswürdig.

Die Ausführung der Todtenkapelle mußte sonach unterbleiben...«

Graf Bismarck sollte seine Gattin, die überraschend am 14. Juli 1846 starb, um Jahre überleben. Der Leichnam der

Prinzessin Auguste – der Letzten ihres Hauses – wurde feierlich nach Usingen, dem Stammsitz der Familie, übergeführt und in der fürstlichen Gruft beigesetzt, die sich damit für immer schloß. Dieses Schicksal hat selbst noch eine Ricarda Huch zu einer Liebesgeschichte ›Graf Mark und die Prinzessin von Nassau-Usingen‹ angeregt.

Großherzog Leopold, der ein begeisterter Sammler alter Glasmalereien war, hat den bereits vorhandenen Bestand in Schloß Eberstein zu einer Schatzkammer der Glasmalerei ausgebaut. Noch heute zieren die Fenster des Rittersaales spätmittelalterliche Scheiben – acht aus dem Beginn des 16. Jahrhunderts aus der Pfarrkirche von Ottersweier in der Ortenau und vier aus dem Ende des 15. Jahrhunderts aus der Kirche in Düren bei Sinsheim. Das anschließende Rondellzimmer enthält vier prächtige Kabinettscheiben des Lorentz Link aus der Kartause Molsheim im Elsaß. Diese Glasmalereien sind der Rest einer ehemals viel größeren Sammlung, deren Stücke als Stiftung des markgräflichen Hauses später in öffentliche Sammlungen, wie das Karlsruher Landesmuseum, gelangten.

Das Schloß befindet sich noch heute in markgräflichem Besitz, so daß nur ein Teil der Anlage – Hof und Bergfried – besichtigt werden kann. Der Hof gliedert sich in einen schmalen Vorhof, der von den drei Flügeln des eigentlichen Schlosses umschlossen wird. Von dem Vorhof gelangt man in den eigentlichen Schloßhof, belebt durch einen Brunnen und eine schöne spätgotische Kreuzigungsgruppe, umgeben von Mauern, dem Bergfried und einem dem Kavalierbau vorgeblendeten neugotischen Arkadengang, der die Verbindung zwischen Wohnbau und Bergfried herstellt.

Durch die stetige Nutzung und den Wandel des Geschmakkes hat sich die ursprüngliche Raumausstattung stark verändert. Die Rüstungen im Rittersaal mit ihren neugotischen Sockeln sind, wie auch das schöne neugotische Mobiliar, in den Bergfried gewandert. Auch hat der Rittersaal leider seine neugotische Decke mit Kappen und Rippen verloren. Nur das anschließende Rondellzimmer besitzt noch eine neugotische Illusionsmalerei an Wänden und Decken, seine Glasfenster, romantische Gemälde von Albert Gräfle mit Szenen aus der Zähringischen Geschichte und den phantasievollen neugotischen Kronleuchter. Die über einen Gang von dem Rondellzimmer erreichbare ehemalige Kapelle mit schöner neugotischer Vertäfelung und hölzerner Decke mit Stabwerk, Engelsupraporten über den vier Türen und Grisaillen in den Fenstern hat sich in eine kleine Bibliothek verwandelt, an die sich die wenigen Wohnräume anschließen.

Von beiden Altanen des Bergfrieds genießt man einen herrlichen Ausblick in die Landschaft und auf die das Schloß in einer Schleife umrundende Murg.

Schloß Waldleiningen

In einem Waldtal des Odenwaldes unfern der ehemaligen Leiningischen Residenz Amorbach und des Dorfes Schöllenbach liegt als Zentrum eines herrlichen Waldparkes auf einer Anhöhe über einem weiten Wiesenplan das neugotische Schloß Waldleiningen, von dessen sentimentalischem Vorgänger schon die Rede war. Diese auf Zeit gebaute und bald vom Verfall bedrohte erste Anlage hatte Fürst Karl von Leiningen (1804-1856) abreißen lassen, aber bereits 1828 seiner Verwaltung befohlen, »das eingestürzte Jagdhaus« wieder aufzubauen. Sicher hat dabei die Prestigefrage mitgespielt, denn durch seine Mutter, die in zweiter Ehe den Herzog von Kent geheiratet hatte, war er zum Halbbruder der späteren Königin Victoria von Großbritannien geworden, und Bauen war noch immer eine standesgemäße Beschäftigung. Waren die Mittel auch beschränkt, so glaubte man dennoch dieser Passion huldigen zu müssen.

Auch bei dieser Anlage hat ursprünglich nicht die Absicht bestanden, sie in ihrer heutigen Größe zu erstellen. Zunächst war nur von einem Jagdhaus die Rede, und nur der heutige von zwei Staffeln begrenzte Mittelbau war geplant worden. Doch wie bei der Mehrzahl der romantischen Schlösser wird sehr bald – bereits im Jahre 1829 – von einer Vergrößerung gesprochen.

Durch die Untersuchungen von Max Walter sind wir über das zweite Schloß wohlunterrichtet. Nur über seinen Architekten müssen Zweifel bestehen bleiben, solange nicht weitere Pläne aufgefunden werden, denn der einzige bis jetzt bekannte Plan für ein über das erste Stadium hinaus erweitertes Schloß stammt von dem Maler Eckardt, dem wir schon beim Bau der ersten Anlage begegnet sind. Die Bauleitung hatte zwar seit 1828 der fürstliche Baumeister Karl Brenner – aus einer Architektenfamilie stammend, die drei Generationen im Dienste des Hauses Leiningen tätig war –, der sich jedoch durch seine sonstigen Bauten als eine klassizistisch gestimmte Natur erwiesen hat. Deshalb dürfte der ›gotisch‹ empfindende Eckardt, der mit seinem Fürsten in den 1820er Jahren in England geweilt und eine ganze Anzahl englischer Schlösser kennengelernt hatte, der eigentliche künstlerische Initiator gewesen sein. Doch ist es unsinnig, das Schloß als eine verkleinerte Nachbildung von Windsor zu bezeichnen, wie es nicht selten in der Literatur geschehen ist. Wohl sind Anregungen der gotischen Formenwelt Englands zur Anwendung gekommen, die aber in Waldleiningen durchaus eigenwillig, wenn auch ein wenig trocken, in Erscheinung treten. Zu diesem Eindruck mag die kaum verhüllte Symmetrie beitragen – in der Hauptfassade nach der Parkseite ein langgestreckter Mittelteil mit zwei fast gleichartig gestalteten Seitenteilen und zwei ebenfalls fast gleichartig gestalteten Anbauten, wovon der eine aus der Achse stärker versetzt ist als der andere, so daß die eine Seitenfront des Hauptbaues freisteht und die Verbindung zu dem Anbau durch einen Torbau erfolgt, dessen Einfahrt in den rechteckigen Innenhof führt. Auf der Hofseite erhebt sich in der Mitte des Hauptbaues ein stattlicher quadratischer Turm, das unentbehrliche Ingrediens solcher Anlagen. Die Gliederung der glatten, allzu glatten, roten Sandsteinfassaden erfolgt durch flache Risalite, durch die Fensterreihen der beiden Geschosse und die polygonalen Türmchen an den Ecken, von denen jene des Hauptbaus mit Zinnenkränzen abschließen, während die der Seitenteile polygonale Zeltdächer besitzen.

Die stetige, ursprünglich nicht vorgesehene Erweiterung dürfte der Grund zur Monotonie der langgestreckten Anlage sein, die ihre eigentliche Wirkung nur aus der Lage des Schlosses zieht. Wir wissen, daß der Hauptbau 1828-1829 fertiggestellt war und 1830 mit der Erweiterung nach Osten und Westen fortgefahren wurde; gleichzeitig zog man den Turm hinter dem Hauptbau hoch. Im Jahre 1836 entsteht der vom Mittelbau abgesetzte und schräg nach hinten geführte Westflügel, der schließlich 1839 beendet wird. Erst jetzt erfolgte eine ›Weihe‹, am 12. August 1841, dem Geburtstag des Erbauers, wozu seine Mutter, die Herzogin von Kent, die in ihrer ersten Ehe den Grundstein zu dem Vorgängerbau gelegt hatte, von England nach Amorbach gekommen war. Inzwischen hatte man auch den Ostflügel begonnen, und im Jahre 1847 war nach fast zwanzigjähriger Bauzeit das Schloß mit allen Nebengebäuden vollendet.

Hand in Hand mit dem Bau erfolgte der Abbruch der letzten Häuser der ersten Anlage; Rasenflächen und Baumgruppen wurden angelegt – der Auftakt zu dem heutigen großartigen Waldpark.

Die Innenausstattung ist nicht mehr ganz die ursprüngliche, nachdem das Schloß in jüngerer Zeit in ein Kurheim umgewandelt wurde. Nur noch spärliche Reste von Malereien von der Hand Eckardts sind vorhanden. Höchst elegant ist die Farbgebung der hallenartig wirkenden Kapelle im Erdgeschoß mit ihren reichen Gewölben im Tudorstil. Dem Treppenhaus, das gegenüber dem Eingang – nach Durchschreiten einer Halle – einläufig beginnt und auf einem Podest sich in zwei Läufe teilt, ist ebenfalls eine gewisse Noblesse nicht abzusprechen.

Jagdschloß Waldleiningen

Der Eindruck des weiten, saalartigen Korridors, der in der ganzen Länge des Gebäudes das Obergeschoß durchläuft, wird entscheidend durch sechs lebensgroße, von dem Nürnberger Bildhauer Fleischmann gefertigte Standbilder – Kaiser Maximilian II., Ulrich von Hutten, Franz von Sickingen, Götz von Berlichingen, Gustav Adolf von Schweden und Wallenstein – bestimmt. Trotz eines etwas puppenhaft wirkenden Gepräges bilden sie eindrucksvolle Akzente.

Noch immer haben die Räume etwas von dem Flair der Erbauungszeit bewahren können; der ursprüngliche Zustand ist durch reizvolle, im Leiningischen Archiv in Amorbach aufbewahrte Aquarelle festgehalten. Raumbestimmend sind auch heute noch die großformatigen Gemälde, für die Fürst Ernst offenbar eine besondere Vorliebe besaß. Sie sind stark auf das Haus, seine Stellung zum hohen europäischen Adel und zur Zeitgeschichte in der ersten Hälfte des 19. Jahrhunderts abgestimmt. Da es die Mittel offenbar nicht erlaubt haben, in jedem Falle Originale zu erwerben, so hat man sich, wie so häufig, mit Kopien beholfen, und es sind wohl die großformatigen repräsentativen Gemälde in den englischen Königsschlössern gewesen, die als Vorbilder es dem Fürsten angetan hatten. Neben dem Maler Eckardt war es der Amorbacher Bürgermeister und Maler Ludwig Müller (1810-1892), der sich als geschickter Kopist erwiesen hat. Mit sechs Originalen ist Eduard von Heuß vertreten, und selbstverständlich fehlt auch nicht der große Porträtist und Modemaler jener Zeit Franz Xaver Winterhalter.

Als Fürst Karl im Jahre 1856 starb, war die Inneneinrichtung noch keineswegs vollendet, zumal er seit dem Jahre 1836 als Sommersitz Schloß Hohenburg bei Lenggries in Oberbayern bevorzugte, wodurch Waldleiningen etwas in den Hintergrund getreten sein mag.

Sein Sohn, Fürst Ernst II. (1830-1904), der sich der Marine verschrieben hatte und seit 1887 englischer Admiral war, bemühte sich, das Werk seines Vaters zu vollenden. Unter ihm entstand die schon erwähnte in den Jahren 1862-1866 erbaute

Kapelle, wobei der Baurat Karl Brenner zu seinem Recht gekommen ist, der zu seiner Unterstützung einen Schüler Karl Alexanders von Heideloff, Georg Hutzelmeier (1833-1888) aus Nürnberg, hinzuzog und für die Ausstattung den Kunstschreiner Daniel Schäffler aus Nürnberg bestellte. Ein ebenfalls aus Nürnberg stammender Maler Winter wurde bei der farbigen Ausgestaltung beschäftigt. Man hat in Waldleiningen allen Verlockungen der sich allmählich in den Vordergrund spielenden Neurenaissance widerstanden und ist der Neugotik bis in alle Einzelheiten treu geblieben. Das 1872 errichtete Marstallgebäude sollte das letzte große Bauwerk dieses Fürstenhauses im 19. Jahrhundert bleiben. Einen starken Anteil an der Fertigstellung hatte die Gemahlin des Fürsten Ernst, Marie, eine geborene Prinzessin von Baden, die im Unterschied zu ihrer Schwiegermutter eine kunstsinnige Persönlichkeit war und gern fremde Künstler an den Hof zog, darunter auch den begabten Darmstädter Maler Joseph Hartmann, der Jahre hindurch für den Leininger Hof tätig war. Auch kam über die Fürstin Marie durch Aussteuer und Erbschaft von ihrer Mutter, der Großherzogin Sophie von Baden, ein reicher Bestand an Familienporträts des markgräflichen und großherzoglich badischen Hauses nach Amorbach und Waldleiningen, das trotz veränderter Nutzung noch immer seine neugotischen Reize für den, der sie zu schätzen weiß, zu entfalten vermag.

In Preußen ist es, wie schon angedeutet, die ostpreußische Marienburg gewesen, die als ein großartiges Zeugnis mittelalterlicher Architektur die romantischen Gemüter der damaligen Zeit bewegt hat. An der Restaurierung der Marienburg hatte vor allem Prinz Friedrich Ludwig Wilhelm von Preußen, Neffe von Friedrich Wilhelm III. und Vetter des späteren König Wilhelm IV., besonderen Anteil genommen. Seine Mutter, eine Schwester der Königin Luise, Prinzessin Friederike Caroline Alexandrine von Mecklenburg-Strelitz, eine charmante, lebensfreudige Frau, hat nach dem Tode ihres Gatten den Prinzen Friedrich Wilhelm zu Solms-Braunfels geheiratet, und als auch dieser starb, sich im Jahre 1815 dem Herzog Ernst August von Cumberland vermählt, dem nachmals ersten König von Hannover.

Rheinstein

Prinz Fritz Louis, wie man ihn im Familienkreis nannte, hatte – obwohl eine musische Natur – sich als nachgeborener Prinz traditionsgemäß dem Militärstande verschrieben und residierte in reiferen Jahren als Divisionskommandeur in Düsseldorf. Dort hatte er auch den ironisch gestimmten Immermann in seinen Kreis gezogen, der sowohl in seinem Drama ›Die Verschollene‹ wie auch in seinem ›Kaiser Friedrich II.‹ der Romantik außerordentlich kräftigen Tribut entrichtet hat. Die Neigung des Prinzen, Altertümer zu sammeln, war schon frühzeitig durch verständnisvolle Erzieher gefördert worden. Von einem Besuch der Wartburg hatte er an seinen Vetter, den damaligen Kronprinzen Friedrich Wilhelm, voll Begeisterung über die dort gewonnenen Eindrücke berichtet: »Es hat mir unglaublich viel Freude gemacht, dies alles zu sehen, wonach ich mich so lange gesehnt hatte. Solch ein Schloß zu haben, muß eine prächtige Sache sein.« Dieser Wunsch, Burgenbesitzer zu werden, wurde noch durch die Begegnung mit den Rheinburgen gefördert, als er anläßlich des Rheinüberganges von Blücher im Jahre 1814 verschiedene verfallene Burgen besuchte, was ihn dann 1823 zum Ankauf der Voigtsburg – oder auch Foitsburg, Vautzburg, Fazberg genannt – veranlaßte, die nach ihrem Wiederaufbau wegen ihrer Lage auf einem Felsklotz den Namen ›Rheinstein‹ erhielt.

Diese Wahl ist um so verständlicher, als die vaterländisch Gesinnten jener Epoche die von der frühen Romantik bereits entdeckte Rheinlandschaft als ein hervorragendes Symbol deutscher Freiheit ansahen. Die von einem reichen Sagenkranz umrankten Burgen, deren Geschichte von mittelalterlichen Fehden und gegen den ›Erbfeind‹ geführten Kriegen erfüllt war, mußten die patriotischen Herzen höher schlagen lassen, um so mehr, als die Zerstörung vieler Rheinburgen durch König Ludwig XIV. von Frankreich diesen Ruinen eine besondere Gloriole verlieh.

Der Zustand von Rheinstein vor dem Wiederaufbau um 1820 ist uns durch eine Ansicht von Jakob W. Chr. Roux bekannt. Bei der Wiederherstellung haben offenbar mehrere Architekten mitgewirkt, die nach der Fertigstellung sich gegenseitig ihren schöpferischen Anteil streitig gemacht haben.

Von dem Baurat Johann Claudius von Lassaulx (1781 bis 1848), der dem Prinzen schon das Gelände für den Aufbau vermessen hatte, wurden nachweislich auch die ersten Entwürfe für den Ausbau als Wohnsitz geliefert, die jedoch zur Begutachtung dem preußischen Hofbaumeister Karl Friedrich Schinkel vorgelegt wurden. Dieser hat einen nicht mehr erhaltenen Plan gefertigt, wodurch möglicherweise Lassaulx so verärgert wurde, daß er sich daraufhin zurückhielt und den Koblenzer Architekten Wilhelm Kuhn zum Zuge kommen ließ, der nach Abschluß der Arbeiten die schöpferische Ehre an dem Werke für sich in Anspruch nehmen wollte. Tatsächlich hatte aber bei dem von 1825 bis 1829 durchgeführten Wiederaufbau Lassaulx offiziell die Leitung, und erst 1827 trat Kuhn in Aktion, um dann bis 1829 weiterzubauen. Im Jahre 1839 schrieb der Prinz an seinen Vetter, den Kronprinzen: »In diesen Tagen lasse ich einen Baumeister kommen, der in Geisenheim eine gotische Kirche in ganz vorzüglich gutem Stil wiederherstellte, der soll mir einen Plan zum Kapellchen machen und dann wird es ausgeführt werden. Darunter ein Gewölbe für den armen Erbauer und Wiederhersteller der Burg, der auch im Tode gern dort ruhen möchte, wo er so gern gelebt. Das soll alles jetzt besprochen werden, damit im Frühjahr angefangen werden kann. Ich hoffe nur, daß der Mann ganz in meine Idee eingeht. Schinkel hatte einmal einen Plan gemacht, der wäre sehr schön, aber für meine Kasse viel zu kostbar und groß.«

Der in dem Brief erwähnte Baumeister war der nassauische Oberbaurat Philipp Hoffmann (1806-1889), Schöpfer der Fassade des ›Geisenheimer Domes‹ und der Griechischen Kapelle auf dem Neroberg zu Wiesbaden. Er hat die Richtigkeit von Prinz Friedrichs Wahl durch seine elegant wirkende, am Rande des Burgareals liegende Kapelle mit ihren spitzbogigen Fenstern und kleinem Dachreiter bewiesen. In dieser Kapelle sind tatsächlich später Prinz Friedrich, seine Gemahlin und sein Sohn Georg beigesetzt worden.

Wenige Jahre nach der Fertigstellung der Anlage hat sie der vielseitige Mediziner Karl Gustav Carus – später Leibarzt der sächsischen Könige – besucht, worüber er in launiger Weise berichtet hat: »... Nicht lange nun und ich landete unter den Felsen der auf dem linken Rheinufer liegenden kleinen Feste Rheinstein, welche Prinz Friedrich von Preußen zu moderner Wohnlichkeit aus altem, wüsten Gemäuer sich hat herstellen lassen. Der Geschmack altritterlicher Burgen ist hier beliebt worden, und nur über schmale Fallbrücken und unter spitzigen Fallgattern hindurch gelangte ich in den halb in Felsen eingehauenen Burghof. Da bellen gegen den Fremden hinter eisernen Gittern zwei gewaltige Doggen, da steigt man über manche Freitreppen und eine außen am Turm schwindelnd sich herumwindende Wendeltreppe; über zakkige, freistehende Klippen wachsen breite Gehänge der Waldrebe, ein Adler wohnt da im Eisenbauer am Turm, von welchem die lange preußische Flagge herabweht, und prächtig breiten sich Strom und Ufer mit dem gegenüberliegenden Aßmannshausen vor dem Blick des Beschauenden aus. Einige kleine aufgestellte Geschütze mangelten nicht, und in den unteren Räumen des eigentlichen, jetzt gerade von der Prinzessin bewohnten Schlosses finden sich auf einer die Holztäfelung nachahmenden Malerei der Wände eine Menge von alten Waffen und Harnischen, Pickelhauben, Streitäxten und Morgensternen aufgehangen. Sodann zeigt sich ein kleineres Zimmer hier anstoßend, welches zum Schenkzimmer eingerichtet, mit hübschen, alten Stühlen und Tischen versehen, und in großen Glasschränken mit einer Menge prächtiger Pokale und Humpen antiker und moderner Arbeit geschmückt ist. Ich hatte auch diese Pracht betrachtet und wollte eben zu meinem lieben Rhein wieder hinabsteigen, als mir noch im Burghofe der mich so weit geleitende Preuße einen dort hängenden, modern-altertümlichen Knappenrock zeigte und mir selbstgefällig versicherte: ›Wenn der Prinz da sind, gehen wir alle im Mittelalter!‹...«

Nach seiner Darstellung zu urteilen, wurden Carus offenbar nur die Gesellschaftsräume – Eingangshalle, Rittersaal mit Waffensammlung und das Kredenzzimmer mit den Zeugnissen mittelalterlichen Kunsthandwerks und neugotischem Mobiliar – gezeigt. Beide Räume hatte der damals vielbeschäftigte Düsseldorfer Maler Ludwig Pose (geb. 1786) mit einer Stukkaturarbeit vortäuschenden Wandbemalung in höchst eleganter, neugotischer Manier ausgestaltet, eine Dekoration, die ihren besonderen Akzent durch das Licht der farbigen Glasgemälde, Kölner Malerei um 1500, erhielt.

Im zweiten Stock befinden sich die ebenfalls von Pose ausgemalten ehemaligen Wohnräume der Prinzessin – das Rote oder Empfangszimmer, das Wohnzimmer und das Schlafzimmer, letzteres auch ›Grünes Zimmer‹ genannt, die alle reich mit Zeugnissen des Kunsthandwerkes gefüllt sind, während Familienbilder die Wände zieren. Doch stellen die heutigen Kunstschätze von Schloß Rheinstein – nach den alten Inventaren zu urteilen – nur noch einen Bruchteil des ehemaligen Reichtums dar; viele Stücke sind inzwischen in den Kunsthandel zurückgewandert, von wo sie einstmals gekommen waren.

Über eine Wendeltreppe – die Burg ist reich an kühn konstruierten Treppen mit Oberlicht – gelangt man in das dritte Stockwerk mit den ehemals von dem Prinzen bewohnten Räumen; Vorzimmer, Wohnzimmer und Schlafzimmer enthalten, trotz vieler Entnahmen, noch immer eine beachtliche Zahl sehr schöner alter Stücke.

Neben dem Schlafzimmer befindet sich das kleine Turmzimmer, welches der Prinz als Schreibzimmer benutzte, und darüber ein weiteres Turmzimmer, zu dem eine Treppe hinter dem Bette emporführt – romantische Räume in einer romantischen ›Ritterburg‹.

Diesen Zimmern gegenüber, auf der Bergseite, liegt das sogenannte Ludwigszimmer, das in einem großen Wandschrank und in einer Wandnische Ausrüstungsgegenstände – Kostüme, Helme, Panzer, Lanzen und dergleichen – vom ›Fest der Weißen Rose‹ enthält. Dieses war Teil der langen Folge von Festlichkeiten anläßlich der Vermählung des Prinzen Wilhelm, des späteren Kaisers Wilhelm I., mit der Prinzessin Augusta von Sachsen-Weimar am 11. Juni 1829 in Potsdam, und stellte nach den Worten des Historikers Treitschke den »letzten Triumph der alten Romantik« dar.

Ähnlich wie Prinz Friedrich, war auch sein Vetter, der damalige Kronprinz Wilhelm und spätere König Friedrich Wilhelm IV., den Verführungen der romantischen Idee erlegen. Hatte ihn schon der Anblick der sächsischen Burgen anläßlich des Frühjahrsfeldzuges von 1813 bewegt, um wieviel mehr mußte ihn noch die Burgenlandschaft des Rheines entzücken, die er auf einer Rheinreise im Jahre 1815 kennenlernte. Er schrieb damals: »Bei Ehrenfels, Pfalzburg und all den tausend göttlichen Burgen und Felsen und Bergen und Strömungen vorbei, ich war matt vor Seligkeit.« Oder an anderer Stelle vom Kölner Dom: »Ich war Halali« und »Ich war entzückt, ganz hin.« Sicher war es mehr als ein Zufall, daß er 1813 beim Abschied von Berlin auch den gerade erschienenen »divinen« ›Zauberring‹ von de la Motte-Fouqué seinem Reisegepäck beigefügt hatte, »jenen gerne überlegen belächelten Roman, der – in Wahrheit ein unerschöpfliches Buch – aufzeigt, wie das germanische Blut neue Völker erzeugt und um den deutschen Mittelpunkt die Kultur des Mittelalters hervorbringt«. (Ludwig Dehio)

Noch der sentimentalischen Romantik verhaftet war jene, ebenfalls von Ludwig Dehio erwähnte, aber unausgeführt gebliebene Idee des Kronprinzen, für sich und seine Geschwister auf dem kleinen Eiland des Kälberwerder, nahe der geliebten Pfaueninsel, eine Residenz zu schaffen, wozu sich eine hübsche Entwurfsskizze von Schinkel erhalten hat. »Die Burg sollte nämlich Sitz des Ritterordens ›von St. Georgen im See‹ werden. Zum Großmeister war der Anführer so manchen höfischen Mummenschanzes, Karl von Mecklenburg-Strelitz, ausersehen, zu Stiftsherren und Rittern die Prinzen und ihre Umgebungen. Das beigeordnete ›Stift Sankt Cecilien‹ vereinigte unter dem Stabe Charlottens (Schwester von Friedrich Wilhelm IV.) die Damen. Demgemäß war die fast kirchenähnliche Kapelle der imponierendste Teil der Anlage: Hinausgeschoben auf den schmalen östlichen Zipfel der Insel, begrüßte sie schon von weitem die die Havel hinabgleitenden Kähne. Es fehlte nicht ein quadratischer Ordensremter etwa nach dem Vorbild der Marienburg, während im Ganzen eine verwaschene englische Gotik vorherrschte.« (Ludwig Dehio)

Die Herzogin von Dino und Sagan, geborene Prinzessin Dorothea von Kurland (1793-1862), eine Tochter des Herzogs Peter von Kurland und Sagan, die mit dem Kronprinzen und späteren König Friedrich Wilhelm IV. von Preußen durch ihre Berliner Jugendzeit späterhin freundschaftlich verbunden blieb, notiert gelegentlich einer Rheinreise am 26. Mai 1843: »Das Schloß Stolzenfels hat vom Schiff aus gesehen etwas sehr Elegantes, aber keine Großartigkeit. Es ist das Schloß, das der König von Preussen sich soeben wiederherstellen und vergrößern ließ, so daß er sich hier auf seiner letzten Reise mit sechzig Personen aufhalten konnte. Man sagt, dass das Innere reizend ist, und dass man von dort oben einen wundervollen Ausblick habe. Die Ruine Rheinstein, die der Prinz Friedrich hat ausbauen lassen, ist eine wahre Nußschale, zu der man nur zu Pferde hinaufreiten kann, während man Stolzenfels im Wagen zu erreichen vermag. Die Gemeinden, denen die Burgruinen gehörten, haben sie den verschiedenen Prinzen des preußischen Königshauses zum Geschenk gemacht. So hat man außer Stolzenfels, das dem König, und dem Rheinstein, der dem Prinzen Friedrich gehört, eine dem Prinzen von Preußen, eine andere dem Prinzen Karl geschenkt, ja selbst die Königin soll ihre eigene Ruine haben. Sie sind alle auf dem linken Ufer des Rheines und der König hat den neuen Besitzern befohlen, sie zu restaurieren und bewohnbar zu machen.«

Wenn die Herzogin von Dino dem Schlosse das Attribut des Eleganten zuerkennt, so folgt sie damit dem Empfinden und der Ausdrucksweise ihrer Zeit, denn dieses Epitheton wurde auch anderwärts im Zusammenhang mit dem romantischen Schloßbau angewandt.

Der Stolzenfels ist heute wie ehedem ein besonderer Liebling der Burg- und Schloßfahrenden; ihm hat in jüngster Zeit Vilma Sturm in einem Beitrag über die Rheinburgen ›Die Riesenspielzeuge‹ einen zeitgemäßen Tribut entrichtet: »... Da haben wir Stolzenfels, der rheinischen Denkmalpflege liebstes Kind, 1823 von der Stadt Koblenz Friedrich Wilhelm IV. zum Geschenk gemacht, und er ließ es wiederherstellen und erneuern vom königlichen Baumeister Schinkel, zog darin mit großem Gefolge, ›alle in altdeutscher Tracht‹, und wohnte darin gelegentlich mit seiner Gemahlin Elisabeth, der Bayernprinzessin, der zuliebe hier manches blauweiß ist. Nach seinem Tode erhielt man das Ganze mit großem Aufwand, den herrlichen Waldpark, der den Aufstieg begleitet, samt den gewaltigen wegesäumenden Mauern; die Höfe mit Brunnen- und Blumenschmuck, eine Melodie Granadas am grauen Strom. Dem Mauerwerk gab man jüngst einen Anstrich von augenwärmendem Ocker. In strahlender Vergoldung weist der von Rauch gefertigte Adler zwischen Oleander und Palmen auf die Kohlenhalden Oberlahnsteins am jenseitigen Ufer. Man pflegt das Parkett der königlichen Gemächer, entfernt den Staub von den kostbaren Intarsienschränken und vom Baldachinbett, schützt Plüsch und Seide vor Mottenfraß. Mit vollem Recht – mögen die Kosten auch hoch sein. Denn seitdem wir die Berliner Schlösser verloren haben, bietet Stolzenfels die einzige Möglichkeit, den Nachwachsenden zu zeigen, wie ein preußischer König wohnte – das ist geschichtliche Anschauung von hohem Wert. – Dank an die Denkmalpflege, daß sie uns solches ermöglicht. Doch förderlich wäre ein Kommentar, der über die Aneinanderreihung von Jahresdaten hinausginge; der verhinderte, daß dies die Kinder nun alles schön finden: den Kölner Dom aus Zucker und Gelatine unterm Glassturz, die Kopien und Imitationen an den Wänden, Stephan Lochners ›Anbetung der Könige‹ überm Kanapee, den Schwulst der ritterlichen Tugenden an die Wände gepinselt, im Technischen vorzüglich durchgearbeitet! Hier wäre ein Anlaß zur Geschmacksbildung...«

Über Geschmack läßt sich bekanntlich am besten streiten –

Stolzenfels bildet jedenfalls ein rundes und pralles Zeugnis einer romantischen Empfindungswelt, wie sie sich in den 1874 erschienenen ›Losen Tagebuchblättern‹ von E. Lampe spiegelt: »Das Schloß verdankt seine Erbauung ums Jahr 1250 dem Erzbischof von Trier, Arnold von Isenburg, und wurde während des Mittelalters vielfach von den Erzbischöfen dieser Stadt als Residenz bezogen. Besonders Erzbischof Werner von Falkenstein weilte gerne in seinen Mauern. Beim Einrücken der französischen Heere 1688 fand der Stolzenfels wie so viele Burgen seinen Untergang und bei dem Abzug der Franzosen stand es als trauernde Ruine da... Dasselbe birgt heute in seinem Innern einen großen Schatz mittelalterlicher und neuer Kunst. Die zweitürmige gotische Kapelle enthält in Ausführung und Kolorit meisterhafte, wunderbar schöne auf Goldgrund von Ernst Deger (1809-1885) entworfene Freskomalereien (um 1852), deren Motive der Geschichte des Alten und Neuen Testamentes entnommen sind: Die Schöpfung, Sündenfall, die ersten Opfer, die Hauptmomente des göttlichen Erlösungswerkes: Verkündigung, Geburt, Kreuzigung, Auferstehung, Himmelfahrt, Pfingstfest, sowie das Jüngste Gericht.

Weit auf den Rhein hinaus grüßt von der Außenwand der Gartenhalle ein Freskogemälde von Lasinskys Meisterhand geschaffen, das sich auf die Geschichte der Burg bezieht, indem es die Szene wiedergibt, wo der Erzbischof von Trier den Kaiser Ruprecht von der Pfalz und dessen Neffen, den Grafen von Hohenzollern, auf Stolzenfels empfängt am 20. August 1400. Im Wintergarten erhebt sich die Erzstatue Jung Siegfrieds. Am Treppenaufgange ist als Denkwürdigkeit ein alter aus Köln hierher gebrachter und aus dem 16. Jahrhundert stammender Kamin mit Reliefs eingefügt, die sich auf den Römer Marcus Curtius beziehen, der sich 362 vor Chr. freiwillig zum Wohle seines Vaterlandes in den sich über ihn wieder schließenden Schlund auf dem Marktplatz zu Rom hinabstürzte. Im ›Großen Rittersaale‹ sind alte wertvolle Trinkgefäße, Rüstungen, Waffen und Glasbilder in bunter

Reihenfolge aufgestellt. In einem anstoßenden Gemache hängen Waffen aller Art, deren einstige Besitzer Namen von bedeutendem historischen Klange führen, hier hängen die Degen Blüchers, Herzog Albas, König Sobieskys, Poniatowskys, Tillys Schwert und Schills Pistole friedlich nebeneinander, alte russische Panzerhemden und Andreas Hofers Messer und Gabel haben auch hier Platz gefunden.

Den ›Kleinen Rittersaal‹ schmücken sinnige, herrliche Freskogemälde von Stilke mit allegorischen Randverzierungen, in denen die Grundzüge des deutschen Rittertums versinnbildlicht werden:
Glaube: Gottfried von Bouillon am Heiligen Grabe nach der Eroberung Jerusalems
Gerechtigkeit: Kaiser Rudolf von Habsburg hält Gericht über die Raubritter
Poesie: Minnesänger begleiten den König Philipp von Schwaben und seine Gemahlin Irene auf einer Rheinfahrt
Minne: Kaiser Friedrich II. der Hohenstaufe begrüßt am Rhein seine Braut Isabella, Prinzessin von England
Treue: Hermann von Siebeneichen rettet mit Aufopferung seines eigenen Lebens den Kaiser Friedrich I. Barbarossa
Tapferkeit: Der blinde König Johann von Böhmen in der Schlacht bei Crécy.

Die sämtlichen meisterhaften Darstellungen entzücken durch Anmut und Schmelz der Farben und höchste künstlerische Ausführung, sowie durch die innige Art und Weise mit der alles aufgefaßt. An den Fenstern erheben sich die Gestalten der ritterlichen Heiligen Gereon, Georg, Mauritius und Reinhold.

Von den Wänden der oberen Räume schauen ältere und neuere Gemälde herab. Leistungen, welche Dürers, Holbeins, van Dyks und Rembrandts Pinsel geschaffen, finden sich hier im Verein mit neuen Meistern wie zum Beispiel die Ritter-Toggenburg-Sage von Bayrer, Gutenberg mit Szenen aus seinem Leben von Herbig und eine Darstellung des Schwanen-Ordens-Altars zu Ansbach von Heideloff.

Unter den dort angehäuften Kunstwerken finden sich auch zwölf Statuetten, Copien der im Thronsaal zu München aufgestellten Schwanthalerschen Standbilder der Fürsten aus dem Hause Wittelsbach. Über dem Schreibtisch der verstorbenen fürstlichen Besitzerin (geborene Prinzessin Elisabeth von Bayern) hängt ein von Benvenuto Cellinis Meisterhand gearbeiteter Spiegel. Manche rührende Erinnerung an glückliche Zeiten und den so früh geschiedenen königlichen Gemahl findet sich in den von der verewigten Königin Elisabeth bewohnten Gemächern, hie und da zeigen sich seltsam geschweifte dunkle Möbel, die einer längst verschollenen Zeit angehören. Fast sämtliche Räume des Schlosses gestatten eine unsagbar herrliche Fernsicht auf den Rhein und dessen Umgebung, die fernen Höhenzüge grüßen in blauen Duft gebadet herüber und in der Weite verwandelt sich der Strom zu einem silbernen Pfade – es ist ein Fleck wie zum Träumen und Selbstvergessen geschaffen, das hohe Bergschloß. Von ihm zurückgekehrt nach Capellen bestieg ich einen Nachen und steuerte gen Coblenz.«

Geschichts- und kunstwissenschaftliche Forschung haben uns gelehrt, die Objekte nüchterner zu betrachten, und jene Dürer, Holbein und Cellini von Stolzenfels wurden inzwischen durch die Forschung von dem Piedestal der großen Namen gestürzt. Auch hat sich das Silberband des Rheins in eine träg dahinfließende graue Brühe gewandelt, und selbst das Landschaftsbild weist manche, nicht gerade schön zu nennenden Veränderungen auf seit jener Zeit, in der es von Lorenzo Quaglio, Caspar Scheuren und Meinrad Bayrer so gerne und häufig gemalt worden ist. Das alles aber vermag nicht zu hindern, daß wir ohne Voreingenommenheit mit Entzücken die reizvolle Atmosphäre genießen können, zumal die Lage des Schlosses nichts von ihrem landschaftlichen Reiz eingebüßt hat und sein Inneres sich als ein seltenes, nahezu unangetastetes Denkmal der Wohnkultur aus der Mitte des 19. Jahrhunderts darbietet.

Der ursprüngliche Entwurf für den Wiederaufbau von

Johann Claudius von Lassaulx wurde, ähnlich wie im Falle von Rheinstein, Karl Friedrich Schinkel vorgelegt. Als Folge von wiederholten Planänderungen und Mangel an entsprechenden Mitteln hat der Wiederaufbau nach den von Schinkel rektifizierten Plänen erst 1836 eingesetzt, nachdem man bereits 1825 den Zufahrtsweg hergerichtet hatte. Im Jahre 1839 war unter der örtlichen Bauleitung der von der Festung Ehrenbreitstein abkommandierten Ingenieuroffiziere Wussow und Naumann der erste Bauabschnitt – der südliche Torturm, der mittlere Wohnturm – der sogenannte ›Rauhe Turm‹ – und der rheinseitige Flügel mit ›Sommer-Saal‹ und ›Rittersaal‹ – abgeschlossen. Die um 1840 entstandenen Gemälde von Lorenzo Quaglio und Scheuren zeigen Baublöcke von horizontaler Lagerung mit einem Hang zur Symmetrie und mit gleichmäßiger Zinnenbekrönung sowie gleichartigen Fenstern.

Der letzte Bauabschnitt, der einsetzte, als Schinkel bereits tödlich erkrankt war, stand unter der Oberaufsicht seiner Schüler August Stüler, Ludwig Persius und Heinrich Strack, die sämtlich einer jüngeren Generation angehörten, was sich in Planänderungen beziehungsweise einer anderen Bauausführung sichtbar niedergeschlagen hat.

Vergleicht man den ursprünglichen Entwurf und die spätere Ausführung, so bemerkt man, daß andere Proportionsvorstellungen sich durchgesetzt haben, wie es sich beispielsweise in der Überhöhung der Türme – der Bergfried erhält eine andere Bekrönung – ausdrückt. Auch die Arkadenhalle erscheint als neues Moment. In Fenstern und Dächern setzen sich englische Anregungen durch. »Das Tal mit künstlichem Wasserfall, Kapelle, Viadukt, Grotte und Klause kommen als eine völlig umgeformte Umgebung, getreu italienischen Reminiszenzen hinzu.« (Werner Bornheim) In diesem letzten Abschnitt beginnt ein neuer Geist sich auszuwirken, in dem Elemente der dritten Phase, der pathetischen Romantik, auftreten.

Durch ein hübsches Tal an der 1842-1843 als Dienerwohnung errichteten ›Klause‹ vorbei erreicht man auf stetig ansteigender gewundener Straße über eine Brücke den äußeren Burghof und muß einen zweiten Torbau passieren, um in den inneren Burghof zu gelangen. Er wird beherrscht von dem im Kern noch mittelalterlichen ›Rauhen Turm‹ auf fünfeckigem Grundriß. Von den an Torhaus und Turm beiderseits anschließenden Flügelbauten stammt der nach der Rheinseite zu gelegene in seinen Grundzügen noch aus dem 15. Jahrhundert, aus der Epoche des Werner von Falkenstein, während der bergseitige eine Schöpfung des 19. Jahrhunderts ist. Dieser innere Burghof öffnet sich nach Norden zum tiefer gelegenen, über eine Treppe zu erreichenden Pergolagarten im Stile des seit den dreißiger Jahren auftretenden Neo-Italianismus – Wiederbelebung der Formen des Renaissancegartens – mit dem Adjutantenturm als Point de vue. Eine Pforte nach der Rheinseite bildet den Zugang zur großen Terrasse vor dem rheinseitigen Wohntrakt, der sich im Unter- oder Kellergeschoß in der luftigen Sommerhalle – letzte Erinnerung an die barocke Sala terrena – in großen Bogentüren nach der Terrasse öffnet. Neben der Terrasse mit ihrem reizvollen Brunnen liegt etwas tiefer die erst im Jahre 1845 nach einem Entwurf von Anton Schnitzler gebaute schlank hochstrebende Kapelle.

Das wittelsbachische Blauweiß der Kacheln bestimmt den heiteren Eindruck der etwas gedrückten, aber wohlproportionierten Sommerhalle, in der zwei gekantete Pfeiler über sechs Jochen des zweischiffigen Raumes ein Kreuzrippengewölbe tragen, dessen Rippen durch eine Bemalung im Anklang an rheinische Meister des 13. Jahrhunderts noch unterstrichen werden.

Herz und Zentrum des Schlosses ist der über dem Sommersaal liegende ›Große Rittersaal‹ von heller, luftiger Wirkung, den Werner Bornheim in einer geistreichen Untersuchung mit dem Großen Remter im Mittelschloß der Marienburg konfrontiert hat. Dieser Saal enthält neben einer Sammlung von Gläsern und Steinzeug eine reiche Zahl von Waffen, die an den Wänden in malerischem Arrangement großformige Ornamente bildeten. Durch einen raffinierten Diebstahl wurde das Ensemble jüngst gestört. Ein anschließendes Kabinett zeigt Glasgemälde des 13. Jahrhunderts aus der Grablege der Hohenzollern in Kloster Stetten. Auf der anderen Seite eines schlichten Flures liegt der ›Kleine Rittersaal‹, den Hermann Riegel in besonderem Maße geschätzt hat: »Der hervorragendste aller Räume aber ist der Kleine Rittersaal, ein quadratisches Zimmer von schlanken gotischen Gewölben überdeckt. In der architektonischen Dekoration spricht sich hier bei allem Reichtum des Goldes und der Farbe eine vollkommene Harmonie aus, die bedeutend noch durch farbige Glasgemälde erhöht wird, die ihre Ergänzung erst in den Freskobildern finden, mit denen Stilke die Wandflächen geziert hat...« Im Obergeschoß liegen auf der einen Seite der Treppe im Fremdenflügel die Gästezimmer, auf der anderen Seite die Wohnräume der Königin mit großem Wohnzimmer, anschließendem Andachtsraum im ›Elisenturm‹, Ankleide- und Schlafzimmer, denen sich die Wohnräume des Königs anfügen, die teils mit antiken, teils mit neugotischen Möbeln ausgestattet sind. Auch in diesen Räumen schaffen die zahlreichen farbigen Glasfenster den gewünschten romantischen Beleuchtungseffekt. Das Ganze atmet trotz der etwas schwülstigen großbürgerlichen Pracht des Mobiliars mit seinen Polstern, Fransen und Troddeln an den Sitzmöbeln und dem reichen Schnitzwerk an Schrank- und Bankmobiliar etwas liebenswürdig Biedermeierhaftes.

Sooneck

Wie schon in dem erwähnten Brief der Herzogin von Dino angedeutet, waren auch andere Mitglieder des preußischen Königshauses um den Ausbau rheinischer Burgruinen bemüht, wenn sich diese Pläne auch nicht in jedem Falle verwirklicht haben; so ist der von der Prinzessin Auguste beabsichtigte Ausbau der Godesburg damals nicht zur Ausführung gekommen.

Dagegen gelang in den Jahren 1842-1845 der Ausbau der oberhalb von Heimbach gelegenen, sagenumwitterten Ruine Sooneck, von der noch der Bergfried und ein Teil des Palas standen. Diese Burg, die auf ein reichbewegtes historisches Schicksal zurückschaut, war Sitz des von König Richard von Cornwallis ernannten Reichsverwesers, wurde im Jahre 1282 von König Rudolf von Habsburg zerstört, um 1350 von Ritter Johann Marschall zu Waldeck wieder aufgebaut. Der bergseits gerichtete und übereck gestellte stattliche quadratische Bergfried deckt im Sinne der für das 14. Jahrhundert charakteristischen Bauweise den rheinseitig gelegenen Palas und Binnenhof. Friedrich Wilhelm IV. hatte im Jahre 1834 als Kronprinz von der Gemeinde Niederheimbach die Ruine gekauft und sie seinem Bruder Karl zum Ausbau überlassen, was unter größtmöglichster Schonung der noch erhaltenen Substanz geschehen ist. Der Besucher gelangt heute auf gewundenen Pfaden durch einen mit Türmchen bestückten Torbau in einen kleinen, mauerbewehrten Hof, der nach der Rheinseite durch ein schlichtes einstöckiges Gebäude mit anschließendem Altan begrenzt wird. Über eine nach der Bergseite lang und hoch ansteigende Treppe gelangt man zur Eingangspforte der Burg, die sich auf einen engen Hof öffnet, umschlossen von Schildmauer, Palas und dem massigen viereckigen Bergfried. Der zweistöckige Palas, den man am Ende des Zweiten Weltkriegs seiner Ausstattung beraubt hatte, präsentiert sich heute wieder in neugotischem Habitus. Sein Mobiliar und sonstige Kunstgegenstände wurden mit viel Geschick und Einfühlungsvermögen von dem derzeitigen Landeskonservator von Rheinland-Pfalz zusammengetragen. Von den mit Rüstungen und Waffen gezierten Vorräumen beider Stockwerke, die durch eine elegante Wendeltreppe in Verbindung stehen, gelangt man zu den Wohnungen des Schloßherrn und seiner Gemahlin mit jeweils einem Vorzimmer, Schlafzimmer, Wohnzimmer und Salon, letzterer ist der jeweils größte, saalartig wirkende Raum mit mehreren Fenstern, während die übrigen Zimmer nur je ein Fenster be-

25 Burg Stolzenfels am Rhein

26 Wohnraum auf Burg Stolzenfels

28 Burg Rheinstein

27 Blick in den Burghof von Stolzenfels

29 Schloß Babelsberg bei Potsdam

30 Die Bibliothek in Schloß Babelsberg

31 Schloß Fischbach

32 Jagdschloß Granitz auf Rügen

33
Schloß Schildau

34 Schloß Erdmannsdorf (Mitte) mit dem Dorf Zillerthal, einer Ansiedlung 1837 ausgewanderter evangelischer Zillertaler, und der von Schinkel entworfenen Kirche (ganz rechts)

Erdmannsdorf

36
Reinhardsbrunn,
heute Ansicht
der Westseite

35 Schloß Reinhardsbrunn

37 Schloß Callenberg

38 Burg Landsberg bei Meiningen

39 Wittelsbacher Palais in München (im Zweiten Weltkrieg zerstört und nicht mehr aufgebaut)

41 Schloß Hohenschwangau über dem Alpsee, im Kahn König Maximilian v. *von Bayern beim Füttern der Schwäne*

40 Schloß Berg am Starnberger See (heute seiner neugotischen Zutaten wieder entkleidet)

43 Der ›Grüne Salon‹ in Anif

42 Schloß Anif, Blick in den Musiksalon

44 Schloß Anif

45 *Blick durch eine Phantasiearchitektur auf die Wilhelma (im Zweiten Weltkrieg ausgebrannt)*

6 *Burg Lichtenstein in der Schwäbischen Alb*

47 Neu-Richmond bei Braunschweig (1907 abgebrochen)

48 Schloß Sibyllenort

sitzen. Im Untergeschoß des Palas lag ehemals die Küche. Eine Treppe in der Mauerdicke des Turmes vermittelt den Zugang zu den Geschossen des Turmes, von dessen über dem Dach des Palas gelegenem Altan man einen herrlichen Fernblick in die Landschaft hat.

Die fürstlichen Residenzen am Rhein bildeten naturgemäß einen Anreiz für das reiche Großbürgertum, solche Beispiele nachzuahmen, wie es schon früh im Falle von Schloß Rheineck geschehen ist, das im Jahre 1832 von Lassaulx für den Staatsminister a. D. von Bethmann-Hollweg ausgebaut wurde. Dazu gesellten sich in der zweiten Hälfte des 19. Jahrhunderts die ›starre Baukastenkunst‹ von Arenfels des Kölner Dombaumeisters Zwirner, der auch dem in Privatbesitz befindlichen Schloß Ariendorf um 1845 einen romantischen Habitus verliehen hat. Ein romantischer Neubau war das 1848-1851 durch A. F. J. Girard für den Fürsten Ludwig zu Sayn-Wittgenstein-Berleburg erbaute Schloß Sayn unterhalb der in Trümmern liegenden Stammburg. Zu den Ausbauten in der zweiten Hälfte des 19. Jahrhunderts gehört Burg Lahneck, der Goethe mit seinem, auf der Lahn- und Rheinreise von 1774 entstandenen, auch in ›Dichtung und Wahrheit‹ erwähnten Lied: »Hoch auf dem alten Turme steht des Helden edler Geist...« ein literarisches Denkmal der Frühromantik gesetzt hat, das nachmals durch Wilhelm Schäfer in seiner als Anekdote bezeichneten Erzählung ›Das fremde Fräulein‹ eine weitere, spätromantische, Verklärung finden sollte: in der auf einer wahren Begebenheit beruhenden Darstellung von Schäfer wird das wahrhaft schaurige Ende eines jungen Menschen in romantisch-poetischer Weise ausgedeutet. Wie Burg Lahneck bei Oberlahnstein, kann auch die dem Schlosse Rheinstein benachbarte, oberhalb von Trechtingshausen gelegene, in den Jahren 1900-1902 ausgebaute Burg Reichenstein (oder Falkenburg) besichtigt werden im Gegensatz zu der in Privatbesitz befindlichen, dem Besucher unzugänglichen Burg Hohneck (auch Haneck oder Heimburg genannt) oberhalb von Niederheimbach, und der 1896-1898 von Bodo Ebhardt restaurierten Burg Katz über Sankt Goarshausen. »Das Denkmalfieber hatte damals viele ergriffen. Alte Familien besannen sich plötzlich auf ihren Stammsitz, andere glaubten es ihrem sozialen Ehrgeiz schuldig zu sein, eine Burg zum Wohnsitz zu haben – ein Ehrgeiz, der noch immer anhält.« (Vilma Sturm)

Erdmannsdorf, Fischbach und Schildau

Bildeten mittelalterliche Burgruinen die Grundlage für die romantischen Schlösser des Hauses Hohenzollern am Rhein, so wurde im Falle der Trias der königlich preußischen Schlösser in Schlesien, Erdmannsdorf, Fischbach und Schildau – obwohl es an Resten mittelalterlicher Burgen nicht mangelte – ein neugotisches Gewand über einen nachmittelalterlichen Kern gezogen, den man durch Zufügen von Türmen, Zinnenkränzen und neuen Fensterformen den romantischen Vorstellungen anzupassen versuchte. Auch begegnen wir hier keinen Hochburgen, sondern Schlössern, die von den Falkenbergen, dem Landeshut-Schmiedebergerkamm und der Schneekoppe beherrscht werden – ein höchst naturhaft romantischer Rahmen für diese Sommerresidenzen der preußischen Königsfamilie.

»Die überaus anziehende Landschaft, in die die drei Schlösser Erdmannsdorf, Fischbach und Schildau eingebettet sind, bildet die natürliche Verbindung ihrer engeren Parkbezirke. Im Osten lehnt sich jenseits des Ameisenberges der Erdmannsdorfer Park an den von Buchwald an, wo mit dem Belvedere, dem Teehaus und der Abtei heitere Lebensfreude und der Ernst des Todes einen bezeichnenden Ausdruck gefunden haben. Von dort leitet eine mit Baumgruppen bestandene und von Eichen- und Pappelalleen durchzogene Hügellandschaft zum Fischbacher Park über. Den höchsten dieser Hügel krönt eine künstliche Ruine in Gestalt eines Aussichtsturmes. Vom Fischbacher Schloß schweift der Blick zu den

Falkenbergen, auf deren einem Gipfel Prinzeß Marianne ein hohes gußeisernes Kreuz errichten ließ. Auf halber Höhe liegt ein in Schweizerstil gehaltenes Forsthaus, dessen Entstehung auf die gleiche Zeit wie das Tirolerhaus auf dem Zoevelberg und die Villa Liegnitz zurückgehen und im Entwurf eine Schöpfung Hammans sein dürfte. Westlich von Erdmannsdorf dehnt sich ein ähnlich anmutiges Hügelland aus, das sich vom Tirolerhaus auf dem Zoevelberg aus gesehen mit den Ansiedlungen der Tiroler in Zillertal und Glausnitz ausbreitet und an die von der künstlichen Ruine der Heinrichsburg überragte Besitzung Stonsdorf der Prinzen Reuß angrenzt. Im Lomnitztal abwärts liegt Schildau malerisch am Bober. Die Erdmannsdorfer Siedlung überragt der schlanke Campanile der evangelischen Kirche, und von den Höhen der Gebirgsbauden grüßt die nordische Stabwerkkirche von Wang.

Hier ist eigentlich das verwirklicht worden, was Schinkel mit seinen zahlreichen Parkbauten in Muskau vorschwebte: Künstliche Ruinen, Aussichtstürme und Horizonttafeln, ländliche Garten-, Tee- und Jagdhäuser im klassischen oder Schweizerhausstil, antike Bänke und Tempel, christliche Kirchen, gotische Denkmäler und Mausoleen...« (Günther Grundmann)

Als erste dieser Sommerresidenzen wurde 1822 Schloß Fischbach von dem Prinzen Wilhelm von Preußen – Bruder von König Friedrich Wilhelm III. – und seiner Gemahlin Marianne, einer Prinzessin von Hessen-Homburg, gekauft. Im Jahre 1831 erwarb König Friedrich Wilhelm III. Erdmannsdorf als eigenen Sommersitz und 1839 Schloß Schildau als solchen für die Prinzessin Luise der Niederlande. In dieses heitere Leben der Sommeraufenthalte waren die Nachbargüter miteinbezogen, so vor allem das schon früher erwähnte Buchwald, ferner Ruhberg, das bescheidene Schlößchen der Fürstin Luise Radziwill, und Stonsdorf, Sitz des Prinzen Reuß der jüngeren Linie. Besuche, gemeinsame Bergbesteigungen und unkonventionelle Festlichkeiten wechselten miteinander ab. Die Darstellung dieses damaligen Lebensstiles gibt uns ein zeitgenössischer Chronist, Franz Schroller: »... Friedrich Wilhelm III. wollte hier nicht der König von Preußen sein, sondern ein einfacher Landedelmann, und seine Tochter Charlotte, die Kaiserin aller Reußen, war die Tochter dieses Edelmannes und suchte dem Wunsche des Vaters, hier durch die Hofetikette möglichst wenig eingeschränkt zu werden, nach Kräften zu entsprechen zur nicht geringen Verwunderung ihres russischen Gefolges. ›Werden sich doch nicht einbilden, daß ich mich vor meiner Tochter genieren soll‹, äußerte der König mit Beziehung auf die ob solcher Lebensweise erstaunten Russen. Hier gab man sich vor allem dem Genusse der herrlichen Natur hin, verkürzte sich die Zeit durch musikalische oder theatralische Unterhaltungen oder arrangierte wohl auch ein Ballfest, zu welchem dann meist Offiziere aus Schweidnitz befohlen wurden. Einem solchen Balle wohnte auch die berühmte Sängerin Henriette Sontag bei, welche der König nach Fischbach eingeladen hatte. Die Offiziere, welche die Ehre hatten, mit der Kaiserin von Rußland zu tanzen, wagten nicht, daneben auch die Sängerin zu engagieren, obwohl Graf Redern sie dazu ermunterte, und es blieb dem Grafen nichts übrig, als selbst Henriette Sontag zum Tanze aufzufordern. Als nun das Paar im Zirkel der Kaiserin die Quadrille beendet hatte, konnte es sich der Minister des kaiserlich russischen Hauses, Fürst Peter Wolkonski, nicht versagen, den Grafen wegen dieser entsetzlichen Verletzung der Etikette zur Rede zu stellen...«

Diese alten Häuser, die verschiedenen Epochen entstammten, mußten in ihren Räumlichkeiten, auch wenn die höfische Etikette stark vernachlässigt wurde, den selbstverständlichen Bedürfnissen einer Hofhaltung angepaßt werden, womit eine Gotisierung des Außenbaus verbunden wurde. Sämtliche drei Gebäude hat man in der Zeit zwischen den Jahren 1830 und 1845 im neugotischen Geschmack umgestaltet, wobei sich durch die Mitwirkung von Schinkel gewisse Übereinstimmungen ergeben mußten.

Erdmannsdorf hatte der König Friedrich Wilhelm III. von der Witwe des Generals von Gneisenau gekauft, dem dieses Schloß wegen seiner Verdienste um die preußische Krone, nicht zuletzt in den Befreiungskriegen, zum Geschenk gemacht worden war. Schon Gneisenau hatte den kleinen barokken Bau über einem Hufeisengrundriß mit einem kleinen Ehrenhof durch den Maler und Baumeister Josef Raabe leicht umgestalten lassen, wobei dem zweistöckigen Gebäude ein Halbgeschoß aufgesetzt und der Ehrenhof durch den Einbau eines bis zum ersten Stockwerk reichenden Wintergartens mit Bogentüren ersetzt wurde. Nach Schinkels Vorschlägen wurde der Außenputz erneuert, mit neuen Anstrichen in den Lieblingsfarben des Königs – Hellblau und Hellgrau – versehen und das Schloß neu möbliert. In den Jahren bis 1844 versuchte man sich in neuen Verbesserungen, was schließlich zu einem völligen Umbau geführt hat. Zwar war Friedrich Wilhelm III. im Jahre 1840 gestorben, aber auch für seinen Nachfolger, Friedrich Wilhelm IV., behielt Erdmannsdorf eine ungeminderte Anziehungskraft, was die Arbeiten förderte.

Der fertiggestellte kubische Baukörper mit seinen nunmehr gotisierenden Fenstern, dessen Dach hinter einem Zinnenkranz verborgen wurde, zeigt auf der Westseite in Verbindung mit einem dort als Anbau geschaffenen ›Kavalierhaus‹ einen polygonalen, die Anlage beherrschenden Turm mit Zinnenkranz. Die Vorfahrt der Nordseite wird durch einen flachen dreiseitigen, über den Zinnenkranz des übrigen Gebäudes hinausragenden Risalit hervorgehoben, der von schlanken polygonalen Türmchen flankiert wird. Die Fassade der Ostfront enthält in der Mittelachse einen flachen, über zwei Stockwerke reichenden erkerhaften Anbau mit einem Balkon als oberen Abschluß. Die südliche Gartenseite mit dem ehemaligen Ehrenhof zeigt in der Höhe des Untergeschosses die vorgeblendete Gartenhalle mit einem terrassenartigen Balkon als Abschluß, während an der Westecke und dem dortigen Kavalierhaus ein ebenerdiger Speisesaaltrakt mit großen und breiten neugotischen Fenstern durch Umbau eines Wirtschaftsgebäudes geschaffen wurde. Trotz der Gotisierung vermag sich der barocke Kern nicht zu verleugnen, und in der Aufteilung der schlichten, geraden Wandflächen der Fassaden mit verhältnismäßig kleinen Fenstern spürt man deutlich noch die alten Proportionen.

Im Innern herrschte – zumindest bis 1945 – eine kühle Helligkeit der Hallen und eine wohlausgewogene Proportion aller Raumverhältnisse mit reizvollen Nischenausbildungen bei großer Einfachheit des ornamentalen Schmuckes.

Am 26. Juli 1846 schrieb Moltke an seine Frau Marie aus *Fischbach:* »Seit zwei Tagen bin ich hier beim Prinzen Wilhelm, welcher traurig und einsam mit Prinz Waldemar in dem sonst so schönen, fröhlichen Fischbach hauset. Nur der Hofmarschall Rochow ist noch hier. Ich habe aus meinem Fenster einen schönen Blick auf das Gebirge, die Schneekoppe mit der Annenkapelle. Einzelne Schneeflocken kleben noch an den Höhen. Übrigens ist es hier ziemlich ebenso heiß wie in Italien, nur daß es Abends viel schneller abkühlt. Aber alles ist frisch und grün, und der Sommer ist doch viel schöner hier als in Italien; der Winter freilich, da ist es anders...«

In Schloß Fischbach bezeugt die Portalinschrift, daß im Jahre 1603 die Burg Fischbach errichtet und mit Mauern, Graben und Turm durch Friedrich Christoph von Canitz versehen worden ist – ein festes Haus der schlesischen Renaissance mit einem kleinen Innenhof und nassem Graben; ein Rundturm an der Seite steht außer Achse. Bei der Gotisierung nach dem Kauf des Schlosses im Jahre 1822 dürften Schinkel und Stüler entscheidend gewirkt haben, ohne an der Bausubstanz sonderlich viel zu ändern. Man begnügte sich damit, die neuen gotischen Zierglieder mit den älteren Formen in möglichste Übereinstimmung zu bringen. So blieben die Renaissancefenster ausnahmslos bestehen und erhielten lediglich eine rechtwinklig abgeknickte obere Abschlußleiste im Stile der englischen Gotik. Den Haupteingang betonte man durch einen gotisierenden Vorbau mit Eselsrückenbogen.

Der Achtort über dem Rundturm wurde erhöht und mit einem Zinnenkranz abgeschlossen. Den Innenhof mit seiner Holzgalerie umschließen die Wohnräume, unter denen sich ein gotisierender Speisesaal in dunkler Holztäfelung auszeichnet. Der ursprüngliche Zustand der Innenräume ist durch Aquarelle festgehalten, die sich im Staatsarchiv in Darmstadt und in Schloß Wolfsgarten befinden.

Die Bauarbeiten waren im Jahre 1846 beendet. Nur fünf Jahre durfte sich der Prinz, der Fischbacher Wilhelm, wie man ihn im Unterschied zu seinem Neffen Wilhelm, dem späteren preußischen König, nannte, seines neuen Besitzes erfreuen. Nach seinem Tode ging das Schloß an seinen Sohn Waldemar, der es durch seine sehr schönen Sammlungen bereicherte; nach dessen Tod kam es im Erbgang an die mit dem Prinzen Carl von Hessen und bei Rhein vermählte Prinzessin Elisabeth. Das hessische Haus erfreute sich bis zum Ende des Zweiten Weltkrieges dieses Besitzes, wohin man auch ein gut Teil des Darmstädter Schloßinventars vor den Bombenangriffen ausgelagert hatte, darunter die berühmte Madonna des Bürgermeisters Meyer von Hans Holbein. Dieses Bild konnte dank der Bemühungen von Günther Grundmann unter abenteuerlichen Umständen nach dem Westen zurückgeführt werden, während der übrige Besitz eine Beute der Sieger geworden ist.

Als im Jahre 1839 Schloß *Schildau* von König Friedrich Wilhelm III. für seine Tochter Luise gekauft wurde, schrieb der mit den Kaufverhandlungen beauftragte Staatsminister Christian von Rothe in seinem Gutachten: »Ganz besonders zeichnet sich das herrschaftliche Schloß durch ein geschmackvolles Äußeres in mittelalterlichem Zinnenstil erbaut aus. Der Grundriß, ein Viereck und auf den Ecken mit hervortretenden runden Türmen, in der Vorderfront ein Risalit als Vestibulum und Treppenhaus dienend, hat eine sehr bequeme und gefällige Einteilung der inneren Räume. An den Ecktürmen der Hinterfront schließen sich zwei Gewächshäuser an, die wieder mit kleinen, zwei Etagen hohen und mit flachen Dächern versehenen Gebäuden, zu wirtschaftlichen Zwecken dienend, in Verbindung stehen. Das Schloß ist drei Etagen hoch, massiv, mit Ziegeln eingedeckt und in bestem baulichen Zustand.« Der Kauf kam am 24. April 1839 zustande, und der König ließ den Besitztitel auf seine Tochter Luise, Prinzessin der Niederlande, eintragen. Diese übernahm den Besitz in Verbindung mit der Erbhuldigung durch die Einwohnerschaft von Schildau am 19. August 1839, worüber Herbst in seiner Chronik von Hirschberg schreibt: » Am 10. August begaben sich die königlichen Herrschaften nach dem nun der Prinzessin der Niederlande gehörigen Schildau, wo sie aufs festlichste empfangen wurden. Dieser für die Gemeinde Schildau denkwürdige Tag brachte in das sonst so stille Dörflein das regste Leben und wird den Einwohnern desselben bis auf die Kinder und Kindeskinder ein Gegenstand freudigster Erinnerung sein.«

Schloß Schildau war schon vor dem Kauf in den Jahren 1832-1833 durch neugotische Formen verändert worden, an denen nun abermals Verbesserungen vorgenommen wurden.

Das Schloß ist ursprünglich ein Renaissancebau aus dem Jahre 1606 mit nassem Graben gewesen, der, zwar im Dreißigjährigen Kriege verwüstet, im Jahre 1667 wiederhergestellt und später, wie erhaltene Zeichnungen zeigen, noch barokkisiert wurde. Auch hier darf man annehmen, daß Schinkel bei dem Umbau mitgewirkt hat, wobei man die Ecktürme des ungewöhnlich hochgestreckten dreigeschossigen Hauptgebäudes erhöht und mit Zeltdächern versehen und die Fenster durchgehend mit Umrahmungen im Sinne der englischen Gotik versehen hat. Ein Zinnenkranz vor dem abgewalmten Satteldach krönte das Hauptgebäude. Der Mittelanbau nach der Gartenseite hin mit seinen reichen englischen Tudorstilformen dürfte dagegen auf Pläne Stülers zurückgehen. Es ist eine höchst eindrucksvolle, in ihren Bauteilen auf Symmetrie gestellte Anlage, die auch den klassizistischen Geschmack befriedigt haben mochte.

Dem königlichen Vorbild folgend war auch der Adel Schlesiens bestrebt, seine älteren Landsitze nach Möglichkeit dem Zeitgeschmack anzupassen. Dazu gehörte auch das im Zweiten Weltkrieg zerstörte Schloß Primkenau, das 1853 der Herzog Christian Karl Friedrich August zu Schleswig-Holstein-Sonderburg-Augustenburg erworben und durch Ihne neugotisch hatte umbauen lassen. Ferner Groß-Wartenberg, das im Jahr 1853 Prinz Calixt Biron von Kurland auf den Mauern des alten Dohnaschlosses errichtete; Ullersdorf, das Graf Fürstenstein im Jahre 1862 im neugotischen Stile ausbaute, oder das 1854 von einem Herrn von Magnus ausgebaute Kuhna, sowie Neuhof, das Prinz Heinrich LXXV. *von Reuß-Schleiz-Köstritz in den sechziger Jahren im rheinischen Burgenstil umgestaltete; das von 1853-1856 erbaute Schloß Giesdorf, das in einer Fülle von Zinnen und Türmchen geradezu schwelgt, ferner das 1856 durch die Grafen Franken-Sierstorpff unter Verwendung des mittelalterlichen Turmes umgestaltete Schloß Puschine oder das in den siebziger Jahren entstandene protzige Dobrau der schwerreichen Grafen von Seherr-Thoß.*

Keine der letztgenannten Anlagen besitzt die Noblesse der Trias Fischbach, Erdmannsdorf und Schildau. Während bei den letzteren trotz aller Abänderungen die schöpferische Grundidee eines Schinkel spürbar ist, hat man bei der Mehrzahl der schlesischen Schlösser der Neugotik des Hoch- und Geldadels den Eindruck, daß den älteren Gebäuden das neugotische Gewand mit mehr oder weniger Einfühlungsvermögen und Geschicklichkeit einfach übergezogen wurde und der Reichtum der jeweiligen Dekoration an Türmen, Fialen und Erkern von dem Vermögensstand des Schloßherrn bestimmt wurde – eine Tatsache, die ihre kulturhistorische Bedeutung nicht mindert.

Babelsberg

Doch außer diesen wiederaufgebauten rheinischen und neugotisch umgestalteten schlesischen Anlagen kam es in Gestalt des Schlosses Babelsberg zu einer völligen Neuschöpfung, was ebenfalls bei dem preußischen Adel Nachahmung gefunden hat. In diesem von König Wilhelm I., dem späteren deutschen Kaiser, als Prinz erbauten Schloß hat Wilhelm als König eine für die preußische und deutsche Geschichte folgenschwere politische Entscheidung getroffen. In Preußen war es im Jahre 1860 wegen dem Wehrgesetz, das die dreijährige Dienstzeit verlangte, zu einem schweren Konflikt zwischen Regierung und Volksvertretung gekommen. König Wilhelm dachte damals ernsthaft an Abdankung. Dem Einfluß von Bismarck ist es gelungen, den König in einer in Babelsberg stattgefundenen Unterredung von diesem Entschlusse abzubringen. Bismarck schreibt darüber in seinen ›Gedanken und Erinnerungen‹: »... In der That war mir jeder Gedanke an Abdication des Königs fremd, als ich am 22. September in Babelsberg empfangen wurde, und die Situation wurde mir erst klar, als Se. Majestät sie ungefähr mit den Worten präcisirte: ›Ich will nicht regiren, wenn ich es nicht so vermag, wie ich es vor Gott, meinem Gewissen und meinen Unterthanen verantworten kann. Das kann ich aber nicht, wenn ich nach dem Willen der heutigen Majorität des Landtags regiren soll, und ich finde keine Minister mehr, die bereit wären meine Regierung zu führen, ohne sich und mich der parlamentarischen Mehrheit zu unterwerfen. Ich habe mich deshalb entschlossen, die Regierung niederzulegen, und meine Abdicationsurkunde, durch die angeführten Gründe motivirt, bereits entworfen.‹ Der König zeigte mir das auf dem Tische liegende Actenstück in seiner Handschrift, ob bereits vollzogen oder nicht, weiß ich nicht. Se. Majestät schloß, indem er wiederholte, ohne geeignete Minister könne er nicht regiren. Ich erwiderte, es sei Sr. Majestät schon seit dem Mai bekannt, daß ich bereit sei, in das Ministerium einzutreten, ich sei gewiß, daß Roon mit mir bei ihm bleiben werde, und ich zweifelte nicht, daß die weitere Vervollständigung des Cabinetts gelingen werde, falls andere Mitglieder sich durch meinen Eintritt zum Rücktritt bewogen finden sollten. Der König stellte nach einigem Erwägen und Hin- und Herreden die Frage, ob ich bereit sei, als Minister für die Militär-Reorganisation einzutreten und nach meiner Bejahung die weitere

Frage, ob auch gegen die Majorität des Landtages und deren Beschlüsse. Auf meine Zusage erklärte er schließlich: ›Dann ist es meine Pflicht, mit Ihnen die Weiterführung des Kampfes zu versuchen, und ich abdicire nicht.‹ Ob er das auf dem Tische liegende Schriftstück vernichtet oder in rei memoriam aufbewahrt hat, weiß ich nicht.«

Damit hatte für den Ehrgeiz Bismarcks die große Stunde geschlagen, denn wenige Tage darnach war er Ministerpräsident. Es ist zwar müßig, sich auszumalen, welchen Verlauf die deutsche Geschichte genommen hätte, wenn damals der Kronprinz Friedrich zur Regierung gekommen wäre, immerhin war es angesichts der weiteren Entwicklung eine bedeutungsvolle Stunde, nicht zuletzt, wenn man an die heutige Bestimmung von Schloß Babelsberg denkt, das Teil des anderen Deutschlands geworden ist.

Prinz Wilhelm hat die eigentümliche Schönheit der Landschaft des Baberts- oder Babelsberges seit seiner Jugendzeit empfunden und deshalb schon sehr früh versucht, von seinem Vater Friedrich Wilhelm III. die Erlaubnis zum Bau eines dort gelegenen Sommersitzes zu erwirken. Doch der König wußte die Erfüllung dieses ihm wiederholt vorgetragenen Wunsches unter Hinweis auf die kritischen Zeitläufe und die hohen Kosten, die dabei entstehen würden, zu verzögern.

Das aber hat den Prinzen wie auch seinen baufreudigen Bruder Friedrich Wilhelm IV. nicht gehindert, Pläne und Skizzen für ein solches Schloß zu entwerfen. Auch Persius, der Schüler von Schinkel, hat dem Prinzen einen Entwurf im Stile eines normännischen Kastells mit viereckigem Fahnenturm und einem kleinen runden Treppenturm vorgelegt. Auguste von Sachsen-Weimar, die Gemahlin Wilhelms, ließ sich von ihrer Mutter aus Weimar englische Architekturwerke schicken, um darin Anregungen und Vorlagen für ein Haus im englischen Cottagestil zu suchen. Fritz Louis, der Erbauer des Rheinsteins – Vetter von Prinz Wilhelm – schrieb 1830: »Wie sieht es denn mit dem Babel aus, ist der

König noch nicht zu erweichen?« Augusta dürfte es gewesen sein, die ihren Gatten zu einem abermaligen Vorstoß gedrängt hat, so daß er in einem Brief vom 30. Juli 1833 an seinen Vater unter anderem schreibt: »... Augusta teilt sehr meinen Wunsch und den Gefallen an einem kleinen Besitztum. Im Gewährungsfalle würde ich den Berg in Erbpacht nehmen... Da die Zeiten jetzt friedlich sind, so darf ich hoffen Ihre gnädige Einwilligung zu erhalten...« Und dieses Mal erfuhr seine Bitte Gewährung, denn am 4. August 1833 teilt Wilhelm seiner Schwester Charlotte, der Gemahlin von Kaiser Nikolaus I. von Rußland, mit: »Gestern hat Papa nun auch genehmigt, daß wir den Babelsberg aquirieren dürfen und ihn mit einem kleinen Cottage bebauen. So ist denn ein lang gehegter Wunsch in Erfüllung gegangen.«

Doch nach der Genehmigung beginnt sich das bescheidene Cottage rasch aufzublähen, wenn man die seitherigen Pläne mit einem von Schinkel im gleichen Jahre gefertigten Entwurf eines englischen gotischen Schlosses vergleicht. Möglicherweise auf Anregung von Augusta gründete sich dieser Entwurf auf eine Abbildung des im Jahre 1816 von Repton herausgegebenen Werkes ›Fragments on the theory and practice of landscape gardening‹, das die Unterschrift ›A design to examplify irregularity of outline in Castle gothic‹ trägt.

Schinkel hatte sich bemüht, das Romantisch-Zufällige in seinem Entwurf einer architektonischen Gesetzmäßigkeit unterzuordnen und die Anlage trotzdem wirkungsvoll in die Landschaft einzugliedern. Und noch heute, da man das Schloß nur noch von ferne bewundern kann, staunt man über die in die Landschaft höchst einfühlsam einkomponierte Anlage. Das heutige Schloß, durchaus als ein geschlossenes Ganzes wirkend, ist, wie so viele Bauten dieser Zeit, in mehreren Bauabschnitten entstanden. Im ersten wurde eine offene vierachsige Pergolahalle errichtet mit einem anschließenden eigentlichen Wohnbau, dreigeteilt durch schlanke, turmartige Pfeiler, überragt von einem höheren, nach rückwärts gelegenen Bauteil als Überleitung zu einem wuchtigen achteckigen Turm, der einstmals den Speisesaal, später den Teesalon enthielt. Doch dauerte es nach der am 18. Oktober 1835 stattgefundenen Einweihung dieses Teiles noch geraume Zeit, bis die Inneneinrichtung vollendet war und man an einen Weiterbau denken konnte, der unter der Leitung des Schinkelschülers Ludwig Persius durchgeführt wurde, wobei zwar die Grundkonzeption von Schinkel nicht aufgegeben, aber doch in einzelnen Teilen entscheidend variiert wurde, wie die vielen erhaltenen Planzeichnungen beweisen. Erst 1848 war der Bau vollendet. Nachdem im Jahre 1845 Persius gestorben war, erfolgte die Fertigstellung wie auch die Inneneinrichtung durch seine Schüler Rudolf Wilhelm Gottgetreu (geb. 1821) und Joh. H. Strack (geb. 1805). Dabei wurde auf der Rückseite des achteckigen Schinkelturmes der große polygonale Festsaalturm mit einem durch zwei Geschosse reichenden Tanzsaal angebaut und an diesen im rechteckigen Winkel, parallel zur Vorderfront der älteren Anlage, ein rechteckiger, vielteilig gegliederter doppelgeschossiger Trakt angeschlossen, an dessen Ende ein stattlicher runder Turm – der Fahnenturm – mit dem anschließenden Treppenturm den Abschluß bildet. So war aus dem geplanten bescheidenen Cottage – wie es der Vater des Erbauers bereits geahnt haben dürfte – eine stattliche Anlage geworden, belebt durch Vorbauten, Erker, verklammert durch stattliche Türme und durch kleinere Türmchen spielerisch bereichert.

In dem Schlosse des ersten Bauabschnittes, dem ›Cottage‹, hatte sich im Erdgeschoß die Wohnung der Königin und späteren Kaiserin mit Vorzimmer, Empfangszimmer und Arbeitszimmer, ferner das Speisezimmer und die Bibliothek befunden. Das Speisezimmer verwandelte sich nach der Erweiterung des Schlosses in einen Teesalon. Darüber lagen im Obergeschoß in entsprechender Abfolge die Räume des Hausherrn mit Frühstückszimmer, Ankleidezimmer, Schlafzimmer der Kaiserin, Arbeitszimmer des Kaisers und Schlafzimmer. Diese höchst schlicht dekorierten Räume mit teilweisem

Getäfel in gotisierenden Formen, mit sparsamen gotischen Rippen an den Decken einzelner Zimmer und dem reizvoll leicht aufgesetzten Sterngewölbe im Teesalon haben ihre ursprüngliche Ausstattung nach dem weiteren Ausbau verloren, und nur sehr schöne, um 1840 entstandene Aquarelle von Carl Graeb vermitteln uns noch den Eindruck der einfachen, charaktervollen Räume.

Nach dem Tode Friedrich Wilhelms III. im Jahre 1840 wurde Prinz Wilhelm infolge der Kinderlosigkeit seines älteren Bruders Friedrich Wilhelm IV. legitimer Thronfolger und hatte damit in erhöhtem Maße repräsentativen Pflichten zu genügen, für die das Cottage nicht ausreichte. Der bei der Erweiterung angefügte zweigeschossige Tanzsaal als Angel- und Drehpunkt für den anschließenden neuen Trakt mit der Wohnung der Tochter Luise, der späteren badischen Großherzogin, und der Wohnung der Kronprinzessin Victoria geht in seiner Raumgestaltung auf Ludwig Persius zurück und dürfte neben dem Teesalon den eindrucksvollsten Raum des Schlosses darstellen. »Er hat wie alles, was dieser Architekt entwarf, Großzügigkeit und Würde und verdient als eines der ganz seltenen formvollendeten Denkmäler der Neogotik besondere Beachtung. Hier hat zum letzten Mal ein Klassizist mit solider Könnerschaft die Formenschwelgerei der Rückblickzeit gebannt und bei sorgfältiger Beobachtung hochgotischer Stilprinzipien jede überflüssige Detailnachahmung vermieden, welche die durchschnittlichen Leistungen dieser Art so schwer erträglich macht. – Die Aufgabe war, den hohen achteckigen Raum, der vier durch zwei Stockwerke gehende Fensterwände hat, mit einem Sterngewölbe zu bedecken und dieses nach innen zu verstreben. Außerdem mußte eine bequeme Verbindung zwischen den Wohnräumen im ersten Stockwerk beider Schloßflügel hergestellt werden. Nach dem Vorbild der Chorumgänge gotischer Kathedralen verband Persius die acht Widerlagerpfeiler untereinander durch Arkaden, die in der Höhe des ersten Stockwerkes eine durchgehende Galerie tragen, welche den Zugang zu sämtlichen Räumen ermöglicht. Den Pfeilern legte er Säulenbündel vor, die die Rippen des Sterngewölbes auffangen. Die Wirkung ist ausgezeichnet. Der Besucher des Saales hat von jedem Standpunkt aus den Eindruck eines Chorabschlusses und wird ganz von selbst in die Ruhe und Festlichkeit dieses Repräsentationsraumes hineingezogen. Es mag sein, daß das allgemeine Interesse am hochgotischen Kathedralenbau, das mit dem ersten Kölner Dombaufest im Jahre 1842 einsetzte, in dieser letzten Schöpfung von Persius widerklingt. Die Art und Weise, wie hier die kirchliche Baukunst der Profanarchitektur dienstbar gemacht wurde, ist jedenfalls durchaus originell und einmalig. Strack, dem die Ausstattung des Tanzsaales zufiel, hat sich dabei dem würdigen Stil seines Vorgängers sehr gut angepaßt. Er füllte die sechzehn Gewölbekappen mit einer Malerei von Blatt- und Rankenwerk, darin musizierende Putten sitzen, die in ihrer Konsequenz mustergültig sind...

Der englische Einfluß, der bei den von Jahr zu Jahr freundschaftlicher sich gestaltenden Beziehungen zwischen dem Prinzenpaar und dem englischen Hofe immer stärker wurde, macht sich im Speisesaal wieder deutlich bemerkbar. Er ist ganz zweifellos in Anlehnung an die großen Repräsentationsräume in Windsor Castle entstanden, dessen St. George's Hall ganz ähnlich mit einer Holzdecke, Boiserie und Waffenschmuck versehen ist... Wie der Tanzsaal geht auch der Speisesaal durch zwei Stockwerke und hat in der gleichen Höhe wie jener eine umlaufende Galerie, welche an der Südfront die Verbindung zu den Wohnräumen des Prinzen Friedrich fortsetzt, während sie nördlich zur Aufnahme einer Musikkapelle diente. Sie ist durch gotisch verkleidete, mit Wappen geschmückte Konsolen gestützt, und sowohl ihr Geländer wie ihre Unterseite sind reich mit Maßwerk verziert... In der Mitte der Westwand steht ein hoher Marmorkamin, ein derart raffiniertes Konglomerat von Renaissance und Barock in neogotischer Fassung, daß es kaum möglich ist, ihn genau zu beschreiben.« (Georg Poensgen)

Was der Kenner von Babelsberg, Georg Poensgen, über diesen Kamin sagte, galt auch für die Möblierung der übrigen Räume, die offenbar durch die Nachkriegsereignisse nach dem Zweiten Weltkrieg in Verlust geraten ist. Die Ausstattung war keineswegs eine einheitliche. Vor dem Zweiten Weltkrieg befanden sich darin nur noch wenige auf Schinkelsche Entwürfe zurückgehende Möbel – Polsterstühle mit gotischen Spitzbogenlehnen, einfache Rohrstühle aus hellpoliertem Eichenholz mit einfachen gotisierenden Rückenlehnen –, ansonsten eine Mischung von echten und nachgeahmten Antiquitäten, die teils durch Kauf oder in Form von Geschenken nach Babelsberg gelangt waren.

Was den Park des Schlosses mit seinem berühmt gewordenen Bowlinggreen auf der sanft abfallenden Neigung zum Havelufer angeht, so wurde dieser von Lenné angelegt, an dessen Stelle seit den vierziger Jahren Fürst Pückler-Muskau trat, der das Gesicht des Parks geprägt hat. Zahlreich sind die Bauten und Staffagen, darunter der Flatowturm als Nachahmung des Eschenheimer Tores in Frankfurt und die Gerichtslaube – der hier wieder aufgebaute Vorbau des alten Berliner Rathauses –, neben zahlreichen Tempelchen, Brunnen und Brücken, letzte sozusagen entartete Überraschungs- und Stimmungsplätze der frühen Romantik, wie sie uns bereits in Wörlitz in dem ersten englischen Park Deutschlands fast hundert Jahre früher begegnet sind.

Nach dem Tode des Schöpfers standen Schloß und Park verlassen, zumal sie keineswegs mehr den vermehrten Ansprüchen an Komfort genügen konnten. Erst im Jahre 1908 ist Babelsberg noch einmal in einen Brennpunkt des Hauses Preußen gerückt, als man sich mit dem Gedanken trug, es in eine Residenz für den letzten Kronprinzen zu verwandeln. Doch ist diese Unternehmung nach Plänen des Oberhofbaurates Geyer glücklicherweise nicht mehr zum Tragen gekommen, obwohl der Plan bereits genehmigt war. Es war ein echt wilhelminisches Mammutprojekt, das eine Erweiterung des Schlosses auf doppelte Größe vorsah mit einem großen

Ehrenhof an der Rückfront, mit einer Unzahl prächtiger Innenräume, darunter auch einer großen Schwimmhalle. Unter Hinweis auf die hohen Kosten gelang es dem Kronprinzen, das Projekt zu Fall zu bringen; er hat vorgezogen, sich als Wohnsitz den wesentlich wohnlicheren und bequemeren Cecilienhof bauen zu lassen, womit Schloß Babelsberg als wichtiges romantisches Denkmal aus der Zeit Kaiser Wilhelms I. gerettet war.

Exkurs über Schinkel

Nicht nur bei nahezu allen Bauvorhaben der Mitglieder des Hauses Preußen, sondern auch bei der Mehrzahl der preußischen Staatsbauten – Kirchen, Rathäuser, Bibliotheken und Museen – taucht der Name des Architekten Karl Friedrich Schinkel auf. Sein Rat wird häufig auch von privater Seite eingeholt, und Schinkel hat durch Gutachten und persönliche Beratung tatsächlich fast allen Anforderungen und Erwartungen entsprochen, so daß man ihn ohne Übertreibung als preußischen Baugott jener Epoche bezeichnen darf. Nicht nur durch die eigenen Arbeiten, sondern auch die Werke seiner Schüler – Persius, Stüler, Strack und Gottgetreu – hat Schinkel einen eminenten Einfluß ausgeübt. In gewissem Sinne war er unter den großen Architekten seiner Epoche der einzige, der nicht ausschließlich dem Klassizismus verschworen war.

Während beispielsweise Moller und Weinbrenner die Formen der Neugotik abgelehnt und die ihnen von fürstlichen Auftraggebern gestellten neugotischen Aufgaben als ein für den Broterwerb notwendiges Übel betrachtet haben, dem sie sich nicht gut entziehen konnten, war Schinkel von den neuen Ausdrucksmöglichkeiten, die sich mit der Romantik anboten, bis zu einem gewissen Grade fasziniert. Schon August Grisebach hat in seiner noch immer gültigen Monographie festgestellt, daß die Grundzüge des Wesens von Schinkel, seine Einstellung zur Welt, zwar die eines klassisch gestimmten Menschen waren, weil Klarheit und Ordnung ihm Bedürfnis bedeuteten. »Und doch auch Schinkel ist von der erregenden Erscheinung romantischen Geistes nicht unberührt geblieben. In den Jahren als Arnim und Brentano ihm nahestanden, war ihm die Romantik Ausdruck jugendlichen Lebensgefühls. Aber auch in seinem späteren Werk wird man ein romantisches

Element erkennen, sofern man unter dem vieldeutigen Begriff nicht die Darstellungsform, die Wahl gotischen oder antiken Stils versteht, sondern die eigentümliche Art der Konzeption. Man kann sie romantisch nennen, weil die Idee nicht rein aus der sinnlichen Vorstellung geboren wird, sondern träumerische Vorstellungen aus Geschichte und Poesie, vergangenen Kulturen und fernen Ländern die Gestaltung mitbedingen, ohne daß das künstlerische Vermögen stark genug ist, um das Werk allein durch seine körperlich-räumliche Existenz unmittelbar sprechen zu lassen... Was ihn aus freien Stücken zu der Romantik hinzog, das war das Schöpferische in ihr, die lebendig strömende Kraft, die sich gegen beengende Norm und akademische Starrheit auflehnte und auf neue Ausdrucksmöglichkeiten hinwies...« Schinkel war der Meinung, daß der gotische Stil nicht einfach nachgeahmt werden dürfe, sondern daß man mit Hilfe dieses mittelalterlichen Stiles eine neue Richtung in der Architektur schaffen müsse.

Unter den neugotischen Schloßbauten Schinkels ist neben Babelsberg und den nach seinen Vorschlägen umgebauten Herrensitzen in Friedersdorf und Petzow in der Mark Brandenburg, sowie Schloß Kurnik in Polen insbesondere der unter seinem Einfluß weitgehend umgeformte Plan für Schloß Granitz in der Umgebung des Seebades Binz auf Rügen zu erwähnen, das im Auftrage des Fürsten Wilhelm Malte Putbus (gest. 1854) entstanden ist.

Fürst Malte war ein Nachfahre der alten Fürsten der Insel Rügen, die als Ahnherrn Boranto ansahen, der 1249 das Schloß Podebusk auch Podobugk oder Putbus, nach dem er sich nannte, besaß. Seine Nachkommen erkannten im 14. Jahrhundert die Herzöge von Pommern-Wolgast als Lehensherren an, und das Haus teilte sich 1483 in die dänische und rügensche Linie, von denen die letztere im Jahre 1702 erlosch. Die dänische wurde 1727 in den Reichsgrafenstand erhoben und erhielt 1787 das erbliche Landmarschallamt in Vorpommern und Rügen. Im Jahre 1807 wurden Graf Wilhelm Malte und seine männlichen Nachkommen unter dem Namen Malte in den schwedischen Fürstenstand erhoben, eine Würde, die beim Übergang Schwedisch-Pommerns an Preußen 1815 der preußische König bestätigt hat. Zwischen dem preußischen Hause und den Fürsten von Putbus haben dann besonders enge, fast freundschaftlich zu nennende Beziehungen bestanden.

Jagdschloß Granitz

Granitz ist wie so viele Projekte romantischer Architekturen im Zusammenwirken verschiedener Konzeptionen entstanden, denen in der Endphase Schinkel in sehr entschiedener

Weise seinen Stempel aufgeprägt hat. Von dem Schinkel befreundeten berlinischen Stadtrat, Königlichen Hof- und Ratszimmermeister und Architekten Gottfried Steinmeyer (um 1780-1851), der der Residenz des Fürsten Malte zu Putbus das Gepräge einer letzten deutschen Fürstengründung gegeben hat, wurde eine große Anzahl von Entwürfen für Granitz gefertigt, denen als Grundform ein zweistöckiger kubischer Block mit vier Rundtürmen an den Ecken und einem mittleren Lichthof eigen war; letzteren wünschte der fürstliche Auftraggeber in einen Mittelturm verwandelt, worauf Steinmeyer entsprechende Pläne fertigte, die aber keine Billigung fanden. Der baufreudige und begeisterungsfähige Kronprinz Friedrich Wilhelm (IV.), der bei einem längeren Aufenthalt in Putbus im Jahre 1836 die ersten vorbereitenden Arbeiten miterlebt hatte, fertigte seinerseits eine Skizze für den umstrittenen Mittelturm und gab dem Fürsten den Rat, sich wegen eines endgültigen Entwurfes auch an Schinkel zu wenden, worauf der Fürst ihm am 10. März 1838 aus Bad Ems jenen von Hans Vogel im Bande Pommern des Schinkelwerkes abgedruckten, hier auszugsweise wiedergegebenen Brief schrieb: »Schon früher erlaubte ich mir, Sie um Ihren Rat bei der projektierten Erbauung eines Jagdschlosses zu bitten, den Sie mir auch auf das Freundlichste erteilten. Ich habe seit der Zeit den unteren Teil des Gebäudes ausgeführt, und mir ist die Idee gekommen, das Ganze durch erhöhte Türme und durch einen mittleren Aufsatz zu zieren. Zu dem Zwecke ließ ich einen Riß anfertigen, der meinen Erwartungen aber nicht entsprach, da es mir schien, als habe dieser Aufsatz etwas Taubenhausähnliches. S. Königliche Hoheit der Kronprinz, der sich für diesen Bau interessiert, weil er die Gegend kennt, war derselben Meinung und riet mir, ja die Ansicht Euer Hochwohlgeboren einzuholen bevor ich zur Ausführung schritte.

Ich ließ nun den Riß abändern... Indes mißfällt mir noch manches daran... Mein Wunsch wäre eigentlich gewesen, die vier Seitentürme etwas höher ausgeführt und über das Dach ragen zu sehen, den mittleren Hauptturm aber schlank zu halten, ohne dessen viereckigen Untersatz, der ohnedies nur auf der unteren Scher- und Gangwand ruht. Ob nun Euer Hochwohlgeboren meine Ansicht teilen oder welcher Dekoration Sie sonst den Vorzug geben, darüber bin ich so frei, mir Ihren Ausspruch ergebenst zu erbitten, um darnach zu verfahren...«

Die Antwort Schinkels und sein abändernder Entwurf haben sich nicht erhalten, doch zeigt das Ergebnis eine meisterliche Konzeption, indem der die Anlage beherrschende Rundturm zwar den Charakter der Ecktürme aufnimmt, ihn aber zugleich ins Kolossale steigert, wodurch dem Schloß »ein besonders großartiger und pittoresker Charakter« verliehen wurde.

So erhebt sich heute Granitz als zweistöckiger Block, dessen vier Wandungen durch die beiden Reihen von je sieben rundbogigen Fenstern mit tiefliegender Leibung gegliedert sind – eine Gliederung, die in Kamenz noch eine Steigerung erfahren hat. Den oberen Abschluß bildet ein hohes umlaufendes Gesims, das an Bauten der italienischen Gotik – Palazzo Vecchio in Florenz – erinnert. Vier mit Gesims und Zinnenkranz abschließende runde Türme überragen den Kubus an den Ecken, wobei die Fenster der Türme in Form und Größe diejenigen des Kubus aufnehmen, während sie in verkleinerter Form das Geschoß des freiragenden Turmteils kranzartig umgeben. Diese kleineren Fenster nimmt der mehrgeschossige Mittelturm auf, und zwar in Form von jeweils drei dicht nebeneinanderliegenden Fenstern, mit Ausnahme des Geschosses unterhalb des Zinnenkranzes, das, ähnlich den Ecktürmen, ebenfalls kranzartig umrundet wird.

Was die Raumaufteilung anbetrifft, so war das Kellergeschoß für die wirtschaftlichen Belange vorgesehen, das erste Geschoß enthielt neben dem Vestibül und Korridoren Räume für die Dienerschaft und Fremdenzimmer sowie einen kleinen Salon zur Versammlung der Jagdfreunde. Die zweite Etage war auf der Westseite, gegen Putbus zu, von den Wohnräumen des Hausherrn, gen Osten von den Gesellschaftszimmern eingenommen, denen sich gegen Süden ein hoher rechteckiger Saal mit einem halbrunden Ausbau anschloß. Wie so viele im deutschen Osten gelegene Schlösser dürfte auch Granitz infolge der Kriegsereignisse seine interessante, von dem Schinkelschüler Stüler entworfene Ausstattung verloren haben, die nach einer älteren Beschreibung für diese romantische Phase sehr typisch war. »Die Zimmer der Hauptetage sind im mittelalterlichen Geschmack decorirt, mit Parquettfußböden, polirten und geschnitzten Flügelthüren, hohen Lambris, von polirtem Eichenholz mit Schnitzwerk und die Wände mit Boiserien. Eine hübsche Zierde sind die weißen Porcellan-Öfen, im gothischen und byzantinischen Baustyl ausgeführt und mit Vergoldungen, Basreliefs und Figuren geschmückt. Besonders hervorzuheben ist das Speisezimmer; seine Wände sind mit Kacheln belegt bis zu einem Paneel von künstlichem Holzschnitzwerke, in welchem kostbare Porcellanteller mit Malereien, Figuren aus der Mythologie darstellend, aufgestellt sind, auch hier ist ein Büffet in gleich schönem Schnitzwerk mit seltenen silbernen und anderen Kunstsachen, worunter sich ein in Elfenbein geschnitzter und in Silber gefaßter Becher – den Triumph des Bacchus vorstellend – (Erbstück der Putbuser Familie) auszeichnet, besetzt. Der Saal ist mit reicher Vergoldung verziert. Im halbrunden Ausbau ist die Gruppe der Kiss'schen Amazone in kleinerem Modell von vergoldetem Metall aufgestellt. Diesem gegenüber, an der Mitte der Hauptwand, ist in der ganzen Höhe des Saales ein kunstvoll von weißem Marmor gearbeiteter Kamin in drei Abtheilungen. Die untere, der eigentliche Kamin, ist 10 Fuß breit und 7,5 Fuß hoch; die zweite besteht in der Mitte aus einem Relief mit etwa ¾ hervorragenden Figuren, einen Ritter mit zwei Knappen auf der Saujagd darstellend. Zur linken und rechten Seite befinden sich Marmorstatuen, etwa lebensgroß, einen Jäger und Fischer darstellend. Die obere Abtheilung enthält in einer Nische die Statue des St. Hubertus. Das Ganze ist von Matthiae in Rom und Micali in Livorno gearbeitet. Als Friesverzierungen sind vier große Bilder von den

Professoren Kolbe und Eybel, in Goldrahmen, 18 Fuß lang und 6 Fuß hoch, angebracht und enthalten: Die Eroberung von Arcona durch die Dänen im Jahre 1168, die Taufe der Rügenschen Fürsten, die Gründung der Kirche in Vilmnitz und den Herzog Wratislaw IV. von Pommern auf dem Sterbebette. Im übrigen sind die Wände theils mit Marmor, theils mit Holzpaneelung bekleidet. Im Zimmer neben dem Hauptsaal befindet sich ein kleiner Kamin von weißem Marmor, auf diesem eine Statue in Lebensgröße: Die Jungfrau von Orleans. Außer werthvollen Gemälden in den verschiedenen Zimmern sind nennenswerth im Jagdsalon an altertümlichen Rüstungen und Waffen: Schweizerharnische, alte Gewehre und Karabiner mit Radschlössern mit Elfenbein und Gold ausgelegt, Armbrüste, Helme, Schilder, kostbare Dolche, Fechthandschuhe, Lanzen etc.; ferner eine Sammlung nordischer Alterthümer, größtentheils auf Rügen aus alten Hünengräbern gefunden ... endlich auch hetrurische Vasen und andere Gefäße – so wie ein Maskenabdruck König Carls XII. von Schweden. Das ganze Ameublement des Schlosses ist auf's kostbarste und im mittelalterlichen Geschmacke hergerichtet.« (Alexander Duncker)

Das Treppenhaus hatte der Architekt in den Mittelturm verlegt; die Treppe besteht bis zur Hauptetage aus Sandsteinstufen, um sich darauf in eine leichte, durchbrochene, sehr elegante Gußeisentreppe mit zwölf Podesten und 154 Stufen zu verwandeln, die sich an der Innenwand des Mittelturmes spiralisch emporschraubt bis zu einer Plattform, »wo freie reiche Rundsicht den steigenden müden Wanderer belohnt. Von diesem 450 Fuß über der Meeresfläche hohen Standpunkt aus beherrscht das umherspähende Auge fast die ganze Insel Rügen und ferne liegende Küste Pommerns, sowie einen großen Theil des offenen Meeres, welches viele Meerbusen und Einschnitte bildet, wodurch dies Panorama unendlich reichhaltig an Abwechselung wird und zu einem der schönsten Sichtpunkte Deutschlands zu rechnen ist«.

Neugotische Adelssitze in Pommern

Pommern war bis zum Beginn des Zweiten Weltkrieges nicht eben arm an neugotischen Schlössern. Um nur einige Beispiele zu nennen: das von Baurat Hitzig erbaute neugotische Schloß Neetzow, das von 1854-1856 erbaute Tantow und die durch neugotische Zutaten bereicherten Anlagen von Parsow, Falkenburg, Dietersdorf und Nemitz.

HAUS SACHSEN

Das Haus Sachsen, das sich zu den ältesten europäischen Fürstenhäusern zählen darf, konnte, als es im 19. Jahrhundert seine Tausendjahrfeier beging, auf eine reiche und häufig recht bewegte Geschichte zurückschauen. Seit dem 11. Jahrhundert hatten die Wettiner über Meißen und die angrenzenden Gebiete geherrscht, die später durch Obersachsen und Thüringen erweitert wurden. Damit war ein bedeutender Besitz entstanden. Doch als Folge von Länderteilungen, Erbstreitigkeiten und dauernden familiären Auseinandersetzungen kam es häufig zu Spaltungen der verhältnismäßig großen Landmasse. Die erste und vielleicht in ihren Folgen tiefgreifendste Teilung bildete jene von 1485, als die anfänglich gemeinsam regierenden Kurfürsten Ernst und Albrecht ihren Besitz teilten. Die Albertinerlinie behielt Meißen sowie die sächsischen Besitzungen und erhielt die Kurwürde, während die andere Linie, die Ernestinische, über Thüringen herrschte, sich aber stärker als die Albertinische spaltete. Nach dem Dreißigjährigen Krieg kam es im thüringischen Raum zur Bildung von zehn kleinsten Herzogtümern mit den Residenzen in Weimar, Eisenach, Jena, Gotha, Coburg, Ichtershausen, Römhild, Eisenberg, Hildburghausen und Saalfeld, wodurch diese Landschaft zu einem Modellfall deutscher Kleinstaaterei des 17. und 18. Jahrhunderts wurde. Diese fürstlichen Kleinstaaten waren ein gern genutztes Heiratsreservoir der größeren Mächte. Im Jahre 1825 waren von den ursprünglich zehn Herzogtümern noch fünf vorhanden, nämlich Gotha-Altenburg, Coburg-Saalfeld, Weimar-Eisenach, Meiningen und Hildburghausen. Nach dem Erlöschen des Hauses Gotha-Altenburg fand im Jahre 1826 eine Neuverteilung statt, bei der Herzog Friedrich von Hildburghausen auf sein Land verzichtete und das Herzogtum Altenburg erhielt und damit die Linie Sachsen-Altenburg begründete, während Gotha und Saalfeld dem Herzog von Sachsen-Coburg und Hildburghausen dem Herzogtum Sachsen-Meiningen zugesprochen wurden – es waren Linien, die bis zu dem Ende des Ersten Weltkrieges bestanden haben.

Das Haus Wettin ist ein Beispiel dafür, wie die große Politik des späten 18. und frühen 19. Jahrhunderts noch in weitem Maße Familienpolitik der Herrscherhäuser war. Dies ist nirgends so markant wie im Falle des kleinen coburgischen Fürstenhauses zum Ausdruck gekommen, das sich durch eine geschickte Heiratspolitik auf viele europäische Fürstenthrone – England, Belgien, Portugal – zu spielen verstand. Nicht zuletzt hat die Königin Victoria von England, deren Mutter ebenfalls eine Coburgerin war, mit ihrem reichen Kindersegen diese Verbindung mit den europäischen Fürstenhöfen gefördert, was Bismarck veranlaßte, die Familie Coburg boshafterweise als »das Gestüt Europas« zu bezeichnen.

SACHSEN-COBURG

»›Unsere Pflege Coburg in Franken‹ nannten die sächsischen Kurfürsten in früheren Zeiten den Länderstrich, der sich nördlich und östlich an das Gebirge lehnt, südlich und westlich aber weite, sanfte Gefilde und die schönsten Wiesentäler besitzt, durchströmt von kleinen Flüssen, namentlich aber von der Itz, an der auch die Residenzstadt von Sachsen-Coburg liegt im Schatten der mittelalterlichen Veste, auf der Luther als Gast des Herzogs geweilt hat.« (G. von Heeringen)

Veste Coburg

Die Romantik rückte diese Veste Coburg wieder stärker in das Bewußtsein, so daß man sich auch um ihre Wiederherstellung bemühte, was durch den Architekten Karl Alexander von Heideloff

(1789-1865) geschah; die seit 1838 begonnenen Arbeiten standen unter der Leitung seines Schülers, des Nürnberger Architekten Carl Görgel (gestorben 1848). Heideloff hatte Herzog Ernst, den Auftraggeber, bei einem Besuch des Mainzer Domes kennengelernt, wo der Architekt nach alten Denkmälern zeichnete und mit dem Fürsten in ein Gespräch geriet.

Neben der Wiederherstellung der Veste Coburg erhielt auch die stattliche Coburger Stadtresidenz eine Maskierung der barocken Stadtfront des Ehrenhofes durch die Stilformen der englischen Neugotik nach Entwürfen von 1816; die Durchführung der bis 1838 dauernden Arbeiten war dem französischen Architekten André Marie Renié-Grétry (1789-1853) übertragen.

Rosenau

Für die Erneuerung seiner Sommerresidenz Rosenau bei Coburg hatte Herzog Ernst ebenfalls Heideloff bestellt, der den 1808-1809 begonnenen Umbau im Jahre 1817 vollendete. Dieses Schloß – Geburtsort von Prinz Albert, dem späteren Prinzgemahl der Königin Victoria – hat glanzvolle Tage erlebt, denn durch das ganze 19. Jahrhundert war es ein Lieblingssitz der Coburger Fürsten. Wiederholt hat es auch die Königin Victoria in seinen Räumen gesehen, wo sie sich nach dem frühen Tode ihres Gatten gerne rührenden Erinnerungen an ihren geliebten Albert hingab. In Rosenau hat sie auch gewohnt, als am 26. August 1865 in Coburg ein Denkmal für den Prinzgemahl enthüllt wurde, wobei sie in ihrem Tagebuch vermerkt: »Rosenau, 26. August: Seit Vickys (Gemahlin von Kaiser Friedrich III.) Hochzeit waren unsere neun Kinder nie mehr alle zusammen gewesen. Nun waren sie alle zusammen und das Haupt aller fehlte!«

Schloß Rosenau war auch zeitweilig der Wohnsitz der Herzogin von Edinburgh mit ihren Töchtern. Die Herzogin, eine geborene Großfürstin Maria Alexandrowna, hatte 1874 den Herzog Alfred von Edinburgh (1844-1900), einen Sohn der Queen und Alberts, geheiratet, der die Erbfolge in Sachsen-Coburg und Gotha des kinderlosen Herzogs Ernst II., des älteren Bruders des Prinzgemahls, antreten sollte. So galt es zunächst für die Herzogin, auf den Tod von Herzog Ernst zu warten, der zwar vierundsiebzig war, doch ähnlich wie sein Vater jungen Frauen noch immer gefährlich werden konnte. Erst am 22. August 1893 ist der »alte Wüstling« gestorben, und die Herzogin konnte nunmehr in Coburg »die erste Geige« spielen.

Leider befindet sich das reizende Schloß Rosenau trotz glanzvoller Erinnerungen heute in einem recht betrüblichen Zustand. Als Alters- und Pflegeheim hat man es einer Verwendung zugeführt, die auch beim besten Willen der Verantwortlichen dem alten Haus nicht sonderlich förderlich sein kann. So blieb denn auch nichts von der alten Einrichtung erhalten, und nur der sogenannte Marmorsaal und ein hübscher achteckiger, mit romantischen Malereien gezierter, gewölbter Raum im Erdgeschoß erinnern an die Zeiten alten Glanzes, als das Schloß noch eine große Sammlung von Gläsern und Porzellanen enthielt, und alte Glasgemälde – dreiundsechzig Scheiben – seine Räume in ein magisches Licht tauchten.

Der Erbauer, Herzog Ernst I., ein hübscher und eleganter Mensch von außerordentlich sinnlicher Natur, war charakterlich eine merkwürdig schillernde Persönlichkeit. Durch seine amourösen Abenteuer hat er selbst in dieser in Liebesdingen nicht gerade empfindlichen Zeit viel Aufsehen erregt, vornehmlich durch einen Skandal, in dessen Mittelpunkt eine junge, bildhübsche Französin, Pauline Panam, stand, die er während eines Aufenthaltes am napoleonischen Hofe in Paris kennengelernt und unter Versprechungen nach Coburg gelockt hatte. Nachdem er mit ihr einen Sohn gezeugt hatte, wollte er sie unter höchst durchsichtigen Vorwänden loswerden. Da ihre Gegenwart seinen Heiratsplänen nicht förderlich war und man ihm an den großen Höfen die kalte Schulter zeigte, versuchte er, sich ihrer auf häßlichste Weise zu entledigen. Es bedurfte der Bemühungen und geschickten Verhandlungen seiner ehrgeizigen Mutter, schließlich doch noch eine ebenbürtige Gattin für ihn zu finden. Im Jahre 1817 vermählte er sich mit Luise, der einzigen Erbin des Herzogs August von Sachsen-Coburg-Altenburg. Das gerade vollendete Schloß Rosenau wurde zum Schauplatz der Festesfreuden in mittelalterlicher Prägung, wobei ein südlich des Schlosses gelegener Wiesenplan im Itzgrund als Schauplatz für ein Ritterspiel diente, an dem Herzog Ernst, sein Schwager Graf Emanuel Mensdorff und andere Herren des Hofes in alten Rüstungen auf prächtig geschirrten Pferden teilnahmen. Eine anschauliche Schilderung dieses Turnieres findet sich in dem Coburgischen Taschenbuch von 1821, worin auch erwähnt wird, daß in dem marmorinkrustierten Rittersaal abends der Hofball in altdeutscher Tracht stattfand.

Doch schon sehr bald begann der Herzog sich zu langweilen und stürzte sich erneut in amouröse Abenteuer, was ihm seine Frau auf ihre Weise heimzuzahlen versuchte, und bald »zwitscherten in Coburg die Spatzen auf den Dächern von den Liebschaften des Herzogs und der Herzogin«. Diese zwiespältigen Verhältnisse endeten abermals mit einem Skandal, der zur Trennung und Scheidung führte, wonach Luise Coburg verlassen mußte; sie ist fern in dem zu Coburg gehörenden St. Wendel in dürftigen Verhältnissen nach schwerer Krankheit im Jahre 1831 im Alter von zweiunddreißig Jahren gestorben.

Im Zusammenhang mit diesem Eheskandal entstand damals das vielleicht nicht ganz unbegründete Gerücht, daß zumindest der jüngere Sohn dieser Ehe, der spätere Prinzgemahl Albert, nicht von einem ebenbürtigen Vater stamme. Selbst Lord Melbourne, der Erste Premier der Königin Victoria, auf die Bluterkrankheit der Coburger angesprochen, war ebenfalls dieser Auffassung. Ernst, der ältere Bruder von Albert und spätere Coburger Regent, hat jedenfalls die Sinnlichkeit seines Vaters geerbt, und die Königin Victoria sah streng darauf, daß nach Coburg entsandte Diplomaten dort ohne hübsche Frauen und Töchter erschienen. Im Gegensatz zu seinem älteren Bruder war Prinz Albert nach seiner Verheiratung bemüht, seine eheliche Treue unter Beweis zu stellen und von allen Weiblichkeiten seines Hofstaates strenge Distanz zu halten.

Anlage und Gebäudebestand von Schloß Rosenau – auf einer steil zur Itz abfallenden Anhöhe gelegen – deuten auf eine mittelalterliche Burg als Vorgänger, von der Reste der Ummauerung noch vorhanden sind, wie auch der an der Zufahrtsstraße zum Schloß gelegene, etwas tiefer befindliche Wirtschaftshof auf eine ehemalige Vorburg schließen läßt.

Erstmals wird Rosenau in einem Saalfelder Lehensbrief als Besitz des gleichnamigen Geschlechtes genannt, nachdem 1434 drei Herren Münzmeister des Grafen Henneberg die Erlaubnis bekommen hatten »den alten Namen von Rosenau« wieder zu führen. Im Jahre 1698 fiel das Schloß der Landesherrschaft Coburg zu und wurde weiterverliehen, bis es 1804 der Coburger Herzog Anton Franz gegen eine Entschädigung erworben hat und sein Sohn Herzog Ernst I. es in eine neugotische Sommerresidenz verwandelte.

Das heutige Hauptgebäude mit leicht aus dem Rechteck verschobenem Grundriß, mit einfachem Satteldach und vorgesetztem, rundem Treppenturm dürfte im Mittelalter der Palas der Burg gewesen sein und in seinem Kern auf einen um die Mitte des 16. Jahrhunderts erfolgten Umbau zurückgehen. Durch reiche Zinnen und gotisierende Fensterformen erhielt das Schloß eine anglisierende Fassung. Im Zuge dieser ›Gotisierung‹ wurde dem Schloß nach Norden eine mit einem Springbrunnen gezierte Terrasse vorgebaut, die von dem erneuerten alten Rundturm und einem gotischen Maßwerkgeländer abgeschlossen wird. Die Wirtschaftsgebäude zeigen ebenfalls einfache neugotische Formen.

Neben dem schon erwähnten kleinen achteckigen Raum im Erdgeschoß, der während des Aufenthaltes der Herzogin von Edinburgh als griechisch-orthodoxe Kapelle benutzt wurde, blieb nur der sogenannte Marmorsaal in seiner alten Form erhalten, der allerdings, nach der Beschreibung von 1821 zu urteilen, heute einiges von seinem ursprünglichen Glanze eingebüßt hat: »Denke Dir einen großen, wahrhaft prächtigen Rittersaal, dessen himmelblaues, in reicher Vergoldung strahlendes Kreutzgewölbe, von einer frey stehenden Collonnade vierfach gekuppelter grauer Marmorsäulen getragen wird, so daß sie ringsum einen Portikus ausscheidet, dessen graue Marmorwände wohltuend mit der pfirsichblüthfarbenen Decke der Gewölbe harmoniren, und dessen Raum theils den nicht tanzenden Theil der Gesellschaft, theils den Musikchor faßte. In diesem herrlichen Locale war, im hellen Glanz vergoldeter, mit Wappenschildern geschmückter Kronleuchter von antiker Schnitzarbeit und bey den harmonischen Tönen einer voll besetzten vortrefflichen Musik, Terpsichoren huldigend der ganze Hof und Adel der Stadt in altdeutscher, zum Theil würklich prächtiger Tracht versammelt...«

Die das Schloß umgebende Parkanlage läßt bei aller Verwilderung ahnen, daß es sich hier um eine beachtliche Leistung romantischer Gartenkunst handelt. Im Norden und Westen liegt als Schutz ein geschlossener Waldgürtel, der aber nach dem Inneren hin durch immer neue Einblicke kulissenartig aufgelockert ist. Der am Ostrand befindliche Schloßhügel und seine Fortsetzung sind nur mäßig mit Bäumen bestanden, und zwischen beiden Teilen liegt eine große Wiesenfläche mit wenigen Baumgruppen, die die Wirkung des Schlosses steigern. Eine wohlüberlegte, viele Hektar Land erfassende unterirdische Bewässerungsanlage speist einen künstlichen See, dessen Abfluß über eine ebenfalls künstlich angelegte Grotte – das Nadelöhr – zur Itz geht.

Callenberg

Von Rosenau führt ein angenehmer Weg über Lauter, Berthelsdorf und Neuses nach dem auf einer freien, kegelförmigen Bergkuppe liegenden burghaften Schloß Callenberg, das zeitweilig an Sachsen-Meiningen abgetreten und durch Abkommen von 1826 an Coburg-Gotha zurückgefallen war. In einer Beschreibung von 1856 heißt es: »Seitdem hat es durch die Fürsorge des Herzogs Ernst, dem seine eigentümliche Lage und sein mittelalterliches Aussehen gefiel, die großartigsten Verschönerungen erhalten. Ein neues Schloß ist in weiser Benutzung und Beibehaltung der alten Gebäude im Raum der Burg aufgeführt, und ihr erster niederer Hof mit prächtiger, zum zweiten emporsteigender Treppe versehen worden; überall haben sich Terrassen gebildet, von denen man die lieblichste Aussicht auf das Land genießt und die innere Einrichtung der neuen Gemächer ist ebenso geschmackvoll als fürstlich.« (G. von Heeringen)

In dem Schloß, das heute pädagogischen Lehrzwecken dient, hat sich nichts von der Ausstattung erhalten, die sicher schon im 19. Jahrhundert wiederholt verändert wurde, denn der romantische Neubau des Oberschlosses vom Jahr 1831 zog sehr bald weitere bauliche Veränderungen nach sich. 1843 wurde das Oberschloß bereits überholt und 1857 das Unterschloß in gleicher Manier umgestaltet; 1882 das Oberschloß wiederum den Formen des unteren Schlosses angepaßt, wozu im Jahre 1937 erneute Veränderungen nach den Plänen des Architekten Claasen gekommen sind.

So ist das als Burg bereits im 12. Jahrhundert erwähnte Schloß Callenberg nur in seiner Gesamterscheinung als Zeugnis romantischer Architektur zu werten. Seine Lage auf bewaldetem Bergzug ist durchaus von eigenartiger Wirkung, wie auch der Park hainartig und naturnah geblieben ist.

Reinhardsbrunn

Herzog Ernst hat auch in dem seit 1826 zu Coburg gehörenden Gothaer Land die Reste des ehemaligen Klosters Reinhardsbrunn in eine reizvolle neugotische Anlage umgewandelt. Ende des 11. Jahrhunderts von Landgraf Ludwig dem Springer, unweit der ersten Burg der Ludowinger in Thüringen, der Schauenburg, als Hauskloster des Geschlechtes begründet, fand dessen Weihe 1097 statt, nachdem Benediktinermönche aus Hirsau gekommen waren. Die ursprüngliche, in den Bauernkriegen zerstörte Kirche wurde bei nachfolgenden Umbauten beseitigt, als im 16. Jahrhundert an Stelle des Klosters ein herzogliches Jagdschloß errichtet wurde. Die heutige, 1827 begonnene Anlage hat den Kern der älteren benutzt. Der von Gustav Eberhard (1805-1880) – unter Beratung von Heideloff – in neugotischem Stil durchgeführte Umbau wurde im Jahre 1835 vollendet, und nur die Kirche ist in einem zweiten, späteren Abschnitt erstellt.

Von dem Reinhardsbrunn der Erbauungszeit besitzen wir eine hübsche Beschreibung des späteren Fürsten Pückler-Muskau aus dem Jahre 1845, wobei die Gartenanlage bezeichnenderweise im Vordergrund steht: »Reinhardsbrunn ist ohne Zweifel als Werk der Kunst und Natur zusammengenommen, jetzt die schönste Anlage und einer der sehenswerthesten Punkte im Thüringer Walde. Der verstorbene Herzog hat hier zum Theil schon ausgeführt, was ich für Wilhelmsthal vorschlug, nämlich einige verfallene Klosterüberreste benutzt, um daraus ein geräumiges Lustschloß in Form einer Abtei zu erbauen. Es liegt am Ufer eines kleinen künstlichen Sees inmitten eines fast regelmäßig rund erscheinenden, von hohen, mannichfaltig geformten und prächtig bewaldeten Bergen eingefaßten Wiesenthales. Ein recht gut gehaltener, doch meiner Meinung nach nicht bestimmt genug abgegränzter pleasure-ground umgiebt das Schloß, und uralte Linden, von der größten Schönheit, noch aus der Zeit der Mönche, sind anmuthig darauf vertheilt, auch in neuerer Zeit noch andere große Bäume dahin versetzt worden. Diese sind von einem Umfange, wie ich fälschlich glaubte, daß außer mir noch niemand dergleichen unternommen, nämlich Exemplare von siebzig Fuß Höhe und anderthalb Fuß Durchmesser im Stamme, natürlich ohne die Äste zu beschneiden, was die Hauptsache dabei ist; denn abgekappte, bloß mit Stumpfen statt Ästen versehene dicke Stämme, die sich nie mehr malerisch auszubilden vermögen (was man so oft große Bäume verpflanzen heißt), können höchstens nur Bäume andeuten, aber sie nicht mehr darstellen. Die Ufer des größtentheils erst ausgegrabenen Sees, sowie die Shrubs und Blumenparthieen lassen hie und da etwas zu wünschen übrig, auch die zu kastenartige Form und etwas überladene Verzierung des Corps de Logis könnte vielleicht getadelt werden, aber das Ganze ist und bleibt überall von reizender Wirkung, voll Abwechslung und Poesie, dem Geschmack und Unternehmungsgeist des Gründers die größte Ehre machend. Sehr ansprechend als Detail fand ich den Schloßhof, der mir immer vorkam, als müßte er mit jenen so malerisch vor- und rückspringenden Linien, seiner Menge von blühenden Schlingpflanzen, und gelegentlich seiner glänzenden Staffage eleganter Diener und Equipagen (die der jetzige Herzog in great style zu erhalten weiß), das beste Titelkupfer zu einem recht tief interessanten Moderoman von high life abgeben. Sehr gut schließt sich hiezu auch der gleich daran gränzende graziöse kleine Klostergarten an, ein wahres Schmuckkästchen von Statuen, Vasen, zierlichen Gängen und Blumenbeeten, mit einer Fontaine in der Mitte, in deren spiegelhellem Bassin Arabesken und Kränze brennend bunter Dahlias zu wachsen schienen. Diese Art, Wasser zu dekoriren, war mir ganz neu, und ist um so nachahmungswerther, da frisch abgeschnittene und an den Stielen leichtgebrannte Blumen, auf Wasser gelegt, das einen Zufluß hat, sich wohl eine Woche lang in ihrem vollsten Glanze erhalten.«

Auch Reinhardsbrunn, das sich nach dem Zweiten Weltkrieg in ein Hotel verwandelt hat, ist leider nahezu seiner gesamten ursprünglichen Innenausstattung beraubt. Der viergeschossige Hauptbau der mehrflügeligen Anlage, das ›Hohe Haus‹, das die Grundmauern und Ecktürme von der älteren Anlage benutzt hat, wird von massigen runden, in Höhe des ersten Stockwerks ins Polygon übergehenden Ecktürmen flankiert, die in der Höhe des zweiten Stockwerks enden und einen Altan als Abschluß besitzen. Die Balustraden der Altane werden in Gestalt eines gotisierenden Gesimses an der Westfront entlanggeführt, die in der Mitte der Fassade in einem vorgezogenen Risalit durch einen Balkon unterbrochen wird. Der zwei Achsen umfassende Risalit wird von einem Dreiecksgiebel mit gotisierendem Ornament bekrönt. Die Fassade umfaßt zu beiden Seiten dieses Mittelrisalits je drei Achsen; die Schmalseite des hohen, rechteckigen Kubus besitzt zwei Achsen. Der Reiz der Westfassade liegt in dem Wechsel der gotisierenden Fensterumrahmungen, wobei die Fenster durch schmale, in Fialen endende Pilaster voneinander getrennt sind.

Der im rechten Winkel an das ›Hohe Haus‹ anschließende zweigeschossige, fünfachsige Nordflügel mit schlanken gotisierenden Fenstern enthält im Untergeschoß die Tordurchfahrt, im Obergeschoß die jüngst restaurierte künstliche Ahnengalerie, wobei die Grisailleporträts gegenüber dem rahmenden Ornament zurücktreten. An der Südostecke dieses Traktes schließt sich in rechtem Winkel zur Ahnengalerie und paralell dem ›Hohen Haus‹ die Hirschganggalerie an, ein schlanker, schmaler Flügel mit einem vorgesetzten polygonalen, schlanken Treppenturm. Am Ende des Flügels liegt in rechtem Winkel dazu die Kirchgalerie, an deren östlichem Ende sich die 1857 begonnene, heute zweckentfremdete Kirche befindet, deren 1874 vollendeter Innenraum sich in reizvollen Formen der Spätrenaissance präsentiert. Dieser Kirchenraum, aus dem man die hier ehemals aufgestellten Grabsteine der thüringischen Landgrafen nach Eisenach verbracht hat, soll durch eine vorgesehene Restaurierung wieder in seiner künstlerischen Bedeutung herausgestellt werden. Dieses auch heute noch in seiner Gesamtanlage bedeutsame und reizvolle Schloß hat manche berühmten Gäste in seinen Mauern gesehen, darunter auch Königin Victoria von Großbritannien bei einem ihrer wiederholten Besuche auf dem Kontinent. In ihrem Tagebuch hat sie am 9. September 1862 vermerkt: »Sah Lord Russel (Minister im Gefolge der Königin) und redete von Berties (des späteren Königs Eduard VII.) Heirat, von Frankreich, Deutschland und der schleswigholstein'schen Frage. Wir besprachen wie wichtig es sei, daß Berties Heirat in keiner Weise als eine politische angesehen werde. Er erhielt ein Telegramm von Bertie, das mir bald darauf General Gray entziffert schickte, des Inhalts, daß er ›heute seinen Antrag gemacht hätte und angenommen worden sei‹, und mit der Bitte ›um meine Zustimmung und Segen‹. So ist es also abgemacht...« Diese Verlobung war der Auftakt zur Heirat ihres Sohnes mit der Prinzessin Alexandra von Dänemark, welche die stets zur Ehestiftung geneigte Queen tatsächlich sehr geschickt vorbereitet hatte.

Balmoral

Am 30. September 1855 schreibt Moltke, damals Adjutant des späteren Kaisers Wilhelm I., an seine Gattin von dem in der Grafschaft Aberdeen in Schottland gelegenen Schloß Balmoral: »Das Schloß von Balmoral, in welchem die Königin wohnt, ist neu und nicht einmal fertig, ganz aus schönem Granit gebaut. Für mich sind Zimmer in dem dicht danebenliegenden, alten Schloß eingerichtet... Die Gegend ist rauh aber sehr romantisch. Zunächst um das im Stil der Elisabethzeit erbaute Schloß etwas Wald und grüner Rasen, dahinter aber gleich kahle Hügel, welche, in ihrer Form und mit Steintrümmern bedeckt, an den oberen Brocken erinnern. Der Dee in einem steinigen, breiten Bett bildet das Tal und rauscht unter einer schönen Drahtbrücke fort. Charakteristisch aber, wie gesagt, die tiefe Ruhe. Kein Getümmel von Dienerschaft oder Fremden, keine Equipagen, und niemand kann ahnen, daß hier der Hof eines der mächtigsten Staaten residiert, und daß aus diesen Bergen die Weltschicksale wesentlich mitbestimmt werden...«

Das neue Schloß Balmoral darf man getrost als eine Schöpfung des Hauses Coburg betrachten, da Prinzgemahl Albert Balmoral Castle in Erinnerung an seine Jugendjahre in Schloß Rosenau erbaut haben dürfte. Auch der Engländer Fenton Wyness hat festgestellt, daß Balmoral »essentially Prince Albert's schloss« ist. Königin Victoria pflegte mit ihrer Familie den größten Teil des Jahres in Windsor Castle zu

Balmoral

wohnen, in jener unter Georg IV. durch den Architekten Whyatville erneuerten mittelalterlichen Anlage, die wie der vom König umgebaute Londoner Buckinghampalace zwar sehr eindrucksvoll, aber auch weitläufig und deshalb unbequem zu bewohnen war. Albert, ein besonderer Freund des häuslichen Lebens, der das höfische Zeremoniell von Grund seines Herzens verabscheute, hatte bereits in Osborne für seine Familie einen behaglichen Sommersitz geschaffen, der für seine Begriffe aber noch immer den Regierungsgeschäften zu nahe lag und allzu leicht zu erreichen war. Glücklich und ungehemmt fühlte sich der Prinzgemahl nur im schottischen Hochland, das seine Anziehungskraft auch auf Victoria nicht verfehlt hat, zumal sie feststellen konnte, daß der von ihr heißgeliebte Gatte sich hier glücklicher als irgendwo anders fühlte. Beide liebten nicht nur die Landschaft, sondern auch die Hochlandsbewohner, und die Königin bemerkt gelegentlich in ihrem Tagebuch: »Die Hochländer machen niemals Schwierigkeiten; sie sind fröhlich und glücklich und vergnügt und immer bereit zu wandern, zu laufen und alles mögliche zu unternehmen.« Angesichts der herrlichen Berglandschaft schien Albert seine Sorgen und die Last seiner sich selbst auferlegten Pflichten leichter beiseite schieben zu können. Deshalb hatte die Königin im Jahre 1848 von dem Earl of Fife Balmoral gepachtet, damals ein kleines Haus in der Nähe von Braemar in Aberdeenshire, dessen kleine Zimmer etwas Neues und Reizvolles für sie darstellten. Sie schreibt am 13. September 1848 zum ersten Mal aus Balmoral. Der an König Leopold von Belgien gerichtete Brief berichtet neben politischen Ereignissen auch über die neue Wohnung: »Dieses Haus ist klein aber hübsch, und obwohl die Berge, die man vom Fenster aus sehen kann, nicht so schön sind, so ist doch die ganze Szenerie ringsumher mit die schönste, die ich gesehen. Sie ist sehr wild und einsam, und doch heiter; alles ist herrlich bewaldet; der Fluß Dee fließt zwischen den Berghängen dahin. Loch-Nagar ist der höchste Berg der unmittelbaren Nachbarschaft; er gehört uns. Der Boden ist ganz trocken, auch das Klima ist trocken und im allgemeinen nicht sehr kalt, obwohl wir ein paar kalte Tage hatten. Ein Wildpark ist da mit viel Rotwild und auf dem gegenüberliegenden Berge mit Birkhühnern... Die Kinder sind gesund und vergnügen sich ordentlich. Die Knaben tragen stets den Hochlandanzug.« Aber dieses erste Haus erwies sich bald als zu klein, und als die Königin im Jahre 1852 den Besitz kaufte, beschloß Albert, hier ein neues, prächtiges Schloß zu bauen. Als Architekt wählte Albert einen Baumeister aus Aberdeen, William Smith, dessen Vater, John Smith, schon am Vorgänger des heutigen Schlosses tätig war. William Smith – nicht einmal der jüngst erschienene Band des Lexikons von Brockhaus erwähnt seinen Namen in der Notiz über Balmoral – hatte durch die Schöpfung von Trinity Hall in Aberdeen die Aufmerksamkeit des Prinzregenten erweckt. Man begann im Frühjahr 1853 mit dem Bau – die Grundsteinlegung erfolgte im September des gleichen Jahres – und bereits im September 1854 war nach den Angaben von David Duff derselbe so weit vorangeschritten, daß die Presse sich dafür zu interessieren begann. Im ›Morning Chronicle‹ erschien ein entsprechender Artikel: »... Der restliche Teil des Schlosses ist bis auf die Dachdeckung vollendet. Im Erdgeschoß auf der West- und Nordseite befinden sich die Gesellschaftsräume und darüber die Schlafräume der königlichen Familie mit anderen Bequemlichkeiten. Die beiden anderen Seiten sind drei Stockwerke hoch und sind für die Aufnahme des Hofstaates vorgesehen. Auf der Ostseite schließt ein Flügel von siebzig Fuß Länge an und mit ihm in Verbindung steht, als bedeutsamster Teil der Anlage, ein Turm von vierzig Meter Umfang mit einer runden Wendeltreppe an einer Ecke von hundert Fuß; er wird von einer Fahnenstange bekrönt... Besonders die Süd- und Westfront sind eindrucksvoll und durch Bildhauerarbeiten geziert...«

Als das Schloß 1853 bezogen wurde, war der Bau noch nicht in allen Teilen vollendet, so daß ein Teil des Gefolges und die Gäste in Alt-Balmoral wohnen mußten.

Balmoral, noch heute ein Lieblingssitz der königlichen Familie, präsentiert sich als ein Granitbau im schottischen Herrenhausstil mit vielen kleinen und größeren runden und polygonalen Türmen und dem alles überragenden stattlichen viereckigen Hauptturm. Im Inneren wurde die Mehrzahl der Räume mit schottisch buntem Tuch bespannt, selbst die Teppiche bekamen Tartanmuster, wobei der rot-graue Balmoraltartan, den Albert entworfen hatte, neben dem Muster, das der Königin Victoria zugeeignet war, dem victorianischen Tartan mit weißen Streifen, vorherrschte. Lady Augusta Bruce, später Lady Augusta Stanley, schreibt in ihrem Tagebuch über die Gemächer der Königin: »Das Appartement der Königin schaut gegen Invercauld und das Band des Flusses und die Gebirge begleiten das Auge, soweit es schauen kann und bilden einen lieblichen Anblick. Das Holzwerk ist von heller Tönung und größtenteils aus Ahorn und Birke gefertigt. Schlösser, Scharniere usw. sind von Silber und von guter Wirkung. Daneben gibt es noch viele andere schöne Dinge wie Armleuchter, Hochländer als Lichtträger. Leider fehlt es in der Gesamtheit an Harmonie.«

Die Königin fühlte sich in dem neuen Heim sehr glücklich, und seit den fünfziger Jahren erscheint in allen Briefen und im Tagebuch der Königin im Monat Oktober eines jeden Jahres eine Lobpreisung von Balmoral. So schreibt sie am 14. Oktober 1856 in einem Brief an die ihr befreundete preußische

Königin Augusta, die Gemahlin von Kaiser Wilhelm I.: »Teuere Augusta! ... Die letzte Woche, eigentlich letzten zehn Tage sind herrlich gewesen, und jedes Jahr attachieren wir uns mehr und mehr an diese herrlichen Berge, an diese feierliche Einsamkeit, wohltuende Ruhe und große Freiheit, und wirklich es macht mein Herz bluten, mich davon losreißen zu müßen. Dazu ist alles jetzt hier – das Haus, die Anlagen – die Schöpfung meines teuren Alberts, die wir haben entstehen sehen. Wir haben diese letzten neun bis zehn Tage benutzt, um viel draußen zu sein: fünf, sechs, sieben Stunden. Wir brachten vorige Woche eine Nacht (zwei Tage) in the Hills bei Loch Minch zu, wo es herrlich war. Albert hat großes Glück auf der Jagd gehabt und hat neunundzwanzig Hirsche und besonders schöne, schwere erlegt. Und nun ist alles vorbei! Morgen früh um ½9 Uhr reisen wir nach Edinburgh ab und übermorgen bis Windsor, wo alles sehr steif, einförmig, hofmäßig und sogar etwas gefängnisartig ist, und die Luft sehr schwer. Doch müssen wir dankbar sein für das, was wir genossen haben.«

SACHSEN-MEININGEN

Landsberg

Doch nicht nur das Haus Sachsen-Coburg war England durch Familienbande verbunden, sondern auch zu dem Haus Sachsen-Meiningen bestanden engere verwandtschaftliche Beziehungen: ein Bruder des kinderlosen Königs Georg IV., Herzog Wilhelm von Clarence, der spätere König Wilhelm IV., hatte auf Drängen seiner Familie zur Sicherung der Erbfolge Prinzessin Adelheid, Tochter von Herzog Georg von Sachsen-Meiningen, geheiratet. Es ist nach einem stürmischen Anfang eine harmonische Ehe geworden, und wiederholte Reisen haben das Paar auf den Kontinent, in die alte Heimat geführt. Dort war bei dem Herzog Bernhard von Sachsen-Meiningen, der sich 1825 mit Maria von Hessen-Kassel, einer Enkelin des Erbauers der Löwenburg, vermählt hatte, der Wunsch entstanden, ebenfalls ein romantisches Schloß zu schaffen, das 1836-1840 von dem Meininger Hofbaumeister August Wilhelm Doebner (1805-1871) in Zusammenarbeit mit Alexander von Heideloff errichtet wurde; der letztere, der uns schon in Schloß Rosenau begegnet ist, konnte sich mit Fug und Recht um die Jahrhundertmitte als Experte und vielbegehrter Architekt des romantischen Schloßbaus bezeichnen.

Unweit von Meiningen im Werragrund erhob sich schon im Mittelalter auf einem Bergkegel eine Straßenschutzburg der Würzburger Bischöfe, Burg Landeswehr, die 1431 durch Blitzschlag stark zerstört wurde. Nach dem Bauernkrieg ging die Ruine 1542 durch Gebietsaustausch in die Lehenshoheit der Grafen von Henneberg über und kam 1583 an die Wettiner. Nachdem Herzog Bernhard I. durch Erbteilung 1681 Meiningen erhalten hatte, verlegte er seine Residenz von Ichtershausen nach dort und ließ die Steine der Ruine Landeswehr zum Bau seiner Meininger Residenz verwenden. Selbst der Bergfried wurde damals gesprengt, wobei sein unterer Teil als nahezu geschlossener Zylinder schräg am Boden liegen blieb. Bei dem Neubau haben die Architekten versucht, durch Abwechslung und gewisse Regellosigkeit in der Anlage einzelner Türme und Schloßflügel den Eindruck einer alten, in verschiedenen Bauperioden entstandenen Ritterburg zu erwecken. Auffallend ist die Gleichmäßigkeit der Zinnenkränze, die an Türmen, Dächern und Altanen reichlich angebracht wurden. Die Anlage besteht im wesentlichen aus einer Gruppe von drei geschickt zueinander in Beziehung gesetzten Gebäuden: Schloß mit breiter Freitreppe und drei Türmen, Torbau mit Pförtnerwohnung und Haus des Kastellans. Zur Ausmalung des Speisesaaltraktes hatte man sich den auch in Hohenschwangau tätigen Maler Wilhelm Lindenschmitt verschrieben – ein künstlerischer Routinier in der Darstellung von geschichtlichen Szenerien, die in Landsberg ihren Stoff der sächsisch-thüringischen Geschichte entnommen haben. Das im Jahre 1840 fertiggestellte Schloß wurde 1845 von dem Fürsten Pückler-Muskau aufgesucht, der uns von seinen damaligen Eindrücken eine treffliche Darstellung hinterlassen hat:

»... Wir begaben uns in Gesellschaft des Herrn Hofmarschalls von Minutoli, der die Artigkeit gehabt, uns in Meiningen zu erwarten, nach dem kaum eine Stunde entfernten Schlosse Landsberg. Schon zur Zeit Heinrichs des Ersten, des Besiegers der Hunnen, die auch in dieser Gegend übel hausten, stand auf dem mitten aus dem Werrathal aufsteigenden Felsenberg eine Veste, welche drei Straßen beherrschte und als der Schlüssel zur Porta franconiae galt, wie in den alten Chroniken Meiningen genannt wurde. Die Burg hieß daher Landeswehr, und verdiente ihren Namen, bis sie im Bauernkriege zu Anfang des sechzehnten Jahrhunderts mit so vielen anderen zerstört wurde.

Es lag daher nahe, auf dieser zerstörten Ruine, in der Nähe der Residenz, und in so romantischer Umgebung, wieder mit Benutzung des noch Vorhandenen ein Schloß im Style des Mittelalters aufzubauen, es jedoch für die friedlicheren Zwecke unseres Zeitalters einzurichten, und beides ist mit Aufwand, Geschmack und Umsicht sehr glücklich erreicht worden. Sowohl der streng beobachtete, von Überladung freigehaltene Styl des Ganzen, als die technische Ausführung machen dem Landbaumeister Döbner und Professor Heideloff aus Baiern, die hauptsächlich dabei zu Rathe gezogen wurden, alle Ehre. Ich finde bloß, daß von zwei Seiten das Schloß sich so zusammendrängt, daß es für seine effektive Größe aus der Entfernung zu klein erscheint, ein geringer Mangel, dem ohne bedeutende Kosten leicht durch den Ansatz einer hohen krenelirten Mauer in jener Richtung abgeholfen werden könnte, durch welches einfache Mittel ich an einigen Schlössern in England eine außerordenliche Wirkung hervorgebracht sah.

Ganz vorzüglich aber, und von allem, was ich in der Art kenne, unübertroffen ist die innere Einrichtung und Ausschmückung der Burg, meistens mit wirklich alten Gegenständen, als Wappenschildern in Stein- und anderen Skulpturarbeiten, Harnischen und Waffen, bunten Gläsern, Öfen, Schränken und Meubeln aller Art, vortrefflich in Harmonie mit dem nothwendigen Neuen gebracht, und hier sieht man am deutlichsten an der Einheit des Gedankens, die durchgängig so wohlthuend herrscht, daß das Auge des Herrn als Leitstern über dem Ganzen gewaltet hat. Ich glaube, auch die beherzigungswerthen Worte, welche in der Waffenhalle über der Thüre nach der Haupttreppe zu lesen sind, wurden vom Herzog selbst gedichtet:

Nicht zurückwünschen laßt uns die alte Zeit,
Wohl aber der Ahnen Kraft und männlich Walten;
Nicht den Lehnsdruck, nicht der Ritter Eisenkleid,
Wohl aber die eisenfeste Treue der Alten.

Unter den Waffen, welche die Wände dieser Halle bedecken, sieht man einen Helm mit dem Frundsbergischen Wappen, und unter dem Kamme die Inschrift: ›Caspar von Fronsberg wolgemut von deutschem Blut.‹

Den schön getäfelten Eßsaal zieren mehrere enkaustische Gemälde, als Konrads von Wettin, eines Nachkommen Wittekind's, Kampf gegen die Obotriten 1147, der Minnesängerkrieg auf der Wartburg, die Entführung Elisabeths von Arnshaugh durch Friedrich mit der gebissenen Wange und so weiter.

Auch ein Lutherzimmer ist hier mit den Bildern der anderen Reformatoren, und den der neuen Lehre günstig gesinnten Fürsten. Aus diesem Zimmer kommt man in die Hirschgallerie mit altdeutschen Kernsprüchen, so:

Was man nicht kann meiden,
Soll man ruhig leiden.

Auf Erden ist kein besser List,
Als wer seiner Zung' ein Meister ist.

Zu Gottes Hülfe gehört Arbeit.
(Aide toi et Dieu t'aidera.)

Gut verloren, unverdorben,
Muth verloren, halb verdorben,
Ehr' verloren, ganz verdorben.

Die zahlreichen Geweihe in dieser Gallerie haben das Besondere, daß ihre einstigen Träger sämmtlich theils vom Schloßherrn selbst, theils von seinen Ahnherren erlegt worden sind; auch unter ihnen liest man manche drollige alte Inschriften.

Von origineller Wirkung ist das unterirdische Schatzhaus, in feuerrothem Lichtschein von einem einzigen Fenster aus Rubinglas erleuchtet. Ein zierliches Rippengewölbe bedeckt es, aus dessen Schlußstein eine männliche Figur herabblickt, die einen Schlüssel in der Hand hält. Es ist dies eine Anspielung auf folgende Volkssage: Einst wollte der Landesherr im nahen Haßfurter Walde jagen, und schickte einen seiner Kämmerer voraus mit einem Befehl an die Jagdleute. Als dieser ausgerichtet war, setzte sich der Kämmerling auf dem Ruinenberg nieder, und schlief. Da erblickte er im Traume die weiße Jungfrau, die man zuweilen in den Trümmern umgehen gesehen haben wollte, und sie winkte freundlich, dreimal auf eine zwischen den Steinen aufgeschossene Blume zeigend, und verschwand. In dem Augenblicke erwachte er, und sah um sich blickend eine große goldgelbe Schlüsselblume am Fuße des alten Gemäuers stehen. Sie aus der Erde reißend, fand er in ihrem Wurzelgefäser einen ganz verrosteten großen Schlüssel hängen, und als er diesen in die Hand nahm, während er in der anderen noch die Blume hielt, zeigte sich ihm plötzlich auch eine vorher nie bemerkte eiserne Gewölbthüre. Sowie er die Thüre mit dem alten Schlüssel berührte, sprang sie schon von selbst auf, und zeigte die verfallenen Stufen einer Treppe. Eilend stieg er hinab, und trat nun in einen so mit glänzendem Gold und schimmernden Edelsteinen angefüllten Raum, daß es hell wie im Feuerschein davon leuchtete. Begierig wollte er zugreifen, als er dicht hinter sich Jagdhörner und die Stimme seines Gebieters vernahm, der laut nach ihm rief. Erschrocken ließ er die Blume fallen, steckte eilig den Schlüssel zu sich, und sprang die Stufen wieder hinauf, ohne jedoch seines Herrn und des ihn begleitenden Jagdtrosses ansichtig werden zu können. Nach vergeblichem Suchen kehrte er daher zur Ruine zurück, doch die Thüre war nicht mehr zu finden – wahrscheinlich weil er zwar den Schlüssel behalten, aber die Glücksblume thöricht fallen gelassen, als neidische Geister ihn durch ihr Gaukelspiel bethörten. Denn –

Das Glück wohl Einer oft umschlang,
Behielt es aber selten lang.

(Auch ein Spruch aus der Burg Landsberg.)

Dies nun ist der Mann mit dem Schlüssel, der von oben in das roth erleuchtete Schatzgewölbe sehnsüchtig hinabäugt.

Das Schloß hat drei Stockwerke, und jedes Zimmer darin bietet interessante Gegenstände, sowie sich die mannichfaltigsten Aussichten von den verschiedenen, sinnig angebrachten Söllern eröffnen. Am Fuße des Berges, auf dem leider keine großen Bäume mehr stehen, der aber mit jungen Pflanzungen bedeckt ist, denen ich von Herzen das freudigste Wachsthum wünsche, hat der Herzog den glücklichen Gedanken gehabt, im Kontrast zur Burg eine zierliche Meierei nebst einem reizenden Blumengarten anzulegen, wo er uns mit einem sehr heiteren Mahle bewirthete, nach welchem ich auf Befehl der Damen einige zarte und tiefgefühlte lyrische Gedichte vorlesen mußte, die uns vom Herzog als eine Merkwürdigkeit im Manuskript mitgetheilt wurden, weil die Verfasserin derselben nichts mehr und nichts weniger als eine noch fungirende Schweinehirtin aus Landsberg ist. Heißt das nicht ein poetisches Land?«

Was das Innere des Schlosses angeht, so wurde es, wie schon aus der Pücklerschen Beschreibung hervorgeht, mit einer Sammlung von Kunst und Altertümern aus dem Besitz des Herzogs ausgestattet, unter denen geschnitzte und gemalte Thüringer Flügelaltäre besonders hervorragende Stücke waren – darunter ein Flügelaltar von 1489 vom Saalfelder Meister der architektonischen Baldachine und ein Flügelaltar von Valentin Lendenstreich.

Das von Pückler so trefflich geschilderte, interessante romantische Ensemble hatte sich bis zum Zweiten Weltkrieg, kaum verändert, erhalten. Wie bei so vielen romantischen Schlössern, ist leider auch das ursprüngliche Inventar nach Beendigung des Zweiten Weltkrieges gestört worden, indem ein Teil – darunter auch die Altäre – an den ehemaligen Aufstellungsort zurückgebracht wurde, während man den Rest der Sammlungen dem musealen Besitz von Meiningen einverleibt hat. Geblieben ist nur das romantische Gehäuse – heute zwar ein hübscher Ausflugsort mit einer Gaststätte, die aber kaum einen Ersatz für die weggeführte Innenausstattung darstellt.

SACHSEN-WEIMAR

Die Wartburg

Das Haus Sachsen-Weimar hat darauf verzichtet, eine neugotische Anlage zu schaffen und sich statt dessen damit begnügt, der ältesten thüringischen Residenz, der sagenumwitterten und geschichtsträchtigen Wartburg, neuen Glanz zu verleihen. Großherzog Karl Alexander von Weimar begann im Jahre 1847, das Landgrafenhaus in einer großzügigen, aber auch teilweise höchst freizügigen Auffassung durch Hugo von Ritgen (1811-1889) restaurieren zu lassen, der den Maler Moritz von Schwind und dessen Schüler Karl Moßdorf mit der Ausmalung der Landgrafenzimmer und des Sängersaales betraute.

Ähnlich wie die Marienburg war auch die Wartburg als ein Symbol mittelalterlicher Herrlichkeit, als Zentrum mittelalterlicher Dichtung und Schauplatz des berühmten, später durch Richard Wagners Oper ›Tannhäuser‹ verherrlichten Sängerkrieges und nicht zuletzt als zeitweiliger Aufenthaltsort von Martin Luther den romantisch gestimmten Gemütern des 19. Jahrhunderts teuer geworden. Aus diesen Gründen hatte auch die Jenaer Burschenschaft die Wartburg als Stätte des Finales der am 18. Oktober

1817 nach Eisenach einberufenen festlichen Versammlung zur dritten Säkularfeier der Reformation und Feier der Völkerschlacht von Leipzig gewählt. Dieses Fest machte damals in Europa allgemeines Aufsehen, da die mit den damaligen politischen Verhältnissen unzufriedene jüngere Generation verschiedene Schriften, die mit der allgemeinen Volksstimmung in Widerspruch zu stehen schienen, mitsamt einer Schnürbrust, einem Haarzopf und einem Korporalstock den Flammen des Freudenfeuers übergeben hatten. Entsprechende polizeiliche Maßnahmen von seiten der sich angegriffen fühlenden fürstlichen Staatsgewalt waren die Folge, die nun einige Jahrzehnte später von ihrer Seite aus der Romantik mit der Restaurierung der Burg ihren Tribut zollte.

III *Ansicht des Speisezimmers in der Wilhelma*

Farblithographie nach Entwurf und Zeichnung des Architekten Karl Ludwig von Zanth, 1855

Hohenschwangau

Im Schlosse Hohenschwangau befindet sich ein im Jahre 1841 entstandenes Ölgemälde von Lorenzo Quaglio, das König Maximilian II. von Bayern in altdeutscher Tracht zeigt, wie er vom Boote aus im Alpsee Schwäne füttert; im Hintergrund erhebt sich vor dem schroffen Säuling Schloß Hohenschwangau. Eine romantische Szenerie, der sein Sohn König Ludwig in einem noch stärkeren Maße verfallen sollte.

Im Jahre 1829 hatte Maximilian, damals noch bayerischer Kronprinz, auf einer Fußwanderung im Gebirge die Ruine Schwanstein, das heutige Hohenschwangau, kennengelernt, das sich zu jener Zeit im Besitz des königlichen Topographen Adolf Sommer befand. Die romantischen Schicksale der Ruine ließen nicht nur sein romantisches Herz höher schlagen, sondern die landschaftlichen Reize nahmen auch seine Sinne gefangen. Richard Euringer hat in seinem heute nahezu vergessenen Buche in einfühlsamer Weise das Erlebnis des Einzugs der Kronprinzessin in das wiederaufgebaute Schloß beschworen: »In Rosenglühen von Alpenglühen erstand die Burg mit Staffelzinnen, Zwingmauern und Ecktürmchen, thronend auf dem Wipfelfelsen. Überm Schwan der höchsten Krönung flatterte das Rautenbanner. Die Farben Preußens, Hessens, Braunschweigs winkten ihr Willkommen zu. Unter den gotischen Gurtenbändern eines kühlen Torgewölbes trat sie in den stillen Burghof. Epheu aus Jahrhunderten rankte nun die Mauern hoch zu den Brüstungen der Erker. Wie gotische Kapellen, mit Wappen, Waffen, Glasgemälden, fromm und wehrhaft war das Schloß. Aber erst der Blick hinaus in die weite Lechlandschaft oder über die Buchenwipfel auf den

Schwansee, auf den Alpsee, hinüber zur silbertriefenden Felswand des großen Säuling ließ sie ahnen, wer der Mann war, der hier unter Sagen hauste.«

Das Stammesherzogtum der Bayern ist eines der ältesten des Reiches, selbst wenn man von dem sagenhaften Ahnherrn Theodo I. der in Bayern regierenden agilolfingischen Herzöge ebenso absieht wie von Karl dem Großen, der durch einen seiner Söhne ebenfalls unter die Ahnen des Hauses Wittelsbach gezählt wurde. Markgraf Luitpold (gestorben 907), Stammvater des Geschlechtes der Schyren (Scheyren) ist eine weitere bedeutende Persönlichkeit in der Stammtafel des Hauses. Dessen Enkelin Judith wurde von Kaiser Otto I. mit seinem Bruder Heinrich vermählt, deren Sohn die Burg Scheyern (bei Pfaffenhofen, nördlich von München) erbaute. Otto V. verlegte 1124 die Residenz des Pfalzgrafen nach Burg Wittelsbach bei Aichach. Pfalzgraf Otto von Wittelsbach wurde 1180 von Kaiser Friedrich I. um seiner Verdienste willen zum Herzog erhoben. Seine Nachfolger haben die Hausmacht zu mehren verstanden. Doch setzt im Jahre 1255 auch in Bayern die in den mittelalterlichen Fürstenhäusern übliche Teilung ein, und zwar in eine bayerische und eine pfälzische Linie, die sich ihrerseits wieder verzweigten, was eine recht verwickelte Erbteilung beim Aussterben einzelner Zweige zur Folge hatte. So erlosch mit dem Tode von Maximilian III. Joseph (1745-1777) die altbayerische Linie der Wittelsbacher, und Bayern fiel auf Grund der Hausgesetze an den Kurfürsten Karl Theodor aus der Linie Pfalz-Sulzbach, die sich 1614 von Pfalz-Zweibrücken gelöst hatte, und nach dessen Tode, da er ohne Erben starb, an die Linie Pfalz-Zweibrücken, womit Max IV. Joseph zur Regierung gelangte. Er erhielt am 1. Januar 1806 von Napoleon die Königswürde verliehen und nannte sich als König nunmehr Maximilian I. Joseph. Ihm folgte sein Sohn, der baufreudige König Ludwig I. (1825-1848), der im Revolutionsjahr 1848 zugunsten seines Sohnes Maximilian II. (Joseph), Erbauer von Hohenschwangau, abdankte. Letzerer hat in den Wandmalereien des Schlosses die ältere Geschichte seines Geschlechtes darstellen lassen.

Denn Maximilian, der im Unterschied zu seinem Vater, dem auf die klassischen Proportionen eingeschworenen König Ludwig I., eine romantisch gestimmte Natur war, hatte nicht gerastet und geruht, bis er sich im Besitze dieses herrlichen Stückchens Erde befand, um die Ruine, wie es in der alten, im Schloß Hohenschwangau befindlichen Chronik heißt, »restaurieren zu lassen, ihr ihre ursprüngliche Gestalt wiederzugeben, und sie für sich selbst bewohnbar zu machen«.

Heinrich Kreisel, dem wir eine ausgezeichnete Monographie über das Schloß verdanken, hat sich mit der Vergangenheit dieser Anlage beschäftigt, deren Geschichte bis in das frühe Mittelalter zurückreicht, als hier die mächtigen Herzöge von Schwangau als Lehensträger saßen. Von Hohenschwangau war der junge Konradin von Hohenstaufen zu seiner letzten Fahrt nach Italien aufgebrochen, die zu seinem tragischen Untergang geführt hat. Seit dem 16. Jahrhundert hatte die Burg wiederholt ihren Besitzer gewechselt, wobei sie sich mehrmals auch in bayerischem Besitze sah. Alte Pläne, Zeichnungen und Stiche vermitteln uns eine Vorstellung von dem ursprünglichen Aussehen dieser Anlage, die als Festung an der Grenzstraße nach Tirol noch in den Napoleonischen Kriegen eine Rolle gespielt hat, was zu Beschießungen und Schäden führte, die den Verfall beschleunigten.

Mit den Arbeiten für den Ausbau der Ruine wurde der Architekt und Theatermaler Domenico Quaglio (1786-1837), der ehemalige Zeichenlehrer des jungen Max und zugleich einer der bedeutendsten Vedutenmaler der Romantik, beauftragt. Quaglio, der mit Unterstützung des bayerischen Königshauses ganz Europa bereist hatte, um Burgen und Ruinen in Zeichnungen festzuhalten, war deshalb im Sinne seiner Zeit ein geeigneter Kenner der Materie und befähigt, im Zusammenhang mit dem Landschaftserlebnis eine baulich stimmungsvolle romantische Anlage nach den damaligen Vorstellungen zu schaffen.

Bezeichnenderweise hat Quaglio – ähnlich wie Heideloff – seine Schöpfung nicht vom Grundriß, sondern von den möglichen Wirkungen eines sich türmenden hochaufragenden Baues entwickelt, weshalb von ihm vor Beginn des Ausbaues zahlreiche Ansichtsskizzen gefertigt wurden, um alle Möglichkeiten ausschöpfen zu können. Quaglio hat dabei – nach einer authentischen Ansichtsskizze der ursprünglichen Ruine von 1825 zu urteilen – die erhaltene Bausubstanz und die Geschoßgliederung nicht wesentlich verändert und den merkwürdigen, an einer Seite abgerundeten Grundriß beibehalten, das Schloß aber in seiner Hauptansicht durch Anfügung eines vierten Turmes an der Südwestecke fast regelmäßig gestaltet, so daß der Gesamteindruck der Anlage durch die vier Türme entscheidend bestimmt wird.

Durch eine regelmäßige Reihung der Fenster wie durch zahlreiche dekorative neugotische Einzelheiten – Maßwerk, Bögen, Konsolen, Brüstungen –, durch Balkone und nicht zuletzt durch die zinnenbewehrten Türme gelang es dem Architekten, den notwendigen romantischen Eindruck zu erwecken. Neue bauliche Zutaten sind die Torbauten der Nordseite, der 1838 erbaute südwestliche Eckturm, ferner der ›Fürstenbau‹ und der malerische Schloßgarten sowie die phantasievolle neugotische Ausstattung der Innenräume.

Der Beginn des Umbaues im Jahre 1833 stand nach den Worten Maximilians unter der Devise: »Ich lege an diesem alten ehrwürdigen Schloß nicht den Grundstein, wohl aber einen Schlußstein, der dieses Schloß noch Jahrhunderte festhalten soll.« Schon 1836 wurde das Schloß bezogen, dessen Innenausstattung damals noch nicht vollendet war. Als 1837 Quaglio plötzlich starb, wurde der Architekt Joseph Daniel Ohlmüller (1791-1839) bestellt, um die Anlage nach den Plänen von Quaglio fertigzustellen. 1838 wurde von Friedrich Ludwig Sckell der Schloßgarten angelegt, und 1843 kam es zum Bau des dem Schlosse benachbarten sogenannten ›Oberen Stallgebäudes‹ mit Wagenremise und im Ort Hohenschwangau des Brauhauses und ›Unteren Stallgebäudes‹, die von

Georg Friedrich Ziebland (1800-1873), der an die Stelle des verstorbenen Ohlmüller getreten war, errichtet wurden.

Nachdem im Jahre 1848 Kronprinz Max an Stelle seines abgedankten Vaters Ludwig I. die Regierung übernommen hatte, erfolgte ein weiterer Ausbau, um den Repräsentationspflichten besser genügen zu können. Es entstand im Anschluß an den oberen Stallbau, dessen Obergeschoß als Wohnung ausgebaut wurde, und nach Beseitigung der anstoßenden Wagenremise, das sogenannte Kavalierhaus, worauf dieser Komplex offiziell als ›Fürstenbau‹ bezeichnet wurde. Durch einen hölzernen Verbindungsgang entlang der Nordseite wurden Schloß, Fürsten- und Kavalierbau miteinander verbunden. In den Jahren 1852-1853 begann man mit einer Erweiterung und gärtnerischen Neugestaltung der Umgebung des Schlosses. Der dadurch entstandene Burggarten auf den bastionsartigen Vorsprüngen unterhalb des Schlosses bestimmt mit seinem üppigen Pflanzenwuchs, den Wasserkünsten in Gestalt des Löwen- oder Schwanenbrunnens und seiner zauberhaften Aussicht auf See und umliegende Berge weitgehend den Eindruck der Anlage. Von hier aus gelangt man auch zu dem in die Felsen gesprengten Bad, das von den polierten Wänden des natürlichen Marmorfelsens umschlossen wird. Es liegt unter der dem Schwansee zugewandten Hauptfassade. Eine rote Verglasung in der Decke und in den Fenstertüren sowie eine rote Glasampel verleihen den Figuren zweier Nymphen von Schwanthaler den Hauch des Lebendigen. Ein ebenfalls aus den Felsen gesprengter Gang mit Stufen führt hinauf zu einem zweiten, mit Schwindschen Fresken gezierten Baderaum im Löwenturm. Eine stattliche Freitreppe an der Ostfront – ein so beliebtes Requisit romantischer Anlagen – bildet den Zugang zum Schloß, das in seinem Innern die alte Raumaufteilung bewahrt hat mit einem mittleren Fletz, von dem aus seitlich je drei Räume zugänglich waren, zwei davon hat Quaglio dazu verwendet, ein Treppenhaus einzubauen.

Die untere, zweischiffige Halle mit gotischem Maßwerk und

mittlerer Säulenreihe – ursprünglich als Bankettsaal gedacht – hat man schließlich zur Kapelle bestimmt und sie mit altdeutschen Gemälden, Ritterrüstungen und Stichwaffen des 16. Jahrhunderts ausgestattet. Das erste Obergeschoß enthält die ehemalige Wohnung der Königin Marie, einer preußischen Prinzessin, während das zweite Stockwerk von gleichartiger Aufteilung die Wohnung des Kronprinzen und späteren Königs Maximilian II. bildete, die auch sein Sohn Ludwig II. mit Vorliebe bewohnt hat.

Der Eindruck der Räume wird weitgehend von der Ausmalung bestimmt, und es gibt kaum eine neugotische Burg, in der mittelalterliche Geschichte und Sagenwelt in so umfassender Weise bildhaft beschworen wird. So heißt es schon in einer zeitgenössischen Beschreibung: »In gleicher Weise sollte – nach dem Willen des Kronprinzen – die bildende Kunst auf Hohenschwangau die bedeutsamsten geschichtlichen Erinnerungen dreier deutscher Heldengeschlechter, der Welfen, Staufen und Scheyern, gleichsam im Brennpunkte zusammenfassen; aus dem Hintergrund der Local- und der deutschen Helden- und Stammsagen sollte das Bild der deutschen Geschichte in vollem Glanze ihrer Majestät hervortreten, häusliches Leben und Sitte des Mittelalters als Rahmen um dasselbe sich schließen; Erinnerungen an die Reise des Kronprinzen im Orient, Darstellungen nach Episoden aus Tasso's befreitem Jerusalem sollten zwei besondere Räume schmücken, innere Einrichtung und Hausrath aber dem Styl des Gebäudes und dem der Kunstwerke durchaus entsprechen. Die Ausführung sämmtlicher Malereien wurde unter Dominik Quaglio's oberster Leitung Münchner Künstlern übertragen, dem genialen Moritz von Schwind (einem geborenen Wiener), dem tüchtigen Lindenschmitt aus Mainz, der das Bild an der Sendlinger Kirche gemalt, dem braven Techniker Glinck, dem Bruder Dominik Quaglio's, Lorenzo Quaglio, dem trefflichen Ruben, der (mit Schraudolph) die Compositionen zu den Glasmalereien der neuen Pfarrkirche in der Au lieferte, dem wackeren Pferdemaler A. Adam, dem bekannten Schlachtenmaler D. Monten, den Landschaftern Scheuchzer, M. Neher, Schimon, Nielson und mehreren Anderen. Die Meubles wurden von Steibel, T. M. Glinck, Fortner, Sauter gefertigt.«

Zu beiden Seiten des langgestreckten Schwanenrittersaales im ersten Stockwerk mit seinem gotischen Netzgewölbe und den goldenen Sternen auf blauem Grund sowie Gemälden der Lohengrinsage von Michael Neher und Lorenzo Quaglio liegen die Zimmer der Königin, und zwar östlich das Ankleidezimmer, das sogenannte ›Schyrenzimmer‹, ferner das Schlafzimmer, das wegen seiner Ausstattung im orientalischen Stil mit Ansichten mittelmeerischer Städte von Wilhelm Scheuchzer auch als ›Türkisches Zimmer‹ bezeichnet wird. Westlich des Rittersaales liegen die Schwangauer Zimmer mit Gemälden aus der bayerischen Geschichte von W. Lindenschmitt (1806-1848), das Berthazimmer mit Darstellungen der Sage von der Geburt Karls des Großen, deren Entwürfe von Moritz von Schwind stammen, und das Burgfrauenzimmer, das Wohnzimmer der Königin Marie, das sich durch interessantes neugotisches Mobiliar auszeichnet.

Dem Schwanenrittersaal im ersten Geschoß entspricht im zweiten Stockwerk, der Wohnung Maximilians, der Helden- oder Rittersaal, der auch als Festsaal gedacht war, mit einer hölzernen Decke mit gotischem Maßwerk und plastischen silbernen Sternen. Ausgestattet ist er mit Gemälden aus der Geschichte Dietrichs von Bern, deren Entwurf ebenfalls von Schwind herrührt. Westlich des Rittersaales das Welfenzimmer mit Bildern aus der Geschichte der Welfen von Wilhelm Lindenschmitt, das Autharizimmer mit Gemälden von F. X. Glinck und A. Adam mit Szenen aus dem Leben des Langobardenkönigs Authari, sowie das Arbeitszimmer des Königs, dessen Gemälde ›Ritterleben des Mittelalters‹ ebenfalls auf Entwürfe von Moritz von Schwind zurückgehen. Östlich des Rittersaales liegt das Hohenstaufenzimmer, der Ankleideraum des Königs, mit Szenen aus der Geschichte der Hohenstaufen von W. Lindenschmitt, ferner die mit einem neugotischen Altar, Kruzifix, Ikonen und Glasgemälden des Münchener C. H. Burckhard ausgestattete Hauskapelle Ludwigs II. im Löwenturm und das Schlafzimmer des Königs, das sogenannte Tassozimmer. Im Gegensatz zu allen anderen Wohnräumen ist es über einem marmorierten Sockel mit Szenen aus dem ›Befreiten Jerusalem‹ von Torquato Tasso – Rinaldo und Armida – völlig ausgemalt; Decke und Wände gehen ineinander über, wodurch der Eindruck einer zauberischen Laube entsteht, in der das Lager des Fürsten, ein großes Bett, aufgeschlagen ist. Die Ausmalung erfolgte durch Glinck nach Entwürfen von Moritz von Schwind.

Im dritten Obergeschoß wohnten ursprünglich die jungen Prinzen Otto und Ludwig, die nach Errichtung des Fürstenbaues nach dort übersiedelten, womit zugleich Räume für die Gäste gewonnen waren.

Die nicht sonderlich großen Räume, die sich alle durch prachtvolle Ausblicke auszeichnen, bilden in ihrer Gesamtheit eine Wohnung von großbürgerlichem Habitus. Hier vermochte der Fürst, frei von Repräsentationspflichten, im Kreise der engeren Familie behaglich zu verweilen und die Natur zu genießen. Es waltet hier ein anderer Geist als in dem benachbarten Schlosse Neuschwanstein – Schöpfung von Maximilians Sohn Ludwig II. von Bayern, der den Bau dieses Schlosses mit dem Fernrohr vom Balkon des Tassozimmers in Hohenschwangau zu beobachten pflegte. Während Hohenschwangau im Sinne der eleganten Romantik ein Wohnschloß war, entstand in Neuschwanstein ein Denkmal pathetischer Romantik – Sinnbild eines souveränen, von der Zeit bereits überholten fürstlichen Willens. Deshalb sollte man nicht, wie es meistens geschieht, die beiden Schlösser in einem Atemzug nennen, da sie zwar beide von romantischen Tendenzen getragen werden, aber in ihrem Charakter sich doch unterscheiden.

Hambacher Schloß oder Marburg

Eine der imponierendsten pfälzischen Ruinen ist das Hambacher Schloß, das im frühen 11. Jahrhundert als Reichsfeste, genannt die ›Kästenburg‹, erbaut wurde. Sie gelangte um 1100 in den Besitz des Hochstiftes Speyer, bei dem sie bis zur Französischen Revolution verblieben ist. Allerdings befand sie sich seit dem Pfälzer Krieg, genau seit 1689, in einem ruinösen Zustand, da man sie nicht mehr, wie nach den Zerstörungen des Dreißigjährigen Krieges, wieder aufgebaut hatte.

Der Kern der Burg stammt aus dem 11. Jahrhundert, während der Anbau von Zwinger und Ringmauer im 13. Jahrhundert erfolgt ist, gefolgt von weiteren Anbauten im 14. und 15. Jahrhundert, wodurch ein höchst stattlicher Komplex entstand. Zu Beginn des 19. Jahrhunderts waren von der ursprünglichen Anlage nur noch die starke Schildmauer im Westen, der ehemalige Palas an der Ostseite und der Bergfried an der Nordseite erhalten geblieben, dazu Teile der Ringmauern und einzelner Türme.

Auf dem ›Hambacher Fest‹ demonstrierten im Jahre 1832 unter der Devise ›Deutschlands Wiedergeburt‹ dreißigtausend Teilnehmer gegen den Metternichschen Polizeistaat und fürstliche Bevormundung. Am Jahrestag der bayerischen Verfassung, am 27. März 1832, hatten sich die ›Fortschrittlichen‹ vornehmlich aus der Rheinpfalz auf der alten Burg versammelt und hielten voll Begeisterung Reden, in denen sie die Volkssouveränität als Grundlage aller Staaten proklamierten und die Demokratisierung eines vereinigten Deutschland forderten. Doch die fürstliche Macht dachte nicht daran zu kapitulieren, und bayerische Truppen wurden gegen die Aufrührer eingesetzt. Die reaktionären Bundesbeschlüsse vom 28. Juni und 5. Juli 1832 waren die Folge dieser Volksbewegung, die der Entwicklung vorangeeilt war. Es mutet wie eine leise Ironie des Schicksals an, daß nach der Einigung Deutschlands unter preußischer Führung am

27. Mai 1872 auf dem Hambacher Schloß, mit Genehmigung des bayerischen Souveräns, das vierzigjährige Jubiläum des ›Hambacher Festes‹ gefeiert werden konnte. Die Teilnehmer fanden außer den Resten der alten Burg ein niemals vollendetes neugotisches Schloß vor.

Anläßlich der Hochzeit des bayerischen Kronprinzen Maximilian mit der preußischen Prinzessin Marie hatten die pfälzischen Städte diesem, dessen Vorliebe für die mittelalterliche Baukunst sie kannten, im Jahre 1842 das Schloß zum Geschenk gemacht. Nach Plänen des Architekten August von Voit (1801-1870) sollte, ähnlich wie Hohenschwangau, auch diese alte Feste wiederaufgebaut und in ein königliches Schloß – die Maxburg – verwandelt werden. Voit hatte vorgesehen, unter möglichster Wahrung des Überkommenen eine kastellhaft wuchtige Anlage mit einem stattlichen vierkantigen Bergfried zu schaffen und sie, ähnlich wie Hohenschwangau, durch Torbauten und Terrassenanlagen zu bereichern. Doch mußten die Bauarbeiten schon im Jahre 1847 infolge finanzieller Schwierigkeiten eingestellt werden, da die Unternehmung die Finanzkräfte des Prinzen überstieg.

Das Wittelsbacher Palais zu München

Um die gleiche Zeit hatte Maximilian sich im Herzen von München von dem Architekten Friedrich von Gärtner (1792-1847) das nachmalige Wittelsbacher Palais erbauen lassen, nachdem es ihm gelungen war, die begreiflichen Widerstände seines Vaters, König Ludwig I., zu besiegen. Leider war mit der Ausführung ein Architekt beauftragt worden, der mit gleicher Leichtigkeit und Sicherheit das römische Siegestor und die florentinische Feldherrnhalle in München, das Pompejanische Haus in Aschaffenburg und den Backsteinpalast der Staatsbibliothek in München zu bewältigen vermochte und der es auch nicht ablehnte, das neugotische Kastell des Wittelsbacher Palais zu bauen. Doch gehörte Gärtner zu jenen Architekten, die zwar die gesamte Formenwelt der

Vergangenheit beherrschten, denen aber die Neugotik keineswegs sonderlich sympathisch war, und er selbst hat zu der Aufgabe des Wittelsbacher Palais höchst freimütig bekannt: »Das ist mir der zuwiderste Bau, den ich jemals ausgeführt habe.« Er besaß den gleichen Geschmack wie sein königlicher Gebieter, Ludwig I., der sich über das Wittelsbacher Palais fast mit den gleichen Worten in einem Brief vom 1. November 1848 an seine Frau Therese geäußert hat, als er infolge seiner Abdankung gezwungen war, die Residenz zu verlassen, um das Wittelsbacher Palais zu beziehen, das ihm sein Sohn als Wohnsitz abgetreten hatte: »Unser Umzug ist mir äußerst zuwider, besonders in spitzbogige Gemächer einzuziehen, der ich gegen meinen Geschmack nur Max zuliebe, in diesem Stil das Wittelsbacher Palais ausführen ließ.«

Während Hohenschwangau eine höchst eindrucksvolle Anlage in romantischem Geiste ist, konnte man das Attribut romantisch dem Wittelsbacher Palais nur formal zubilligen; im Zweiten Weltkrieg von den Bomben zerstört, hat man es abgebrochen.

Gärtner hatte einen großen, drei Stockwerke umfassenden Kubus geschaffen, dessen vier Flügel sich um einen Innenhof legten. An den vier Ecken erhoben sich, nur mit dem Gesims über den Block hinausragend, schlanke polygonale Türme, die die Fensterreihen des Gebäudes aufnahmen – lange rechteckige Fenster über dem Sockelgeschoß und spitzbogige in den beiden Obergeschossen. Die Mitte eines jeden Flügels war durch einen dreiachsigen, mit Zinnen bekrönten Mittelrisalit, der allerdings nur schwach aus der übrigen Wandfläche heraustrat, hervorgehoben. Der Risalit der Eingangsfront zeigte als Eingang drei spitzbogige Tore, wovon das mittlere breiter und höher war. Über dem Mitteltor befanden sich in den beiden Geschossen drei gekuppelte, gleichartige spitzbogige Fenster, flankiert von einem Fenster rechts und links.

Vergleicht man das Wittelsbacher Palais mit Granitz oder Kamenz, deren Grundform ebenfalls ein kubischer Block mit

Ecktürmen ist, dann enthüllt sich das vergleichsweise Spannungslose im Aufbau des Münchner Baues, dessen gotische Fenster- und Türformen wie auch die Zinnenkränze sich als leere Versatzstücke präsentierten. So wirkte der riesige Bau trotz sorgfältiger Durcharbeitung, trotz des Hofraumes in venezianisch gefärbter Gotik öde und unbelebt. Der spürbaren klassischen Haltung des Baues waren gotische Formen aufgepfropft worden, die sich nicht zu entfalten vermochten. Das Ergebnis war ein hölzern wirkender gotischer Formenapparat, dem das Romantisch-Elementarische gefehlt hat.

Eine glücklichere Hand hatte Gärtner bei der neugotischen Gestaltung von Schwaneck, einer kleinen mittelalterlichen Burg nordöstlich von Pullach am Hochufer der Isar, eine Anlage, der er in den Jahren 1841-1844 für den Münchner Bildhauer Ludwig von Schwanthaler (1802-1848) einen romantischen Habitus verlieh. In weiser Beschränkung begnügte sich Gärtner mit der vorhandenen Substanz und vermied unnötige Zutaten, indem er den sechsundzwanzig Meter hohen, die Landschaft beherrschenden quadratischen Bergfried sparsam mit gekuppelten gotischen Fenstern versah und einen polygonalen Treppenturm anfügte. Die den Burgbereich umgebende Mauer enthält als einzigen reizvollen neugotischen Akzent ein stattliches Spitzbogentor als Zugang über eine Zugbrücke. Ferner schuf er im Burgbereich eine kleine neugotische Kapelle, die Hubertuskapelle. Die heute noch in Privatbesitz befindliche Anlage wurde 1902 durch weitere Anbauten geschickt erweitert. Die Burg besticht durch ihre landschaftliche Lage über dem Isartal.

Schloß Berg

Ähnlich geschickt war auch die Anbringung von gotischen Zutaten an Schloß Berg am Starnberger See – ursprünglich eine 1640 von Hans Friedrich Hörwarth erbaute schlichte Renaissanceanlage, der Maximilian II. *Joseph vier gotische Ecktürme anfügen ließ, denen sich unter seinem Sohn König Ludwig* II. *noch ein Turm an der Nordseite hinzugesellte. Ludwig* II. *hat ja mit besonderer Vorliebe in diesem Schloß gewohnt, in dessen Nähe auch sein Leben im See endete. In Berg wurde er zum Opfer jener romantischen Todessehnsucht, die bereits die erste Phase der Romantik beherrscht hatte und in der Folge niemals ganz erloschen war.*

Anif

Eine der schönsten neugotischen Anlagen ist das unweit von Salzburg in einem vier Hektar großen See liegende, viel zu wenig bekannte Schloß Anif als Zentrum eines großen, um 1800 angelegten englischen Parkes, der eine Besonderheit darstellt, weil er eine Berglandschaft als Kulisse besitzt. Schloß Anif verdankt seine in den Jahren 1838-1848 entstandene neugotische Fassung dem Grafen Alois Arco-Stepperg, einem Sohn der Kurfürstin Leopoldine von Pfalz-Bayern, einer Enkelin der Kaiserin Maria Theresia, die nach dem Tode ihres ersten Gatten, des Kurfürsten Karl Theodor von Bayern, den Grafen Ludwig von Arco geheiratet hatte. Der jetzige Besitzer Johannes Graf Moy – 1891 hatte sich die einzige Tochter des Erbauers mit Ernst Graf Moy de Sous vermählt – hat die damalige Umgestaltung sehr treffend charakterisiert, wenn er schreibt: »So ist das romantische Schloß Anif kein mittelalterliches Schloß geworden, sondern es ist die Sehnsucht darnach, es ist das Schloß der romantischen Märchen, etwas unwirklich, verzaubert, fragil, das Schloß, wie es den Dichtern und Erzählern der Zeit vorschwebte.«

Von Schinkel gibt es im Rahmen seiner 1816 entstandenen Bühnenbildentwürfe für die ›Undine‹ von E. T. A. Hoffmann auch eine Dekoration für das Ritterschloß, in das Undine einzieht. Dieses Bühnenbild hat eine überraschende Ähnlichkeit mit dem erst Jahrzehnte später entstandenen Anif. Doch gibt es bis jetzt keinerlei Anhaltspunkte für einen Zusammenhang zwischen Bühnendekoration und Schloß Anif, das Graf Arco-Stepperg mit Unterstützung seines Bauführers Heinrich

Schönauer schuf. Vor dem Umbau bestand die ältere Anlage aus einem viergeschossigen schlichten Baukörper, der durch einen zweigeschossigen Verbindungstrakt mit der Kapelle in Verbindung stand. Dieses Schloß, erstmals um 1520 erwähnt, ist im Jahre 1530 ein Lehen des salzburgischen Kanzlers Nikolaus Ribeisen gewesen, wechselte in der Folge häufiger den Besitzer und diente von 1693-1814 als Sommersitz der Bischöfe von Chiemsee.

Der salzburgische Diözesansprengel Chiemsee war 1215 zu einem eigenen Suffraganbistum erhoben worden und bildete neben Gurk, Seckau und Lavant eines der vier sogenannten Salzburger ›Eigenbistümer‹. Seine Inhaber residierten jedoch nicht in dem Augustinerchorherrenstift auf der Herreninsel, das ein mit dem Recht der Pontifikalien ausgestatteter Dompropst versah, sondern hatten ihren kanonisch vorgeschriebenen Sitz in Salzburg und führten seit dem Ende des 17. Jahrhunderts den nominellen Titel eines Fürstbischofs, ohne damit – ganz im Gegensatz zum eigentlichen Fürsterzbischof von Salzburg – Territorialherren zu sein oder dem Reichsfürstenstand anzugehören. Der letzte dieser Chiemseer Bischöfe, Sigmund Christoph Graf Waldburg-Zeil, ließ um 1800, also noch kurz vor der Säkularisation und der damit erfolgenden Aufhebung seines Bistums, den Park von Anif anlegen.

Graf Arco hat sich für seinen Umbau wahrscheinlich die Erfahrungen einer Reise nach England nutzbar gemacht. Doch diese Anregungen wurden mit Hilfe des Bauführers Heinrich Schönauer – eines sonst unbekannten Architekten – sehr eigenwillig verarbeitet, und nicht selten hat der Bauherr seine Vorstellungen entgegen den Vorschlägen des Baumeisters realisiert.

Anif darf man ohne Übertreibung zum Besten an neugotischer Schloßarchitektur zählen, eine meisterliche Leistung eleganter Romantik in der Zuordnung der vielfältigen Baukörper zu einem geschlossenen Ganzen, wobei in phantasievoller Weise die bereits vorhandenen Bauten – der vierstöckige alte Hauptbau, der im Süden anschließende niedere Trakt und die Kapelle – leicht verändert dem größeren neugotischen Schloß eingebunden wurden. Das Hauptgebäude des auf einer Insel in einem kleinen See gelegenen Schlosses erreicht man über eine Brücke, geziert mit den Statuen von Rudolf von Habsburg und Heinrich dem Löwen des Bildhauers Entres (1804-1870). Dem Haupttrakt wurden bei der Neugestaltung auf der südlichen Schmalseite drei durch Spitzbogen verbundene rechteckige Pfeiler vorgeblendet, während man auf der Nordseite einen aus dem See aufsteigenden polygonalen Anbau mit Altan angefügt hat. Durch das mit einem stattlichen Wappenschild der Grafen Arco gezierte Portal betritt man die Zufahrt zum Hofe. An einer Wand der mit einem kassettierten und bemalten Holzplafond versehenen Durchfahrt ist eine jener in der Romantik beliebten Tafeln mit gotisierendem Rankenwerk angebracht, womit der Erbauer sich ein Erinnerungsmal gesetzt hat.

Dieses Haus hab ich erbaut
Hab dabei viel Stein verhaut
Manches gut und manches schlecht erdacht
Hab zehn Jahre damit zugebracht
Geholfen haben mit der Handwerk viel
Gottes Gnad führt es zum Ziel
1838-1848
Aloys Graf von Arco-Steppberg

Der ehemals auf der Nordseite offene Hof wurde dabei umbaut, und nur auf der Westseite öffnet er sich über eine mit einem Brunnen geschmückte Terrasse gegen den See mit einem zauberhaften Ausblick auf den Untersberg. Rechts und links der Einfahrt liegen hofseitig zwei turmhafte Zubauten; der südliche, ein Treppenhaus enthaltende, ist ein quadratischer Turm mit einem Zinnenabschluß, während der ursprünglich doppelgeschossige Anbau im Norden im Jahre 1865 um ein drittes Geschoß erhöht wurde. An den letztgenannten Baukörper schließt sich nach Westen eine mit vier schlanken, grazilen achteckigen Marmorsäulen gebildete offene Halle an als Verbindung zu einem stattlichen, mit Zinnen und zwei achteckigen Türmchen gezierten Kubus. Er enthält im Untergeschoß eine Halle, den ›Bildersaal‹, der auch diesem Bauteil den Namen gegeben hat. Unter den zahlreichen die Wände bedeckenden Gemälden des 19. Jahrhunderts zeichnen sich zwei schöne Porträts von Makart aus. In der Mitte des teilweise getäfelten Saales befand sich ehemals die Nymphe von Schwanthaler, die heute den als Nymphengang bezeichneten Verbindungstrakt zum Hauptbau ziert.

Diesem Kubus des ›Bildersaales‹ entspricht auf der Südseite des Hofes der allerdings höhere, als ›Kapellenturm‹ bezeichnete mächtige, rechteckige Bergfried als Abschluß des beim Umbau um ein Stockwerk erhöhten und mit gotisierenden Fenstern versehenen Südtraktes. Die Verbindung zwischen Bergfried und ›Bildersaal‹ stellt die schon erwähnte Terrasse mit zwei kleinen rechteckigen Türmen an den Enden und einem halbrunden Mittelturm dar, alle drei nach dem Hof offen und mit Zinnen versehen. Von dem mittleren Turm führt eine Wendeltreppe zu der unterhalb der Terrasse liegenden, als Grotte gebildeten Bootshalle.

Der ›Kapellenturm‹ birgt im Untergeschoß die Kapelle mit prächtigem gotisierendem Portal, dreijochigem Rippengewölbe im Innern und einem schlanken, hochaufstrebenden Chorbau im Süden. Im darüberliegenden Geschoß befindet sich der vom Korridor des Südtraktes aus zugängliche Speisesaal mit Holzvertäfelung, gemalten Wappen und Kassettenplafond; auch das Maßwerk der Fenster besteht aus Holz. In der reichen Ausstattung der Büfetts und Wandborde mischen sich einfaches Hafnergeschirr mit kostbarsten chinesischen Porzellanen, was einen besonderen und sicher gewollten Effekt macht. In einer dem Speisesaal verwandten Weise sind auch die anschließenden Wohngemächer ausgestattet. Über dem Speisesaal liegt die heute ihres Inhaltes beraubte – ehemals obligate – Waffen- und Rüstkammer.

Vielleicht am eindrucksvollsten ist die Flucht neugotischer Salons in der Beletage des Hauptgebäudes, wobei der ›Rote Salon‹ noch eine alte Decke des frühen 17. Jahrhunderts, ein Relikt des Vorgängerbaus, besitzt, die sich aber großartig dem Holzwerk der neugotischen Vertäfelung anpaßt. Besonders schön die farbigen Glasfenster, die man zu den besten Leistungen romantischer Glasmalerei zählen darf. Die überlebensgroßen Porträts des Erbauers im romantischen Jagddreß und seiner Gemahlin sind geschickt gesetzte farbige Akzente. Von geradezu phantastischer Wirkung, vorausgesetzt, daß man sie unbefangen wertet, sind der ›Gelbe Salon‹ mit seinen blütenhaft wirkenden plastischen Deckenzieraten und der ›Grüne Salon‹ mit seiner grünen Seidendamasttapete in neugotischer Ornamentik – nobel im Zusammenklang mit dem Braun der Möbel, dem Goldton der geschnitzten Ornamente und den Farben der gemalten Glasscheiben. Besonders apart und sehr englisch wirken die zur Decke überleitenden fächerförmigen Scheingewölbe in den Ecken des Raumes. Gerade dieser Salon besticht nicht zuletzt durch ein ausgewählt schönes neugotisches Mobiliar, was nicht heißen soll, daß die übrigen Möbel geringer zu werten wären. Bei einzelnen Stücken glaubt man annehmen zu dürfen, daß Möbelvorlagen von Pugin für sie Pate gestanden haben.

Wie schon angedeutet, blieb von der ursprünglichen Einrichtung vor dem Umbau nur sehr wenig erhalten. Der Erbauer hat offenbar Wert darauf gelegt, den neugotischen Formenapparat allenthalben zur Anwendung zu bringen, sei es bei den Wandmalereien des Malers Grünwedel, den neugotischen Vertäfelungen des Salzburger Tischlers Joseph Wessicken oder den Türen mit skulptierten Marmorgewänden. Die neugotische Durcharbeitung hat nichts außer acht gelassen und erstreckt sich von den in reicher Marketerie gearbeiteten Parkettböden bis zu den Fensterverschlüssen, Türgriffen und Schlüsseln des Schlossermeisters Falli. Mit Anif hat sich eine Innenausstattung aus romantischer Zeit in einem Reichtum und handwerklicher Gediegenheit erhalten, wie sie kaum noch so unberührt anzutreffen ist.

In diesem mit Kunstwerken so reich ausgestatteten Schloß hat am 18. November 1918 der von der Revolution aus München vertriebene letzte bayerische König Ludwig III. die Eidesentbindung der Beamten und Offiziere seines Landes unterzeichnet, ein Vorgang, der unwillkürlich an das Finale so vieler romantischer Erzählungen erinnert, die in Entsagung und Trauer enden.

Das Braunschweiger Haus war ein Zweig des Welfengeschlechtes, das in die Geschichte des norddeutschen Raumes eingriff, als Herzog Heinrich der Stolze von Bayern – die Welfen waren seit 1070 Herzöge in Bayern – sich mit Gertrud von Supplinburg, der einzigen Tochter von Kaiser Lothar, vermählte und durch sie in den Besitz der Erblande Braunschweig und Lüneburg kam. Als treuer Parteigänger seines kaiserlichen Schwiegervaters wurde er von diesem im Jahr 1137 zum Herzog von Sachsen erhoben. Im Machtkampf zwischen Staufen und Welfen versuchte Heinrich der Löwe die beiden Herzogtümer zur Basis des Machtstrebens seines Hauses zu machen. Doch in dem gewagten Spiel verlor er schließlich beide, und nur die Erblande Braunschweig und Lüneburg blieben ihm zu eigen, die sich später durch die üblichen Erbteilungen in die Häuser Braunschweig, Lüneburg, Wolfenbüttel und Celle spalteten.

Neu-Richmond

Herzog Wilhelm August Ludwig Maximilian Friedrich (1806 bis 1884) aus der Linie Braunschweig-Wolfenbüttel, ein baufreudiger Fürst, schickte seinen Baumeister Carl Theodor Ottmer (1800-1843), der ihm auch sein im letzten Weltkrieg zerstörtes und später abgebrochenes Residenzschloß in Braunschweig gebaut hatte, in den dreißiger Jahren nach England, um sich über die neuesten Strömungen in der Architektur zu unterrichten, als deren Frucht dann im Park von Schloß Richmond bei Braunschweig in den Jahren 1833-1838 das neugotische Schlößchen Neu-Richmond, auch Williams

Castle oder Richmond Castle genannt, entstand. Ähnlich wie die erste Babelsberger Fassung, war es ein Werk im Cottagestil mit Turm, Zinnen und Erkern. Da das Haus jedoch selten bewohnt wurde, geriet es bald in Verfall und mußte im Jahre 1908 abgerissen werden. Eine alte Aufnahme zeigt ein kleines Schlößchen mit einem über einem kellerartigen Sockelgeschoß liegenden eingeschossigen Wohnbau mit schlanken und breiten neugotischen Fenstern, zwei viereckigen gedrungenen Ecktürmen mit Zinnenkranz und einem hohen, schlanken viereckigen Turm mit schmalem, hohem gotischem Fenster in jeder Seite und bekrönt von gotischen Fialen an den Ecken mit dazwischenliegenden Zinnen.

Sibyllenort

Die Vernachlässigung des vielleicht allzu kleinen Schlosses resultiert sicher nicht zuletzt aus der Tatsache, daß sich die Neigung des Herzogs inzwischen dem Schlosse Sibyllenort im Herzogtum Oels in Schlesien zugewandt hatte.

Schloß Sibyllenort war ständige Sommerresidenz der letzten sächsischen Könige, und man erinnert sich kaum noch daran, daß es bis zum Jahre 1884 Braunschweig eigen war und ein Braunschweiger Herzog ihm sein neugotisches Gewand verliehen hat.

Dieses im Jahr 1320 gegründete Herzogtum Oels umfaßt historisch ein recht bewegtes Schicksal. Bis zum Jahre 1492 wurde es von den Piasten regiert, die mit Herzog Konrad x. in diesem Jahr ausstarben. In dem durch Teilung und Abtretung verkleinerten Herzogtum regierte von 1495-1647 die Fürstenlinie der Podiebrads. Nachdem Herzog Karl ɪɪ. ebenfalls ohne männliche Nachkommen starb, fiel das Land an seine Tochter, die dem Herzog Sylvius Nimrod von Württemberg-Weitlingen vermählt war, so daß nun diese württembergische Linie von 1647 bis zum Jahr 1792 hier regierte, in welchem Jahr Prinz Friedrich August von Braunschweig die Herrschaft antrat, nachdem er sich mit der Tochter des

Herzogs Karl Christian Erdmann vermählt hatte und sein Schwiegervater ohne männliche Nachkommen gestorben war. Nach Friedrich Augusts Tod kam das Land an seinen Neffen, Herzog Friedrich Wilhelm – der sich nunmehr als Herzog von Braunschweig-Oels bezeichnete. Friedrich Wilhelm ist wie sein Vater, Karl Wilhelm Ferdinand von Braunschweig, ein erbitterter Gegner Napoleons gewesen, so daß er zeitweilig nach England flüchten mußte und erst im Jahre 1813 sein Land zurückerhielt. Nach seinem Heldentod bei Quatrebras im Jahre 1815 folgte ihm sein unmündiger Sohn Karl unter der Vormundschaft des englischen Prinzregenten und späteren Königs Georg IV. von Großbritannien, der acht Jahre von London aus die Braunschweiger Regierung leitete. Karl, der – mündig erklärt – im Jahre 1823 die Herrschaft übernahm, schuf sich durch seine Verschwendungssucht nicht nur den Ruf als ›Diamantenherzog‹, sondern wurde durch seine Streitsucht in üble Auseinandersetzungen mit den braunschweigischen Ständen verwickelt, was schließlich im Jahre 1830 zum offenen Aufruhr führte und den Herzog zu schleunigster Flucht zwang. Die Regierung ergriff sein Bruder Wilhelm, anfänglich nur vertretungsweise, bis Karl durch Familienbeschluß als regierungsunfähig erklärt wurde. Wilhelm war als reicher Junggeselle einem vergnüglichen Lebensstil nicht abgeneigt, den er allerdings in Grenzen zu halten wußte. Auch war er klug genug, sich nicht mehr als unbedingt notwendig in die Regierungsgeschäfte zu mischen, und verbrachte statt dessen mit Vorliebe seine Tage in Schloß Sibyllenort im Fürstentum Oels, das sein Bruder Karl ihm bereits im Jahre 1826 als Sekundogenitur unter der Bedingung des Heimfalls abgetreten hatte.

In dem neugotischen Schloß Sibyllenort steckt ein alter Kern einer um 1700 von Herzog Christian Ulrich erbauten Anlage, die zu Ehren seiner zweiten Gemahlin – er war viermal verheiratet – Sibylla Maria, Prinzessin zu Sachsen-Merseburg, ihren Namen erhalten hat. Mit dem Umbau dieses älteren Teils begann Herzog Wilhelm im Jahre 1852 durch Anbau eines Flügels, dem 1854 ein weiterer Flügel zur Einrichtung einer Bildergalerie und einer Bibliothek folgte. Hand in Hand damit ging ein weitgehender Umbau der gesamten Anlage, bis sie sich im Jahre 1857 zu einer vielteiligen Einheit mit einer gleichartigen Gestaltung der Fassaden entwickelt hatte, bekrönt von Türmen und Türmchen und einem gleichmäßigen Zinnenkranz. Es traten in der Folge noch – bis zum Jahre 1867 – Ställe, Wagenremisen, Reitbahn und Wohnungen für Bedienstete hinzu. Alle diese Erweiterungen entstanden nicht nach einem vorgefaßten Plan, sondern wuchsen mit den erweiterten Bedürfnissen des höchst gastfreundlichen Hausherrn – ein Verfahren, wie es uns in der romantischen Baukunst immer wieder begegnet. Das Ergebnis war eine schwer überschaubare und beschreibbare Vielfalt an Baukörpern – die Dachfläche war über 10000 qm groß –, weshalb man Sibyllenort gerne als das ›schlesische Windsor‹ bezeichnet hat. Auch der umliegende Park wurde seit 1851 erweitert, in englischem Stil angelegt und eingezäunt, womit eine wahrhaft fürstliche, um nicht zu sagen königliche Residenz entstanden war, die sie später noch geworden ist.

Was das Schloß selbst anbetrifft, so schreibt darüber der heute in Irland lebende Prinz Ernst Heinrich von Sachsen, ein Sohn des letzten regierenden sächsischen Königs, in seinen Erinnerungen: »... Im Schloß war ein sehr großer Saal, der den ganzen Bau teilte. Der Speisesaal hatte, was ich noch nie woanders gesehen habe, eine Decke aus Glasplatten, die mit Goldleisten eingefaßt waren. Dieser Saal hatte den Namen ›Der Plattensee‹. Der Plattensee ist an sich ein See in Ungarn, aber in diesem Falle hatte er seinen Namen von der Tatsache, daß sich die Glatzen in der Decke spiegelten. Bei Diners sahen die Wissenden verstohlen nach oben und lächelten, während die Nichtwissenden sich wunderten, was es zu lächeln gäbe.

Auf der linken Seite des Schlosses war ein Reit- und Fahrstall mit Reithalle, während sich auf der rechten Seite ein regelrechtes Theater befand. Es verfügte über etwa hundert Plätze, und der Bühnenraum nahm die Hälfte des Gebäudes ein.

Das Schloß hatte zahlreiche Wohnquartiere für Gäste, sie waren für den Herzog die Hauptsache im Leben. Er tat, was er nur konnte, um seinen Freunden den Aufenthalt in Sibyllenort so unterhaltsam wie möglich zu gestalten. Es wurden Theaterstücke aufgeführt, wozu die Schauspieler aus Berlin und Breslau kamen. Er hielt sich ein kleines Kammerorchester und bestimmte selbst, was aufgeführt werden sollte. Seine Passion war das Ballett, und er war schließlich dazu geschritten, sich ein eigenes und besonders gutes Ensemble mit den schönsten und begabtesten jungen Tänzerinnen aufzubauen. Er selber reiste umher und engagierte die jungen Damen, nachdem er jede einzelne zum Essen eingeladen hatte, um einen genauen Eindruck von ihr zu bekommen. Darunter waren schwarze Ungarinnen, blonde Schwedinnen, Wienerinnen, Französinnen und Deutsche. Diese jungen Damen des herzoglichen Balletts hatten aber noch eine andere Aufgabe, als zu tanzen. Sie mußten nämlich mithelfen, den Gästen des Herzogs die Zeit zu vertreiben... Zu dieser sybaritischen Gastfreundschaft gehörte auch das abendliche Glücksspiel im Schloß. Der Herzog forderte seine Gäste zum Bakkarat auf, das allerdings nur eine ganz bestimmte Zeit dauern durfte. Das hatte seinen Grund darin, daß er seinen Gästen nicht nur die Gewinne auszahlte, sondern auch die Verluste zurückerstattete. Er stand auf dem Standpunkt, daß es unehrenhaft sei, seinen Gästen in seinem Hause Geld abzunehmen... Dieses großzügige Leben des Herzogs zehrte natürlich an seinem Vermögen. Als er starb, ergab sich, daß nicht nur sein flüssiges Vermögen verbraucht, sondern auch noch fünf Millionen zusätzliche Hypothekenschulden entstanden waren. Seinen gesamten Besitz vermachte er König Albert von Sachsen, der viel bei ihm zu Gast gewesen war. Der König mußte, da er in Preußen Privatmann war, eine sehr hohe Erbschaftssteuer bezahlen, zumal er mit dem Herzog nicht verwandt war...«

Am 18. Juni 1902 ist König Albert in Sibyllenort, wie sein Vorbesitzer kinderlos, gestorben. Nach seinem Tode ging

Sibyllenort durch Vermächtnis des Königs an seinen Bruder, den König Georg von Sachsen, der den Besitz seinem Sohn, dem König Friedrich August III. vermachte. Auch dieser ist in Schloß Sibyllenort am 17. Februar 1932 gestorben, wo er nach der Revolution dauernden Aufenthalt nahm, nachdem er am 13. November 1918 auf Schloß Guteborn seine Abdankung unterzeichnet hatte.

Von einem Besuch bei König Friedrich August III. in Sibyllenort berichtet auch Victoria Luise, Tochter von Kaiser Wilhelm II., in ihren Erinnerungen: »Mein Mann und ich haben ihn dort besucht. Es war für uns ein denkwürdiger Besuch. Der König, der dort ganz als Landedelmann lebte, und seine beiden älteren Töchter empfingen uns mit der Liebenswürdigkeit, die zu ihrer Natur gehörte. Die Prinzessinnen hatten Zwillingsbrüder geheiratet: Margarete den Fürsten Friedrich von Hohenzollern-Sigmaringen und Maria den Prinzen Franz Joseph... Sibyllenort mit seinem wunderbaren Waldbestand und mit insgesamt 48000 Morgen Grund und Boden war ein stattlicher Besitz... Das Innere zeigte die Vorliebe des Herzogs für das Schottische, wie man es auch im Residenzschloß in Braunschweig und in Blankenburg fand: schottische Tapeten, Fußböden und Porzellane. In späterer Zeit erhielten wir einige wertvolle braunschweigische Erinnerungsstücke aus Sibyllenort als Geschenk...«

Diese Geschenke dürfte das braunschweigische Herzogspaar nach dem Tode des letzten Königs von Sachsen erhalten haben – Auftakt zur endgültigen Auflösung der Innenausstattung, denn im Jahre 1935 wurde der Rest des Schloßinventares – Möbel und Kunstgegenstände – versteigert.

Über den derzeitigen Zustand des Schlosses war nichts Genaueres in Erfahrung zu bringen. Was den von Prinz Heinrich von Sachsen mit Ironie geschilderten ›Plattensee‹ anbetrifft, so war dessen Einrichtung eine romantische Wiederaufnahme alter Dekorationsweise, denn die Deckenverspiegelung ist eine Erfindung der Renaissance gewesen; so enthielten die Deckenfelder der ›Großen Galerie‹ in dem von Vespasiano Gonzaga erbauten Sommerpalast in dem Mantua benachbarten Sabbioneta einstmals Spiegel. Einer der spätesten Nachfolger ist die im Jahre 1902 geschaffene ›Portugiesische Galerie‹ mit ihrer Deckenverspiegelung in dem seit dem Jahre 1898 von Emanuel von Seidl romantisierten Teil des mittelalterlichen Schlosses Sigmaringen.

Lichtenstein

In der im Jahre 1826 erschienenen, um das bewegte Leben des Herzogs Ulrich von Württemberg (1498-1550) kreisenden »romantischen Sage aus der württembergischen Geschichte« – ›Lichtenstein‹ – von Wilhelm Hauff (1802-1827) hat dichterische Phantasie die damals noch zerstörte mittelalterliche Burg unweit von Reutlingen so bildhaft dargestellt, daß man versucht ist, diese Beschreibung als Vorlage für den von dieser dichterischen Schöpfung ausgelösten Wiederaufbau anzusehen. »... Georg hatte indes Zeit genug, das Schloß und seine Umgebungen zu betrachten. War ihm schon in der Nacht beim ungewissen Schein des Mondes und in einer Gemütsstimmung, die ihn nicht zum aufmerksamsten Beobachter machte, die kühne Bauart dieser Burg aufgefallen, so staunte er jetzt noch mehr, als er sie, vom hellen Tag beleuchtet, anschaute. Wie ein kolossaler Münsterturm steigt aus einem tiefen Albthal ein schöner Felsen frei und kühn empor. Weitab liegt alles feste Land, als hätte ihn ein Blitz von der Erde weggespalten, ein Erdbeben ihn losgetrennt oder eine Wasserflut vor uralten Zeiten das weichere Erdreich ringsum von seinen festen Steinmassen abgespült. Selbst an der Seite von Südwest, wo er dem übrigen Gebirge sich nähert, klafft eine tiefe Spalte, hinlänglich weit, um auch den kühnsten Sprung einer Gemse unmöglich zu machen, doch nicht so breit, daß nicht die erfinderische Kunst des Menschen durch eine Brücke die getrennten Teile vereinigen konnte. – Wie das Nest eines Vogels auf die höchsten Wipfel einer Eiche oder auf die kühnsten Zinnen eines Turmes gebaut, hing das Schlößchen auf dem Felsen. Es konnte oben keinen sehr großen Raum haben, denn außer einem Turm sah man nur eine befestigte Wohnung, aber die vielen Schießscharten im unteren Teil des Gebäudes und mehrere weite Öffnungen, aus denen die Mündungen von schwerem Geschütz hervorragten, zeigten, daß es wohlverwahrt und trotz seines kleinen Raumes, eine nicht zu verachtende Feste sei; und wenn ihm die vielen hellen Fenster des oberen Stockes ein freies, luftiges Ansehen verliehen, so zeigten doch die ungeheuren Grundmauern und Strebepfeiler, die mit dem Felsen verwachsen schienen und durch Zeit und Ungewitter beinah dieselbe braungraue Farbe wie die Steinmasse, worauf sie ruhten, angenommen hatten, daß es auf festem Grunde wurzle und weder vor der Gewalt der Elemente noch dem Sturm des Menschen erzittern werde. Eine schöne Aussicht bot sich schon hier dem überraschten Auge dar, und eine noch herrlichere freie ließ die hohe Zinne des Wartturmes und die lange Fensterreihe des Hauses ahnen...«

Literarischer Einfluß von England war es, der Hauff die Anregung zu seiner Saga gegeben hatte. Als eifriger Leser und Verehrer der historischen Romane von Walter Scott (1771-1832), dessen Werke von den Verehrern eleganter Romantik geradezu verschlungen wurden, hat Hauff nicht so sehr gewünscht, in dessen Fußstapfen zu wandeln, als vielmehr durch eine eigenwillige deutsche Leistung zu zeigen, daß die Liebe für eine große Vergangenheit sich nicht allein an schottischer Geschichte oder Sage zu entzünden und zu befriedigen brauche, sondern daß auch in der Vorzeit des eigenen Volkes und in der heimischen Landschaft es genügend merkwürdige Begebenheiten zu entdecken gäbe, die zu fesseln vermöchten. Dabei ist uninteressant, ob sich seine dichterische Darstellung mit der historischen Wirklichkeit deckt.

Jedenfalls hat die Saga vom Lichtenstein den antiquarisch interessierten Grafen Wilhelm von Württemberg (1810-1869), der im Jahre 1843 zum Mitbegründer des Württembergischen Altertumsvereins wurde, so beeindruckt, daß er den Entschluß faßte, das Gelände des Lichtenstein von seinem Vetter, König Wilhelm I. von Württemberg, zu erwerben, um die alte

Burg in romantischem Gewande wiedererstehen zu lassen, in der Absicht, »eine deutsche Ritterburg im edelsten Stil des Mittelalters zu erbauen, die an Kühnheit der Lage, Festigkeit der Bauart und Bequemlichkeit im Innern, gepaart mit einfacher Schönheit, Schloß Eberstein und selbst das berühmte Hohenschwangau übertreffen sollte«.

Veranlassung war nicht zuletzt die ehrwürdige Tradition der Anlage, die erstmals 1190 als Stammburg der Herren von Lichtenstein erwähnt wird. Nach der ersten Zerstörung 1311 entstand 1394 der Vorläufer des heutigen Schlosses, der als Jagdschloß diente und von einem Burgvogt betreut wurde. Als im Jahre 1802 die Burg sich als baufällig erwies, wurde sie bis auf die Grundmauern abgebrochen und als Ersatz ein Forsthaus erstellt, in dem der Fürst bei seinen Jagden Wohnung nehmen konnte. Eine festliche Beleuchtung der nahegelegenen, auch in der Hauffschen Saga mitspielenden Nebelhöhle anläßlich eines Besuches des Kurfürsten und späteren Königs Friedrich I. von Württemberg wurde Auftakt zu den jährlich an Pfingsten stattfindenden Nebelhöhlenfesten, die auch die Stätte des alten Lichtenstein dem Bewußtsein näherbrachten und die wahrscheinlich zum Anstoß für Hauffs ›Lichtenstein‹ wurden.

Graf Wilhelm, der Erbauer, war einer jener Vettern des Königs, die aus den meist unebenbürtigen Ehen der Brüder von König Friedrich I. von Württemberg hervorgegangen sind. Wilhelm entstammte wie sein älterer Bruder Alexander der Ehe von Herzog Wilhelm mit Wilhelmine Tunderfeld-Rhodis. Graf Alexander (1801-1844), der seit dem Jahre 1832 mit der rassigen Ungarin Antoinette Gräfin von Festetics von Tolna vermählt war, zählt man zu dem schwäbischen Dichterkreis, der um diese Zeit so erlauchte Namen wie Ludwig Uhland (1787-1862), Eduard Mörike (1804-1875), Justinus Kerner (1786-1862) und Gustav Schwab (1792-1850) umschließt; sie alle haben neben Hauff auf ihre Weise der Romantik ihren Tribut gezollt – Mörike mit seinen Novellen ›Der Schatz‹ und ›Das Stuttgarter Hutzelmännlein‹, Kerner mit der ›Einnahme von Weinsberg im Bauernkrieg‹, während Uhland – bemüht um die Wiederbelebung der altdeutschen und mittelalterlichen Literatur – alte Volksdichtung sammelte und Schwab im Jahre 1835 die ›Deutschen Volksbücher‹ herausgab.

Graf Wilhelm – 1863 zum Herzog von Urach erhoben – war in erster Ehe mit einer Prinzessin Leuchtenberg, Theodolinde – genannt Linda –, Tochter von Eugen Beauharnais und seiner Gattin Auguste, Prinzessin von Bayern, vermählt. Adalbert von Bayern hat in einem Kapitel ›Der Graf von Württemberg‹ in seiner Chronik eines napoleonisch-bayrisch-europäischen Hauses ›Die Herzen der Leuchtenberg‹ (Prestel Verlag, München 1963) die Anbahnung dieses Bundes in höchst lebendiger Weise nachgezeichnet, wobei durch die verschiedenartige Konfession und unsichere Vermögensverhältnisse zeitweilig Schwierigkeiten entstanden waren. Die ohne männliche Nachkommen gebliebene Ehe endete mit dem Tode Theodolindens im Jahre 1857. Aus der 1863 geschlossenen zweiten Ehe Wilhelms mit Florestine von Monaco aus dem Hause Grimaldi entstammten zwei Söhne, von denen der jüngere, Wilhelm, durch seine Heirat mit der bayerischen Prinzessin Amelie, Tochter des Herzogs Karl Theodor in Bayern, die Linie der Herzöge und Fürsten von Urach fortsetzte, die sich noch heute im Besitz des 1842 vollendeten Schlosses Lichtenstein befindet.

Bei dem Wiederaufbau begegnet uns wiederum Alexander von Heideloff, dessen Ruf als Architekt romantischer Residenzen sich inzwischen mit den Schlössern Rosenau (1809), Reinhardsbrunn (1828), einem Entwurf für Altenstein bei Meiningen (1832), Landsberg (1836), der Rosenburg in Bonn (1836) und dem Schlößchen Reichenschwand (1837), sowie den Wiederherstellungsarbeiten an der Burg in Nürnberg (1833) und der Veste Coburg (1837) befestigt hatte. Leider sind zahlreiche großartige von ihm entworfene Projekte romantischer Residenzen nicht zur Ausführung gekommen wie das für den Fürsten Radziwill bestimmte Schloß Carljoiska (Galizien

1836), ein Entwurf für ein Schloß in Hechingen für den Fürsten Friedrich Wilhelm Constantin von Hohenzollern-Hechingen, der ebenfalls eine Leuchtenberg, Eugenie, zur Gemahlin hatte, und Schloß Waldenburg für den Fürsten Hohenlohe-Waldenburg-Schönberg; auch für Schloß Pena bei Cintra in Portugal hat Heideloff seiner Aussage nach einen Entwurf geliefert.

Für die Burgruine Weibertreu von Weinsberg schuf er 1855 ebenfalls einen Entwurf zur Ausgestaltung als »Palas oder Halle des Ruhmes vaterlandstreuer, wohltätiger und großer Frauen Deutschlands« – eine wahrhaft romantische Denkmalsidee.

Heideloff hatte zur Schöpfung eines eigenen gotischen Stiles in zahlreichen Veröffentlichungen Beispiele von mittelalterlicher Architektur, Bildhauerkunst und Ornamentik herausgegeben. Wie von dem von der Neugotik gefangengenommenen Architekten Hase, wurde auch von Heideloff im Jahre 1851 in Nürnberg eine Bauhütte nach vermeintlich mittelalterlichem Vorbild gegründet. »Für Heideloff wehte in der mittelalterlichen Architektur ein Geist voll Gemüt und Poesie, jedoch war er der Ansicht, daß diese Architektur vervollkommt und den modernen Bedürfnissen angepaßt werden müsse; drückt ihr den Stempel der Freiheit und Phantasie auf, und mit siegendem Blick wird sie ihrem Genius zueilen. Er forderte, der mittelalterliche Stil solle ›frisch und kräftig‹ in die neuen Bauten übertragen werden. Die Beispiele, die er in seinen Werken bringt, sind ähnlich wie bei Pugin meist der spätgotischen Stilperiode entnommen.« (Clemens Weiler)

Seine vielleicht bestechendste und eigenwilligste – sicher populärste – Leistung aber bleibt Schloß Lichtenstein, dessen Planung ihm am 13. November 1837 angetragen wurde. Schon am 16. Februar des folgenden Jahres berichtet Heideloff seinem Auftraggeber, daß die ausgeführten »colorierten Zeichnungen« der Vollendung nahe seien. Leider sind zahlreiche, noch nicht ausgewertet gewesene Archivalien und Pläne zum Bau des Lichtenstein in Verlust geraten.

Ähnlich wie Quaglio bei der Erbauung von Hohenschwangau, ging auch der von seiner malerischen Ausbildung her bestimmte Heideloff beim Lichtenstein von Landschaftsprospekten aus, wie er das auch bei der mittelalterlichen Veste Coburg getan hat, für deren Restaurierung er seine Vorschläge in zahlreichen Aquarellen festgehalten und auch in einem noch erhaltenen Album vereinigt hat. Wie Quaglio wollte er eine möglichst wirkungsvolle Einbindung in die Landschaft, was zur Folge hatte, daß seine Schöpfungen auf eine begrenzte Zahl von Standpunkten komponiert sind; wir erinnern in diesem Zusammenhang nur an die wegen des thüringischen Schlosses Landsberg an Heideloff geübte Kritik des Fürsten Pückler. Auch bei den Entwürfen für Schloß Lichtenstein hat, wie aus einer Reihe zufällig auf Briefkonzepten enthaltenen Skizzen ersichtlich ist, Heideloff lange mit diesem Problem gerungen.

Die Ausführung der Pläne erfolgte in den Jahren 1840 bis 1842 unter der Leitung des Reutlinger Baurats I. G. Rupp. Die weitgehend von Heideloff beeinflußten dekorativen Malereien der Innenräume stammen von G. Eberlein aus Nürnberg. Als weitere Mitarbeiter bei der Ausgestaltung der Innenräume waren der Bildhauer E. Machold, der Reutlinger Glasmaler Fr. Pfort und mehrere Schüler Heideloffs tätig. Am 27. Mai 1842 fand die feierliche Einweihung in Gegenwart von König Wilhelm I. von Württemberg statt, wobei es sich allerdings nur um den auf steilem Felsen ragenden Kern- oder Hauptbau des Lichtenstein mit seiner steilen, stolzen, das Tal der Echaz beherrschenden Silhouette handelte. Die restliche, heute ein stattliches Areal umfassende Anlage mit zahlreichen Nebengebäuden, die teils im Wald verborgen liegen, erstand erst in den folgenden Jahrzehnten.

Dem sich heute von der Bergseite nähernden Besucher bleibt zunächst die eigentliche Burg verborgen; er stößt zuerst auf die im Jahre 1857 vollendeten Nebengebäude, die durch Torbauten, Mauern und Türme in Verbindung stehen beziehungsweise von ihnen eingeschlossen werden. Rechts von dem mit Türmchen eingefaßten Haupteingang liegen die Ökonomiegebäude und der Verwaltungsbau, zur Linken der um die gleiche Zeit vollendete Fremdenbau, der 1869 ein zweites Stockwerk erhielt. In den Jahren 1899-1900 entstand der gegen das Tal schauende ›Gerobau‹ und 1907-1908 der ein wenig langweilig wirkende ›Fürstenbau‹, um mehr Wohnraum zu schaffen.

An den Mauern, unter den Giebeln und zu seiten des Tores sind Skulpturen des alten, 1584-1593 von Georg Beer erstellten Stuttgarter Lusthauses in neuer Verwendung untergebracht. Die letzten Reste dieser interessanten Renaissanceanlage hatte man dort 1846 beseitigt, nachdem Heideloff zugunsten einer Wiederherstellung vergebens eine Denkschrift verfaßt hatte. Wahrscheinlich ist Graf Wilhelm auf seine Veranlassung besorgt gewesen, die Büsten zu retten und sie auf dem Lichtenstein zu bergen. Sie wurden 1886 durch Karl Walcher und den Stuttgarter Medailleur Karl Schwenzer zusammengesetzt und erneut aufgestellt und damit in sehr später Zeit die Tradition der sentimentalischen Romantik, eine ›antike‹ Ahnengalerie vorzuweisen, wieder aufgenommen, da es sich bei diesen Kolossalbüsten tatsächlich um eine steinerne Ahnengalerie des Hauses Württemberg handelt.

Die Grundrißdisposition des Hauptbaues auf dem hochragenden Fels, zu dem man über die eine Schlucht überkragende Brücke gelangt, schließt sich den Mauerzügen der 1803 bis auf einige Meter über dem Fels abgebrochenen mittelalterlichen Burg an. »Zwei mit den Schmalseiten sich berührende Rechtecke, das nördliche weiter nach Westen vorspringend, sind die einfachen Elemente. Im Westen lehnt sich an sie das Rund des Turmes, während nach Südwesten der dem Felsumriß folgende Mauerzug den kleinen Hof umfaßt. Wo er den Hauptbau im Süden trifft, springt das Zwei-Drittel-Rund der Altane vor, während im Norden, die Lage der Kapelle bezeichnend, die halbrunde Apsis aus der Mauerflucht tritt. Einfach wie der Grundriß gibt sich auch der Aufriß. Das aus unregelmäßigen Blöcken gefügte Hausteinmauerwerk ist von schlichter, ruhiger Wirkung. Der Südtrakt trägt über zwei Geschossen einen in klaren Formen gezeichneten Staffelgiebel, lediglich bereichert durch das nach Südosten vorspringende Erkertürmchen, und kontrastiert so wirkungsvoll den aufwändigeren, durchbrochenen, in einen hölzernen Glockenstuhl auslaufenden Giebel des höheren dreigeschossigen Nordflügels. Die Grenze der beiden Trakte zu verwischen ist der Sinn des östlich vorspringenden Erkers im zweiten Geschoß; er unterstreicht das Aufsteigen des Nordbaus, indem er dem Auge einen Ruhepunkt gibt. Und alles überragt der schlanke, schlicht verputzte Turm, abgeschlossen mit einem zierlichen, auf einfachen Konsolen vorgekragten Zinnenkranz. Aber nicht allein diese Komposition ist meisterhaft. Sein Höchstes leistet Heideloff in der Art, wie er das von Menschen Geschaffene gleichsam aus dem natürlichen Felsen aufsteigen läßt, so daß es wie ein Gewächs des Gebirges selbst erscheint.« (Urs Boeck)

Der kleine Hof, den man über die ›Vorburg‹ erreicht, enthält Mörser und Steinkugeln. Durch eine schmale Tür im Turm gelangt man in das Innere des Schlosses, vorbei an einer Tafel im Vorraum mit einem Gedicht von Graf Wilhelm auf die bei der Verwirklichung des Aufbaus aufgetretenen Schwierigkeiten:

Bis Graf Wilhelm mich erbaut
Hat verursacht manchen Streit,
Doch bis jetzt ihn nicht gereut.

Die Innenräume haben ihren ursprünglichen Reiz bewahren können. Es fehlt nicht die obligate Waffenhalle in der Mitte des untersten Stockwerks mit Waffen und Rüstungen – darunter eine, die sich Graf Wilhelm für ein Fest, wo er als Ritter von Lichtenstein auftrat, anfertigen ließ. Der Fensterwand entlang ziehen sich unter der Decke die Wappen der Freunde des Grafen, die Fenster selbst enthalten farbige Scheiben des 15. bis 17. Jahrhunderts. Links von der Waffenhalle gegen das Tal hin liegt die Kapelle, zu der Stufen hinunterführen. In dem reizvollen Raum mit Rippengewölben und Ausmalung im Stil der Neugotik stehen auf Konsolen die nach dem Vorbild des Nürnberger Sebaldusgrabes gefertigten Apostelfiguren. Die Fenster der Altarwand mit alten Scheiben des 13. bis 17. Jahrhunderts, sowie alte Tafeln von Altarschreinen und alte Holzfiguren bilden die weitere Ausstattung. Durch die Waffenhalle zurückgehend erreicht man auf deren anderer Seite die altdeutsche ›Trinkstube‹ mit ihren hohen Vertäfelungen und einer duftigen Rankenmalerei, voll von eingestreutem Getier, Jägern und Meute, zwischen denen sich Sinnsprüche tragende Tücher und Bänder winden. Eine Wendeltreppe in dem neununddreißig Meter hohen Turm vermittelt den Zugang zu den oberen Räumen mit zwei die ganze Breite des Gebäudes einnehmenden Festsälen – Königszimmer und Rittersaal –, die durch zwei kleinere Zimmer – Wappen- und Erkerzimmer – und einen Gang verbunden sind. An drei Seiten öffnen sich Fenster mit einem herrlichen Ausblick in die Landschaft. Das über der Trinkstube gelegene Königszimmer veranschaulicht durch eine Sammlung von Porträts den Stammbaum des Hauses Württemberg. Der über der Kapelle gelegene vielfenstrige Rittersaal ist der größte und vielleicht schönste Raum, der sich an der Schmalseite zum Tal in einen Erker mit zierlichem gotischem Rippengewölbe erweitert. Er ist ähnlich wie die Trinkstube bis zur halben Höhe vertäfelt, während die darüberliegende Wandfläche mit gotischem Rankenwerk bemalt ist. Überall kehren die Wappen des Hauses Württemberg wieder. Bilder am Erker lassen die Gestalten aus Hauffs ›Lichtenstein‹ wiederaufleben. Auch hier ist die Malerei von Spruchbändern mit den von dem Grafen Wilhelm ausgewählten Sinnsprüchen durchwebt. Ein Gemälde von Franz Stirnbrand zeigt den Erbauer als Ritter von Lichtenstein. Die bunten Glasscheiben schaffen auch hier eine romantische Atmosphäre.

Im Stockwerk über diesen Repräsentationsräumen befinden sich die eigentlichen Wohngemächer und die Gemäldesammlung; die Turmkabinette enthalten eine Bücherei, Reiseandenken aus aller Welt und eine Altertümersammlung, von der inzwischen Teile in das Stuttgarter Altertumsmuseum abgewandert sind; ähnlich wie die Löwenburg und die Franzensburg war auch der Lichtenstein Keimzelle einer öffentlichen Sammlung. Zuoberst im Turm war ursprünglich ein Observatorium eingerichtet; der Raum dient heute als Gedächtniszimmer für den 1928 verstorbenen Herzog Wilhelm den Jüngeren.

Auf dem Lichtenstein erscheinen in einer überaus reizvollen Darbietung nochmals alle auf die Vergangenheit hinweisenden Attribute einer romantischen Residenz, wobei man die interessanten neugotischen Schöpfungen im Mobiliar nicht vergessen sollte.

Die Wilhelma bei Cannstatt

Den Bomben des letzten Weltkrieges ist leider auch eine der eigenartigsten romantischen Anlagen, die Wilhelma bei Stuttgart-Cannstatt, zum Opfer gefallen, und nur Ruinen künden von diesem Schaustück exotischer Romantik, das die hohe Anerkennung des vielgereisten und erfahrenen österreichischen Orientalisten und Diplomaten Joseph von Hammer-Purgstall fand: »In Deutschland verdient keine Stadt mehr den Namen Bagdscheserai, d. i. der Gartenstadt, als Canstat bei Stuttgart, nicht nur wegen der schönen und sinnreichen Wasserkünste des Gartens, sondern auch wegen des maurischen Baues der Wilhelma, welcher die morgenländischen Wunder der Alhambra in das Zauberthal des Neckars versetzt und an Schönheit und Merkwürdigkeit den von allen Beschreibern der Krim so hoch gepriesenen Zauber des Haremes von Bagdscheserai« (heute Hauptstadt der Krim) »bei Weitem an Schönheit und Romantik übertrifft.« Mit dieser effektvollen Dekoration in orientalischen Formen ist ein Unikum verlorengegangen, denn das etwas später entstandene Schloß Montfort bei Langenargen am Bodensee bedient sich in seiner Dekoration zwar ebenfalls morgenländischer Formen, die, einer kastellhaften Architektur aufgepfropft, jedoch jener blühenden Phantasie entbehren, die eine Wilhelma schuf.

Orientalische, chinesische und japanische Anklänge erscheinen bereits im Laufe des 18. Jahrhunderts in den Pavillons und Kiosken der damaligen Gartenarchitekur – das bedeutendste Beispiel auf dem europäischen Kontinent dürfte die Moschee im Park von Schwetzingen sein, die in Anlage und Größe im 18. Jahrhundert allerdings ein Einzelgänger geblieben ist. In England ist es in der Folge zu ähnlich großzügigen Anlagen gekommen. Dort hatte John Nash (1752-1835) im ersten Drittel des 19. Jahrhunderts bei der Vollendung des königlichen Sommerpalastes in Brighton Formen indischer Architektur verwendet und in einer Art ›Hindu-Manier‹ gebaut; Formen, die er bereits vorher auf Wunsch des Bauherrn in Sezincote in den Cotswoldbergen angewendet hatte, wo dieser Stil auf Grund persönlicher Erinnerungen des Auftraggebers gewünscht worden war.

In Wien steht in Pötzleinsdorf das Geymüllerschlößchen – nachmals Villa Mautner und Villa Sobek – das, heute im Staatsbesitz befindlich, eine von Dr. Sobek gestiftete Uhrensammlung enthält. Dieses schloßhafte, im ersten Viertel des 19. Jahrhunderts entstandene Anwesen zeigt in seiner Fassade eine geistreiche Verbindung gotisierender und morgenländischer Formen, die auch einem Teil der Räume ihr Gepräge geben.

Merkwürdig ist, daß der sonst so nüchtern denkende König Wilhelm I. von Württemberg, eine staatsmännische Begabung von hohem Rang, der Welt des Orients zugeneigt war. Im Zusammenhang mit einem von dem König geplanten orientalischen Bauwerk begegnet uns wieder Heideloff, der 1840 beauftragt wurde, einen Entwurf für ein moreskes Landhaus vorzulegen, der aber nicht ausgeführt wurde. Statt Heideloff ist der Architekt Wilhelm Zanth (1796-1857) zum Zuge gekommen. Wahrscheinlich verdankte Zanth den Auftrag dem Oberstallmeister und Vertrauten des Königs, Graf Taubenheim, dem er in Degerloch eine Villa gebaut hatte. Auch dürfte der König sich des Vaters des Architekten erinnert haben, dem er als Leibarzt seiner mit Jérôme Bonaparte verheirateten Schwester Katharina bei seinen Besuchen in Kassel begegnet sein dürfte. Nach dem Sturz des Napoleoniden waren die beiden Zanths nach Paris zurückgekehrt, wo der Sohn seine Studien begann, die er dann später als Schüler des Hofbaumeisters Fischer in Stuttgart fortgesetzt hat. Studienreisen haben ihn nach Italien und Frankreich geführt; mit einer Abhandlung über die Wohnhäuser in Pompeji hat er in Tübingen promoviert.

In dem von Zanth herausgegebenen, 1855 bei Didot in Paris erschienenen Prachtwerk mit farbigen Abbildungen der Wilhelma – das Werk ist im gleichen Jahr in Stuttgart in deutscher Sprache aufgelegt worden – spricht er davon, daß »die Vorschrift ging, dieses Wohngebäude mit Ziergewächshäusern in Verbindung zu setzen und die maurischen Formen in Anwendung zu bringen«. Den Grafen Taubenheim, der im Sommer 1840 den Orient bereiste, um für seinen Monarchen arabische Zuchtpferde zu besorgen, hatte Zanth offenbar um Anregungen gebeten. Taubenheim schrieb am 29. November 1840 jenen bereits von Oskar Gerhardt veröffentlichten Brief, in dem es unter anderem heißt: »Ich habe Ihnen zugesagt, Ihnen architektonische Notizen von meiner Reise mitzuteilen... Mit Ausnahme der alten maurischen Monumente der Moscheen, Grabmäler und Brunnen bieten die Gebäude nichts, was nachgeahmt zu werden verdient. Die Illusionen, welche ich mit dem Begriff des Wortes Kiosk verbunden hatte, waren, als ich dergleichen zu Gesicht bekam, traurig gestört... Besondere Aufmerksamkeit schenkte ich der Einrichtung eines türkischen Bades und ich glaube, daß ein solches in einem türkischen Kiosk nicht fehlen darf. Die hiesigen Kioske sind größtenteils erbärmliche Machwerke und S. Maj. der König wird vielleicht einen Kiosk besitzen, wie ihn der Großherr weder in Asien noch Europa hat.«

König Wilhelm hatte nach Vollendung seiner hochgelegenen klassizistisch gestimmten Sommerresidenz Rosenstein (1829) zur Vergrößerung der Gartenanlagen noch eine Anzahl benachbarter Grundstücke erworben, die sich bis in die Nähe Cannstatts erstreckten. Sie sollten, in der Folge parkartig gestaltet, den Rahmen für die in den Jahren 1842-1846 geschaffene ›Wilhelma‹ bilden. Der erste Entwurf wurde von dem Bauherrn wegen der hohen Kosten abgelehnt. Das gleiche Schicksal hatte der zweite Entwurf, und erst der dritte fand am 20. März 1842 die Billigung des Monarchen, worauf schon wenige Wochen später die Arbeiten begonnen wurden, die vier Jahre in Anspruch nahmen. Die Benennung der neuen Schöpfung machte einige Schwierigkeiten. Während der Architekt in seinen Entwürfen diese als ›Kiosk‹ bezeichnet hatte, liebte es der König, von dem ›Bade-Haus‹ zu sprechen, während seine Umgebung von dem ›Palais‹ sprach, bis der König offiziell befahl, es ›Maurisches Bad‹ zu benennen. Als dann an dem Gebäude eine Inschrift in arabischer Schrift angebracht werden sollte, kam es zu einem Briefwechsel mit dem Dozenten der orientalischen Sprachen, Professor Ewald, in Tübingen, was zum Ergebnis hatte, daß der König schließlich dekretierte, daß das Bauwerk ›Wilhelma‹ genannt werden sollte.

Dieses ›Maurische Haus‹ war ausschließlich dem Gebrauche des Königs bestimmt; es sollte allerdings nach seinem Wunsche geräumig genug sein, um auch den Hof darin versammeln zu können. Nach diesen Richtlinien wurde denn auch verfahren – ein Saal mit Kuppel, ein Speisezimmer (rechts), ein Wohnzimmer (links), anstoßend ein Bildersaal und ein Schlafzimmer, ferner ein Badekabinett sowie ein Vorhof mit Vorhalle bildeten im wesentlichen die Räume des Hauses, in dem Fenster des Stuttgarter Glasmalers Karl Johann Wetzel dem Schlafzimmer und dem Badekabinett ihr eigenartiges Gepräge gaben. Dazu gesellten sich schöne Ebenholzmöbel mit Einlagen aus Perlmutter und Elfenbein, zahlreiche Spiegel und ostasiatisches Porzellan, während wertvolle Teppiche aus

Persien und Smyrna den Mosaikboden bedeckten. Am 30. September 1846 wurde dieses Haus anläßlich der Vermählung des Kronprinzen Karl mit einer Tochter von Kaiser Nikolaus I. von Rußland festlich eingeweiht. Doch ähnlich anderen romantischen Anlagen war dieser maurische Kiosk nur der Auftakt für weitere kostspielige Bauten. An den Kiosk anschließende Säulengänge bildeten den Anfang der Erweiterung, die schließlich die Verbindung zu dem 1847-1851 erstellten ›Festsaal-Gebäude‹ herstellten, das dem Kiosk gegenüberlag. Die Entwürfe zu diesem ›Speisesaal‹, der nach Anordnung des Monarchen doppelt so groß wie das Speisezimmer des Kiosk werden sollte, waren von Zanth schon im Dezember 1844 dem König vorgelegt worden. »Der Gedanke des Königs, die Fenster mit Glasmalereien zu schmücken, welche natürliche Blumen darstellen, schien mir« – so Zanth – »am passendsten durch die Annahme verwirklicht zu werden, daß der Fuß der Fensteröffnungen mit Azaleen, Camelien, Rosen und anderen Zierpflanzen besetzt sei, zwischen denen zarte Schlinggewächse emporranken und mit ihren Blättern und Blütenkelchen den oberen Raum ausfüllen. Diese auf durchsichtigem Glase ausgeführten Malereien mildern den Glanz des Tageslichtes, ohne den Anblick des Himmels ganz zu verhüllen.« Die Fenster wurden in München angefertigt, die Möbel – Divans, Tabourets und Fauteuils – lieferte die Stuttgarter Möbelfirma Erpf. Der Kunstmaler Lettenmayer führte die Malerarbeiten aus. Die Bauleidenschaft trieb den König zu weiteren Bauten, so daß im Jahre 1851 ein Pavillon oberhalb der Wilhelma am »reizendsten Aussichtspunkt in das Neckarthal« entstand, 1853 die Bildergalerie folgte und – nach dem Tode Zanths 1857 – auf Grund von Entwürfen des Architekten Bäumer das Küchengebäude (1863) sowie die Damaszener-Halle (1863-1865), wozu sich noch weitere Gewächshäuser gesellten.

Doch wurde diese märchenhafte Anlage niemals für längere Dauer bewohnt und konnte nur bei großen Hoffestlichkeiten ihren Glanz entfalten, wie es auch anläßlich der sogenannten

Stuttgarter Kaisertage im September des Jahres 1857 geschah. Wir besitzen in den Erinnerungen von Tony Schumacher ›Was ich als Kind erlebt‹ eine Beschreibung dieser Tage, als die Kaiser von Frankreich und Rußland und die Königinnen von Griechenland und Holland dort weilten, wobei sich die Schreiberin auf das Tagebuch ihres Vaters stützt, der in amtlicher Eigenschaft an diesem Feste auf der Wilhelma teilnahm: »Auf die Wilhelma waren zweiundsechzig Personen eingeladen, nur die hohen Fürstlichkeiten mit ihrer nächsten Umgebung. Der Kaiser Napoleon (III.) wurde um drei Viertel sechs Uhr vom Könige abgeholt... Der ganze Weg war mit Pechpfannen hell beleuchtet, und in den dunkelnden Alleen stand Kopf an Kopf. – Als man in den großen Saal eintrat, war die illustre Gesellschaft schon versammelt. Ein Lichtmeer wogte in dem goldnen, ganz im glänzendsten Stil der Alhambra gebauten Saale. Die Tafel war auf das reichste gedeckt, entlang derselben und in den zwei ausspringenden Mittelrotunden wogte eine glänzende, strahlende Menge... Die Tafel begann, ich saß an einem Platze, wo ich das interessante Schauspiel gut übersehen konnte. Nach der Tafel verabschiedete sich der ganze russische Hof, um die Kaiserin in Feuerbach einzuholen. Alle übrigen nahmen Shawls und Mäntel, und man trat in den maurischen Garten. Welch prachtvoller, feenhafter Anblick! Von dem großen Saalgebäude, in dem wir gespeist, bis zu dem mit einer goldenen Kuppel gekrönten Wohnkiosk auf der obersten Terrasse erheben sich die Blumengärten in drei durch breite Treppen verbundenen Terrassen, auf denen sich die prachtvollsten Blumenparterres ausdehnen, die wiederum drei Bassins mit Springbrunnen einschließen, von welchen der größte seinen Strahl circa dreißig Fuß hoch in die Luft schleudert. Beide Hauptgebäude sind durch luftige Bogengänge, Pavillons, Glashäuser mit exotischen Pflanzen miteinander verbunden und bilden so einen weiten, viereckigen, ganz abgeschlossenen Raum. Dies alles war auf das glänzendste beleuchtet, alle Linien der Gebäude, der Kuppeln, der Pavillons und der

Treppe zeigten ihre eleganten arabischen Formen im strahlendsten Licht, besonders hob sich die in rotem Lichte flammende Kuppel des oberen Kiosk herrlich ab. Die Tausende von kleinen Lämpchen auf dem Boden zeichneten hier horizontal die Formen der Blumenparterres und zeigten die Pracht der mit Blumen besäten Beete, spiegelten sich in den Marmorbassins, und schlängelten sich hinauf zu den herrlichen Marmortiergruppen. In dieses Flammenmeer schien der große Springbrunnen rotfeurige Ströme auszugießen... Über all diesem stand der Mond am tiefblauen Himmel, und sein blasses, sanftes Licht bot einen merkwürdigen Kontrast zu alle dem andern.«

Doch fanden solche Festlichkeiten selten genug statt, ansonsten blieb dieses Denkmal fürstlicher Bauleidenschaft der späten Romantik selbst hohen Gästen des Monarchen verschlossen, und es bedeutete eine Auszeichnung, wenn der König eine Besichtigung der Anlage gestattete, wozu eine ausdrückliche schriftliche »Erlaubnis-Ertheilung von Sr. Maj. Höchstselbst« erforderlich war. Zu den Bevorzugten gehörte merkwürdigerweise auch Bismarck, als er in seiner Eigenschaft als preußischer Gesandter beim Frankfurter Bundestag am 16. Dezember 1855 in Stuttgart weilte, während ein geheimer Besuch des Prinzen Adalbert von Preußen das höchste Mißfallen des Königs erregte.

Die Bomben des Zweiten Weltkrieges haben die ganze Herrlichkeit in Schutt und Asche sinken lassen, und nur die wiederaufgebauten monumentalen Gewächshäuser entfalten im Innern ihre einstmalige Pracht, während die Ruinen der übrigen Baulichkeiten sich in Zwinger eines Tiergartens verwandelt haben – eine Verwendung, mit der man sich versöhnt, wenn man weiß, daß König Wilhelm sich bis zu seinem Tode mit dem Plane für eine große Menagerie getragen hat, für deren Verwirklichung er allerdings ein Gelände im Bereich des Stuttgarter Schloßgartens vorgesehen hatte. So erfüllt die Wilhelma heute jene Absichten des Königs an einem anderen, doch mit seinem Namen verknüpften Orte.

Montfort in Langenargen

Wenn man sich zu Schiff auf dem Bodensee dem kleinen Hafen von Langenargen nähert, gewahrt man auf einer in den See vorgeschobenen felsigen Landzunge in der Nähe des Hafenbeckens ein stattliches, kastellhaftes Gebäude, das sich durch einen die Anlage beherrschenden Turm und orientalische Schmuckformen auszeichnet.

Auch dieses in der kunsthistorischen Literatur vergessene Schloß ist eine Schöpfung König Wilhelms I. von Württemberg, die, im Jahre 1863 begonnen, allerdings erst nach dem Tode des Königs 1866 vollendet wurde. Von Wilhelm als ›Villa Argena‹ bezeichnet, wird das Schloß durch einen Erlaß des Thronfolgers vom 10. September 1864 in Schloß Montfort umbenannt, wahrscheinlich in Zusammenhang mit einem Reskript vom folgenden Tag, wonach Schloß Montfort der Königinmutter Pauline Therese Louise (geb. 1800) »als Wohnsitz über die bessere Jahreszeit und so lange es die Verhältnisse gestatten« zur Verfügung gestellt wird.

Der neue Name Montfort umschloß manche Erinnerungen, zum einen an ein altes, aus dem Vorarlberg stammendes rätoromanisches, im späten 18. Jahrhundert ausgestorbenes Geschlecht, dessen Besitzungen bis zur Donau und dem Schwarzwald reichten, zum andern an die Wiederverwendung des Namens in Zusammenhang mit dem westfälischen Königspaar Jérôme Bonaparte und Katharina, das nach der Flucht aus seiner Residenz Kassel den Namen eines Grafen und einer Gräfin Harz angenommen hatte, wodurch es das Mißfallen des allmächtigen Metternich erregte und König Wilhelm I. von Württemberg veranlaßte, seiner Schwester und seinem Schwager offiziell den Fürstentitel von Montfort zu verleihen.

Das heutige Schloß erhebt sich an der Stelle einer mittelalterlichen, 1343 unter dem Grafen Wilhelm II. von Montfort (1290-1353) vollendeten Burg Argen, wovon auch der hübsche Badeort noch heute seinen Namen hat. Wie die Mehrzahl der adeligen Häuser spaltete sich sehr bald auch das Montfortsche Geschlecht in verschiedene Linien, wovon sich die Neu-Tettnanger, der auch Argen gehörte, am längsten gehalten hat.

Diese Burg erlebte mannigfache Schicksale. Nachdem die Schrecken des Dreißigjährigen Krieges nicht spurlos an ihm vorübergegangen waren, kam es in den Jahren 1665-1667 zu einem Neubau nach Plänen von Michael Kuen. 1720 wurden die überflüssig gewordenen Festungswerke abgebrochen, und die barocke Prachtlust feierte in einem Ausbau von Schloß und Gartenanlagen ihre Triumphe. Nach dem Tode des letzten, im Elend gestorbenen Grafen Franz Xaver Montfort kam die Burg durch Kauf an Österreich und 1805 an Bayern. Langenarger Bürger erwarben 1810 die in Verfall geratene Anlage, um sie offiziell als bequemen Steinbruch ausbeuten zu können. Doch 1811 ging die Burg an Württemberg, das die Einstellung des Abbruches anordnete. Nachdem König Wilhelm am 21. August 1861 einen Kaufvertrag zwischen Staatsfinanzverwaltung und Privatvermögenskuratel unterzeichnet hatte, wodurch das Bauwerk mitsamt Gelände um 3000 Gulden in sein Eigentum überging, begann man mit dem Abbruch der restlichen Teile, um Platz für eine Neuanlage zu schaffen. Doch erst im Februar 1863 wurden die eigentlichen Bauarbeiten nach Plänen des Baurates Pfeilsticker in Angriff genommen und die Arbeiten für die heutige Hafenanlage vergeben, nachdem die Gesamtbaukosten für das Schloß mit 93320 Gulden und für Hafen und Terrassenanlagen mit 17563 Gulden veranschlagt waren. Der Neubau schritt rasch voran – schon im Frühjahr 1863 werden die Maler- und Stukkateurarbeiten und im Spätjahr die Parkettfußböden in Auftrag gegeben –, so daß das neue Montfort im Jahre 1864 bezugsfertig ist. Später kam es noch zum Bau eines Offiziantenhauses, nachmals Kavalierbau genannt, und zum Umbau der alten Zehntscheuer als Stall und Remisenbau. Als am 9. Dezember 1866 Baurat Pfeilsticker stirbt, wird in den Akten davon gesprochen, daß das »Bauwesen vollendet« sei.

Das Schloß besteht aus einem hohen, rechteckigen Baukörper von zwei Stockwerken, an dessen Längsseiten einstöckige, gleichlange flache Kuben herangeschoben sind. Die Schmalseiten der Anlage liegen zur See- und zur Landseite. Der höhere Kubus enthält im Untergeschoß die Halle, ferner einen von oben beleuchteten Salon und – durch einen Büfettraum von ihm getrennt – den Speisesaal; eine Treppe im Büfettraum führte zu den im Sockelgeschoß gelegenen Wirtschaftsräumen. Die Anbauten enthielten auf jeder Seite ein gleichartiges Appartement mit Arbeitszimmer, Schlafzimmer und zwei Salons. Die Verbindung zum Obergeschoß des Mittelbaus bildet die Treppenanlage in dem stattlichen Turm, der hinter der Halle emporsteigend das Gebäude beherrscht; die Ecktürmchen des ursprünglichen Planes sind nicht zur Ausführung gelangt.

Während die Wohnräume mit den von der Firma Karl Lienhardt in Stuttgart bezogenen einfarbigen Tapeten sehr schlicht gehalten waren, hatte man den großen Saal und das Speisezimmer mit Scheinarchitektur, Palmetten, Rosetten, Karyatiden und Jagdtrophäen in Stuck reicher ausgestattet; Arbeiten, die von dem Bildhauer Theodor Schnell, dem Hofstukkateur Hoffmann, dem Hofdekorationsmaler Mayer und dem Vergolder Günther ausgeführt wurden.

Von der Königinmutter wurde aus Gründen, die aus den Akten nicht ersichtlich sind, das Schloß bereits im Jahre 1868 »zurückgestellt«, was möglicherweise mit den steigenden Kosten für die laufenden Reparaturen, zumal an den Dächern, zusammenhing. In einem Bericht des Hofbaumeisters Egle vom 9. August 1871 wird festgestellt: »Der Zustand des Schlosses Montfort ist in den Augen dessen, der sich von der bestechlichen Hülle nicht blenden läßt, kein erfreulicher. Der Thurm hat sich bereits jetzt um einige Zolle gesenkt und sind in Folge davon viele und große Risse in allen gebauten Räumen entstanden. Auch sind einige daran angesprengte Gewölbe so geborsten, daß sie den Einsturz drohten. Der Thurm aber steht auf einem Holzrost, der über dem niedrigsten

Wasserstand liegt und also in einer nicht fernen Zeit verfaulen wird. Im Souterrain ... ist überall Schwamm ... die Zinkdeckung schlecht...« Egle fordert für die Ausbesserungen 40-50000 Gulden. Doch die Klagen über den schlechten Zustand gehen weiter, so daß man sich entschloß, die Anlage zu verkaufen, die im Jahre 1873 in den Besitz der Prinzessin Luise von Preußen, einer Nichte von Kaiser Wilhelm I., überging, die sie dreißig Jahre lang mit ihrem Hofstaat als Sommersitz besucht hat. Nach dem Tode der Prinzessin erwarb Geheimrat Professor Dr. W. von Leube das Schloß, dessen Erben es nach seinem Tode im Jahre 1939 an die Reichsbahn verkauften, die es als Gästehaus zu nutzen gedachte, ein Plan, der durch den Zweiten Weltkrieg nicht zur Ausführung gekommen ist. Ein Kreis Langenargener Bürger erwarb es 1940, um es als Kurhaus und für kulturelle Veranstaltungen zu verwenden. Doch die folgenden Kriegsjahre und Nachkriegsereignisse waren solchem Vorhaben nicht förderlich, und erst 1961, als Montfort von dem Bürgerverein an die Gemeinde Langenargen überging, kam es zur Verwirklichung des geplanten Kurhauses Montfort, wonach man die Festsäle modernisiert hat.

Schaumburg an der Lahn

Hoch über dem Lahntal, unweit von Balduinstein, liegt die Schaumburg, die man heute über eine bequeme Straße erreichen kann. Stattlich und kühl liegt sie auf der Höhe und scheint auch an sonnigen Tagen von leiser Melancholie umschattet. Bei regnerischem Wetter leuchtet, wie aus Graphit gemeißelt, der feuchtschwarz schimmernde Basalt der Gebäude, wozu der Ton des grauen Mendiger Tuffes der Fenster, Türfassungen und der Zinnenkränze einen reizvollen Akzent bildet. Der hohe Turm und der rechteckige Kubus des langgestreckten ›Neuen Baus‹ schaffen das unverwechselbare Profil der Anlage mit ihren klaren, von sparsamen malerischen Effekten überspielten Formen. Leider hat man im Jahre 1924 das als Zeitdokument so wichtige und als aparte Bereicherung wirkende Palmenhaus – eine große, von einer Kuppel bekrönte Halle in verglaster Eisenkonstruktion – abgerissen. Dieses Palmenhaus bildete mit seinen kurvigen Formen zu den scharfen Kanten der Baublöcke einen effektvollen Kontrast. Dach und Kuppel waren mit neun von Johann Hartung, dem Schöpfer des Stolzenfelser Siegfriedbrunnens, geschaffenen Figuren geschmückt – Früchte und Blumen tragende Knaben- und Mädchengestalten als Allegorien der warmen Erdteile.

Der Erbauer des Schlosses, Erzherzog Stephan Viktor von Österreich, eine von Tragik umwitterte Gestalt und als Persönlichkeit von einer für seine Epoche bemerkenswerten liberalen Haltung, war ein hochgebildeter Mann, der fünf Sprachen beherrschte, die er nicht nur sprach, sondern auch schrieb. An den Naturwissenschaften interessiert, hatte er sich zu einem passionierten Botaniker und Mineralogen entwickelt, dessen auf der Schaumburg zusammengetragene Mineraliensammlung zu den reichsten Kollektionen dieser Art in der zweiten Hälfte des 19. Jahrhunderts gehörte. Als Sohn Erzherzog Josephs, des Palatins von Ungarn, und dessen Gemahlin, einer geborenen Prinzessin von Anhalt-Bernburg-Schaumburg, schien ihn eine glänzende Laufbahn zu erwarten. Im Jahre 1839 in Wien in die Staatsgeschäfte eingeführt, wurde er nach unterrichtenden Reisen im Jahre 1844 in Vertretung des Kaisers Landeschef von Böhmen. Als der Vater 1847 starb, verlieh man seinem Sohn die Würde des Palatins von Ungarn. Das war ein Jahr vor dem Sturz des französischen Bürgerkönigs Louis Philippe, der in ganz Europa weitreichende politische Erschütterungen hervorrufen sollte, insbesondere in Ungarn, dessen Verhältnis zu Österreich schon seit längerer Zeit gespannt war. Ein doppelzüngiges Spiel in der kroatisch-slawonischen Frage, an dem er keinen Anteil hatte, wurde ihm nichtsdestoweniger zum Verhängnis, nachdem man ihn am kaiserlichen Hofe allzu starker liberaler Ideen verdächtigte. Um weitere politische Verwicklungen durch seine Person zu vermeiden, dankte er am 24. September 1848 ab und begab sich auf das Olmütz benachbarte Gut Ewanowitz in Mähren, da der Hof infolge der revolutionären Wiener Verhältnisse sich nach Olmütz geflüchtet hatte. Von dort erhielt Stephan Weisung, so rasch als möglich Österreich zu verlassen, so daß er schon am folgenden Tage sich gezwungen glaubte, auf sein mütterliches Erbteil, die Schaumburg, abzureisen. Dieses Schloß fand er in einem höchst desolaten Zustand vor, denn schon seine Großmutter hatte es vorgezogen, es mit einem kleinen, aber bequemeren Wohnsitz zu vertauschen. Um Raum für sein Gefolge und seine Offiziere zu schaffen, entschloß sich Stephan Viktor zu einer Restaurierung und gleichzeitigen Erweiterung durch einen Neubau, ein Vorhaben, das sechs Jahre in Anspruch nahm. Restaurierung und Neubau erfolgten in neugotischem Stil nach englischen Vorlagen. Mit

Schloß Schaumburg

einer solchen Unternehmung schuf sich der neue Hausherr eine ihn in Anspruch nehmende und erfreuende Beschäftigung.

Der beste Kenner der Materie, Clemens Weiler, hat in seiner Untersuchung ›Romantische Baukunst in Nassau‹ festgestellt, daß der nassauische Baumeister Georg Christian Karl Boos (1806-1883), ein Weinbrennerschüler, für seine Pläne entscheidende Anregungen von dem in drei Bänden in der Zeit zwischen 1821 bis 1823 erschienenen Werk von Augustus Charles Pugin ›Specimens of Gothic Architecture‹ empfangen hat, das von ihm am 25. April 1850 aus der Bibliothek in Wiesbaden entliehen und erst 1855 nach Beendigung der Schaumburg zurückgegeben wurde.

Das Bild der Burg wird heute in entscheidender Weise von dem ›Neuen Bau‹ geprägt – tatsächlich ein Neubau, der auf seiner Giebelseite von zwei schmalen, niedrigen Türmen flankiert wird, während sich im Winkel zwischen dem Neubau und dem mit einer neuen Fassade verkleideten alten Teil ein hoher Turm erhebt. Die Fassade des Neubaues wird in der Mitte durch einen giebelbekrönten Risalit nach der Hofseite hin hervorgehoben. Der Risalit ist zu beiden Seiten von Pilastern eingefaßt und nimmt damit das Motiv der westlichen Giebelseite wieder auf. Die Fenster sind in diesem Risalit besonders reich und in allen Stockwerken verschieden ausgebildet. Der das ganze Gebäude bekrönende Zinnenkranz läßt das niedere Dach verschwinden.

Dieser Flügel enthielt zu ebener Erde den Marstall, im ersten Geschoß das Münzkabinett und das Archiv, im zweiten die Wohnräume des Erzherzogs mit dem heute noch immer unausgebauten Rittersaal; es ist bezeichnend, daß dieses Herz- und Kernstück jeder Anlage der eleganten romantischen Phase schließlich nicht mehr zum Tragen gekommen ist. Das dritte Geschoß war von den Dienerräumen eingenommen. Die dem Neubau zugekehrten Fronten des Alt- und Mittelbaues wurden diesem angeglichen, Arbeiten, die teilweise erst unter dem Nachfolger von Stephan Viktor, dem Herzog Georg von Oldenburg, der das Erbe angetreten hatte, vollendet wurden.

Die nach Süden gelegene, von einem alten verschieferten Fachwerkbau eingenommene dritte Hofseite ließ der Erzherzog ohne Zustimmung des Baumeisters vollständig mit Eichenrinde verkleiden und mit Efeu beranken – in seiner Stimmung gleichsam ein Relikt der sentimentalischen Epoche, wie solches auch anderwärts – beispielsweise in der Klause auf Stolzenfels – vorkommt.

Der stattliche Hauptbau erhält seinen besonderen Akzent durch eine von dem Kölner Bildhauer Menzenbach gefertigte geharnischte Figur des Söldnerführers Peter Melander, wahrhaft eine hierher passende Erscheinung. Dieser Peter Melander, ein westfälischer Bauernsohn mit Namen Peter Eppelmann, hat in den bewegten Zeiten des Dreißigjährigen Krieges einen selbst für damalige Zeiten märchenhaften Aufstieg genommen, indem er es vom Offizier bis zum Feldmarschall gebracht hat. Als Bauernsohn dürfte in ihm der Wunsch wach geblieben sein, eines Tages Grund und Boden sein eigen zu nennen, so erwarb er denn im Jahre 1643 die Herrschaft Esterau im Lahntal, und Kaiser Ferdinand hat nicht gezögert, für seinen getreuen Diener das Ländchen zu einer freien Grafschaft mit dem Namen Holzapfel zu erheben. Die Witwe des Peter Melander hat dann im Jahre 1656 Herrschaft und Burg Schaumburg von den Grafen Leiningen-Westerburg gekauft, die sie seit dem Jahre 1547 innehatten, nachdem die Burg bereits im 12. Jahrhundert sich im Besitze der Grafen Leiningen befunden hatte. Wie zu allen Zeiten, galt auch damals die Devise ›non olet‹, und so hat die recht vermögende Tochter des Reichsgrafen Peter Melander von Holzapfel nachmals einem Prinzen von Nassau-Dillenburg ihre Hand gereicht, wodurch das Eppelmannsche Blut es vermochte, das Geblüt einer Reihe europäischer Fürstenhäuser aufzufrischen.

Ziert den Hauptbau die Figur des Peter Melander, so wird das Portal des Seitenbaues von zwei großen Bronzefiguren fackelhaltender Herolde flankiert – ein beliebtes Ingrediens romantischer Schloßbauten. Diese zwischen 1865 und 1867 entstandenen Figuren entstammen der Werkstatt des Wiesbadener Bildhauers Karl Georg Keil (1838-1869).

Nach dem Tode des Erbauers begann sich das jahrhundertealte Karussell des Besitzwechsels erneut zu drehen, was nicht ohne Widerstand abging. Deshalb ist von der heute der Besichtigung freigegebenen Einrichtung des Schlosses kaum noch etwas ursprünglich. Geblieben ist in der Bibliothek die mit netzförmigen Holzgraten überzogene flache Decke – eine seit der frühesten Romantik beliebte Ornamentierung der neugotischen Decken. Verschwunden ist dagegen der Bibliotheksinhalt von vierundzwanzigtausend Bänden, verschwunden auch die bedeutende Mineraliensammlung, die Herzog Georg von Oldenburg mitsamt dem Mobiliar, das ihm durch ein Urteil des Reichsgerichtes im Jahre 1887 zugesprochen worden war, mitgenommen hat, während seinem Prozeßkontrahenten, Fürst Georg Viktor von Waldeck, nach zwanzigjährigem Rechtsstreit Schloß Schaumburg zugefallen ist.

Im ehemaligen Speisezimmer befindet sich noch eine von Leyendecker in Wiesbaden gelieferte Tapete, die in gotischem Maßwerkrahmen Fruchtkörbe zeigt, ebenso haben die, gelegentlich von dem Erzherzog als elegant bezeichneten Eisentreppen im Turm und ehemaligen Münzkabinett die Zeiten überdauert – blasser Abglanz vom Wirken des einstmaligen Schöpfers dieser Anlage.

Hohe wissenschaftliche Ehren sind von Stephan Viktor eingeheimst worden, aber für die damalige Gesellschaft blieb er ein toter Mann, und erst nach Jahren ist es ihm gelungen, die gesellschaftliche Acht zu brechen; einzelne ihm wohlgesinnte Mitglieder des österreichischen Kaiserhauses, vorab sein Onkel Erzherzog Johann, hatten seit dem Jahre 1857 Schritte unternommen, den Erzherzog mit seinem Monarchen zu versöhnen, der aus Gründen der Staatsraison nicht gewillt war, ihn offiziell zu rehabilitieren und zurückzurufen. Er schrieb: »Geschieht dies nicht, so bleibe ich in Schaumburg und kehre nur nach Österreich zurück, um die Totengruft meiner Familie in Ofen zu bevölkern.« Der Kaiser entschließt sich, ihm mitteilen zu lassen, daß er sich freuen würde, den erzherzoglichen Vetter in Wien zu begrüßen. Daraufhin stellt sich Stephan Viktor am 11. August 1858 dem Kaiser Franz Joseph in Laxenburg vor, nachdem er am 7. August eine offizielle Einladung erhalten hatte. Doch kehrt er nach diesem Wiener Besuch zur Schaumburg zurück, die er abgesehen von zahlreichen Reisen nach Wien, Brüssel und sonstigen Städten bis zu seinem Tode nicht mehr verlassen hat. Ein Lungenleiden zwang ihn schließlich, an die Riviera zu gehen, wo er in Mentone am 19. Februar 1867 verstarb. In Ofen wurde er neben seinen Eltern beigesetzt.

Fürstliche Schlösser in Böhmen und Mähren

In dieser zweiten Phase der eleganten Romantik ist das Haus Österreich selbst nicht mehr in Erscheinung getreten. Dagegen haben die großen fürstlichen Häuser Österreichs auf den böhmi-

schen und mährischen Besitzungen ihre Schlösser im Stile der englischen Neugotik modernisiert, wie es Lilian Schacherl in ihren Landschaftsbüchern über ›Böhmen‹ und ›Mähren‹ (Prestel Verlag, München, 1966 und 1968) genauer dargestellt hat.

Den Schwarzenberg verdanken zwei der prunkvollsten Anlagen dieser Art in Frauenberg (Hluboká) und Worlik (Orlik) ihre Entstehung. Felix Schwarzenberg, Staatskanzler und Nachfolger Metternichs, Retter des österreichischen Kaiserhauses in den Revolutionsjahren um 1848, schuf nach Plänen des Wieners Franz Beer die an Windsor gemahnende Tudorgotik von Frauenberg mit den schönen, 1841-1871 entstandenen Interieurs, die sich mit zahlreichen neugotischen vertäfelten Innenräumen, Möbeln und farbigen Glasfenstern in erlesenem Geschmack präsentieren, wozu sich böhmische Tafelmalerei des 15. und 16. Jahrhunderts, Waffen und Familienbildnisse gesellen. Während Frauenberg den Umbau einer älteren Anlage darstellt, ist Worlik als Neubau anzusehen, nachdem das Renaissanceschloß im Jahre 1802 bis auf die feuerfesten Gewölbe des Erdgeschosses und die Türme in Schutt und Asche sank. Unter Fürst Karl I. *von Schwarzenberg, dem späteren Feldmarschall und Sieger der Völkerschlacht von Leipzig, dem sein Bruder das Schloß überlassen hatte, kam es zum Wiederaufbau, wobei dem Schloß ein drittes Stockwerk aufgesetzt wurde und Zinnenkränze an die Stelle der schweren Turmhauben traten. Im Jahre 1848 wurden nach dem Entwurf des Architekten Bernhard Grueber (1807-1882) durch den Sohn und Enkel des Feldmarschalls, den Fürsten Karl* II. *und Karl* III.*, zusätzlich neugotische Formen in Anwendung gebracht.*

Die Fürsten Auersperg haben in Zleb (Zleby) das im 13. Jahrhundert gegründete Schloß der Renaissance- und Barockzeit in den Jahren 1849-1868 nach Plänen des Architekten Franz Schmorenz (1814-1902) in neugotischem Stile zu einem höchst reizvollen und vielteiligen Gebilde umgebaut, das jedoch in seinem Kern die Herkunft aus verschiedenen Epochen nicht verleugnen kann.

Sichrow (Sychrov) in Nordböhmen, das heute das Antonin-Dvorak-Museum beherbergt, präsentiert sich ebenfalls in einem neugotischen Gewande, das ihm Fürst Camille Rohan verleihen ließ, nachdem Fürst Karl Alain von Rohan den Besitz als einstöckiges Landhaus von einer Comtesse de la Motte erworben und es erweitert und vergrößert hatte. Die etwas starr und kühl wir-

kende Anlage in konventionellen Formen der Tudorgotik nach Entwürfen des Architekten Pruvot bewahrt als Hauptschatz die Ahnengalerie der Rohans, jener Familie des berühmt berüchtigten Kardinals, der im Halsbandprozeß der Königin Marie Antoinette von Frankreich eine so verhängnisvolle Rolle gespielt hatte. Jene Galerie, die dem Schloß im Sinne der Neugotik Legitimation verleiht, konnten die Rohans in der Französischen Revolution bei ihrer Flucht nach Böhmen mitnehmen.

Neben Frauenberg in Böhmen entstand als großartigste neugotische Anlage in Mähren Schloß Eisgrub (Lednice), wo ebenfalls eine ältere Anlage in neugotischer Manier um- beziehungsweise neugebaut wurde. Der auf Repräsentation bedachte Fürst Alois II. *von Liechtenstein (1796-1858), der die barocke Schloßanlage als nicht mehr zeitgemäß empfand, ließ nach Plänen des Architekten Georg Wingelmüller (1810-1848) in den Jahren 1845-1848 das neue Schloß erstehen, dem damit eine der großartigsten barocken Schloßanlagen zum Opfer gebracht wurde; nach dem Tode von Wingelmüller führte Johann Heidrich mit dem Umbau der Barockkirche das Werk zu Ende. Dieser hatte im Auftrag des Fürsten eine Studienreise nach Belgien, Frankreich, England und Schottland unternommen, indessen das Schloß teilweise abgebrochen wurde. Fürst Liechtenstein war Anglomane, wie dies aus den Lebenserinnerungen des Bauernbefreiers Hans Kudlich hervorgeht, der ihn in wenig freundlicher Weise charakterisiert hat: »...Er ahmte das high life von Altenglands Aristokratie nach, suchte ihre steifen Sitten, ihre Manieren, Pferde, Wettrennen, ihre Kutschen und Bedienten auch bei dem Hochadel Österreichs einzubürgern. Auch mit flotten Dirnen und schönen Pferden theilte er seinen Überfluß...«*

Das Ergebnis in Eisgrub war eine malerisch gegliederte Disposition von acht Flügeln, in die Teile des alten Schloßbaues eingeschmolzen wurden. Das Innere zeichnet sich durch ein wohlerhaltenes Interieur in gotisierendem Stil aus, wobei man das Treppenhaus mit seiner Vertäfelung als schöpferische Leistung bezeichnen darf.

4.

DENKMALSCHLÖSSER DER PATHETISCHEN ROMANTIK

Es ist merkwürdig, daß fast alle Schloßbauten der pathetischen Romantik, der letzten etwa um die Mitte des 19. Jahrhunderts einsetzenden Phase, ihre Entstehung hochfliegenden Absichten und Plänen verdanken, um sich dann in ihrer Mehrzahl zu Denkmälern gescheiterter Hoffnungen und menschlicher Dramen zu entwickeln.

Allesamt zeigen sie das Gepräge und Gepränge eines phantastischen Bühnenbildes, das man vergessen hat abzuräumen, während die Schauspieler die Szene längst verlassen haben. Und trotzdem wallfahrten in jedem Jahr, von schwer beschreibbaren Vorstellungen und Sehnsüchten erfüllt und getrieben, Tausende gerade zu diesen Schlössern – architekturgewordene Spiegelbilder einer Welt des Scheins.

Als Wohnung und zur Darstellung einer fürstlichen Lebensform bestimmt – die sich scheinbar auf einem Höhepunkt befand, während vom Schicksal ihr Untergang bereits beschlossen war – wurden diese Schlösser auf großen, vielfach durch Sprengung oder Einebnung geschaffenen Terrassen errichtet. Die Mehrzahl der Anlagen ist durch Gartenanlagen gefaßt und gerahmt. Dabei erscheint in einer neuen, abgewandelten Form der Landschaftsgarten, worin neben dem malerischen Wechsel von Rasenflächen und Baumgruppen wieder Elemente des regelmäßigen, geometrischen Gartens in Form begrenzter Terrassen, Blumenbeete, Pergolen und Wasserspiele auftreten.

Die Architekten dieser Phase sind alle Baumeister, die auf staatlichen Akademien ihre Ausbildung erhalten und dort nicht nur Bekanntschaft mit der gesamten Formenwelt abendländischer Vergangenheit, sondern auch der Antike gemacht haben. Das notwendige Rüstzeug, das sie je nach ihrer schöpferischen Formkraft auswerten und anwenden, fanden sie in architektonischen Form- und Ornamentvorlagen, wie sie beispielsweise von Heideloff veröffentlicht wurden, oder in den Architekturtheorien berühmter englischer Architekten wie Pugin, Repton, Papworth und anderen. Man glaubte sich schließlich der unbeschränkten Anwendung der gesamten Formenwelt abendländischer Kunst mächtig – eine Hybris, die einer gewissen Großartigkeit nicht entbehrt.

Die Folge war, daß man nicht mehr nur in mittelalterlichen Formen baute, sondern diese mit Formenelementen anderer Epochen – Renaissance und Barock, anfänglich vornehmlich in den Innenausstattungen – verquickte. Es wurde kein Anstoß daran genommen, in ein Bauwerk von mittelalterlichem Habitus renaissancehafte und barockisierende Innenräume einzubringen, wie ja auch das 17. und 18. Jahrhundert nicht davor zurückgeschreckt war, die eigenen Formvorstellungen früher entstandenen Bauwerken aufzuprägen. So wurde im Falle des schlesischen Schlosses Kamenz, dessen Ausführung sich über Jahrzehnte hinzog, nach den Absichten seines Planers Schinkel von dem bauleitenden Architekten Martius eine neugotische Ausstattung vorgesehen, wie sie denn auch tatsächlich zur Ausführung gekommen ist. Doch hatte Martius vor Beginn der Innenraumgestaltung sich verpflichtet gefühlt, darauf hinzuweisen, daß die Neugotik bereits unmodern geworden und veraltet sei, weshalb er für die Innenausstattung einen Alternativplan in Renaissanceformen angefertigt hatte, der vom Bauherrn aber abgelehnt wurde.

Auch beginnen in der Ordnung der Innenräume – ähnlich wie bei der Gartengestaltung – erneut Elemente des 18. Jahrhunderts aufzutauchen, die auf eine vordergründige Repräsentation zielen. Damit kommt auch wieder die Enfilade mit ihrer Abfolge von Appartements zu Ehren.

Wenn oben gesagt wurde, daß die späteste romantische Phase um die Mitte des 19. Jahrhunderts beginnt, so heißt das nicht, daß nun gleichsam schlagartig eine neue Entwicklung einsetzt, sondern diese ist eine durchaus fließende, und eine ganze Anzahl von Residenzen der eleganten Romantik zeigen, wie bereits angedeutet, Merkmale der pathetischen Phase, die ihrerseits gewisse Eigenarten der eleganten Romantik – erhöhte Lage mit Ausblicken in die Landschaft und das Moment des Antiquarischen – häufig aufnimmt und weiterführt.

Bei der Feier des fünfzigjährigen Schloßjubiläums von Schloß Kamenz in Schlesien am 15. Oktober 1888 – der Grundstein des Schlosses war nach den Entwürfen Schinkels am 15. Oktober 1838 gelegt, der Bau aber erst 1873 vollendet worden – dankte Prinz Albrecht (Sohn) von Preußen insbesondere dem inzwischen vom Bauinspektor zum Baudirektor aufgestiegenen Ferdinand Martius für die beharrliche Durchführung des Unternehmens, das »einzig in seiner Art dasteht, ein Schmuck und eine Zierde dieser herrlichen Gegend ist, für den Beschauer ein Zeugnis kunsthistorischen Schaffens, für die Bewohner ein Denkmal mütterlicher Liebe«.

Es ist wahrhaft ein Denkmal, denn Prinzessin Marianne der Niederlande – Tochter von König Wilhelm I. der Niederlande und seiner Gemahlin Luise Wilhelmine von Preußen – hatte dieses Schloß nach ihrer Heirat mit dem Prinzen Friedrich Heinrich Albrecht (Vater) von Preußen, dem jüngsten Sohn König Friedrich Wilhelms III. und der Königin Luise, in der ausdrücklichen Absicht errichtet, für die Albrechtslinie des preußischen Hauses nicht nur einen repräsentativen Wohnsitz, sondern auch ein Symbol des Familienstolzes zu schaffen. Damit waren zugleich soziale Beweggründe verbunden – in dem Wunsche der Prinzessin, den Einwohnern ihres großen Besitzes durch den riesigen Schloßbau größeren Verdienst und günstigere Lebensbedingungen zu schaffen.

Der Wunsch nach einem Stammsitz hat für die Erbauerin nur bedingte Erfüllung gefunden. Auch dieses Schloß ist von menschlicher Tragik umwittert, denn es kam sehr bald zu Spannungen in der Ehe und im Jahre 1849 schließlich zur Scheidung. Prinz Albrecht sah Kamenz niemals wieder, und die Fürstin, die die Verbindung mit dem preußischen Hofe gelöst hatte, führte fortan den Titel einer ›Prinzessin der Niederlande‹. Der im Hofklatsch so wohlbewanderte Fürst Bernhard von Bülow schreibt darüber in seinen Memoiren:

»... Prinz Albrecht Vater war mit der schönen Prinzessin Marianne der Niederlande vermählt. Die Ehe ging nicht besonders. Der Gatte verliebte sich in die anmutige Tochter des Kriegsministers von Rauch, der Garten des Kriegsministeriums grenzte an den Garten des Palais Albrecht, und zum Kummer des frommen Königs Friedrich Wilhelm IV. trennte sich Prinz Albrecht (Vater) von seiner Frau und heiratete Fräulein von Rauch. Mit seiner zweiten Frau vom König aus Berlin verwiesen, ließ er sich in Dresden nieder, wo er sich die Albrechtsburg erbaute und für seine Gemahlin und seine Kinder einige Jahre später vom Herzog von Sachsen-Meiningen den Namen Gräfin und Grafen von Hohenau erhielt. Prinzessin Marianne unternahm, um sich zu trösten, eine Reise nach Italien. In ihrer Umgebung befanden sich eine tugendreiche Hofdame, ein würdiger Kammerherr und ein als besonders zuverlässig empfohlener Lakai. Zunächst verlief die Reise sehr gut, der Kammerherr berichtete an das Oberhofmarschallamt in Berlin, daß die Frau Prinzessin die Italiener durch ihre Liebenswürdigkeit, ihr Gefolge durch ihre Güte bezaubere. Bald konnte er berichten, daß Ihre Königliche Hoheit nach wie vor in bester Stimmung wäre, daß sie mit ihrer ganzen Suite zufrieden zu sein scheine, aber die Dienste des trefflichen Lakaien besonders schätze. Diese Dienste und die Anstelligkeit des Lakaien wurden auch weiter rühmend hervorgehoben, bis plötzlich die entsetzte Meldung in Berlin eintraf, die Frau Prinzessin habe befohlen, daß der Lakai an der Mittags- und Abendtafel teilnehmen solle. Prinzessin Marianne hat ihren Günstling später geheiratet. Sie wurde schlecht von ihm behandelt, der ein roher Mensch gewesen zu sein scheint, nahm aber, fromm wie sie war, die Züchtigungen ihres Gatten als heilsame Prüfung entgegen und ist ihm bis an sein Ende eine treue und gehorsame Frau gewesen. Ein Kind aus dieser Ehe starb in jungen Jahren. Je älter sie wurde, desto mehr steigerte sich bei der Prinzessin eine gewiß aufrichtige Religiosität, zugleich aber stellte sich der alte fürstliche Hochmut wieder ein, und sie urteilte schonungslos über jede Mesalliance in fürstlichen Häusern. Daß sie selbst unter ihrem Stande verheiratet gewesen war, hatte sie einfach vergessen.

Ich weiß nicht mehr, welcher griechische Historiker irgendwo erzählt, daß ein griechischer Sophist von einem asiatischen König, den er gefragt hatte, welche Kunst er von ihm zu lernen wünsche, die Antwort erhielt: ›Lehre mich die Kunst, vergessen zu können.‹ Fürsten brauchen im allgemeinen diese Kunst nicht zu lernen, sie vergessen von selbst, woran sie nicht erinnert werden mögen. Ihrer religiösen Richtung entsprechend war Prinzessin Marianne auch politisch nach rechts gerückt, und wenn sie ihren Sohn besuchte, der Kommandierender General in Hannover geworden war, mißbilligte sie laut und vor Hannoveranern die Annexion Hannovers durch Preußen. Prinz Albrecht-Sohn hatte die Eheirrung seiner Mutter völlig aus seinem Gedächtnis gestrichen. Er erzählte mir gelegentlich, wie peinlich es ihm gewesen wäre, bei einem Besuch in Madrid der Königin Christine einen Besuch machen zu müssen, die in zweiter Ehe den Leibgardisten Fernando Munoz geheiratet hatte. Solche Mißheiraten wären ihm ebenso antipathisch wie unbegreiflich. Auch Prinz Albrecht Sohn bedurfte keines besonderen Unterrichts in der Kunst des Vergessens.«

Die Mutter der Prinzessin Marianne, Königin Wilhelmine der Niederlande, hatte im Jahre 1824 aus dem großen oranischen Vermögen die säkularisierten ehemaligen Stiftsherrschaften Kamenz und Heinrichau gekauft, einen Besitz, der bei den Erbauseinandersetzungen nach ihrem Tode an ihr drittes Kind, Marianne, übergegangen war. Diese verpflichtete Schinkel, der schon das Albrechtspalais in Berlin umgebaut und erweitert hatte, für die Planung des neuen Schlosses Kamenz zu einer Zeit, als Schinkel bereits den Keim des Todes in sich trug. Das hat ihn allerdings nicht gehindert, für Kamenz noch zahlreiche Entwürfe von großartiger Diktion zu liefern, aus denen sich ein Ausführungsplan zu einem mächtigen, in Bruchsteinen und Ziegeln zu erstellenden

Quadrum mit vier Rundtürmen entwickelte, das in den Formen an normannisch-sizilische Vorbilder erinnert.

Doch schon bald nach Beginn der Arbeiten ist es zu Spannungen zwischen der Bauherrin und dem Architekten gekommen, als die Fürstin wiederholt Änderungswünsche äußerte, wobei der bauleitende Architekt Martius – Schüler von Schinkel, der auch nach dem Tode des Meisters die Anlage vollendet hat – ein sehr geschickter Vermittler war und es mit Erfolg versucht hat, beiden Parteien gerecht zu werden. Von Prinzessin Marianne wurde vor allem beanstandet, daß man bei dem Plan von Schinkel von der Beletage keinen Ausblick in die Landschaft haben könne, weshalb sie eine andere Lösung der Fassadenfronten wünschte, die durch das Einfügen eines ursprünglich nicht vorgesehenen Zwischengeschosses gefunden wurde. Mariannens Selbstbewußtsein und Unzufriedenheit kommen in einem Brief vom 12. März 1849 zum Ausdruck: »Den Bericht des Assessors Hohmann habe ich mit größtem Interesse gelesen und mich dabei amüsiert, seine Bewunderung über Schinkel darin durchschimmern zu sehen, der gelobt wird, wo er es gar nicht verdient; denn nicht er, der große Meister, sondern ich, die Unwissende, entdeckte, daß die Dimensionen so unglücklich genommen waren, daß man aus den Fenstern der Bel Étage gegen die Ringmauer sah und die wirklich schöne Aussicht nicht genießen konnte. Deshalb befahl ich, trotz Schinkel, den Einbau des Halbgeschosses. – Die Freitreppe war ein Unsinn bei einem gotischen Schloß, welches einer Festung ähnlich gewesen wäre. Deshalb ließ ich sie ausfallen, und die großen Bogen in der Vorhalle sind auf den Vorschlag von Martius gemacht worden, da ich lamentierte über den Mangel an Licht und Aussicht für alle Räume, welche hinter der Unterfahrt gelegen waren. Davon hat Schinkel auch keine Ehre. Überhaupt war der große Meister schon halb kindisch, als der Bau zur Ausführung kam. Das einzig Gute, was er daran tat, war: ihn den Martius anzuvertrauen der sich dabei mit Ruhm bedeckt hat...«

Es bedurfte zur Ausführung dieses riesigen Schlosses tatsächlich der Ausdauer und vieler Geduld. Mit Hilfe von 251 Arbeitern hatte man im Jahre 1838 mit dem Einebnen des Bauplatzes begonnen, wofür ziemliche Felssprengungen und Brunnenbohrungen notwendig waren. Man war der Meinung, am Orte einer mittelalterlichen Anlage zu bauen, denn Kamenz ist für Schlesien mit dem Namen des Herzogs Bratislaw von Böhmen und einer von ihm zu Ende des 11. Jahrhunderts gegründeten Burg Camenec verbunden. Diese Burg soll Vorgänger und ein Teil des im Tale gelegenen Zisterzienserklosters, einer der bedeutendsten Klosteranlagen Schlesiens, gewesen sein. Das Kloster hat nach dem Kriege 1806-1807 das Schicksal aller geistlichen Stiftungen Preußens geteilt, nämlich im Jahre 1811 säkularisiert zu werden und in den Besitz des Staates überzugehen; 1817 brannte ein Teil der Klostergebäude ab. Die schöne Lage und die prächtige Aussicht der im ehemaligen Klosterareal gelegenen Baitzener Harthe gab für die Wahl des Bauplatzes den Ausschlag.

Der erhaltene Briefwechsel zwischen den drei Beteiligten – Prinzessin Marianne, Schinkel und Martius – sowie eine Baugeschichte des letzteren legen zusammen mit Tausenden von Bauzeichnungen Zeugnis von der hier gestellten Riesenaufgabe, die Prinzessin Marianne gelegentlich eines Briefes vom 28. Oktober 1865 mit leise ironischem Akzent als »Wunder- und Feenschloß« und am 17. Juli 1871 noch schärfer als in den Bereich von »Luftschlössern« gehörig bezeichnet hat. Ihr Stoßseufzer vom 23. März 1866: »Ginge es nach mir, würde einfacher gebaut werden«, ist von unserer Sicht aus gesehen glücklicherweise nicht in Erfüllung gegangen.

Tatsache bleibt, daß Prinzessin Marianne das monumentale, aber nicht gerade wohnlich zu nennende Feenschloß selten genug aufgesucht hat; bei ihren Besuchen bewohnte sie später die zunächst fertigen, für die Gäste bestimmten Zimmer im oberen Stockwerk »mit ihrem helleren und wohnlichen Gepräge« und prächtiger Fernsicht, während die für die Schloßherrin bestimmten Räume der Beletage für sie nur bedingte Anziehung besaßen. Meist residierte Marianne im nahen, neugotisch modernisierten, behaglicheren Jagdschloß Weißwasser und benutzte zu vorübergehenden Aufenthalten in Kamenz ein Zimmer des Erdgeschosses, zu dem sie, der Bequemlichkeit halber, den Weg auf einer Treppe durch das Fenster nahm.

Der Bau hat nach ihrer Scheidung sie erst wieder stärker zu interessieren begonnen, als sie sich bedrängt fühlte, das Schloß für ihren Sohn Albrecht, der ein besonderer Verehrer von Schinkel war, zu vollenden. Seit 1855 ließ sie dem Sohn freie Hand bei seinen Absichten, und so ist Kamenz, als Familienschloß entworfen, schließlich zur Verwirklichung einer großartigen Bauidee geworden.

Das Schloß über einer von Lenné gestalteten Gartenanlage die Landschaft weithin beherrschend, präsentiert sich als ein rechteckiger Kubus von nahezu 88 Meter Länge, 61 Meter Tiefe und einer Höhe von 25 Metern bis zum zinnenbekrönten Hauptgesims, an dessen Ecken vier in den Kubus teilweise eingebundene runde Türme emporsteigen, denen über der Höhe des Hauptgesimses zweigeschossige zylindrische Türme mit einem flachen, von Zinnen gesäumten Dachabschluß aufgesetzt sind. Vier Geschosse – Erdgeschoß, Zwischengeschoß, Hauptgeschoß und ein zweites Obergeschoß – weisen in der Hauptfront von Turm zu Turm neun Fensterachsen auf, die Seitenfront fünf, die Rundtürme haben sechs Fensterachsen. Vorder- und Rückfront sind durch einen die drei mittleren Fensterachsen umfassenden Risalit betont und an den Ecken durch schlanke polygonale Türme mit einem abschließenden vorkragenden Zinnenkranz flankiert. In der Mitte über dem Hauptgesims erheben sich als einziger Skulpturenschmuck die von figuralen Wappensymbolen flankierten Wappenschilder mit den vereinigten preußischen und niederländischen Wappen, die von einer Krone überhöht werden. Anstelle der vorgesehenen Freitreppe wurde auf Wunsch der Prinzessin eine zweischiffige, überwölbte, den Risalit überschneidende, fast die volle Breite

IV *Das Zimmer I.K.H.*
der Frau Prinzessin von Preußen
in Schloß Babelsberg

Farblithographie von Claus
nach Carl Graeb von etwa 1853

einnehmende Vorfahrt angelegt, deren oberen Abschluß eine riesige, von einer flachen Balustrade umgebene Terrasse mit einer prächtigen Aussicht bildet.

Der Grundriß wird durch einen rechteckigen Innenhof bestimmt, der in allen Geschossen von verglasten Galerien mit einer Reihung spitzbogiger Fenster umlaufen wird. Entgegen dem ursprünglichen Entwurf wird der Hof durch einen zweigeschossigen, bis zur Beletage reichenden galerieartigen Trakt unterteilt, um eine unmittelbare Verbindung zwischen Vorder- und Rücktrakt zu schaffen.

Der äußere Eindruck wird durch die ungewöhnlich hohen und tief in den Fassaden liegenden Fenster bestimmt, die von zweifach oder dreifach in der Fläche zurückgestuften Blenden zusammengefaßt sind, deren monumentale Steilheit die frühesten Kamenzer Entwürfe von Schinkel noch gar nicht vorgesehen hatten. Doch wird der Fläche dabei fühlbar ihr Recht gelassen, die sowohl über den Blenden wie auch zwischen ihnen vergleichsweise hoch und breit zur Geltung kommt. »Sie ist das Dominierende, in sie hinein vertieft es sich räumlich, sie ist es auch, die von dem reichen und ganz backsteinmäßig entwickelten Gesims unter dem Zinnenkranz des oberen Abschlusses und den überschneidenden, überkragenden Eckpfeilern der Risalite großartig zusammengefaßt wird.« (Hermann Beenken)

Bezeichnenderweise war Schinkel im Verein mit Martius bemüht, die Wirkung dieser tiefliegenden Fenster mit ihren Sprossenteilungen, entgegen allen Vorstellungen der Prinzessin, zu erhalten; letztere hatte sie, aus Furcht vor einer Sichtbehinderung, beanstandet und um Abänderung gebeten, worauf Schinkel schreibt: »Diese Änderung macht das Schloß zu einer gemeinen Kaserne, zerstört alle Architektur, und es wäre dabei nicht nötig gewesen, Zeichnungen zu entwerfen, die gefallen sollten, denn wenn nichts Außergewöhnliches angebracht wird, kann der Gegenstand nur ganz gewöhnlich werden, wird aber weit davon entfernt bleiben, den Charakter einer mittelalterlichen Architektur zu erzeugen. Ich muß sehr bitten, dieses Mißgeschick abzuwenden...«, was denn auch gelungen ist.

Der gesamte Bau geht auf große, durch die norddeutsche Backsteingotik angeregte Wirkungen aus. Das Material der äußeren Pfeiler und Wandflächen ist zwar ein am Ort gewonnener Glimmerschieferbruchstein, aber die vertieften Fensterpartien sind mit Ziegeln eingefaßt, und auch das Mauerwerk der Nischen besteht aus glasierten Ziegeln abwechselnd in braunen und schwarzen Schichten, während der spitzbogige Schluß der Fenster im oberen Stock so wie alle Spitzbögen aus roten und schwarzen Schichten bestehen. Auch die Kronen der Gebäude und Türme sind aus Ziegeln gemauert. Durch solche Kontraste erfährt der Bau seine besondere Belebung.

Die Gliederung der Innenräume nimmt mit den Enfiladen in den vier Trakten die barocke Raumordnung wieder auf. Ein an der Hofseite umlaufender Korridor vermittelt den Zugang zu den einzelnen gewölbten Gemächern, die durch Türen an der Fensterseite nochmals untereinander in Verbindung gesetzt sind. In der Mitte des einen Längstraktes befindet sich der zweischiffige große, mit Netzgewölbe und einem Austritt zur großen Terrasse versehene Saal, der in seiner Raumbildung – ähnlich Stolzenfels, nur in größerem Maßstab – an den Remter der Marienburg gemahnt. Ihm entspricht im gegenüberliegenden Längstrakt der Speisesaal, der ursprünglich ebenfalls mit eingestellten Säulen geplant war, auf Wunsch der Prinzessin aber – zum Leidwesen Schinkels – mit freitragenden Gewölben überspannt werden mußte. Zu beiden Seiten dieser großen Säle liegen je zwei Empfangszimmer, die gleichzeitig als Vorzimmer für die in den Quertrakten liegenden Appartements von Prinz und Prinzessin dienen. Das Appartement des Hausherrn enthält in den beiden Türmen Wohnzimmer und Schloßkapelle, während dazwischen Schlafzimmer, Bibliothek und ein Salon liegen. Ähnlich gestaltet ist das Appartement der Prinzessin mit Wohnzimmer und großem Salon in den Türmen, die das

Schlafzimmer und zwei niemals benutzte Kinderzimmer begrenzen. Die vier Türme markieren zugleich die Lage der vier Treppen; die hier befindlichen Treppenhäuser enthalten die notwendigen Kabinette und Garderoben. Das dritte Geschoß zeigt in gleicher Aufteilung die Appartements für die Gäste.

Mit der Ausstattung der Räume der Beletage wurde 1845 nach den Entwürfen von Martius begonnen und als erstes der Kapelle die Vertäfelung und Holzschnitzerei eingefügt. Zugleich begann die Ausstattung der übrigen Räume, die allerdings nach drei Jahren stockte und erst 1853-1854 wieder aufgenommem wurde. Die Ausführung ist vom handwerklichen Standpunkt aus eine sehr sorgfältige. Martius hatte im Jahre 1858 Prinz Albrecht (Sohn) auf einer Reise nach England begleitet, um sich durch den Besuch einiger englischer Schlösser weitere Anregungen für die Einrichtung zu holen. In den Jahren 1863-1864 entstanden die Pläne zur Ausführung der Malereien in einzelnen Räumen, wonach der Holländer Maler Kleyn im Speisesaal die beiden großen Wandbilder ›Hochzeit von Kana‹ und ›Gastmahl des Belsazar‹ im Stile der großen Historienmalerei schuf. Ferner begegnen wir in Kamenz auch dem auf Hohenzollern tätig gewordenen Maler Peters, der sich dieses Mal nicht in mittelalterlichen Legenden versuchte, sondern ›Die letzten Tage von Pompeji‹ von Bulwer in Raumillustration umgesetzt hat.

Günther Grundmann, einer der besten Kenner schlesischer Architektur, hat mit Recht sich gegen die vielfach abwertenden Urteile der neugotischen Ausstattung von Kamenz gewandt, wenn er schreibt: »Ein genaueres Studium der Zeichnungen verrät ein ebenso hohes Bildungsniveau des Entwerfenden wie ausgesprochenes künstlerisches Feingefühl im zeichnerischen und proportionalen Aufbau. Wie ernst es Martius darum zu tun war, seinen Schöpfungen den Stempel des Erlesenen zu geben, beweisen seine Studien, Bildungsreisen und Urteile. Zu dieser Kultiviertheit der Entwürfe tritt die ganz außergewöhnliche Qualität der handwerklichen Arbeit. Die besten Kräfte wurden herangeholt, ausgesuchteste Hölzer verwendet. Die Schnitzereien sind von höchster Vollkommenheit, wenn sie auch mehr aus der Zeichnung als aus dem Material herausgestaltet sind. Wohlüberlegt ist die Zusammenstellung der Wandfarben, Ornamente und Hölzer, die Abstimmung der Bezüge und Tapisserien. Als Ganzes betrachtet, wird man selten in Deutschland eine derartige innenräumliche Einheit im Stil der Gotik des 19. Jahrhunderts sehen wie in Kamenz.«

Fürst Pückler-Muskau hatte verlangt, daß sein Schloß in der Landschaft ebensosehr auf Ansicht wie Aussicht berechnet sein müßte, eine Forderung, die in Kamenz, nicht zuletzt durch die Gartenanlagen, volle Erfüllung gefunden hat. Bereits Schinkel hatte an eine Terrassierung des Berghanges gedacht, die von Lenné im Geiste Schinkels auch ausgeführt wurde. Auf sieben von dem Neißetal aufsteigenden Terrassen schafft die wechselnde Gliederung durch Blumenbeete, Rasenflächen, leichte Pergolaarchitekturen, lebendiges Spiel der Wasserkünste und durch eine geschickte Beziehung der Achsen vollendete Harmonie. Meisterlich ist auch die Verbindung dieser Terrassenanlage mit dem im Sinne eines Landschaftsparkes gestalteten Bergwald gelöst, so daß dieser Park den schönsten Rahmen für das Schloß bildet, das ihn zugleich als dominierender Mittelpunkt beherrscht.

Pena in Portugal

Als der Erbauer des Schlosses Pena in Portugal, Baron Wilhelm Ludwig von Eschwege, hochbetagt im Jahre 1855 in seiner hessischen Heimat starb, schrieb König Ferdinand von Portugal aus dem Hause Sachsen-Coburg an dessen Gemahlin, daß er einen wahren Freund verloren habe, dem er die treuen, ihm geleisteten Dienste nicht vergessen werde. Der Brief schließt mit den Worten: »Sein Name wird aber gewiß in dem täglich schöner werdenden Pena fortleben.«

Das Leben dieses Sprosses einer althessischen Familie, der

am 15. November 1777 in dem Herrenhaus des Rittergutes Aue geboren wurde, darf man als ein ungewöhnliches, um nicht zu sagen romantisch-abenteuerliches bezeichnen. Nach einem Studium in Göttingen und Marburg und einer praktischen bergmännischen Ausbildung in Richelsdorf schloß Eschwege im Jahre 1802 einen Kontrakt mit der portugiesischen Regierung zur Anstellung als portugiesischer Hüttendirektor und schiffte sich 1803 nach Lissabon ein, wo er sich nach seiner Ankunft dem König João VI. vorstellte, um diesem, wie es der Brauch verlangte, die Hand zu küssen und anschließend zur Aufnahme seiner Tätigkeit in den Eisenhütten ins Estrellagebirge aufzubrechen. Ministerielle Intrigen hatten bald darauf die Schließung der Hütten und eine Rückkehr nach Deutschland zur Folge. Eine erneute Anforderung führte ihn nach Portugal zurück, wo sich allerdings der politische Himmel bald verfinsterte, die eroberungsfreudigen Franzosen eindrangen und das Haus Braganza von Napoleon I. als abgesetzt erklärt wurde. König João VI. schiffte sich darauf mit dem reichen Kronschatz und allen rasch greifbaren Kostbarkeiten nach Brasilien ein. Eschwege zögerte nicht, ihm im Jahre 1809 zu folgen, um den kriegerischen Verhältnissen in Portugal zu entgehen. In Brasilien erwartete ihn ein reiches Tätigkeitsfeld, war doch dieses Land ebenso reich an Erzen, Edelmetallen wie auch an edlen Steinen. Publikationen zeugen von seiner dortigen verdienstvollen Tätigkeit.

Als im Jahre 1820 sich die politischen Verhältnisse in Portugal wie auch in Brasilien zuspitzten, womit sich eine wachsende Fremdenfeindlichkeit verband, entschloß sich Eschwege schweren Herzens, nach Europa, in seine Heimat zurückzukehren, wo er sich mit Sophie von Baumbach verlobte und vermählte. Trotz der glücklichen Tage seines Brautstandes schien ihm die Heimat für seinen Tätigkeitsdrang bald zu eng und zu klein; um 1823 kehrte er deshalb mit seiner Gattin nach Portugal zurück, wo er erneut unsichere politische Verhältnisse vorfand. Sie brachten Eschwege zeitweilig in eine schwierige Stellung, die er aber mit Takt und Geschick zu meistern verstand. Im Jahre 1826 bestieg Maria da Gloria als siebenjähriges Kind den portugiesischen Thron, nachdem ihr Vater, Dom Pedro I., Kaiser von Brasilien – Brasilien hatte sich vier Jahre zuvor vom Mutterlande Portugal gelöst –, beim Tode seines Vaters João VI. auf die portugiesischen Herrscherrechte zugunsten seiner Tochter verzichtet hatte. Zugleich bestimmte Dom Pedro seinen jüngeren Bruder Dom Miguel zum Vormund und künftigen Gatten von Maria da Gloria. Doch dieser wollte allein regieren und wagte einen Staatsstreich, der nach Kampf und Niederlage mit seiner Verbannung endete; denn Dom Pedro hatte, als die Situation in Portugal kritisch wurde, rasch zugunsten seines Sohnes in Brasilien abgedankt und war nach Portugal zurückgekehrt, um die Rechte seiner Tochter durchzusetzen. Nach seinem Tode ging die Krone von neuem an Maria da Gloria über, die, im Alter von vierzehn Jahren großjährig erklärt, sich 1835 mit dem Prinzen August von Leuchtenberg vermählte – einem Sohn von Eugen Beauharnais aus der Ehe mit der Prinzessin Auguste von Bayern. Doch der Leuchtenberger Prinz starb schon ein Vierteljahr nach der Trauung, worauf nach Ablauf einer einjährigen Trauerzeit Maria da Gloria dem Prinzen Ferdinand von Sachsen-Coburg-Saalfeld-Koháry, einem Neffen von König Leopold von Belgien, ihre Hand reichte. Ferdinand war ein 1816 in Wien geborener Sohn des jüngeren Bruders des in Sachsen-Coburg-Gotha regierenden Herzogs Ernst I., des Prinzen Ferdinand, und zwar aus der Ehe des letzteren mit Antoinette, der reichen Erbtochter des Fürsten Koháry.

Als Prinzgemahl und Regent rangierte Ferdinand naturgemäß an zweiter Stelle – auch wenn er seit 1837 nach der Geburt des Thronfolgers den Königstitel führen durfte –, und seine herrscherlichen Pflichten nahmen ihn wenig in Anspruch. Ähnlich wie Erzherzog Stephan Viktor suchte Ferdinand eine Aufgabe, die sein untätiges Dasein ausfüllen würde, und faßte den Plan zur Schöpfung von Schloß Pena.

Als Standort hatte Ferdinand ein Plateau der Serra de Sintra, oberhalb des alten portugiesischen Königsschlosses Sintra, gewählt, wo sich die Reste eines alten Hieronymitenklosters erhoben, das – von den Mönchen verlassen – zeitweilig verpachtet und schließlich durch Kauf in den Besitz der Krone übergegangen war. Der Fürst erteilte nunmehr dem inzwischen zum General aufgestiegenen Eschwege, der schon gleich nach dem Eintreffen des Coburger Prinzen zu diesem in eine persönliche Verbindung getreten war und ihm politische Dienste geleistet hatte, den Auftrag, die noch erhaltenen Baulichkeiten einer Untersuchung zu unterziehen, um festzustellen, welche Maßnahmen für Erhaltung, Erneuerung und Erweiterung notwendig seien. Eschwege fand eine noch gut erhaltene Klosterkirche, wogegen alles von den Klostergebäuden, was das Fortschaffen gelohnt hatte, einschließlich der Türen und Fenster, entfernt war. Die Klosterbibliothek mit ihren unschätzbaren alten Handschriften war in unsinnigster Weise verschleudert und vernichtet worden. Trotz der mißlichen Verfassung der Anlage war Eschwege der Überzeugung, daß auf den verbliebenen Resten ein herrliches Besitztum entstehen könne. Er schlug vor, anfänglich nur diejenigen Arbeiten vorzunehmen, die geeignet waren, dem weiteren Verfall zu steuern und Maßnahmen zu treffen, um die noch vorhandenen Klosterzellen zum vorübergehenden Aufenthalt der königlichen Familie einzurichten. Es scheint so, als ob König Ferdinand sich wegen der Planung auch mit dem dem Hause Coburg vertrauten Architekten Karl Alexander von Heideloff – wie aus dessen Autobiographie hervorgeht – in Verbindung gesetzt habe. Aus dem Material von dessen Nachlaß ist wenig für die Klärung der Zusammenhänge zu gewinnen. Aufschlußreich ist ein Brieffragment vom 9.6.1841, in dem Heideloff seiner Schwester berichtet, der König von Portugal habe gewünscht, daß er »sein Schloß Penha bey Lissabon, wozu ich Zeichnungen machte, persönlich leiten möchte (aber da kann nichts daraus werden)...«

Ferdinand hat jedenfalls Eschwege, der die erste Untersuchung vorgenommen hatte, auch die Durchführung des Bauprogramms übertragen – möglicherweise nach Heideloffschen Anregungen. Die Arbeiten begannen im Frühjahr 1839.

Ida Gräfin Hahn-Hahn schildert in einem ihrer Reisebriefe von 1841 ihren Eindruck von dem begonnenen Werk: »... O, Cintra ist schön! es lehnt sich an den Höhenzug, dessen ich vorhin erwähnte, und hat vor sich die Ebene, die vom Meer begrenzt wird. Die Ebene ist ganz ungestört grün; am Abhang der Berge liegen Quintas zwischen Lorbeerhecken und Citronenhainen; herrliche Kastanienbäume steigen höher empor, und plötzlich hört die Vegetation auf, und in den schroffsten, wildesten Formationen thürmen sich Felsen von zertrümmerten Kalksteinblöcken auf, und auf deren höchster Spitze schwebt einige tausend Fuß über dem Meer die Penna von Cintra – ehedem ein Kloster der Hieronymiten, welches zu dem von Belem gehörte, und das jetzt der König zu einem Schloß aus- und umbauen läßt. Es werden auch Pflanzungen und Gartenanlagen umher gemacht, doch mit großer Mühe; es windet beständig, zuweilen stürmt es heftig, und der Schnee liegt oft fußhoch droben. Unser erster Gang war heute Morgen zur Penna hinauf; da orientirt man sich am besten in der Landschaft, und da oben trug sie das Gepräge grenzenloser Schwermuth, das ich so bestimmt und so ungestört noch nie in irgend einer Landschaft gefunden habe. Sie kommt mir ganz vor wie ein Mensch, dem gewaltige Schicksale das Herz gebrochen haben, ein schönes, starkes glühendes Herz – und der sich nun stumm in seine Schmerzen wickelt, alles erträgt, alles gleichgültig hinnimmt, aber nichts thut um ihrer los zu werden, und immer ganz freundlich dazu lächelt. Nicht wahr, liebe Seele, diese Beschreibung macht Ihnen den Charakter der Landschaft anschaulicher, als eine topographische? – Das Schloß, oder wenigstens das alte Klostergebäude ist klein, und in Miniatur wie das Kloster von Belem mit dem etwas gedrückten Bogen im innern Hof, der sonst Kreuzgang war, gebaut. Jetzt kommen einige Mauern und Thürme hinzu um das Ganze schloßähnlicher zu machen. Einige Zimmer sind bereits fertig und höchst einfach eingerichtet, jedoch interessant insofern, daß die Meuble wirklich alt, und nicht mit Schnitzwerk und eingelegter Arbeit den alten nachgeahmt sind, wie die Mode das jetzt begehrt. Sollten die Anpflanzungen je gedeihen, so müßte nach einigen Generationen die Penna ein reizender Aufenthalt für die Sommermonate sein. Jetzt ist sie schön durch ihre Lage und ihre Aussicht, doch nicht behaglich zu bewohnen, denn von dem kahlen Fels reverbiren die Sonnenstrahlen auf eine entsetzliche Weise, und während man von Glanz und Hitze zu leiden hat wird man von Windstößen umgewirbelt. Letzteres war aber heut wenig der Fall! es war recht ungestört heiß...«

Wenn die Gräfin davon spricht, daß die Anlage nur mit antikem Mobiliar ausgestattet sei, so änderte sich die Situation im Verlauf der weiteren Arbeiten, nachdem das Bauprogramm – typisches Kennzeichen romantischer Baukunst – immer weiter gezogen wurde und mehr als zehn Jahre zu seiner Durchführung erforderte. Dieses erweiterte Bauprogramm lief darauf hinaus, daß aus dem ehemaligen Kloster eine Burg werden sollte unter Verwendung von Formen des manuelischen Stiles, der eine Mischung von maurischen, gotischen und byzantinischen Elementen darstellt, der von König Manuel von Portugal (1469-1521) vielfältig angewendet wurde und daher auch seinen Namen bekommen hat. Die Burg war als Sommerresidenz der königlichen Familie gedacht. Eschwege, der noch in Lissabon wohnte, sah sich bald gezwungen, seinen dauernden Wohnsitz in Pena zu nehmen, um die Arbeiten überwachen zu können. Seine Persönlichkeit verwuchs mit der Anlage in einem Maße, daß die Portugiesen, denen die Aussprache seines deutschen Namens Schwierigkeiten bereitete, ihn schließlich nur noch als ›Barão de Pena‹ bezeichneten. Um Studien für die Anlage zu machen, unternahm Eschwege am 29. April 1847 eine größere Reise, die ihn über England und Hamburg auch nach Berlin führte, wo ihn auch König Friedrich Wilhelm IV. von Preußen empfing. Eschwege berichtet darüber in einem Brief: »Sr. Majestät dem

König mußte ich aber viel von den portugiesischen, damals revolutionären Verhältnissen erzählen, die ihn zum Teil sehr belustigten, aber auch für die königliche Familie besorgt machten. Viel wurde auch von meiner Burg Pena gesprochen ... und da der König eine Zeichnung davon zu sehen wünschte, so versprach ich Herrn Humboldt, am anderen Morgen eine zu überreichen, was auch geschah...« Die weitere Reise ging durch ganz Deutschland, nicht zuletzt über die thüringischen Höfe mit ihren neugotischen Anlagen, nach Stuttgart und München. Sein Rückweg führte ihn über die Schweiz und Südfrankreich nach Marseille, wo er sich zur Heimreise über Spanien einschiffte. Die letzten Jahre seiner Tätigkeit dienten der Vollendung des Schlosses, wobei das fast freundschaftliche Verhältnis zum König immer enger wurde. Dieser hatte nach dem frühen Tod seiner Gemahlin Maria da Gloria im Jahre 1853 die Regentschaft für seinen sechzehnjährigen Sohn Pedro v. übernommen, der zwei Jahre später für großjährig erklärt wurde. Doch über dem Hause Braganza schwebte ein Unstern, denn alle Herrscher starben eines frühen Todes. Kaum vierundzwanzigjährig wurde Dom Pedro, ein verheißungsvoller Monarch, von der Cholera dahingerafft, und wenige Tage später ereilte zwei seiner Brüder das gleiche Schicksal. Da Pedro ohne Nachkommen war, wurde sein 1838 geborener Bruder Dom Luis, der, im Ausland weilend, dem großen Sterben entronnen war, Thronerbe. Abermals mußte Ferdinand die Regentschaft bis zu dessen Rückkehr übernehmen. Schon nach der Thronbesteigung Dom Pedros hatte Ferdinand sich völlig aus dem politischen Leben zurückgezogen und sich mit der seinerzeit berühmten Tänzerin Elise Hensler verbunden, die zur Gräfin Edla erhoben wurde, mit der er sich 1869 vermählte, im gleichen Jahr, in dem er die ihm zugedachte spanische Krone ablehnte.

Im Schloß Pena, das er mit seinem Architekten zu einem phantastischen Gebilde erschaffen hatte, lebt sein Name weiter. Es ist eigentlich kein portugiesisches Schloß, sondern eine aus dem Geist der Romantik geborene deutsche Burg – ein unorganisches Konglomerat von Türmen, Toren, Bastionen, Wehrgängen, Treppen und Höfen mit einer unendlichen Flucht von Zimmern, die in allen Stilen eingerichtet sind. Die einzelnen Teile und die Ausstattung sind von bizarrem Reiz, als Architektur ist es eine Phantasmagorie, die ungeheure Mittel verschlungen haben muß. Phantastisch wie das Gebilde ist die unendliche Fernsicht nach allen Himmelsrichtungen, ebenso der das Schloß umgebende Waldpark, der den ganzen Bergrücken bedeckt und sich stundenweit vom Gipfel bis zu den Dörfern am Hang und am Fuße des Berges ausdehnt und mehr als vierhundert verschiedene Baumarten enthält.

Als Erzherzog Maximilian, der spätere Kaiser von Mexiko, im Jahre 1852 Schloß Pena besuchte, bezeichnete er die Anlage als »etwas barock«. Er schreibt unter anderem: »... Die großen Gartenanlagen in den Thälern und auf den Felsenhügeln um das Schloß herum sind, wenn auch noch sehr jung, doch glücklich ausgeführt. Große Pinusmassen mit ihrem feuchten, geheimnisvollen Dickicht und ihrem stärkenden Alpendufte versetzen den Deutschen in die frischen Gegenden der Heimath. Glücklich benützte Felsenpartien, mit Epheu und Blumenmassen umsponnen, erfreuen das Auge und bezeugen dem Fremden die Fruchtbarkeit des südlichen Bodens und des winterlosen Klimas. Schön geführte Wege mit zahllosen Ruheplätzen und Aussichtspunkten beweisen die Liebe des Besitzers zu seiner raschen Schöpfung, und tiefdunkle Wassermassen in saftigem Buschwerk lassen den Breitegrad Lusitaniens nicht ahnen. Besonders geglückt ist eine Felsenpartie, auf der die Reste einer alten Maurenburg stehen; während die verwitterten Wände des pittoresken Gebäudes durch Epheu gebunden und tapeziert sind, fallen wahre Cascaden von Geranium, durch die man sich völlig durcharbeiten muß, in den glühendsten Farben über die Felsen herab. Die Aussicht von diesen niederen, von Nebel nicht umwölkten Puncten ist eigenthümlich, ja großartig; auf tannigen Felsenhöhen stehend, hat man unmittelbar zu seinen

Füßen das kleine frischgrüne Eden von Cintra mit seinen netten Villen und Gärten, seinen gigantischen schattigen Kastanien und den spitzigen monumentalen Rauchfängen des grauen Königsschlosses; rechtshin läuft die weite bebaute Hügelebene nach Lissabon und zum Tajo hin; links erscheint die grenzenlose Einöde, auf der das gigantische Maffra liegt, wie eine Thebaïde, ein weites gelbes Feld voll Wüsten-Melancholie, an das die brausende See in unheimlich weißen Wellenmassen, vom Zwitterlichte des halb sonnigen halb grauen Tages beleuchtet, stürmisch anlief. Es war ein großartiges, ergreifendes Bild, und ein Schiff, das auf düsterer erregter See allein im weiten Wellenkreise schwebend, ängstlich die Segel barg, vollendete den Eindruck...

Die Lage des Schlößchens macht es für gemächliche Menschen unbrauchbar; es nimmt die höchste Spitze der Felsenpyramide ganz ein, und nur mühsam geht man einen steilen Weg durch saftig grünes Buschwerk, zahllose Blumen und spitze Steine zu den Ringmauern hinan...

Die schönsten jungen Tannenpartien begleiteten uns fast bis an die Spitze hinan; ein maurisches Thor, von Laubbäumen, Epheu und Strauchwerk umwuchert, führt in einen malerischen Vorhof, in dessen Mitte auf begrüntem Felsen ein gothisches, verwittertes Steinkreuz steht, ein Denkmal der alten Klosterzeiten; rechts liegt das Schlößchen, links das crenelirte und bethürmte Stallgebäude, in dem ein großer Saal eingerichtet wird. Über dem Thorbau des Haupteinganges ließ der König ein Fratzenbild, das in zahllose Äste und Verzweigungen ausläuft, aus dem Steine hauen. Seit Alters her sind die Portugiesen als besonders feine Steinmetze berühmt, und dies etwas greuliche Kunstwerk, in welchem wirklich die Vögel des Himmels nisten könnten, bestätigt diesen Ruf. Eben so künstlich geben Wände und Decken des Thorthurmes die Mörtelornamente der Alhambra in Stein wieder. Das Innere des Schlosses besteht aus lauter heimlichem, kleinlichem Winkelwerk, ist aber übrigens noch gar nicht eingerichtet. Geld und Mühe scheint nur auf das Äußere verwendet zu werden, was auch ganz zweckmäßig ist, da ja Penna nur als Staffage, nie zum Gebrauche wird dienen können. Das Hübscheste in dieser Wolkenburg ist unstreitig der alte Klosterhof, um den zu ebener Erde und im ersten Stocke leichte, schön verzierte Arcaden laufen und dessen Wandsaum mit den spanischen Azuleichos geziert ist; außerdem befindet sich noch in der Capelle ein sehr schöner Altar aus dem Cinquecento vom feinsten Alabaster geschnitzt.«

Herz und Zentrum der Anlage ist das kleine Kloster der Hieronymiten, das seit 1502 die höchste Erhebung der Serra krönt, bestehend aus einer kleinen Kirche und Vorhalle und dem viereckigen Kloster mit dem engen zweistöckigen Kreuzgang in der Mitte. Eine hohe, wie aus einem Bühnenprospekt entliehene Treppe führt von einem kleinen, von Kirche und Kloster begrenzten Platz hinauf zu der auf zwei Säulen ruhenden Vorhalle der Kirche mit hohem, achteckigem Pyramidendach, das mit schwarz-weißen Fliesen im Zickzackmuster bekleidet ist. Die gesamten Gebäude des Klosters sind außen verputzt und mit Zinnen im Stile von Evora bekrönt. Im Inneren zeigt die Kirche prachtvoll verschlungene Netzgewölbe mit girlandenartig gebildeten, zum Teil vergoldeten Rippen. Gewölbe wie Wände sind reich mit Azulejos bedeckt. Durch einen Bogen und über eine Treppe gelangen wir in den Altarraum, der an der Rückwand den vielleicht schönsten portugiesischen Altar der Renaissance birgt – aus schwarzem und weißem Marmor sowie Alabaster gefertigt. Er wurde 1352 von König João III. gestiftet zum Dank für die glückliche Niederkunft der Königin Katharina, die ihn mit seinem Sohn Manuel beschenkt hatte. Es ist ein Werk von zauberhaftem Reiz und einem für die manuelische Zeit typischen Reichtum des Aufbaues.

Die übrigen Räume des Klösterchens sind meist gewölbt, besonders der Kapitelsaal enthält schöne Rippengewölbe, der viereckige Kreuzgang hat je zwei Felder auf jeder Seite zwischen den dicken, mit gewundener Spitze bekrönten Strebepfeilern. Auch hier sind alle Flächen mit Azulejos bedeckt.

Aus der Mitte der Gebäude steigt ein viereckiger Turm, der ganz offenbar nach dem Muster von Belem von zwei übereinanderliegenden Terrassen mit Zinnen und Ecktürmchen abgeschlossen ist. Zwar gehörte ein viereckiger Turm schon zur ursprünglichen Anlage, aber dieser wurde – wie das meistens in solchem Falle geschah – bei dem Ausbau des Schlosses erhöht und mit Ziergliedern reicher ausgestattet. Nicht nur, daß man der Anlage Terrassen mit wunderbarer Fernsicht vorgeblendet hat, sondern der Architekt versah diesen alten Kern auch mit zahlreichen Anbauten, die sich um einen im rechten Winkel angebauten rechteckigen Trakt mit vorgeblendeten Doppeltürmen und einen kuppelbewehrten mächtigen Rundturm als Abschluß scharen. Dazu kommen im Unterbau Kasematten, ferner Wehr- und Wachttürme und ein vielteiliges Burgtor. Da fast alle Teile mit Azulejos überzogen sind, entsteht ein wahrhaft farbenprächtiges Märchenschloß von theatralischer Wirkung mit den verschiedenartig übereinandergelegten Baumassen, den Kuppeln, langen Bogenhallen, Türmen, Spitzen und Terrassen.

Die Räumlichkeiten sind in ihrer Ausstattung ähnlich verwirrend wie die Gliederung des Außenbaues, da ihr Stil ständig wechselt und vielfach Kacheln oder Scheinarchitekturen die Wände bedecken. Klassizistische Kassettenfelder in den Decken werden von überreich barockisierenden Stuckdecken abgelöst. Die Einrichtung zeigt insgesamt einen Stil à la Makart, der in dem sogenannten ›Sächsischen Saal‹ besonders prächtig ausgebildet ist: überreich mit Zeugnissen der Meißener Porzellanmanufaktur bestückt, in einer Art, wie man sie im übrigen Europa nicht mehr antreffen dürfte, dunkles Mobiliar, reich mit buntbemalten Porzellanplatten inkrustiert und von Porzellansäulen getragen und flankiert. Der von der Decke herabhängende Porzellanlüster wird von geradezu riesenhaften Porzellankandelabern und üppig mit plastischen Blumen verzierten Girandolen als Lichtträger unterstützt. Überall, wohin man schaut, Porzellan von einer geradezu barbarischen Pracht, wie sie uns auch in leicht veränderter Aufmachung in zahlreichen anderen Salons begegnet. Schön sind die originalen portugiesischen Baldachinbetten in den Schlafzimmern. Der ›Große Empfangssalon‹ könnte, was das Mobiliar anbetrifft, auch einer deutschen oder französischen Residenz dieser Zeit angehören. Manche der Besucher werden sich von dieser Innenausstattung distanzieren und sie als Kitsch bezeichnen, der aber in seiner Weise von solcher Vollendung ist, daß man – unvoreingenommen – ihm eine Wirkung nicht absprechen kann.

Die gesamte Anlage ist innen wie außen getragen von dem Wunsche nach Wirkung und Beschwörung abendländisch-arabischen Reichtums – Ausdruck des einstigen Glanzes und Reichtums Portugals, weshalb die Portugiesen dem fremden Prinzen die großen Ausgaben für dieses Monument nicht nur verziehen, sondern sie sogar gebilligt haben dürften.

Miramare

Stellte der Bau der Schaumburg das Finale eines menschlichen Dramas dar, so war die Anlage von Miramare bei Triest gleichsam der Auftakt zu einem solchen. In beiden Fällen waren die Bauherren österreichische Erzherzöge, die als tragische Helden und Opfer der Staatsraison endeten, mit dem Unterschied, daß Erzherzog Stephan Viktor müde und enttäuscht in seinem Bette starb, während Erzherzog Maximilian als Kaiser von Mexiko unter den Kugeln eines Pelotons fiel.

Erzherzog Maximilian, der Schöpfer des 1854 begonnenen und in seiner Ausstattung 1859 vollendeten Schlosses Miramare, hatte, durch das Machtstreben Kaiser Napoleons III. gedrängt – obwohl von einer inneren Stimme und durch wohlmeinende Ratschläge seiner Umgebung gewarnt –, nach langwierigen Verhandlungen am 10. April 1864 im Zeremoniensaal von Miramare offiziell die ihm angetragene mexikanische Kaiserkrone angenommen, während die mexikanische Kaiserstandarte, vom Donner der Geschütze der im Hafen liegenden Kriegsschiffe begrüßt, am Flaggenmast des Palastes aufgestiegen war. Erst am 14. April vermochte sich Maximilian, körperlich und seelisch völlig erschöpft, mit seiner Gemahlin Charlotte, Tochter des belgischen Königs Leopold I. aus dem Hause Coburg, auf der Fregatte ›Novara‹ zur Fahrt nach Mexiko einzuschiffen, nachdem er bis kurz vor der Abreise einen vergeblichen Kampf mit seinem Bruder, dem österreichischen Kaiser Franz Joseph, um die Erhaltung seines Thronfolgerechtes in Österreich geführt hatte. Der von Segenswünschen seiner Verwandten begleitete Abschied, die Trennung von einer liebgewordenen Umgebung und die aus dem Herzen kommende Begeisterung der einheimischen Bevölkerung hatten das ohnehin angegriffene Gemüt des Kaisers in einer Weise berührt, daß er von den schmerzlichen Gefühlen übermannt wurde, was zwar scheinbar die Teilnahme seiner ehrgeizigen Gattin erregte, in die sich jedoch etwas wie leichte Verachtung über so viel Sentimentalität mischte, denn sie konnte sich nicht enthalten, zu ihrer Begleiterin, der Gräfin Zichy-Metternich, zu bemerken: »Regardez donc le pauvre Max! Comme il pleure!«

Mit Tränen hatte das mexikanische Abenteuer begonnen, in Schmerz, Trauer und Wahnsinn sollte es enden.

Ferdinand Maximilian von Österreich, der zum Romantischen und Schwärmerischen neigte, hatte sich – enttäuscht vom österreichischen Kaiserhof und gedrängt vom Ehrgeiz habsburgischen Familienstolzes – zur Annahme einer Krone in einem Lande entschlossen, das, von Parteien und Cliquenhaß zerrissen, zu stetem Aufruhr neigte. Ein verhängnisvoller Entschluß, denn Maximilian besaß für eine solche Aufgabe ein viel zuwenig hartes Naturell und war im Gegenteil weich, allzu ehrlich und vertrauensvoll; ein Ehrenmann durch und durch, der schon aus diesem Grunde in keiner Weise den zahlreichen Zwiespältigkeiten seiner neuen Stellung gewachsen sein konnte, die ihrerseits letzten Endes nur auf den Spitzen der Bajonette eines französischen Hilfskorps von Napoleons Gnaden ruhte.

Übernommen hatte der von Tätigkeitsdrang beseelte Erzherzog – »nur in der Tätigkeit ist Glück«, schrieb er einmal – dieses Amt nicht zuletzt, weil er von seiner nur repräsentativen Stellung als ›Oberkommandant‹ der von ihm aufgebauten österreichischen Kriegsmarine enttäuscht war. Dieses Amt hatte zwar seine Reiselust und ein rastloses Getriebensein befriedigen können, aber nicht seinen – leider mit Schwachheit gepaarten – Ehrgeiz, der verderblicherweise von seiner Gattin noch aufgestachelt wurde.

Seine zahlreichen Reisen hatten ihn nicht nur nach Portugal und auf Schloß Pena, sondern auch in das Land seiner Ahnen, Spanien, und an die Königsgräber von Ferdinand und Isabella und der spanischen Habsburger geführt, was auf ihn, nach seinen Erinnerungen zu urteilen, tiefen Eindruck gemacht hat. Schreibt er doch: »Ich blickte meinen steinernen Ahnenbildern so recht ins todtenstille Antlitz; es waren große Menschen, die ein Stück Geschichte gemacht..., die das Ihrige auf dem weiten Erdball geleistet, ein mächtiges weithin herrschendes Geschlecht erzeugt haben... Stolz und lüstern und doch wehmütig griff ich nach dem gold'nen Reif und dem einst so mächtigen Schwerte. Ein schöner glänzender Traum wäre es für den Neffen der spanischen Habsburger letzteres zu schwingen, um ersteres zu erringen...«

In solchen Wunschträumen lag eine Hauptwurzel für die Annahme der mexikanischen Krone, weshalb er auch die mit der neuen Würde verbundenen Schwierigkeiten nicht sehen wollte. Hinzu kam noch, daß er von mexikanischen Befürwortern der Annahme bewußt über die wahren politischen Verhältnisse Mexikos getäuscht wurde.

In Portugal und Spanien hatten sich seine für alle Schönheiten offenen Augen an der Architektur der Iberischen Halbinsel entzündet – der Name Miramare war nach seiner Aussage eine spanische Reminiszenz, die Wahl des Ortes bei Triest erfolgte ebenfalls auf Grund einer Erinnerung, da Maximilian hier aus höchster Seenot errettet worden war.

Gleißend und doch kühl erhebt sich das Schloß aus weißleuchtendem Kalkstein auf dem Plateau eines ins Meer ragenden, eine kleine Halbinsel bildenden Felsens unweit von Triest. Von seinen Fenstern und der Terrasse seines Gartens bietet sich ein herrlicher Blick auf das Meer und das amphitheatralisch aufsteigende Panorama von Triest. Seitlich des Schlosses öffnet sich eine kleine Bucht als Hafen für die Jacht des ehemaligen Hausherrn und Oberkommandanten der österreichischen Marine. Darüber terrassenartig ansteigend die ausgedehnte Gartenanlage, deren Erde von weither herangeführt wurde. Der für Mole und Terrasse notwendige Granit kam aus Tirol; die beiden dort aufgestellten Sphingen hatte Maximilian von einer ägyptischen Reise mitgebracht.

Der Grazer Architekt Anton Hauser (1824-1870) hat nach den Plänen von Carl Junker, dem Erbauer der Triester Wasserwerke, ein hochragendes, mit einem Turm bewehrtes Kastell aus zwei unsichtbar zusammengeschobenen Baublöcken geschaffen und die Fassaden so gestaltet, daß das Schloß scheinbar aus verschiedenen an- und ineinandergeschobenen Baukuben besteht, was der Anlage einen abwechslungsreichen Umriß verleiht. Die Glätte der Fassaden wird durch die rundbogigen, gekuppelten Fenster, durch die Zinnen und kleinen Türmchen auf den Ecken belebt, die dem Ganzen im Zusammenklang mit dem großen, herausragenden Turm und einzelner, turmartig erscheinender Bauteile ein pittoreskes Aussehen verleihen.

Auch Miramare ist ähnlich wie Kamenz ein auf eine Terrasse aufgesetztes denkmalartiges Schaustück. Das ›Malerische‹ der Hochschlösser der eleganten Romantik ist Miramare fremd. Trotz des Ineinanderverschränktseins besteht ein unleugbarer Hang zur Symmetrie. Statt der Betonung der Vertikalen herrscht die horizontale Lagerung vor, was durch die flachen, hinter den Zinnenkränzen verborgenen Dächer unterstützt und durch den hochragenden Turm noch unterstrichen wird. Das intime Wohnschloß ist zugunsten einer repräsentativen Anlage mit großen Zimmerfluchten aufgegeben, denen allerdings die gleichmäßig durchlaufende Reihung fehlt.

Dieser Drang zum Repräsentativen, ein Kennzeichen der pathetischen Phase, begegnet uns auch in Projekten, die aus Mangel an finanziellen Mitteln – wie beispielsweise ein von Georg Moller für den Großherzog von Hessen entworfenes Plateauschloß – nicht ausgeführt wurden.

Die innere Ausstattung erfolgte durch den 1840 in Triest geborenen Architekten Julius Hofmann, der in Wien seine Ausbildung erhalten hatte. Hofmann wurde von Maximilian auch nach Mexiko berufen, um dort den Palacio nacional mit seinen eintausendeinhundert Zimmern als Residenz neu einzurichten und das Lustschloß Chapultepec, das ehemalige Sommerschloß der spanischen Vizekönige, umzubauen. Anschließend ist der Architekt dann für den Bayernkönig Ludwig II. tätig gewesen; von ihm wurde die gesamte Innenausstattung für Schloß Neuschwanstein entworfen und die Gedächtniskapelle für den tragisch geendeten König im Park von Schloß Berg am Starnberger See errichtet.

Bei der Größe von Miramare ist das Fehlen einer wahrhaft repräsentativen Treppenanlage auffallend. Abgesehen davon, daß die Lage des Treppenhauses vom Außenbau her nicht zu erahnen ist, sitzt es merkwürdig eng und verquer – eine im Unterlauf einläufige Treppe, die sich auf schmalem Podest in zwei Arme teilt, mit reichgeschnitzten Treppenwangen und Pfeilern am Aufgang und Podest, die von Herolden als Lichtträgern geziert werden.

Die großen und reich dekorierten Räume mit den Historienbildern von Cesare dell'Acqua wirken trotz der reichornamentierten Plafonds kühl und steif. Sie entbehren jedoch nicht eines gewissen, schwer beschreibbaren Reizes, den vielleicht eine spätere Generation wieder stärker empfinden wird. Es ist jener Stil des Zweiten französischen Kaiserreiches, eine Mischung von Formen der Spätrenaissance und des Frühbarock in einer eigenartigen Übersteigerung, die, so seltsam es auch klingen mag, trotz reicher Bewegung etwas Lebloses hat. Die Möblierung ist nicht mehr in jedem Falle die ursprüngliche, die in ihrer Zusammenstellung vom Geiste eines makartschen Überschwanges bestimmt war, wie es noch die photographischen Aufnahmen zeigen, die heute in der Nationalbibliothek in Wien aufbewahrt werden. Ein Teil der Ausstattung wurde während des Ersten Weltkrieges nach Wien verbracht, darunter auch die Handbibliothek des Erzherzogs, die ebenfalls heute die Wiener Nationalbibliothek bewahrt.

In der Flucht der Salons, mit großem und kleinem Speisezimmer, mit Bibliothek-, Audienz- und Thronsaal, einem Porzellan- und Orientalischen Kabinett, einem Billardsaal, hebt sich das merkwürdige Arbeitszimmer des Erzherzogs hervor, das eine vergrößerte Nachbildung seiner Admiralskabine auf der ›Novara‹ darstellt – einen holzvertäfelten Raum mit reichgeschnitztem Plafond und stark ornamentierten Säulen von skurriler Wirkung. Ein mit himmelblauem Damast ausgestatteter Salon erinnert durch Farbe und das eingewebte Emblem des Ankers an den Beruf des ehemaligen Schloßherrn. Im Schlafzimmer seiner Gemahlin mit Möbeln im Stile von Napoleon III. – der Erzherzog besaß nach fürstlichem Brauch sein eigenes Schlafzimmer – zeigt das eheliche Doppelbett im Prunk seiner üppigen Schnitzereien an den Eckpfosten Bambini; die Ehe ist trotzdem kinderlos geblieben. Schwer und düster dräut das Holzwerk der Kapelle, die bei aller Größe gedrängt und beengend wirkt.

Die gesamte Einrichtung hat einen etwas fatalen Zug bourgeoisen Reichtums. Man glaubt noch heute die Leblosigkeit in diesem kaum benutzten Schloß zu spüren, dessen prunkvolle Räume Besuche, Gesellschaften und Empfänge geradezu fordern. In den wenigen Jahren bis zur Abreise des erzherzoglichen Paares nach Mexiko waren diese Salons und Festräume selten genug mit Leben erfüllt, da der Seemannsberuf den Hausherrn häufig fernhielt und die Hausfrau während seiner Abwesenheit das Schloß mied und sich an der Riviera und auf Madeira aufhielt.

Als die Verhältnisse in Mexiko dem Verhängnis entgegentrieben, hat Maximilian mit dem Gedanken eines Thronverzichtes gespielt, während Charlotte in falschem Ehrgeiz sich solchen Erwägungen auf das energischste verschloß und statt dessen den Vorschlag machte, selbst nach Europa zu fahren, um bei Napoleon III. und dem Päpstlichen Hofe weitere Unterstützung durchzusetzen. Obwohl die Aufnahme dort zurückhaltend und verlegen höflich war, vermochte Charlotte nicht den Ernst der Lage zu erkennen. Sie genoß die jubelnden Huldigungen des Volkes und das Wiedersehen mit Miramare, das sie, wie aus einem Brief an Maximilian hervorgeht, zu Tränen rührte. Im Speisesaal fand sie das dort angebrachte mexikanische Kaiserwappen von Dornen umwunden, ein Werk des Leibarztes Dr. Jilek, der stets von dem mexikanischen Abenteuer abgeraten und sich geweigert hatte, den Kaiser zu begleiten. Charlotte berichtet ihrem Gatten ferner von dem üppigen Wachstum in den Gärten, das auch den heutigen Besucher beeindrucken muß, von den Fächerpalmen, Pinien und Zedern, die »wundergroß« seien. Der Brief vom 9. September 1866 schließt mit einem Hymnus an den Gatten: »Alle Welt staunt vor diesen zwei Werken des abwesenden Fürsten, die Schlacht bei Lissa und Schloß Miramar. Diese Ideen vermählen sich in den Gesprächen eines Jeden, sowie in den Augen selbst, denn heute wird die siegreiche Escadre in derselben Schlachtordnung Tegetthoff à la tête auf ›Erzherzog Ferdinand Max‹ vor Miramar defilieren. Morituri te salutant. Es ist der letzte Gruß der Marine, dann verläßt sie Triest und vielleicht die Geschichte. Sie hat den ersten Strahl auf Deiner werdenden Macht geworfen, auf Deiner schwer erkauften Selbständigkeit, sie hat die Küste gerettet, die Du so lieb hattest, jetzt auch sie wird Österreich und Deinen Bruder ihrem Schicksal überlassen. Ihre Mission ist vollendet. Die Deinige auch. Die Ehre des Hauses Österreich ist mit dem Namen eines ihrer letzten Siege Novara über das Atlantische hinaus. Sie geht hier unter mit der Sonne, um dort aufzustehen. Plus ultra lautet der Ruf Deiner Ahnen.

Karl der Fünfte zeigte den Weg. Du hast ihn gefolgt. Bereue es nicht. Gott stand hinter ihm.«

Doch die in Miramare eintreffenden Nachrichten aus Mexiko müssen der Kaiserin wie ein Hohngelächter des Schicksals auf ihren Hymnus geklungen haben, und sie zwingt sich erneut zu Schritten am französischen und päpstlichen Hofe. Fieberhaft und mit stetig wachsender Nervosität sucht sie ihrem Gatten Unterstützung und Entlastung zu verschaffen. Schließlich versagen in Rom ihre völlig überreizten Nerven, nachdem sie die Hoffnungslosigkeit ihrer Bemühungen einsehen muß. Verfolgungswahn ist der Auftakt zu völliger geistiger Umnachtung, die ihr verwehrt, die Nachricht vom Tode ihres Gatten am 19. Juni 1867 bewußt aufzunehmen. Während die sterblichen Reste des Kaisers von Mexiko nach Wien übergeführt werden, träumt die im Wahnsinn versunkene Charlotte in Miramare von ihrem Gemahl als dem »Herrn der Erde«, dem »Souverän des Weltalls«. Ein ungewöhnlich langes Leben verdämmerte in der dunklen Nacht des Wahnsinns, von wenigen lichten Momenten unterbrochen – ein düster gespenstisches Dasein im lichterfüllten Miramare, bis der Erste Weltkrieg sie auch von dort vertrieben hat. Erst im Jahre 1927 ist die ehemalige Kaiserin in Schloß Bouchoup bei Brüssel gestorben. Geblieben ist Miramare als Monumentum für ein gescheitertes Kaisertum, unabhängig davon, daß nach dem Ersten Weltkrieg seit dem Jahre 1931 der Herzog Amadeo von Savoyen-Aosta dort Wohnung genommen hatte, der später Vizekönig von Abessinien wurde und 1942 in einem englischen Lager in Kenia starb. Im Zweiten Weltkrieg diente das Schloß als Sitz mehrerer Militärkommandos deutscher, neuseeländischer, englischer und amerikanischer Besatzungen. Erst 1955 gelangte es in die Verwaltung des Amtes historischer Baudenkmäler Italiens, dem es gelang, das teilweise nach Amerika entführte Inventar wieder zurückzuholen.

Burg Hohenzollern

Das letzte Mal sah ich Hohenzollern an einem Wintertag. Die Natur selbst schien die preußischen Farben Schwarz-Weiß angelegt zu haben. Schwarz standen die Stämme der Fichten gegen den üppigen, sie bedeckenden weißen Rauhreif. Über all der winterlichen Pracht erhob sich über weiß beschneiten Fluren auf mächtigem Kegel oberhalb von Hechingen wie eine steingewordene Burg aus dem Märchen die vieltürmige Silhouette des Hohenzollern gegen den blauen Winterhimmel. Man hat nicht selten davon gesprochen, daß diese Anlage in der scharfen Begrenzung der Baublöcke von unterschiedlicher Höhe, im Reichtum der vertikalen Bauglieder, im unverhüllten Aufzeigen der Verdachungen etwas Baukastenhaftes habe, was man aber nicht nur als Negativum werten sollte. Die pittoreske Auflösung der Silhouette ist ein besonderer und eigentümlicher Reiz, die von jedem Unvoreingenommenen mit Entzücken genossen wird.

In schön geschwungenen Kehren durch düstere Tunnels mit Resten des Mauerwerks der zweiten Burganlage und hellen Ausblicken schlingt sich ähnlich den Windungen eines Schneckenhauses der Burgweg in drei eleganten Ovalen empor, in denen tiefgelegene, mit Brunnen gezierte, reizvolle Gartenhöfe gelegen sind. Nach Verlassen der dritten, überwölbten Rundung befindet man sich auf der Höhe der sechs die Burg umgebenden und schützenden Basteien, auf denen man nach dem letzten Krieg Erzfiguren der Mitglieder des Hohenzollernhauses aus der ehemaligen Ruhmeshalle des Zeughauses in Berlin aufgestellt hat. Über eine Fallbrücke und durch einen Turm gelangt man dann in den Hof des Hochschlosses, der auf drei Seiten von hohen, in Verbindung stehenden Wohntrakten eingefaßt und von Türmen flankiert und überragt wird. Beide Längstrakte enden in Kapellen, von denen die eine der evangelischen, die andere der katholischen Konfession dient. Der Trakt, der die katholische Kapelle enthält, ist etwas kürzer als der andere, wodurch Raum für ein Burggärtlein entsteht, von dem man eine Aussicht auf die Bastion und den kleinen Friedhof hat, auf dem der letzte deutsche Kronprinz und seine Gemahlin Cäcilie sowie die Prinzen Hubertus und Friedrich von Preußen ihre Grabstätte gefunden haben.

Die Burg besteht demnach aus zwei Arealen. Einmal aus den Festungswerken, die man nach dem Entwurf des Generals von Prittwitz im Anschluß an die Ereignisse von 1848 eingeplant hatte, um notfalls eine befestigte Zuflucht zu besitzen, zum anderen aus dem Hochschloß mit den Wohntrakten, den Kapellen, dem Wehrhaus und dem Burggarten.

Der Romantiker auf dem preußischen Thron, König Friedrich Wilhelm IV., hatte als Kronprinz im Jahre 1819 die Stammburg seiner Ahnen besucht und den Entschluß gefaßt, die bis auf die katholische Kapelle und den Hofturm verwüstete Anlage als Denkmal seines Geschlechtes in Ordnung bringen zu lassen. Wie die Burg zu jener Zeit ausgesehen hat, ist uns durch einen Bericht des Fürsten Pückler-Muskau vom Frühjahr 1809 überliefert: »Ich aß auf der Post in Hechingen mit mehreren Honoratioren des Orts zu Mittag, wovon sich einer, ein Arzt, erbot, mich auf die Burg Hohenzollern zu führen, welches ich mit viel Vergnügen annahm. Der Weg hinauf ist mühsam und steil aber voll pittoresker Aussichten; groß und majestätisch breiten sich auf dem höchsten Gipfel die weitläufigen Burggebäude aus; man hatte sie bisher immer in einigem Stand zu erhalten versucht, aber jetzt fallen die alten Mauern von allen Seiten ein, obgleich noch einige Leute oben wohnen, um die Fremden herumzuführen. Man bewahrt im Schloß viele alte Waffen und Rüstungen auf, und in den eingefallenen Zimmern hängen noch hie und da halbvermoderte Gemälde der Grafen von Hohenzollern und anderer Fürsten dieses Stammes; verloschene Inschriften bedecken die Wände langer Gänge, die der Wind mit schauerlichem Geräusch durchsaust, und zerbrochene Möbel liegen auf den durchlöcherten Fußböden umher. Wir stiegen in den unterirdischen Gang hinab, der sonst bis in die Stadt Hechingen führte, jetzt aber verfallen ist; die schneidende Kälte und dumpfe Luft in diesen Gewölben erlauben keinen langen Aufenthalt, und man glaubt sich von einer schweren Last erlöst, wenn man wieder an die wärmenden Strahlen der Sonne, in Gottes freie Luft hinaustritt.«

Was Fürst Pückler sah, waren nicht die Reste der ursprünglichen Burganlage, die 1267 unter dem Namen Zollern zum ersten Mal genannt wird, obwohl seit dem 12. Jahrhundert Zollerngrafen im Brennpunkt des politischen Geschehens – bei Fehden, im Gefolge des Kaisers und auf den Kreuzzügen – stehen. Die Bezeichnung Hohenzollern erscheint erst im 14. Jahrhundert, während das Geschlecht erst seit dem 16. Jahrhundert die hergebrachte Bezeichnung von Zollern durch den klangvolleren Namen von Hohenzollern ersetzt hat. Nach dem Michaelsheiligtum zu schließen, bestand eine Burg schon im 11. Jahrhundert; drei beim Wiederaufbau im Schutt gefundene, heute in der Kapelle angebrachte romanische Reliefs sind dafür ein Beweis. Im Jahre 1423 wurde die Burg im Anschluß an einen Familienzwist von den vereinigten Reichsstädten im Bunde mit Württemberg vollkommen zerstört und der Wiederaufbau von Kaiser Sigismund auf ewige Zeiten untersagt. Tatsächlich erfolgte bereits im 15. Jahrhundert unter veränderter Machtkonstellation ein Wiederaufbau, wobei 1461 die Michaelskapelle geweiht wird. Eine Erinnerung an diese zweite Anlage bilden die drei Westtürme, der Kaiserturm, dessen Grundstein Kaiser Friedrich III. legte, der mittlere, hohe Bischofsturm, aus Mitteln des Augsburger Bischofs Friedrich von Zollern errichtet, und der Markgrafenturm, erstellt mit Beihilfen der aus dem Zollerngeschlecht stammenden Markgrafen und späteren Kurfürsten von Brandenburg, die im 19. Jahrhundert wieder aufgebaut wurden.

Graf Friedrich III., der, mit der Tochter des Burggrafen Konrad II. von Nürnberg vermählt, Burggraf von Nürnberg geworden war, hatte nach seinem 1200 erfolgten Tode zwei Söhne hinterlassen, von denen der ältere Konrad in Nürnberg regierte, während der jüngere Friedrich IV. zum Begründer der protestantischen preußischen Linie wurde; der süddeutsche katholische Zweig teilte sich in verschiedene Linien, von denen die Häuser Hohenzollern-Sigmaringen, Hohenzollern-Hechingen und Hohenzollern-Haigerloch die bedeutendsten waren.

Burg Hohenzollern

Der Wiederaufbau der Burg, verzögert durch die politische Lage von 1848 und durch den Übergang der beiden katholischen Fürstentümer Hohenzollern-Hechingen und Hohenzollern-Sigmaringen an die preußische Krone 1850, wurde 1856 im Rohbau vollendet, während der innere Ausbau noch das nächste Jahrzehnt in Anspruch nahm.

Anfänglich ergänzte der badische Major Arnold die alten Teile im »Style des Mittelalters«, teils sprengte er diese, um eine malerische Wirkung zu erreichen. Erst seit dem Jahre 1844 wurde der Architekt August Stüler (1800-1865), dessen Name mit den spätklassizistischen Bauten der Berliner Schloßkuppel und dem Neuen Museum in Berlin verbunden ist, mit Plänen für eine umfassende Erneuerung beauftragt, wobei ihm als historisch antiquarischer Berater Graf Stillfried von Alcantara zur Seite stand.

Am 3. Oktober 1867 wurde die Hohenzollernburg nach vierzehn Jahren Bauzeit vom preußischen König Wilhelm I., dem Bruder Friedrich Wilhelms IV., »im Beisein der allerhöchsten und höchsten Herrschaften« feierlich eingeweiht. Der Tag bekam zusätzlich historische Bedeutung, denn dem Preußenkönig wurde bei dieser Gelegenheit vom Präsidenten des Norddeutschen Bundestages eine Adresse der Abgeordneten an den König überreicht, in der ein Zusammenschluß mit den süddeutschen Staaten zu einem deutschen Reich in Vorschlag gebracht wurde. Doch war die Zeit damals dafür noch nicht reif.

Die Hohenzollernburg ist ein vollendeter Ausdruck jener pathetischen Romantik, die, einem Zuge der Zeit folgend, darauf ausging, neugotische Anlagen als reine Ruhmesdenkmäler geschichtlicher Größe zu gestalten. Wie schon Günther Sperlich in dem Essay über Neugotik in seiner Moller-Biographie in einem anderen Zusammenhang festgestellt hat, »handelt es sich nicht um die behutsame Rekonstruktion einer Ruine, und es handelt sich auch nicht um die Anlage eines wohnlichen Gebäudes in schöner Lage (wie im vorangegangenen Zeitabschnitt), sondern eine durch bestimmte Ereignisse bezeichnete Lokalität... wird mit einem Ruhmesdenkmal versehen, gleichgültig ob da ein paar alte Steine, einen größeren oder einen kleineren Ansatzpunkt bereitstellen. Meist nahm von dieser Lokalität ein in der Geschichte zu Ehren gekommenes, im 19. Jahrhundert noch existierendes Geschlecht seinen Ausgang.«

Dieses Denkmalhafte der pathetischen Romantik kommt in vorzüglicher Weise auch in der Innenausstattung von Burg Hohenzollern zum Tragen, nicht zuletzt in der sogenannten Stammbaumhalle, dem Vorraum des Grafensaals, wo an den Wänden in Wappenmalereien eine Übersicht über Herkunft, Verzweigung und verwandtschaftliche Verbindungen des Hohenzollernschen Gesamthauses dargestellt ist. Der anschließende, farblich beeindruckende Grafensaal erscheint als verwandelter Typus des Rittersaals, der nunmehr auf fürstliche und königliche Repräsentation abgestimmt ist. An seine Herkunft vom Rittersaal erinnern noch die Porträts der Zollerngrafen Eitel Friedrich und Karl I. und der zwei ersten brandenburgischen Kurfürsten. Neugotische Standbilder der für das Zollernhaus bedeutsamen deutschen Kaiser finden sich im Untergeschoß des an den Grafensaal anschließenden Kaiserturms und hervorragender zollernscher Kirchenfürsten im Untergeschoß des Bischofsturms. Die bemalten spitzbogigen Rippengewölbe des wohlproportionierten, wenn auch überhöht wirkenden Saales erheben sich über marmornen Säulen, die unmittelbar vor den Wandstücken zwischen den Fenstern der beiden Längswände des Grafensaales stehen. Auch die Fensternischen sind wie die Decke mit gotischem Ornament geschmückt, während eine Holzvertäfelung in Sockelhöhe den Saal umgibt. Die beiden Schmalseiten öffnen sich in neugotischen, mit Fialenwerk überhöhten Türen, und von jeder Gewölbemitte des Saales hängt ein stattlicher Kronleuchter in neugotischen Formen herab. Es fehlt nicht die Bibliothek, die von dem Historienmaler Peters über niederen Bibliothekschränken ausgemalt ist. Die anschließenden königlichen Gemächer enthalten im Markgrafenturm ein Schreibzimmer, während die folgenden beiden Räume heute als Bilderkabinette genutzt sind. Sie zeigen Darstellungen der Burg zu verschiedenen Zeiten, zeitgenössische Porträts und Stiche Friedrichs des Großen, sowie von dessen Familie, Altberliner Ansichten und schließlich die Totenmasken Friedrichs des Großen und Friedrich Wilhelms IV.

Höfische Repräsentation atmet das wie ein Bühnenbild wirkende Königinzimmer mit seinen Wandmalereien und den Bildern der Ahnfrauen des Hauses. Die Räume des oberen Stockwerkes dienen noch heute den königlichen und fürstlichen Familienmitgliedern bei ihren Besuchen als Wohnung.

Die Michaelskapelle erhielt beim Wiederaufbau einen neugotischen, mit bunten Wappenscheiben des 16. Jahrhunderts gezierten Vorraum und eine Vorhalle. In einer Nische in der Südwand des Chors befinden sich die drei schon erwähnten romanischen Reliefplatten, die drei Chorfenster sind durch schöne Glasmalereien des 13. Jahrhunderts aus dem zollerischen Hauskloster Stetten bei Hechingen belebt.

An das gegenüberliegende sogenannte Wehrhaus, das heute

als Gaststätte genutzt wird, schließt sich die evangelische Burgkapelle an, in der am 3. Oktober 1867 zum erstenmal Gottesdienst gehalten wurde. In ihren Vorraum ist eines der Bronzeportale der im letzten Weltkrieg zerstörten Kaiser-Wilhelm-Gedächtniskirche eingefügt, während das sonstige Inventar – Kanzel, Lesepult, Taufstein, Leuchter und Altarkreuz – aus dem 19. Jahrhundert stammt. Der kostbarste und historisch bewegendste Schatz der Kapelle sind heute die ehemals in der Potsdamer Garnisonkirche beigesetzt gewesenen Sarkophage mit den Gebeinen der Könige Friedrich Wilhelm I. und Friedrich II., die nach einer Irrfahrt durch das Salzbergwerk Bernterode und einer 1945 vorübergehenden Aufstellung in der Elisabethkirche in Marburg nach Hohenzollern verbracht wurden. Über ihren Särgen hat man die ursprünglich in der Potsdamer Gruft befindlichen, ebenfalls im Weltkrieg geborgenen und längere Zeit in Wiesbaden lagernden Fahnen alter preußischer Regimenter wieder angebracht; Symbol des Aufstieges und Sturzes des Hohenzollerngeschlechtes.

Angesichts des Sarges von Friedrich dem Großen fühlt man sich unwillkürlich an die letzten Verfügungen dieses Königs erinnert, der sich die oberste Terrasse von Schloß Sanssouci, wo bereits seine Lieblingshunde beigesetzt waren, als letzte Ruhestätte ausgewählt und dort eine Gruft hatte bauen lassen. »Ich habe«, schrieb der König in seinem Testament, »als Philosoph gelebt und will als solcher begraben werden, ohne Pomp, ohne Prunk und ohne die geringsten Zeremonien. Ich will weder geöffnet noch einbalsamiert werden. Sterbe ich in Berlin oder Potsdam, so will ich der eitlen Neugier nicht zur Schau gestellt und am dritten Tag um Mitternacht beigesetzt werden. Man bringe mich beim Schein einer Laterne und ohne daß mir jemand folgt nach Sanssouci und bestatte mich dort ganz schlicht auf der Terrasse rechterhand, wenn man hinaufsteigt, in einer Gruft, die ich mir habe errichten lassen.« Doch hat dieser Wunsch, wie so viele ähnliche, keine Erfüllung gefunden.

Der letzte Deutsche Kaiser, Wilhelm II., hat gerne und

wiederholt auf Hohenzollern geweilt, wie das auch aus den Memoiren des Reichskanzlers Bernhard Fürst Bülow hervorgeht, dem er bei einem gemeinsamen Besuch am 9. September 1899 huldvoll ein schönes Bild vom Schlosse seiner Ahnen widmete: »Er erzählte mir bei diesem Anlaß, daß seine Großmutter, die Kaiserin Augusta, ihm einmal, als von der schönen Fernsicht vom Hohenzollern die Rede war, gesagt hatte: ›Das soll dir eine Mahnung sein, dir einen weiten und freien Blick zu erwerben und zu wahren!‹« Wilhelm II. war sicher der Überzeugung, diese großmütterliche Mahnung stets zu befolgen, ohne zu ahnen, wie nahe der Sturz seines Hauses bevorstand. Das bezeugt auch ein von Stolz geschwelltes Telegramm, das er nach einer vorausgegangenen Kontroverse mit seinem Kanzler als Zeichen der Versöhnung vom Hohenzollern sandte: »Sende Ihnen von der Stammfeste meines Hauses, die ich eben besuche, herzlichste Grüße. Ein großartiger Rundblick wird uns bei herrlichstem Wetter gewährt und erhebt den Geist dankerfüllt zu den blauen Fernen empor, aus denen Gott dieses Schloß und sein Geschlecht so herrlich gesegnet, nicht zum mindesten mit so treuen Dienern, wie Sie einer sind.« Kommentar von Bülow: »Man konnte Wilhelm nicht lange böse sein.« Wilhelm II. mußte es nicht mehr erleben, daß der letzte deutsche Kronprinz, sein Sohn, nach dem Zweiten Weltkrieg in Vorarlberg von den Franzosen gefangen genommen wurde und sich auf Befehl des Generals Lattre de Tassigny auf dem Fahrrad von Lindau nach Hechingen begeben mußte, um den verfügten Hausarrest auf Burg Hohenzollern anzutreten.

Erinnerungen an glanzvolle Tage präsentieren sich in Gestalt kostbarer historischer Objekte aus Hohenzollernbesitz in der heutigen Schatzkammer, die den ursprünglichen Zweck einer Hofküche nicht mehr ahnen läßt. In einem zweischiffigen, schön gewölbten Raum ist neben Ordensinsignien, Anzügen, Krückstöcken und Tabatièren Friedrichs des Großen, Degen von Hohenzollernkönigen und sonstigen Bijouterien auch die 1889 gefertigte preußische Königskrone mit 142

Diamantrosen, achtzehn Brillanten, acht Docksteinen, acht Birnperlen und zwei Saphiren – der eine von beträchtlicher Größe – ausgestellt. Angefertigt wurde sie nach einem Entwurf von Professor Emil Doepler d.J. von dem Hofjuwelier Hugo Schaper. Bei einem Diebstahl im Jahre 1953, dem leider auch ein Teil der Tabatièren Friedrichs des Großen zum Opfer fiel, blieb die Krone merkwürdigerweise unangetastet. Als der durch die Justiz gefaßte Dieb in dem folgenden Prozeß von dem Richter befragt wurde, aus welchem Grunde er die Krone nicht angerührt habe, erhielt dieser die etwas verblüffende Antwort: »Ob Sie es mir glauben oder nicht, aber ich bin Pommer, und ein alter Pommer stiehlt keine Preußenkrone.«

Das Ruhmesdenkmal der Hohenzollern ist heute zu einer Touristenattraktion geworden, und sechshunderttausend Besucher pilgern alljährlich zu Fuß und zu Wagen zur Burg und genießen von der Höhe den herrlichsten Ausblick über das zu ihren Füßen ausgebreitete schwäbische Land mit seinen Feldern, Wiesen und Bergen – ein Denkmal und Memento mori besonderer Prägung.

Neuschwanstein - Herrenchiemsee - Linderhof

Pathetische Denkmäler eines höchst persönlichen Majestätsbewußtseins und zugleich wahrhafte Traumschlösser sind die sogenannten bayerischen Königsschlösser Ludwigs II. Kaum eine andere Idee war fähiger als die romantische, eine von der historischen Entwicklung aufgelöste souveräne Machtauffassung, die aber für Ludwig II. noch Geltung besaß, im Schloßbau existent werden zu lassen. Eine Wiederaufnahme der architektonischen Vorstellungen des Mittelalters und des Absolutismus schien alle Voraussetzungen zu beinhalten, um die königlichen Vorstellungen zu verwirklichen.

Allzu früh für seinen noch jugendlichen Nachfolger hatte der Tod den im besten Mannesalter stehenden König Maximilian II. von Bayern, den Schöpfer des Schlosses Hohenschwangau, abberufen. Die Sagen- und Märchenwelt der Fresken und Gemälde des Schlosses am Schwansee, von der Ludwig II. seit seiner frühesten Kindheit umgeben war, mußte bei seinem regen Geist und seiner lebhaften Phantasie Eindrücke hinterlassen, die sich für die Zukunft als verhängnisvoll erweisen sollten, weil durch sie die Realitäten des harten Regierungsamtes verstellt wurden. Die Schönheit seiner äußeren Erscheinung, die auch ihm selbst nicht verborgen bleiben konnte, prädestinierte ihn für die Rolle eines Märchenprinzen, dem einfach alles gelingen mußte. Was den Charakter Ludwigs anbetrifft, so war der österreichische Gesandte am bayerischen Hof, Graf Blome, der Meinung: »... Beurteile ich den jungen Fürsten recht, so hat die Natur ihm mehr Einbildungskraft als Verstand gegeben.« Vorstellung und Wirklichkeit sind bei Ludwig II. zeitlebens auf eine merkwürdige – seine Entschlüsse bestimmende – Weise verschmolzen.

Ähnlich den preußischen Prinzen wurde auch Ludwig noch von der Magie des Rheinstromes und seiner Landschaft, die er im Jahre 1864 kennenlernte, gefangengenommen. Anläßlich dieser Rheinreise schrieb er: »...Zum ersten Male sah ich den Rhein in der Nähe. Welch ein wundervoller Strom! – Herrlich sind seine Ufer! – An die Vorzeit mahnend erheben sich die Burgen zu beiden Seiten dieses prachtvollen Stromes! – Ich hatte ein Buch bei mir, welches die Rheinsagen enthält, und so ward es mir möglich, mich ganz in die Wunder des Mittelalters zu versetzen...« Ähnliche Wirkungen übten auf ihn auch die Begegnungen mit der alten Kaiserburg in Nürnberg und der sagenumwobenen Wartburg aus, von denen er sich wie auch von anderen mittelalterlichen Bauwerken Vorlagematerial beschaffen ließ, als er sich im Frühjahr 1868 mit dem Gedanken trug, benachbart vom väterlichen Hohenschwangau, auf den Felsen der Pöllatschlucht an der Stelle zweier Burgruinen der Herren von Schwangau eine Burg »im altdeutschen Styl« errichten zu lassen. Darüber schrieb er an den ihm befreundeten Richard Wagner: »Ich habe die Absicht, die alte Burgruine Hohenschwangau bei der Pöllatschlucht neu aufbauen zu lassen im echten Stil der alten deutschen Ritterburgen, und muß Ihnen gestehen, daß ich mich sehr darauf freue, dort einst (in drei Jahren) zu hausen, mehrere Gastzimmer, von wo man eine herrliche Aussicht genießt auf den hehren Säuling, die Gebirge Tirols und weithin in die Ebene, sollen wohnlich und anheimelnd dort eingerichtet werden; Sie kennen Ihn, den angebeteten Gast, den ich dort beherbergen möchte; der Punkt ist einer der schönsten, die zu finden sind, heilig und unnahbar, ein würdiger Tempel für den göttlichen Freund, durch den einzig Heil und wahrer Segen erblühte. Auch Reminiscenzen aus ›Tannhäuser‹ (Sängersaal mit Aussicht auf die Burg im Hintergrunde), aus ›Lohengrin‹ (Burghof, offener Gang, Weg zur Kapelle) werden Sie dort finden; in jeder Beziehung schöner und wohnlicher wird diese Burg werden als das untere Hohenschwangau, das jährlich durch die Prosa meiner Mutter entweiht wird; sie werden sich rächen, die entweihten Götter, und oben weilen bei Uns auf steiler Höh', umweht von Himmelsluft.«

Mit der Ausarbeitung der ersten Skizzen beauftragte der König den Theatermaler der Münchner Hofbühne, Christian Jank, mit der Maßgabe, daß die Anlage »nicht symmetrisch angelegt, sondern durch Mannigfaltigkeit pittoresk« gestaltet werden soll. Schon bei der ersten Planung von *Neuschwanstein* war, wie in dem Brief an Wagner angedeutet, ein Bankettsaal nach dem Vorbild der Wartburg vorgesehen. Von Beginn an hatten sich die Phantasien des Königs mit der Welt der musikalischen Dramen Richard Wagners vermählt, dessen Persönlichkeit und Schaffen im Leben des Königs eine bedeutende und verhängnisvolle Rolle gespielt hat.

Es lag in der Natur des Königs, daß er leicht Zugang zu vertrautem Verhältnis mit Freunden fand, während er zu Frauen zeitlebens eine zwar achtungsvolle, aber unüberbrückbare Distanz hielt. Er hat solche Veranlagung als Mangel, um nicht zu sagen als Makel empfunden, der nicht zuletzt eine geheime Trübung seines souveränen Selbstbewußtseins bedeuten mußte, wenn er an sein vielbewundertes Vorbild, den ›Roi soleil‹ – Baugott und Frauenheld – König Ludwig XIV. von Frankreich, dachte, dem er in jeder Faser seines Seins zu gleichen wünschte. Wie aus seinen Tagebüchern hervorgeht, hat er zeitlebens mit seiner Natur gerungen. Und schon deshalb mag ihm Wagners Schaffen teuer geworden sein, da bei den Schöpfungen dieses Komponisten der Begriff der Sühne und Entsühnung eine bedeutende Rolle spielt. In seinen Freundschaften erlitt der König mannigfache Enttäuschungen – verschuldete und unverschuldete –, was ihn schließlich dazu getrieben hat, in eine selbstgewählte Einsamkeit zu flüchten, deren leeren Schauplatz er mit mannigfaltigen Traumbildern zu beleben suchte, Traumbildern, die in seinen architektonischen Schöpfungen Dauer und Leben gewinnen sollten. Das Ergebnis war naturgemäß ein zwiespältiges, denn es mangelte diesen Wirklichkeit gewordenen Schauplätzen einer sich darin bewegenden Gesellschaft, wie es der Biograph des Königs, Karl Alexander von Müller, so treffend charakterisiert hat, wenn er schreibt: »...Majestätische Traumspiele eines völlig Vereinsamten! In der großen Sängerhalle in Neuschwanstein haben sich nie Sänger um einen König versammelt; das Bild der Venus auf Linderhof hat nie einen Liebenden gesehen, die Prunkräume auf Herrenchiemsee nie einen wirklichen Hof. Einsam stand der Herr dieser Schlösser in dunklen Nächten auf dem schmalen Eisensteg, den er unweit von Neuschwanstein berghoch über der donnernden Pöllat ausgespannt hatte, und sah die Hunderte von Lichtern aufglänzen in seiner menschenleeren Burg; einsam erhob er im stillen Graswangtal die Hand zum Gruß vor der kalten Marmorstatue Marie Antoinettes; einsam schritt er, inmitten einer betäubenden Blumenfülle, durch die Spiegelsäle von Herrenwörth, und der zauberhafte Glanz ihrer zweieinhalbtausend Kerzen beleuchtete nur eine geträumte Gesellschaft von Toten.«

Selbst Ludwig hat nach Vollendung von Neuschwanstein, das erst nach seinem Tode den heutigen Namen erhielt, nur selten, und dann nur wenige Tage dort geweilt, wo ihm auch die Kunde seiner Entmündigung und die Einsetzung einer Regentschaft mitgeteilt wurde. Eskortiert von Irrenärzten, Pflegern und Gendarmen, hat man ihn von dort nach Schloß Berg verbracht, wo er am folgenden Tage, den 13. Juni 1886, in den Wassern des Starnberger Sees den Tod fand und derart einen Mythos begründete, der noch immer lebendig ist.

Wie bei der Mehrzahl der Schlösser dieser romantischen Phase galt es unwegsames Gelände zu planieren und zu terrassieren, bis im Jahre 1869 der Grundstein für Neuschwanstein gelegt werden konnte. Inzwischen hatte sich auch der ursprüngliche Plan soweit verändert, als das Schloß, nicht wie anfänglich beabsichtigt, im spätgotischen Stil, sondern als große Pfalzanlage der Stauferzeit erstellt werden sollte, jener Epoche des Mittelalters, die als die machtvollste und glänzendste des alten Reiches galt. Der Bau schritt rasch unter der Leitung von Eduard Riedel voran, und nach dreijähriger Bauzeit war 1873 der stattliche Torbau vollendet, so daß der König dort zeitweilig Wohnung nehmen konnte. Im Jahre 1880 war der mächtige Palas im Rohbau fertiggestellt, nachdem seit 1874 Georg Dollmann die Bauleitung übernommen hatte; im Jahre 1881 war der Palas unter Dach gebracht.

Noch während des Rohbaues hatte man begonnen, sich mit Entwürfen für die Innenausstattung zu beschäftigen, wobei eine erkleckliche Zahl von Künstlern – H. von Pechmann, G. Dehn, E. Ille und der Kunsthistoriker H. Holland – Vorschläge einreichten, die von Julius Hofmann, der seit 1884 Dollmann abgelöst hatte, geprüft, aufeinander abgestimmt und für die Ausführung durch die Kunsthandwerker in Form von Detailplänen aufbereitet wurden.

Doch mit dem Tode des Königs 1886 erfuhren die Arbeiten eine jähe Unterbrechung; nur der Torbau und ein Teil der Innenausstattung des Palas waren fertiggestellt, während das Ritterhaus und die Verbindungsbauten noch im Rohbau standen und für die Kemenate und den Bergfried erst die Fundamente gelegt waren. In den Jahren 1886-1892 wurde die Ausstattung der Wohnräume und der Korridore des Palas fertiggestellt, sowie Kemenate und Ritterbau wenigstens in ihrer äußeren Erscheinung soweit durchgeführt, daß ein geschlossener Eindruck der Anlage entstand, wie er sich heute dem Besucher darbietet – Denkmal einer Traumwelt königlicher Phantasie.

Das hochaufragende Ritterschloß wirkt wie eine in die Natur versetzte Bühnenszenerie – eine in die Wirklichkeit gerufene Gralsburg, die beim Durchschreiten drehbühnenhaft weitere Kulissen für die Gestalten Wagnerscher Musikdramen entfaltet – im Burghof für ›Lohengrin‹, im Sängersaal für ›Tannhäuser‹ und im Thronsaal für ›Parsifal‹.

Es ist bestimmt kein Zufall, daß die Konzeption dieses Schlosses nicht der Zeichenfeder eines Architekten, sondern dem Pinsel eines Bühnenmalers entstammt. Wenn man diese Schöpfung unvoreingenommen, sozusagen naiv, genießt, wie es bei der Mehrzahl der Besucher der Fall ist, kann man sich der Wirkung der um zwei Höfe gelagerten kubischen Baukörper mit rundbogigen Portalen, Arkaden, Säulen, Bogenstellungen, Zinnen und Erkern ebensowenig entziehen wie dem ein wenig barbarischen Prunk der Innenräume mit Marmorsäulen, reich skulptierter Architekturornamentik, Vertäfelungen, Balken- und Kassettendecken, den Malereien mit Szenen aus der nordischen Edda und dem Leben der Minnesänger – Szenen aus Wagneropern –, den goldgestickten Seidenvorhängen und dem Meublement im altdeutschen Stil.

Das im dritten Obergeschoß liegende Appartement des Königs – die Kemenate ist ironischerweise leeres Gehäuse geblieben – besteht aus einem zusammenhängenden Komplex von zwei parallel geordneten Reihen von Räumen – auf der Nordseite Dienst- und Arbeitszimmer, Grotte und Wintergarten, denen nach Nordost und nach Südost Wohn- und Ankleidezimmer sich anschließen, während auf der Südseite Vorzimmer, Speisezimmer und das Schlafzimmer liegen. Den

Ausmalungen der Räume liegen nahezu ausschließlich Themen aus Wagners Opern zugrunde, denn Neuschwanstein sollte ja nach den Absichten des Königs ein »Tempel« – ein Denkmal für das Schaffen Wagners sein.

Der Wohnkomplex ist durch einen Korridor und Vorplatz mit dem monumentalen, bis in das vierte Obergeschoß reichenden Thronsaal verbunden, in dem schließlich die Thronestrade leer geblieben ist. Es ist ein sakral wirkender Prunkraum, bei dessen Form und Ausstattung byzantinische Vorbilder Pate gestanden haben. Der Hauptraum ist von einer von Säulen getragenen Galerie umgeben und mit einer Flachkuppel bekrönt; an der nördlichen Schmalseite liegt die von einer Halbkuppel abgeschlossene Thronapsis, zu der Marmorstufen emporführen. Gemälde mit Darstellungen aus der christlichen Heilsgeschichte, des Alten Testaments und der Antike steigern die Wirkung des unbestreitbar großartigen Raumeindrucks. Wenn man vom Thronsaal auf den Söller tritt, hat man einen traumhaft schönen Ausblick in die weite Landschaft mit ihren Gebirgen und Seen.

Über den Wohngemächern des Königs liegt im vierten Obergeschoß der Sängersaal mit seinem Tribüneneingang, der in seiner Raumwirkung das Wartburgvorbild zu kopieren versucht – eine mächtige Halle, die sich auf der einen Schmalseite durch Bogenstellungen nach einem Erker öffnet, während auf der gegenüberliegenden Seite Stufen zu einer von Marmorsäulen mit Bogen angeschlossenen Bühne, einer naturalistisch ausgemalten ›Laube‹, führen, über der eine kleine Tribüne liegt. Auch hier fehlt es nicht an Malereien mit Szenen aus der Parsifaldichtung. Prunkende Kandelaber und von einer Kassettendecke herabhängende riesige Kronleuchter bilden neben geschnitzten Wandbänken die Ausstattung dieses Saales.

Nicht zur Ausführung gelangt ist der Bergfriedtrakt mit der in gotischem Stile geplanten Schloßkapelle.

Noch während des Ausbaues von Neuschwanstein trug sich der König mit dem Plan, eine weitere Burg zu erstellen, die etwa zwanzig Kilometer entfernt an der Stelle der Ruine Falkenstein und unter Benutzung mittelalterlicher Reste sich erheben sollte, wofür er Skizzen und Pläne anfertigen ließ – ein hochragender Palas, überragt von einem schlanken, reichgegliederten Turm.

Es war nur eines von den vielen Projekten, zu denen auch Schloß *Herrenchiemsee* gehört, das in noch stärkerem Maße als Neuschwanstein Torso geblieben ist. Vorbild für dieses Schloß, dessen Grundstein 1878 gelegt wurde, war die von dem Bayernkönig vielbewunderte Residenz des Sonnenkönigs in Versailles. Obwohl reiches Plan- und Bildmaterial der französischen Residenz die Grundlage für den Entwurf von Herrenchiemsee von Georg Dollmann bildete, kann man nicht von einer Kopie sprechen. Von dem großangelegten Projekt wirklich fertiggestellt wurde ein dreigeschossiger Bau auf wieder symmetrischem hufeisenförmigem Grundriß – dessen Ehrenfassade vom Versailler Vorbild abweicht, nur die Gartenfassade stellt sich als ein ziemlich getreues Nachbild dar –, während der nur im Rohbau stehende nördliche Flügel 1907 wieder abgebrochen worden ist. Der von Franz Widnmann entworfene skulpturale Schmuck wurde von Michael Wagmüller ausgeführt. Die bereits 1884 begonnene prunkvolle Innenausstattung entstammt der Phantasie von Julius Hofmann, der den in Ungnade gefallenen Georg Dollmann in der Bauleitung abgelöst hatte. Es ist erstaunlich, wie Hofmann die Register aller Stilformen zu ziehen wußte und mit seinem Prunk der Ausstattung das französische Vorbild überstiegert hat. Denn in den bis zum tragischen Ende Ludwigs fertiggestellten Paradezimmern und Wohnräumen des Königs entfaltet sich geradezu ein Feuerwerk der Farben und Formen in den Wand- und Deckengemälden, den geschnitzten Vertäfelungen, den Stuckmarmorarbeiten, den eingelegten Fußböden und einem kostbaren Mobiliar, das im Handwerklichen vorzüglich gearbeitet ist und das schon deshalb nicht mit Verachtung gestraft werden sollte. Nur in seiner gegenwärtigen Umgebung ist es allerdings am Platze, und Mobiliar und Räume bilden eine so festgefügte Einheit, daß sie nicht ohne Schaden getrennt werden können. Höhepunkte besonderer Art sind die Spiegelgalerie und der verspiegelte Rosa Salon – »unwirkliche Kulisse für einen unwirklichen Menschen, dem sein tatsächliches Königtum die Macht zur Realisierung seiner Träume schenkte... Spiegel für den König Narziß, in denen er sich sah und ob seiner Ausgeschlossenheit verwünschte...« (Heinrich Kreisel)

Während in Herrenchiemsee die beabsichtigten großartigen, von Carl Effner entworfenen Gartenanlagen in streng geometrischem Stil als unentbehrliche gartenkünstlerische Fassung des Schlosses nur vereinfacht, wenn überhaupt, ausgeführt wurden und sich heute nur noch konturenhaft darbieten – die bereits eingerichteten Wasserspiele wurden nach des Königs Tod trockengelegt oder ganz entfernt, sollen aber bis 1970 wiedererstehen –, kommen die geplanten Gartenanlagen in dem 1874 vollendeten Schloß *Linderhof* im Graswangtal tatsächlich zum Tragen, wie überhaupt dieses Schloß in Umfang und Ausstattung das einzige ist, das so durchgeführt wurde, wie es in der letzten Planfassung vorgesehen war. Denn auch für Linderhof wurden mannigfache Pläne geschmiedet, die von einer vierflügeligen Anlage im Stile des byzantinischen Kaisertums bis zu einer Nachbildung der Versailler Residenz reichten, während sich schließlich aus solchen Riesenvorhaben ein kleines, prunkvolles Lustschloß herauskristallisierte, das an das Petit Trianon im Park von Versailles gemahnt. Julius Hofmann, die Maler A. Quaglio, J. de la Paix und der Theatermaler Christian Jank haben die zahlreichen Entwürfe geliefert.

Der zweigeschossige, fünfachsige, kubische Bau mit reicher Fassadengliederung präsentiert sich in seiner Innenausstattung in einem Rausch von Formen und Farben, die in der Üppigkeit ihrer geschnitzten Wandvertäfelungen, vergoldeten Stuckierung, der Gobelins und Seidenvorhänge als Rahmen für das prunkvolle Mobiliar und den Reichtum an Porzellan einen fast bestürzenden Effekt machen.

Die Phantasmagorie von Linderhof ist die vielleicht vollendetste Darstellung einer Traumwelt, ein Denkmal der Sehnsüchte eines von steter Unrast getriebenen Geistes, der sich an phantastischen Vorstellungen berauschte und damit die Alltagswelt zu überspielen versucht hat. Davon zeugt nicht zuletzt die Gartenszenerie, obgleich nicht alle Absichten des Königs in die Wirklichkeit umgesetzt wurden. Märchenbilder des Orients stehen benachbart den Szenerien aus dem Heldenepos der Edda und den Musikdramen Richard Wagners. Der ›Maurische Kiosk‹ verkörpert die Wunderwelt des Orients – ein arabischer Pavillon ist nicht zurAusführung gelangt. Die leider als Folge des Zweiten Weltkrieges zerstörte Hundinghütte sollte die nordische Sagenwelt verlebendigen, während in der ebenfalls zerstörten Einsiedelei der König die Weihestimmung des Parsifal am Karfreitagmorgen und im goldenen Kahn auf dem See der Venusgrotte die Verzauberung des Tannhäuser nachzuvollziehen wünschte – Szenerien, vor und in denen der König in ersehnten Lebenskreisen seiner Traumwelt zu agieren vermochte. So ist es denn nicht weiter verwunderlich, daß der König auf die Dauer den steten Wechsel seelischer Erregungen, die durch Theateraufführungen und ihnen verwandte Aufzüge in seiner Münchener Residenz noch vermehrt und gesteigert wurden, nicht bewältigen konnte, ohne Schaden an Leib und Seele zu nehmen.

Zur Verwirklichung seiner Ideen waren erhebliche Mittel notwendig, die auf Dauer weder die Privatschatulle noch die Kassen des Landes aufzubringen vermochten und Ludwig zwangen, sich in eine ungeheure Schuldenlast zu stürzen. Die Folge war ein stetes Suchen nach neuen Geldquellen, wobei der König nach den jüngsten Untersuchungen von Nöll von der Nahmer nicht davor zurückgeschreckt ist, auch ›schmutzige‹ Gelder in Anspruch zu nehmen, um seine ›hehren‹ Pläne vorantreiben zu können. So war die Zustimmung von König Ludwig zur Annahme der deutschen Kaiserkrone durch König Wilhelm von Preußen in Versailles mit einer merkwürdigen finanziellen Transaktion verknüpft. Sie erfüllte Ludwig II. mit Unbehagen, das er aber im Hinblick auf seine Pläne glaubte ertragen zu müssen.

Als Bismarck in Verhandlungen mit dem Bayernkönig trat, um durch dessen Zustimmung seinem preußischen Herrn die Kaiserkrone zu sichern, sandte ihm Ludwig seinen Freund und Vertrauten, den Grafen Holnstein, der mit dem Kanzler ein merkwürdiges Geldgeschäft abschloß, das der bayerische Ministerpräsident Freiherr von Lutz nachmals als »eine großartige Schmiererei« bezeichnet hat. Die Gelder für die Transaktion entnahm Bismarck nämlich dem sogenannten ›Reptilienfonds‹, über dessen Nutzung keine Rechnungslegung gegenüber der obersten Aufsichtsbehörde erforderlich war. Diesen Fonds hatte man nach dem Kriege von 1866 aus Vermögenswerten der entthronten Häuser Hessen-Kassel und Hannover gebildet, Vermögenswerte, die man beschlagnahmt hatte, um die im Exil lebenden Fürsten zu hindern, die eingeleiteten Konspirationen gegen Preußen zur Rückgewinnung der verlorenen Throne fortzusetzen. Darüber hinaus fühlte sich der preußische Staat berechtigt, diese Gelder zu Abwehrzwecken, wie man heute sagen würde, zu benutzen. Der Name ›Reptilienfonds‹ entstand auf Grund von Ausführungen von Bismarck vor dem preußischen Abgeordnetenhaus vom 30. Januar 1869, die mit den Sätzen schlossen: »... Überall, wo Fäulnis ist, stellt sich ein Leben ein, welches man nicht mit reinen Glacéhandschuhen anfassen kann. Dieser Tatsache gegenüber sprechen Sie doch nicht von Spionierdiensten. Ich bin nicht zum Spione geboren meiner ganzen Natur nach; aber ich glaube, wir verdienen Ihren Dank, wenn wir uns dafür hergeben, bösartige Reptilien zu verfolgen bis in ihre Höhlen hinein, um zu beobachten, was sie treiben.« Damit war der Name ›Reptilienfonds‹ geboren, dessen Gelder allerdings für manche undurchsichtige Transaktionen verwendet wurden, weil ja eine ordnungsgemäße Rechnungslegung nicht erforderlich war. Da die Quittungen für die empfangenen Gelder nach Übergabe der Summen vernichtet werden sollten, blieb über die Verwendung kein Nachweis, wobei man allerdings nicht mit dem preußischen Beamtengeist gerechnet hatte, dem es widerstrebte, Quittungen für Gelder einfach verschwinden zu lassen, so daß eine ganze Anzahl erhalten geblieben ist und von der Geschichtsforschung ausgewertet werden konnte.

Im Falle des Bayernkönigs wird das Bild durch eine Tagebuchaufzeichnung des preußischen Gesandten am bayerischen Hofe, Graf Eulenburg, vervollständigt. In Eulenburgs Tagebuch heißt es: »Darnach hat die Zahlung 1871 begonnen, und zwar, nachdem König Ludwig II. auf Vorschlag von Holnstein erbötig war, gegen bare Vergütung die Zustimmung zur Kaiserproklamation König Wilhelms zu erteilen. Das spricht Ludwig in einem Briefe an Holnstein aus, den dieser zu seiner Rechtfertigung zu den Akten gegeben hat. Die Zahlungen erfolgten jährlich bis zum Jahre 1884. Die Summe betrug per Jahr 300000 Mark. Vermutlich hat 1871 eine größere Zahlung stattgefunden. Das geht aus der Liste und den vorhandenen Quittungen nicht hervor. Die Summen sind von Holnstein nur als 250000 Mark verzeichnet. Er hat stets (das heißt jährlich) 10% (30000 Mark) erhalten und behauptet, vom König dazu autorisiert worden sein, weil er aus der Erbschaft des Prinzen Karl von Bayern (dem Großvater seiner Frau) nicht genügend bedacht worden sei. Der König habe ihn hierfür entschädigen wollen (das klingt ziemlich unwahrscheinlich).«

Tatsache ist, daß die bayerischen Königsschlösser in einem nicht unerheblichen Maß aus Mitteln des Welfenhauses finanziert worden sind. Satyrspiel im königlichen Drama.

Himmel und ausgedehnte Wasserflächen – die langgezogene Ostseeküste mit den alten Hansestädten Wismar, Schwerin und Rostock und das Halbtausend Landseen im Innern – bestimmen den Eindruck des verhältnismäßig spät in das Licht der Geschichte eintretenden Mecklenburg, das als Land staatsrechtlich seit 1952 zu existieren aufgehört hat. Seit dem Jahre 1701 hatten sich aus den in Jahrhunderten durch Erbgang stetig wechselnden Besitzverhältnissen zwei Fürstentümer, nämlich Mecklenburg-Schwerin und Mecklenburg-Strelitz, entwickelt, denen es auf dem Wiener Kongreß gelungen war, zu Großherzogtümern aufzusteigen. Ihre Regenten waren mit Rußland, England und zahlreichen deutschen Fürstenhäusern, insbesondere Preußen, versippt. Als im Jahre 1918 die Großherzöge wie so viele ihrer Standesgenossen die politische Bühne verlassen mußten, blieben die Länder nach der Weimarer Verfassung bestehen, bis sie im Dritten Reich 1934 vereinigt wurden. Es war der Auftakt zum bitteren Ende. Zwar wurde nach 1945 das Land Mecklenburg um Vorpommern erweitert, aber 1952 als Staat aufgelöst, nachdem man Großgrundbesitzer und Bauern durch eine Bodenreform enteignet hatte.

Symbolhaft für diese Entwicklung steht das Schweriner Schloß, das durch die Folgen des Zweiten Weltkrieges seiner kostbaren Ausstattung beraubt wurde, und es mutet seltsam an, daß das Innere des Schlosses – wie zu den Zeiten des Absolutismus – vom gewöhnlichen Besucher kaum noch betreten werden kann.

Wie ein prächtiges steingewordenes Phantom aus einem Märchenbuch scheint dieses Schloß mit seinen Türmen, Zinnen und Erkern mitsamt der Insel, auf der es liegt, dem Schweriner See entstiegen zu sein. Seinem üppigen Eingangsportal, das eigentlich eine ganze Schloßfront umfaßt, kann man Großartigkeit nicht absprechen; es zeigt als Zentrum, hoch zu Pferd, Niklot, den Stammvater des Landes und letzten freien Herrscher des wendischen Stammes der Obotriten, die im frühen Mittelalter rings um Schwerin gesiedelt hatten. Bei der Verteidigung seines Landes ist Niklot im Kampfe gegen Heinrich den Löwen gefallen, als dieser seine Christianisierungs- und Kolonisierungspolitik nach Osten vorantrieb. Niklots Sohn Pribislaw war klug genug, sich zum Christentum zu bekehren, was ihn zum Ahnherrn des bis 1918 regierenden einzigen wendischen Fürstenhauses werden ließ. Den väterlichen Herrschaftsbereich – mit Ausnahme der am Platz einer zerstörten Wendenburg neu gegründeten Stadt und Grafschaft Schwerin – erhielt er als Lehen zurück. Die Stammburg der Grafen von Schwerin, die sich an der Stelle des heutigen Schlosses befand, ist nach dem Aussterben dieses Geschlechtes im Jahre 1359 an den Herzog von Mecklenburg gefallen, der daraufhin seine Residenz von dem Dorf Mecklenburg nach Schwerin verlegte. In der Zeit der Renaissance hat wie anderwärts auch das Schweriner Schloß einen Ausbau erfahren. Im Jahre 1500 hatte Herzog Magnus begonnen, links vom Eingang der alten Burg das lange Haus, rechts das Zeughaus zu errichten. 1525 war das der Auffahrt gegenüberliegende Gebäude mit Turm und Schloßuhr errichtet worden, 1553 vollendete Herzog Johann Albrecht I. die im Jahre 1500 geschaffenen Gebäude, 1563 war die Schloßkirche ausgebaut und 1570 waren zwei weitere Flügel aufgeführt. Im Jahre 1618 wurden die letzten Gebäude der alten Burg abgebrochen, weil der damalige Herzog Adolph Friedrich einen Umbau zu einer einheitlichen Schloßanlage plante, wofür er sich von dem Emdener Gerd Evert Piloot Pläne machen ließ, die aber durch den Dreißigjährigen Krieg nicht zur Ausführung gekommen sind. Erst im 19. Jahrhundert ist das heutige Schloß als Erinnerungs- und Familiendenkmal erstanden, was die Beschwörung vergangener Stilformen beim Neubau als durchaus legitim erscheinen läßt.

Die Vorgeschichte und Umstände der Planung sind höchst merkwürdig. Beauftragt wurde von dem Großherzog Friedrich Franz II. zuerst der 1804 in Berlin geborene Architekt

Adolph Demmler, Kind mecklenburgischer Eltern, der es in Schwerin nach seinen Studien an der Bauakademie in Berlin vom Baukondukteur über den Hofbaumeister bis zum Hofrat gebracht hatte und der zu einem guten Teil das Gesicht Schwerins im 19. Jahrhundert bestimmt hat. Der Plan zum neuen Schloßbau aber fiel in jenes Jahrzehnt des Umbruchs, in dem Klassizismus und Neugotik nicht mehr unbestritten ihre Herrschaft ausübten, weil die Phase der eleganten in jene der pathetischen Romantik überging. So fand denn auch der erste Entwurf Demmlers, der dabei noch recht nüchtern im Fahrwasser der englischen Neugotik – halb Kaserne und halb Tower – schwamm, keine Gnade vor den fürstlichen Augen, und es wurde ihm empfohlen, sich an den großartigen Entwürfen von Piloot zu orientieren. Das Ergebnis war ein zwar wesentlich malerischerer Entwurf, der aber allzu überladen wirkte. Daraufhin wandte sich der Großherzog an den Hamburger Gottfried Semper, den Erbauer des Dresdener Hoftheaters, der sehr bald einen Entwurf für einen monumentalen Renaissancepalast vorlegte, von dem Demmler allerdings behauptete, daß dabei wesentliche Teile seines Planes übernommen seien.

Auch dieses Mal konnte sich der Fürst trotz gewichtiger Befürworter an seinem Hofe nicht entschließen, nunmehr Semper den Bauauftrag zu erteilen. Statt dessen entschloß er sich, Demmler zu einem abermaligen Plan zu ermutigen und sandte ihn samt dessen Baukondukteur Hermann Willebrand (1816-1899) auf eine Studienreise nach Frankreich, um dort vorzugsweise die Loireschlösser zu besichtigen. Von Schloß Chambord am meisten beeindruckt, kehrten die beiden Architekten nach Schwerin zurück und versuchten sich an einem neuen Entwurf, der auch die Semperschen Anregungen berücksichtigte. Willebrand dürfte an dem neuen Plan beträchtlichen Anteil gehabt haben, denn es existiert eine erst in jüngerer Zeit entdeckte Zeichnung, die mit geringen Abweichungen die Form des heutigen Schlosses zeigt und die Unterschrift trägt: »Erste Idee zur äußeren Ansicht des Großherzoglichen Schlosses zu Schwerin von der Stadtseite aus in etwa einer Stunde skizziert von H. Willebrand 1844.«

Demmler hat offenbar keinen Anstoß genommen, die Vorstellungen des ihm unterstellten Baukondukteurs weitgehend zu nutzen und sich zu eigen zu machen. Man begann jedenfalls mit den notwendigen Abbruchsarbeiten, und bereits im Januar 1846 waren siebenhundert Werkleute an der Nord- und Nordwestfassade tätig. Weitere Studienreisen wurden unternommen und dabei auch der Kölner Dombaumeister Ernst Friedrich Zwirner (1802-1861) wegen der Neugestaltung der Schloßkirche aufgesucht. Es schien alles in bester Ordnung abzulaufen, doch hatte sich der liberalen Ideen aufgeschlossene Demmler bei den Auseinandersetzungen im Gefolge der politischen Wirren der achtundvierziger Jahre allzu stark engagiert und sich deshalb und nicht zuletzt den Unwillen der Großherzogin-Mutter zugezogen. Unter dem Druck der Hofkamarilla mußte Demmler im Jahre 1850 seinen Abschied nehmen und begab sich auf Reisen. Wenn er geglaubt hatte, damit seine Auftraggeber in Verlegenheit zu setzen, so sah er sich in solchen Erwartungen getäuscht. Denn bei den guten Beziehungen zwischen dem Schweriner und dem Berliner Hof war sehr rasch Abhilfe geschaffen, und der Berliner Hof entsandte seinen Oberbaurat August Stüler mit einem Gefolge von Baufachleuten, die nun ihrerseits versuchten, neue Vorstellungen durchzusetzen.

Durch Stüler wurde die stadtseitig über eine Brücke zu erreichende Eingangsfront in einer Weise modifiziert, daß ein wahrhaft romantisches Triumphtor entstanden ist. Dieser Eingangsfront der in den Außenfronten unregelmäßigen sechseckigen Schloßanlage wurde als eine Art Ehren- und Vorhof ein Säulenvorbau vorgeblendet, der auf vierzig Säulen ruht. Die Portalfront selbst, von zwei Türmen im Stile von Chambord flankiert, ist in ihrem Mittelteil risalithaft vorgezogen und kulminiert in dem Reiterstandbild des Wendenfürsten Niklot in einer riesigen balkonhaften Nische, deren oberen Abschluß ein von Figuren flankiertes Halbrund bildet, das das mecklenburgische Wappen umschließt. Dieser Giebel wird rückwärts von einem Turm überragt, dessen Aufsatz Stüler im Gegensatz zum ursprünglichen Plan mit einer vergoldeten, von dem Erzengel Michael bekrönten Kuppel abschloß. Diesem Kuppelturm entspricht auf der See- und Gartenseite der bergfriedartige stattliche Turm, wie auch sonst nicht an Türmen gespart ist, die jeweils die Enden jeder Front flankieren. Der Neubau des Schlosses, der die Fassaden der Schloßgarten-, Burgsee-, Stadt- und Marstallseite einbezog, bildet im Äußeren ein unregelmäßiges Sechseck, im Innenhof ein Fünfeck. Die aus der Renaissancezeit stammenden Bauten wurden, wenn auch teilweise stark verändert, in den Neubau mit einbezogen, wobei der schöne Johann-Albrecht-Bau auf der Gartenseite besonders zu erwähnen ist. Die 1563 entstandene Schloßkirche hat man durch einen von Zwirner entworfenen hochstrebenden, schönen neugotischen Chor im Äußeren den veränderten Proportionen des neuen Schlosses angepaßt.

Die Innenausstattung des 1857 vollendeten Schlosses war nicht minder prächtig als seine Fassade. Nach dem Jahre 1918 hatte sich die Residenz in ein Schloßmuseum verwandelt, dessen Beschreibung durch Otto Schmidt im Jahre 1925 uns den Verlust der gesamten Ausstattung nach 1945 schmerzlich bedauern läßt:

»... Nicht nur Ausgangs-, sondern auch Kernpunkt der weitläufigen Museumsanlage sind die aus den fünfziger Jahren des vorigen Jahrhunderts stammenden Prunkräume des Schlosses geworden: aus ihnen ergibt sich, um sie gruppiert sich alles übrige. So dient das Hauptgeschoß, die einstige ›Fest-Etage‹, der Darstellung fürstlicher Kultur im besonderen. Hier sind Ahnengalerie und Thronsaal völlig unangetastet geblieben. Der Weg dorthin vollzieht sich im Sinne einer Steigerung von der mit wenigen, aber wirkungsvollen Fürstenbildnissen und Sänften geschmückten Obotritentreppe angefangen, durch die mit Prunkgläsern und Tafelgeschirren des landesfürstlichen Hauses ausgestattete Schlössergalerie hindurch bis zum Wilhelmszimmer, das neben einer Schausammlung der Orden und Ehrenzeichen des früheren Großherzogtums Throne der Rokoko- und der Empirezeit enthält, dazu gleichzeitige erstklassige Fürstenporträts. Jenseits des Thronsaales ist ein eigener Königin-Luise-Raum eingeschaltet mit zahllosen Einzelstücken, deren bisweilen ergreifende Schlichtheit bei vollendeter Formengebung an eine zwar bitterarme, aber geschmacklich hochstehende Zeit gemahnt. Es folgt ein der Schloßgeschichte gewidmeter Raum und dann das reichhaltige Münzen- und Medaillenkabinett. Die sich anschließenden ehemaligen Privatgemächer der Landesherren ›Kleine Audienz‹, ›Arbeitszimmer‹, ›Ministerzimmer‹ bergen jetzt kostbarstes Kunstgewerbe: die mit unendlicher Liebe und feinstem Geschmack seit Herzog Christian Ludwigs Zeiten (1683-1756) gesammelten hervorragenden Arbeiten in Edelmetall, Elfenbein und anderen erlesenen Materialien. Das bescheidene einstige Schlafgemach des Landesherrn überrascht durch die auffallend schöne Fächersammlung der verstorbenen Herzogin Johann Albrecht, eine glückliche Erwerbung aus der Zeit der Einrichtung des Schloßmuseums. Ein angrenzender Raum endlich umschließt nunmehr mit seinen lichtgrünen Wänden ein stilgerecht eingerichtetes Empirezimmer im Geschmack und aus der Zeit des letzten mecklenburgischen Herzogs. Meisterbilder und Prunkmöbel aus dem 17. bis 19. Jahrhundert, jeweils im Einklang mit den ausgestellten Gegenständen, geben das repräsentative Spiegelbild zu den eigentlichen Sammlungen.

Das Untergeschoß hat in der Hauptsache die kunstgewerblichen Fachsammlungen aufgenommen. Dank einer mit bescheidensten Mitteln noch eben rechtzeitig ausgeübten Sammeltätigkeit herrscht hier die Keramik vor, wie auch die stattliche Gläsersammlung erst im verflossenen Jahrzehnt geschaffen wurde. Den Höhepunkt der keramischen Abteilung bilden die Frühwerke Altmeißens, die in einer Qualität und Reichhaltigkeit vertreten sind, wie man sie selbst in den großstaatlichen Museen nicht zu finden pflegt. Eine kleine, aber gewählte Sammlung antiker Keramik, Räume mit italienischen Majoliken auf dem einen, mit Erzeugnissen Ostasiens auf dem anderen Flügel des Museumskomplexes vervollständigen den Überblick über die mannigfachen Stätten und Zweige der keramischen Produktion, die ungeachtet aller Finanznöte bis auf die Gegenwart weitergeführt wird.

Ihren Höhepunkt erreichen die Sammlungen des Schloßmuseums in der erst 1923 der Allgemeinheit erschlossenen Großen Hofdornitz, der glücklichsten Raumschöpfung niederdeutscher Renaissance-Baukunst, mit ihren ganz ungewöhnlich kostbaren Jagdwaffen, Jagdgeräten und Jagdtrophäen.«

Aber nicht nur der mecklenburgische Landesherr, sondern auch sein Adel war bestrebt, seine Besitzungen in romantischem Sinne zu modernisieren. Es bedurfte dazu nicht einmal des fürstlichen Vorbildes. Denn die historische Entwicklung des Landes hatte es mit sich gebracht, daß in Mecklenburg ein Großgrundbesitz besonderer Prägung entstanden war, nachdem der Dreißigjährige Krieg die eingesessene Bauernbevölkerung durch Rekrutierung, Pest und Seuchen in einer Weise dezimiert hatte, daß die herrenlos gewordenen Bauernstellen vom Adel eingezogen und seinen Gütern zugeschlagen wurden. Um die weitere Landflucht zu bremsen, war bereits im Jahre 1646 der Bauernstand in die Leibeigenschaft gezwungen worden. Wohl hatte der Landesherr sich letzte Entscheidung über das Schicksal der Bauern vorbehalten, doch vermochte er sich bei dem mächtig gewordenen Adel nicht durchzusetzen, und erst 1820 ist es zur Aufhebung der Leibeigenschaft gekommen. Doch der Einfluß der Ritterschaft im Rahmen der Stände blieb ungemindert bis zum Jahre 1918 bestehen. Der Großgrundbesitzer, auch der bürgerliche, blieb Fürst auf seinem Boden und wünschte solche Stellung auch äußerlich zu dokumentieren. Im Jahre 1840 wurde durch den Landbaumeister Jatzow Schloß Leezen, 1843 Charlottenthal, 1847 Varchentin von dem Schweizer Architekten M. Mouson, um 1850 Groß-Luckow und Kittendorf, 1850-1853 Hoppenrade, 1864 Gersdorf in neugotischen

Formen neu erbaut und 1856 Matgendorf durch Willebrand im Renaissancestil errichtet. Leider ist das stattliche Schloß Göhren nach dem Zweiten Weltkrieg vom Boden verschwunden, das 1850 der Berliner Architekt Georg Heinrich Friedrich Hitzig (1811-1881) als einen nicht uninteressanten Ableger von Babelsberg erbaut hatte. Dieses Schloß ist nicht das einzig verlorene Bauwerk im reichen Schaffen von Hitzig, der auch sicher einen bis jetzt nicht geklärten Anteil an anderen mecklenburgischen Herrenhäusern hatte. Auch Hitzig gehört zu der Reihe der bisher geschmähten und fast vergessenen Architekten des 19. Jahrhunderts, die solches Los nicht verdient haben.

Die Marienburg bei Hannover

Hoch über der Landschaft, auf den bewaldeten Höhen des Leinetals, erhebt sich majestätisch die Marienburg, scheinbar eine mittelalterliche Burg, in Wahrheit eine im 19. Jahrhundert errichtete Residenz des Hannoverschen Königshauses, die unmittelbar nach ihrer Verwendung als Wohnschloß noch zu einem Denkmal des alten Herrschergeschlechtes geworden ist.

Das schon im Mittelalter von menschlicher und politischer Tragik umwitterte Welfenhaus war in der Zeit Heinrichs des Löwen jäh von dem Gipfel seiner Macht herabgeschleudert worden. Erst im 18. Jahrhundert hatte das Schicksal ein Mitglied des Geschlechtes als Georg I. von Großbritannien auf einen Königsthron erhoben. König Georg I. war ein Sohn von Ernst August von Hannover und dessen Gemahlin Sophie aus dem kurpfälzischen Hause. Der Vater von Sophie, Kurfürst Friedrich V. von der Pfalz, ist mit der Stuartprinzessin Elisabeth von England verheiratet gewesen, aus welchem Grunde das englische Parlament – nach dem Aussterben der Oranier – Georg als einen späten Stuartabkömmling, der übrigens Protestant war, 1714 die englische Krone angeboten hat. Bis 1837 wurden die Länder England und Hannover in Personalunion regiert, so daß die englischen Herrscher nur selten in ihr Stammland Hannover kamen. Nach dem Tode König Georgs III. regierte zunächst sein ältester Sohn Georg IV. (bis 1830) und dann dessen Bruder Wilhelm IV. (bis 1837). Da der dritte Sohn Georgs III., Eduard von Kent, schon 1820 gestorben war, folgte ihm dessen Tochter Victoria auf dem Throne Großbritanniens. Doch konnte in dem 1814 auf dem Wiener Kongreß zum Königreich erhobenen Hannover nach altem salischem Recht eine Frau die Erbfolge nicht antreten, so daß der jüngste Sohn Georgs III., Herzog Ernst August von Cumberland, der mit Friederike von Mecklenburg, einer Schwester der Königin Luise, verheiratet war, im Jahre 1837 den hannoverschen Thron bestieg. In seiner nur vierzehn Jahre währenden Regierungszeit gelang es ihm zwar, Hannover in eine Residenzstadt umzuwandeln, allerdings blieb der großzügige Umbau des im Zweiten Weltkriege zerstörten Leineschlosses unvollendet. Georg V. von Hannover, der einzige Sohn von König Ernst August, der im Alter von vierzehn Jahren erblindet war, folgte 1851 seinem Vater in dem Herrscheramte. Vermählt war er seit dem Jahre 1843 mit der Prinzessin Marie von Sachsen-Altenburg, der er im Jahre 1857 das Gelände der späteren Marienburg zum Bau eines Schlosses zum Geschenk machte und gleichzeitig alle Mittel für dessen Ausstattung zur Verfügung stellte.

Aus dem Text der darüber ausgefertigten Urkunde vom 14. April 1857 geht hervor, daß er diesem – auf Vorschlag des Majors Witte ausgewählten – Grundstück deshalb zugestimmt hatte, weil es »nahe unserem alten Ahnensitz Calenberg mit freundlicher Aussicht über die lieblichen Gaue der Leine« gelegen sei. So entspricht auch dieses Schloß den romantischen Forderungen, ein Denkmal des Geschlechtes zu werden und zugleich als solches eine landschaftlich ausgezeichnete Lage zu besitzen.

Einer der begabtesten Architekten des 19. Jahrhunderts, Conrad Wilhelm Hase (1818-1902), der im Unterschied zu vielen anderen Baumeistern seiner Zeit sich mit Leib und

Seele der Neugotik verschrieben hatte und seine Neubauten nahezu alle in gotischen Formen errichtete, wurde der Erbauer des Schlosses. Hase war bemüht, der mittelalterlichen Welt nahezukommen, indem er sich mit Hingabe der Erforschung romantischer und gotischer Architektur widmete. Frucht dieser Bemühungen war eine seit 1850 einsetzende Publikation ›Mittelalterliche Baudenkmäler Niedersachsens‹; auch gründete er eine Bauhütte ›Zum weißen Blatt‹, deren Mitglieder sich nach gotischer Hüttentradition Steinmetzzeichen zulegten. Hase und seine Schüler haben durch ihre Schöpfungen in weitgehendem Maße das architektonische Gesicht eines ganzen Landstriches geprägt, weshalb man zuweilen die Neugotik Norddeutschlands zu Unrecht geringschätzig als Hasegotik abgetan hat.

Zum Bauplatz für die Marienburg wurde der Südwesthang des Berges bestimmt, da an dieser Stelle durch einen verlassenen Steinbruch eine romantische Schlucht entstanden war, die den Vorstellungen jener Zeit entgegenkam. Auch hier mußte wie bei der Mehrzahl der Schlösser der pathetischen Phase durch Sprengung, Aufschüttung und Substruktionen im Jahre 1857 das Terrain vorbereitet werden, so daß erst am 9. Oktober 1858 die Grundsteinlegung stattfinden konnte. Der Bau schritt nach einem festumrissenen Plan unter Leitung von Hase rasch voran, wobei seit dem Jahre 1864 sein Schüler Edwin Oppler mitwirkte. Ein Abschluß wurde jedoch nicht erreicht, weil die Ereignisse von 1866 zu einer Entthronung des Hauses Hannover durch Preußen führten und der König gezwungen wurde, ins Exil zu gehen; bei dieser politischen Entscheidung hatte Bismarck einen entscheidenden Anteil genommen, der in seiner Frühzeit zeitweise mit dem Gedanken gespielt hatte, Premierminister des Hannoverschen Königs zu werden. Da die Burg jedoch Eigentum der Königin Marie war, fiel sie nicht wie die übrigen Besitzungen der Konfiszierung anheim, weshalb auch die Arbeiten noch 1867 fortgesetzt, aber dann für immer eingestellt wurden, nachdem die Königin, die schon auf der Burg gewohnt hatte, in diesem Jahr mit ihren Kindern ihrem Gemahl in das Wiener Exil folgte.

Im Unterschied zu den mittelalterlichen Burgen, die, wie die ostpreußische Marienburg, sich aus bescheidenen Anfängen zu großen Baukomplexen entwickelt hatten, war die Planung von Hase im vorhinein auf einen mit vier Flügeln einen rechteckigen Binnenhof umschließenden Gebäudekomplex in gotischem Stil ausgerichtet, dessen Massenverteilung – wenn auch leicht verhüllt – eine möglichst symmetrische sein sollte.

Kernstück von Burg und Südflügel bildete ein gewaltiger, quadratisch angelegter Donjon als Treppenturm, im Erdgeschoß als Vestibül und als Zugang zu den Hauptrepräsentationsräumen dienend. Deren Mittelstück sollte der – unfertig gebliebene – Rittersaal bilden, der mit einem apsidialen Fünfachtelschluß sich auf eine die Berglehne krönende offene Terrasse von entsprechender Grundform hinausschiebt. Die Mitte der nördlichen Hofseite nimmt eine große Toranlage mit reich verziertem Giebel ein, die allerdings nur den Durchgang zu den Pferdeställen enthält. Denn Zufahrt und Ausfahrt liegen in zwei mit Türmen bewehrten Baukörpern in der Nordost- und Nordwestecke des Hofes, axial auf das Portal des Donjons ausgerichtet. Diese Durchfahrten gaben dem Architekten die Möglichkeit zu reichlicher Verwendung gotischer Motive, wobei die Tortürme in den Schrägen weitere bedeutsame Akzente bilden, deren Eindruck durch die schlichteren östlichen und westlichen Verbindungstrakte noch betont wird. Ebenso setzt die hofwärtige Ausstattung der drei Durchfahrten mit Wimpergen – die mittlere mit Maßwerkgiebel und Uhrturm – ebenfalls Akzente in den sonst schmucklosen Hoffassaden, wenn man von der Wirkung der weit in den Hof vortretenden Fassade des stattlichen Donjons mit den Treppentürmen in den Hofecken absieht.

Im Ostflügel befindet sich die leider in den letzten Kriegstagen teilzerstörte einschiffige Kapelle, deren nach Osten gerichtetes Chorpolygon vor die Flucht der übrigen Außenmauern auf ein stark abfallendes Gelände geschoben ist. Ein schlanker achteckiger Turm markiert die Südost- und ein mächtiger Rundturm die Südwestecke; letzterer, der mit einer großen, flachen Aussichtsterrasse abschließen sollte, erhielt später nur ein kegelförmiges, etwas plump wirkendes Notdach.

An diesen Südwestturm sollte der Wintergarten als künstliche Ruine einer dreischiffigen gotischen Hallenkirche erbaut werden, ein Bauteil, der ebenfalls unvollendet blieb.

Leider ist es auch nicht mehr zur vorgesehenen Ausstattung aller Innenräume gekommen, was um so mehr zu bedauern ist, weil diese, soweit sie durchgeführt wurde, eine einheitliche Neuausstattung von hohem Range darstellt. Auch sind die Innenräume heute vielleicht allzu reich mit Mobiliar, Gemälden und Waffen gefüllt, nachdem die ohnedies reichen Bestände der Marienburg als Folge der Nachkriegsereignisse die hierher geretteten Kunstgegenstände von Schloß Blankenburg aufgenommen haben.

Vom Haupteingang im Erdgeschoß des Donjons gelangt man in die eindrucksvolle Treppenhalle mit acht freistehenden Achteckpfeilern und einem sehr steilen Rippengewölbe, das diesem Vestibül neben einem Festen etwas Ragendes verleiht. Die darin aufgehängten Fahnen, Waffen und die Rüstungen bilden eine willkommene Belebung der zum Starren neigenden Architekturformen. Zwischen Pfeilern und Wänden sind die Treppen doppelläufig angeordnet. Leider ist der dahinter liegende Ritter- oder Thronsaal mit hohen, dreifach geteilten Maßwerkfenstern nicht vollendet worden, was angesichts einer noch erhaltenen farbigen Entwurfsskizze zu bedauern ist, weil erst die vorgesehene, reich verzierte Holzdecke und die entsprechenden Wandvertäfelungen dem Raum zu einer vollendeten Wirkung verholfen hätten. Statuen an der zum Tal hin liegenden Rückwand flankieren die mit gotischem Sprengwerk ausgeschmückte Öffnung in der polygonalen Apsis, deren im Unterteil geöffnete Seiten den Austritt auf die große Terrasse ermöglichen. Zu beiden Seiten des Rittersaals liegen nach Osten zu der langrechteckige Speisesaal und nach Westen das Appartement der Königin, das auch vom Vestibül zu erreichen ist. Von großartigem Raumeindruck ist die an das Appartement der Königin angrenzende Bibliothek auf kreisförmigen Grundriß im großen Südwestturm mit ihrem prachtvollen, auf einer Mittelstütze ruhenden Sterngewölbe. Wir besitzen hier das letzte und großartigste Beispiel für die Wirkung, die der Remter der ostpreußischen Marienburg auf die zentralen Säle der romantischen Architektur geübt hat, beginnend mit Stolzenfels über Babelsberg, Kamenz bis zur hannoverschen Residenz der Marienburg.

Die zweigeschossigen Schloßflügel – im Süden und Osten und Westen herumgreifend – waren zu Repräsentations-, Gesellschafts- und Wohnräumen der königlichen Familie bestimmt; der Nordflügel sollte der Unterbringung von Gästen und Dienerschaft dienen.

Beim Korridor des Westflügels besteht ganz offensichtlich eine Verwandtschaft zu gotischen Kreuzgängen, wobei der gleichmäßige Ablauf der Kreuzrippengewölbe und der eingebauten Schränke dem Gang einen betonten Tiefenzug verleiht. Auch die übrigen Räume verraten in Gestalt der Deckengliederung oder der Türen ein vorzügliches handwerkliches Können, das ohne Rückschau auf die Vorbilder an sich gewertet werden sollte. Denn sowohl in der festen wie auch beweglichen Ausstattung der fertiggestellten Räume ist die neugotische Durchbildung bis zu einer sich deckenden Einheitlichkeit von Innen- und Außenarchitektur durchgeführt – einer Einheitlichkeit, wie sie uns nur noch im Schloß Kamenz begegnet.

Die Marienburg präsentiert sich heute als ein romantisches Königsschloß, dessen wohnliche Nutzung an der rauhen politischen Wirklichkeit zerschellt ist. Geblieben ist ein königliches Monument, das nach dem Zweiten Weltkrieg für kurze Zeit wieder seiner ursprünglichen Bestimmung als Wohnschloß zugeführt wurde, als die Tochter des letzten deutschen

Kaisers, Viktoria Luise, mit ihrem herzoglichen Gemahl hier einzog.

Sie schreibt darüber in ihren Erinnerungen ›Ein Leben als Tochter des Kaisers‹: »... Seit 1867 war das Schloß jedoch unbewohnt geblieben. Nur der Kastellan lebte dort. Für die königstreuen Hannoveraner bedeutete die Marienburg in den folgenden Jahrzehnten ein Zentrum traditioneller Erinnerung. – Mein Mann und ich hatten die Marienburg gelegentlich besucht, im Sommer, für ein paar Tage. Wir hatten uns hierfür zwei Zimmer zurechtmachen lassen. Das war alles. Nun mußte sie als Dauerwohnung hergerichtet werden. Wie eh und je machte sich mein Mann ans Planen und Einrichten. Zuerst einmal behelfsmäßig. Die kleine Küche wurde in Betrieb genommen und auf einem winzigen Herd gekocht. Ich habe mich immer gewundert, wie man mit solch einer Miniaturausgabe das Essen für unsere ganze Familie, für Gäste und Flüchtlinge, die zu uns kamen, bereiten konnte. Es ging. Kanonenöfen wurden zur Beheizung aufgestellt. Wie überall, so ragten auch bei uns die Ofenrohre zum Fenster hinaus. Die Beleuchtung bestand in vielen Zimmern aus Kerzen. Elektrisches Licht war nur in begrenztem Umfang gelegt worden. Wir trösteten uns damit, daß die Stromversorgung sowieso zumeist abgeschaltet war. Wir ertrugen das alles gern. Wir waren nicht den Sowjets in die Hände gefallen. Das war die Hauptsache. Für uns selbst wurde nur ein Teil der Burg eingerichtet. Die große Zahl der Räume bewohnten Flüchtlinge. Das Gebäude glich einem Heerlager. Dieser Charakter wurde noch durch die drohenden Überfälle von Banden früherer polnischer Zwangsarbeiter unterstrichen...«

Inzwischen hat sich die Marienburg wieder in ihr Denkmaldasein zurückverwandelt. Bedeutsame Ausstellungen haben in künstlerischen Zeugnissen eine große Vergangenheit in einem historisch beredten Rahmen lebendig werden lassen. Das Leben der Gegenwart ist erneut den Schatten der Vergangenheit gewichen.

Unter höchst dramatischen Umständen war Prinz Karl von Hohenzollern-Sigmaringen (1839-1914), der zweite Sohn des Fürsten Anton, im Frühsommer 1866, in steter Gefahr verhaftet zu werden, inkognito und mit einem falschen Schweizer Paß versehen, in Rumänien eingereist, um die dortige, ihm von Rußland und der Türkei bestrittene Herrschaft eines Fürsten von Rumänien zu übernehmen und durch seine Gegenwart vollendete Tatsachen zu schaffen. Das Abenteuer gelang. Ebenso verstand es der Fürst durch eine geschickte Politik, bei der er sich im Wechsel auf Rußland und später Preußen stützte, die außenpolitische Lage zu konsolidieren, so daß im Frühling 1881 er es wagen konnte, sich zum König von Rumänien zu proklamieren. Durch eine Verfassung, Klärung des innenpolitischen Chaos, Verbesserung der sozialen Verhältnisse und Förderung der kulturellen Belange schuf er sich eine unbestrittene Herrscherstellung. Im Jahre 1911 stand er auf der Höhe seiner Macht, die seit diesem Jahre systematisch und mit Erfolg von den späteren Mächten der Entente des Ersten Weltkrieges unterminiert wurde, so daß ihm der Ministerpräsident im Kronrat vom 3. August 1914 erklären konnte: »Meine Herren Minister, ich sehe keinerlei Schwierigkeit, den Krieg an der Seite Frankreichs – auch ohne seine Majestät den König! – mitzumachen.« König Carol I., tief verletzt und empört, war beim Eintreten eines solchen Falles entschlossen, das Land zu verlassen. Dazu ist es nicht mehr gekommen, denn dieser Undank hatte ihm im wahren Sinne des Wortes das Herz gebrochen, und zwei Monate später war er tot.

An seinem Sterbelager stand seine einundsiebzigjährige Gemahlin Elisabeth aus dem rheinischen Hause Wied, mit der er sich 1869 vermählt hatte. Nach den ersten Ehejahren hatte sie durch ihre überspannte Haltung und ein exzentrisches Auftreten viel Aufsehen erregt, daß es zu einer solchen Entfremdung der Ehegatten gekommen war, daß die Königin für einige Zeit in ihre Heimat zurückkehren mußte. Erst im Alter, nach Überwindung ihrer hysterischen Anwandlungen, war es zu einem harmonischen Zusammenleben des Ehepaares gekommen. Elisabeth besaß viel, allzuviel Phantasie und dilettierte mit Geschmack als Malerin und Dichterin. Unter dem Pseudonym Carmen Sylva wurde sie als Dichterin allgemein bekannt, doch hat man ihre von romantischen Vorstellungen durchdrungenen Werke zu ihrer Zeit sicherlich überschätzt.

Elisabeth dürfte die treibende Kraft beim Bau des romantischen Kastells Pelesch gewesen sein. König Carol hatte, um im Sommer dem tückischen Angriff des Fiebers in der rumänischen Ebene zu entfliehen, seine Residenz in das Kloster Sinaia, in die frische Wald- und Gebirgsluft der Karpaten, verlegt. Dieses im Tal der Prahova auf hervorspringendem Felsberg gelegene Kloster hatte der rumänische Fürst Michael Kantakuzenos dem Gotteshaus auf dem Sinai nachgebaut und nachbenannt und es zum Hospiz für die über die Gebirgspässe nach Siebenbürgen ziehenden Händler, Bauern und Kaufleute bestimmt. In diesem einstöckigen Klosterbau von bescheidenen Verhältnissen, dem man für den Hofstaat leichte Holzbaulichkeiten angefügt hatte, residierte jahrelang das fürstliche Paar in Einfachheit, Genügsamkeit und unter mancherlei Unbequemlichkeiten. Die Mönche speisten auch weiterhin im Refektorium, das Fürstenpaar in einem zum Speisesaal eingerichteten Gange. Es war alles andere als eine königliche Residenz. Einen Ausgleich für die räumliche Beschränkung bildete allerdings die herrliche Lage des Klosters mit den Berghäuptern der Karpaten im Hintergrund. Carmen Sylva's dichtendes Wort hat sie mit poetischen Sagen belebt. »Da ist zuerst der Virful cu Dor (Sehnsuchtsgipfel), dann Furnica, Piatra arsa, die beiden Jipi, welche sich wie zwei Riesenzähne in die Luft erheben. Zwischen ihnen stürzt in betäubendem Wasserfall die Urlatoare (die Heulende) zu Thal und tobt Bahn brechend zur Prahova hinab; dann der Omul, der Caraiman, dunkel und drohend mit seinen gewaltigen Felsen... Hohe waldgekrönte Ausläufer des Gebirgsstockes ziehen sich zur Ebene hinab. An ihrem Fuß sind sie mit Eichen und Buchen, auf den Höhen mit Tannen bestanden. Vom Kloster aus gelangt man gleich in eine Waldeinsamkeit, wie sie schöner sich nicht träumen läßt. Riesengroß ragen die uralten Bäume zum Himmel empor. Orchideen und Farnkräuter in ungewöhnlicher Höhe und den verschiedensten Abarten entzücken den Naturfreund.«

Als die primitiven Räumlichkeiten des Klosters für die Dauer doch zu unbequem wurden, plante der Fürst oberhalb von Sinaia ein neues Schloß – Kastell Pelesch, dessen Grundstein am 22. August 1875 gelegt wurde. Die Pläne hatte der in Heilbronn geborene Wilhelm von Doderer (1825-1900) entworfen, ein heute zu Unrecht vergessener Architekt. Auch Louis Réau, Professor an der Pariser Sorbonne, hat in seinem Werk ›Die Kunst Rumäniens‹ es nicht für nötig befunden, den Erbauer von Pelesch zu erwähnen; es genügte Réau, von »einem Schloß im pseudodeutschen Stile im Geschmack der romantischen Schlösser des verrückten Königs Ludwig von Bayern« zu sprechen.

Doderer hatte nach seiner Lehrzeit auf der Stuttgarter und Berliner Bauakademie sich nach Wien begeben zur weiteren Ausbildung in dem Architektenbüro von Eduard van der Nüll (1812-1868) und August von Siccardsburg (1813-1868), den Erbauern der Wiener Staatsoper. Er reüssierte rasch, da Wien um die Mitte des 19. Jahrhunderts – dank seines Reichtums an Bauaufgaben – vielfältige Möglichkeiten bot und damit zu einem Anziehungspunkt für die Architekten geworden war, die in ihren Schöpfungen miteinander wetteiferten; die Formenwelt des Hellenismus und der Neurenaissance bildeten die vielumkreisten Pole. Doch hat beispielsweise der dem hellenistischen Vorbild zuneigende Theophil von Hansen (1813-1891) dank seiner schöpferischen Phantasie auch in mittelalterlichen Formen zu bauen vermocht, wie es der von ihm in den Jahren 1856-1880 für den Erzherzog Leopold durchgeführte Umbau des Schlosses Hernstein in der Nähe von Baden bei Wien beweist; dort blendete er dem Schloß eine neugotische Fassade vor, während in der Innenausstattung die verschiedensten Stile zur Anwendung kamen.

Der Architekturmaler und Architekt Leopold Ernst (1808-1862) ließ sich um die gleiche Zeit beim Umbau des nach dem Zweiten Weltkrieg durch die Besatzungsmacht stark devastierten und seiner Sammlungen beraubten ehemaligen Renaissanceschlosses Grafenegg unweit von Krems ebenfalls von der Neugotik, und zwar englischer Manier, inspirieren.

Der vielgereiste Karl Gangolph Kayser (1837-1895) – in den Jahren 1864-1867 Hofarchitekt von Kaiser Maximilian in Mexiko – wurde nach seiner Rückkehr nach Wien 1874 von dem Grafen Wilczek beauftragt, die Ruine der Burg Kreuzenstein bei Korneuburg an der Donau aufzubauen und unter Verwendung von echten romanischen und gotischen Bauteilen aus zahlreichen europäischen Ländern eine romanisch-gotische Idealburg zu erstellen. Dieses letzte Denkmal mittelalterlichen Rittertums ist erst nach zweiunddreißig Jahren Bauzeit durch Humbert Walcher, Ritter von Moltheim (1865-1926), vollendet worden.

Kayser und Walcher von Moltheim haben auch den Umbau der auf steilem Felsengrat gelegenen Burg Liechtenstein bei Mödling in romanischem Stil durchgeführt, nachdem Fürst Johann I. von und zu Liechtenstein bereits im Jahre 1808 einen Wiederaufbau im romantischen Sinne begonnen hatte. Die beiden Architekten, die den nunmehr ›stilgemäßen‹ Umbau durchgeführt haben, benutzten dabei den vorhandenen prachtvollen romanischen Quaderbau aus der zweiten Hälfte des 12. Jahrhunderts mit Unter- und Hauptgeschoß, um diesem ein zweites Obergeschoß aufzusetzen und den Hauptturm zu erbauen, wobei die romanische Kapelle von Eingriffen verschont geblieben ist.

Doderer, ein Vertreter der Neurenaissance, hat im Kastell Pelesch die Renaissanceformen mit Fachwerkarchitektur einfallsreich verquickt. Der Umriß des Baues wird durch mehrere spitzbehelmte Türme verschiedener Höhe über steilragenden Dächern bestimmt, wobei ein viereckiger Hauptturm mit steilem Zeltdach die gesamte Anlage beherrscht; die glatten, schlichten Fassaden erhalten ihre Belebung durch den Verband des Fachwerks und flach vorgezogene, mit Giebeln gezierte Risalite. Bei den Arbeiten, vornehmlich im Innenausbau, war der Hofbildhauer Martin Stöhr (1819-1896), der das Vertrauen Carols in hohem Maße genoß, tätig. Kurz vor der Vollendung des Schlosses schrieb die Königin an ihre Mutter in Neuwied: »Überraschend schön ist das Schloß. Lauter Holz und immer Holz reich geschnitzt. In Überfluß dicke dunkle Teppiche, angenehme Farben überall, so wie ich mit fünfzehn Jahren Papa mein zukünftiges Haus beschrieb... Es wird ungeheuer gemüthlich und scheint mir gut eingetheilt für eine fröhliche Menschenschaar. So Gott will, sollen Menschen dort glücklich sein und ihr Bestes einander schenken.«

Am 7. Oktober 1883 wurde Pelesch in Gegenwart aller Würdenträger durch den Metropoliten geweiht, nachdem der König den Schlüssel feierlich übernommen hatte. Als der König bei dem darauffolgenden Festmahl seinen Trinkspruch auf Rumäniens Wohl anbrachte, fügte er die Worte hinzu: »In der festen Zuversicht auf die Liebe meines Volkes habe ich hier ein eigenes Haus erbaut. Es soll sich hier erheben als dauerndes Zeichen der tiefen Wurzeln, die meine Dynastie in diesem Lande gefaßt hat. Das rumänische Volk soll darin eine Bürgschaft meines unbegrenzten Vertrauens auf die Zukunft unseres teuren Vaterlandes erblicken.«

Das heutige Schloß ist aber nicht mehr ganz das ursprüngliche, denn die Anlage – vorzüglich als Wohnung der königlichen Familie gedacht – erwies sich sehr bald als zu klein für die stetig wachsende königliche Hofhaltung. Der königliche Oberbaurat C. Liemann wurde darum mit Plänen für eine Erweiterung beauftragt. Eine Vergrößerung und ein teilweiser Umbau waren die Folge: sie haben den anfänglich recht geschlossenen Baukörper nicht verbessert. Nachdem durch die Anbauten eine gewisse Reihung von Gebäudeteilen in der

Hauptfront entstanden war, hat Liemann versucht, durch eine prachtvolle, sich über die gesamte Länge der Front hinziehende Terrasse mit üppiger Balustrade diesen Mißstand aufzufangen und das Haus zu einer Einheit zu binden; das ist nicht ganz gelungen, da die aufwendige Terrasse zuviel Eigengewicht besitzt und in ihrem reichen Formenapparat eine gewisse Diskrepanz zu der Fassade bildet.

Im Treppenhaus des Kastells verkündet eine Marmortafel mit einem Vers des Hofpoeten Alexandri:

Ich König Karl hab erbaut,
Dem Volk, das sich mir anvertraut
Sein Königreich im Kriegsgebraus
In Friedenszeit mein eigen Haus.

Dem Vorbild seines väterlichen Hauses, Schloß Sigmaringen, entsprechend, hatte Carol die Innenräume zu einem Behältnis auserlesener Objekte der Kunst und des Kunsthandwerks gemacht. Die Gemäldesammlung enthielt zu Lebzeiten des Königs bedeutende Meisterwerke europäischer Kunst wie Rembrandt, Rubens, Botticelli, Greco, aber auch Delacroix und so weiter. Den Eindruck der Räume hat Joachim von Kürenberg sehr einfühlsam geschildert: »Ein getäfelter Gang mit Waffen und Fahnen, ausgelegt mit dicken Buchara-Teppichen und schwarzen Bärenfellen – Trophäen aus den Jagdgebieten der Waldkarpaten – führt an altdeutschen Truhen und byzantinischen Standleuchten mit schwelenden Kerzen zu einer Balustrade, die mit türkischen Satteldecken und rumänischen Stickereien halb verhangen ist. Dahinter liegt die große Halle von Kastell Pelesch. Hier stehen am Eingang wie zur Wache zwei ziselierte Rüstungen hohenzollerscher Ritter mit geschlossenem Visier, auf dem Schild das Wappen der Burggrafen von Nürnberg. Diese Halle wird eingerahmt von reichgeschnitzten Holzgalerien mit kleinen, halbrunden Kanzeln, deren Baldachin auf zierlichen Säulen ruht. Zu drei Stockwerken steigen diese Galerien an, miteinander mit kunstvoll geschwungenen Wendeltreppen verbunden.

Darüber wölbt sich eine mächtige Glaskuppel, die je nach den Sonnenstrahlen durch farbige Platten abgedunkelt und getönt werden kann. Bei gutem Wetter kann diese Kuppel geöffnet werden.

Im ersten Stock liegen die vom Königspaar bewohnten Räume: Zunächst der Empfangssalon, daneben das Speisezimmer, dessen Tisch mit blauem Meißener Zwiebelporzellan gedeckt ist. Es folgt ein türkisches Kabinett mit erlesenen seidenen Gebetsteppichen, die schönsten aus Ladik und Kula. Daran schließen sich das Musikzimmer mit einem Bechstein-Konzertflügel und der weitläufige Empfangssaal in Rot, Elfenbein und Gold gehalten, unter dessen glitzernden Kristallkronen die offiziellen Empfänge im Kastell stattzufinden pflegten. Eine stille Welt für sich ist die mit Zedernholz getäfelte Bibliothek, das Arbeitszimmer des Königs...

In der Halle von Kastell Pelesch steht eine Tischvitrine, in der unter Glas einträchtig nebeneinander zwei Marschallstäbe König Carols liegen. Der eine, vom Zaren von Rußland verliehen, ist mit blauen Saphiren, Diamanten und roten Rubinen besetzt, der andere Feldmarschallstab, vom König von Preußen verliehen, wirkt weniger kostbar. Er zeigt schwarze Adler, alternierend mit der preußischen Königskrone.

Diese beiden Marschallstäbe sollten symbolisch für die ganze Regierungszeit Carols I. werden. Er stand stets vor der Frage, welchen er zum Besten seines Landes ergreifen sollte. Das Herz befahl ihm, den Stab mit den schwarzen Adlern zu wählen; der Verstand aber riet ihm, den anderen zu bevorzugen...

Im ersten Stockwerk des Schlosses lagen die von der ›Märchenkönigin‹ bewohnten Gemächer, phantastisch ausgestattet, Orient und Franken wild durcheinandergemengt, prunkvoll, verwirrend und theatralisch zugleich. Den Hintergrund des Empfangsraumes nahm eine Orgel mit schlanken goldfarbigen Pfeifen ein. Davor plätscherte ein Springbrunnen, dessen Strahl mit einer auf- und niedersteigenden Kugel

49 Miramare

50 Miramare, das Arbeitszimmer Kaiser Maximilians

51
Schloß Pena bei Sintra
(Portugal)

von unten her magisch beleuchtet wurde. An diesem Springbrunnen, von Blumen eingefaßt, stand erhöht die Couchette der Königin, bedeckt mit Deckchen und Kissen. Neben diesem Ruhebett erhoben sich die marmorne Venus (Venus Kallipygos) aus dem Museo Nazionale in Neapel auf einem Sockel von Verde Antico und ein vierarmiger Leuchter mit Dutzenden von Kerzen.

Hier empfing die Herrin dieses Zauberschlosses ihre Vertrauten. Fremde begrüßte sie aus einem bequemen Sessel, stets in weiße, wallende Gewänder gehüllt, mit einem weißen Spitzenschleier über dem grauen Haar...«

Die Königin hat ihren Gatten überlebt und mußte noch erfahren, wie rasch ihre Existenz vergessen wurde, und selten genug haben ihr Neffe Ferdinand, Nachfolger Carols I., und die Königin Marie sie aufgesucht. So beschloß sie, sich nach Curtea de Argesch zurückzuziehen, wo in der altehrwürdigen Kathedrale ihr Gemahl zur letzten Ruhe gebettet war. Im benachbarten Bischofspalast verbrachte die nahezu erblindete Carmen Sylva ihre letzten Jahre, beschäftigt, Pläne für eine ›Weiße Stadt‹ zu entwerfen, in der nach ihren Vorstellungen alle Blinden der Welt einträchtig miteinander leben sollten.

Schloß Friedrichshof

Nach dem Tode des Kaisers Friedrich III. im Jahre 1888 wandte sich Queen Victoria, Mutter der gleichnamigen Gattin des verstorbenen Kaisers, an ihren Enkel, Kaiser Wilhelm II., wegen des zukünftigen Witwensitzes ihrer Tochter. Sie schrieb am 3. Juli 1888: »Lieber Willy! Ich habe immer gewartet, in der Hoffnung, eine Antwort auf meinen Brief zu erhalten, den ich kurz vor dem Heimgang des geliebten Papa geschrieben hatte, aber da Du nicht geschrieben hast, so will ich Dir jetzt ein paar Zeilen mit dem Kurier senden. Daß meine Gedanken sehr viel bei Euch allen sind, wirst Du leicht verstehen. Ich bin natürlich in Gedanken sehr viel mit dem künftigen Heim der armen lieben Mama beschäftigt. Es ist ihr wohl sehr unangenehm, wenn nicht gar schmerzlich, um etwas zu bitten, wo noch vor kurzem alles ihr gehörte; da aber Onkel Bertie mir gesagt hat, daß Du eifrig bemüht wärest, alles zu tun, um in dieser Hinsicht ihre Wünsche zu erfüllen –: könntest Du ihr da nicht (wenn Du nicht etwa selbst dort wohnen willst) Friedrichskron (das Neue Palais in Potsdam) als Wohnsitz anbieten, auf jeden Fall es ihr vorläufig überlassen, oder sonst Sanssouci? Onkel Bertie hat mir erzählt, daß Du von der Villa Liegnitz gesprochen hättest; aber diese ist viel zu klein und würde für Deine Mutter nicht geeignet sein, die die erste nach Dir und in Großbritannien nach Tante Alix die erste Prinzessin ist...«

Doch ihr Enkel Wilhelm dachte in diesem Falle nicht daran, auf die Wünsche seiner sonst hochverehrten Großmutter einzugehen.

Er mochte wie die regierende Hofpartei hoffen, daß die ›Engländerin‹ in ihr Heimatland zurückkehren möchte. Doch die Kaiserinwitwe war klug genug, nicht einmal den Versuch zu unternehmen, in England Fuß zu fassen. Sie wußte zu genau, daß sie dort als Deutsche gelten würde, zum andern hatte sie nicht die Absicht, ihren Sohn von ihrer unbequemen Gegenwart zu befreien. Er hatte ihr so viel Leides angetan – Auge um Auge, Zahn um Zahn –, was sie sich allerdings nicht einzugestehen wagte.

Deshalb widerstand sie allen häßlichen Pressionen, die unmittelbar nach dem Tode ihres Gatten einsetzten, wie die von einer militärischen Eskorte eingeleitete Suche nach privaten Papieren und Korrespondenzen, die üble Affäre um das Tagebuch ihres Gatten, das man zu Unrecht als Fälschung erklären wollte, persönliche Zurücksetzungen und das Verdrängen aus ihrem Wohnsitz im ›Neuen Palais‹ in Potsdam, das ihr Gatte in ›Friedrichskron‹ umbenannt hatte. Eine Wohnung in der Villa Liegnitz wurde verweigert, weil sie der Kaiser angeblich für einen seiner Kammerherrn benötigte, während die kaiserliche Familie noch im Trauerjahr Friedrichskron bezog, das zum Schmerz der kaiserlichen Witwe seinen alten Namen ›Neues Palais‹ zurückerhielt.

Am 18. Juni des gleichen Jahres hatte die Kaiserinwitwe von dem kleinen Gut Bornstedt an ihre Mutter nach England geschrieben: »... Wohin ich gehen soll, wo mein Heim sein soll, weiß ich nicht«, und am 27. September: »Friedrichskron zu verlassen ist mir ein tötlicher Schmerz«, und am darauffolgenden Tage: »Ich hoffe, daß das Haus bei Cronberg mir in einigen Tagen sicher ist, dann werde ich den Architekten und Gärtner kommen lassen, und ich hoffe, es Dir eines Tages zeigen zu können. Es wird aber noch zwei Jahre dauern, bis ich es beziehen kann.«

Von Dr. Steibel, dem Schwiegersohn eines Fabrikanten Reiß aus Manchester, hatte die Kaiserinwitwe das Grundstück mit einer Villa und einigen Morgen Land in Kronberg im Taunus erworben. Ein Kauf von angrenzenden Liegenschaften rundete den Besitz auf 250 Morgen ab. Victoria ließ die Villa nahezu abreißen und nach den Plänen des Architekten Ernst Eberhard von Ihne (1848-1917) ein neues Schloß bauen. Ihne, der es über den Hofbaudirektor später noch bis zur Exzellenz gebracht hat, war damals in seinen Werken noch ein Vertreter jenes seit den siebziger Jahren des 19. Jahrhunderts herrschenden, sich an der Renaissance inspirierenden Geschmackes, wobei in Friedrichshof Stilelemente der deutschen Renaissance mit Anklängen an die englische Tudorgotik und den damaligen englischen Landhausstil verquickt wurden. Es war ein die Formenwelt der Vergangenheit beherrschender Eklektizismus, der aber hier mit Geschmack und nicht ohne Phantasie vorgetragen wurde. Mehr renaissancehaft hatte Ihne in den Jahren 1880-1885 das herzoglich-altenburgische Schloß Hummelshain bei Kahla in Thüringen errichtet, ein Bau, durch den die damalige Kronprinzessin Victoria auf Ihne aufmerksam geworden war. Die Anlage von Friedrichshof war der Auftakt zu ähnlichen Aufträgen wie den Ausbau des im Zweiten Weltkrieg zerstörten Schlosses Primkenau in Schlesien, Fideikommiß und Sommerresidenz des Hauses Schleswig-Holstein-Augustenburg, der Familie der letzten deutschen Kaiserin, ferner Schloß Hemmelmark in Schleswig-Holstein für den Prinzen Heinrich von Preußen, und der Erweiterungsbau von Palais Schaumburg in Bonn, heutiger Amtssitz des Bundeskanzlers; später hat Ihne die Formenwelt von Gotik und Neurenaissance zugunsten einer nach dem Barock tendierenden Haltung aufgegeben.

Schloß Friedrichshof ist eine noch immer imponierende zweigeschossige Anlage mit hochgezogenen Dächern, Staffelgiebeln über vorgezogenen Risaliten. Der Gartenseite ist eine große Terrasse mit breiter Freitreppe vorgelegt, während auf der Hofseite sich ein stattlicher Turm erhebt, den weitere kleinere Türme asymmetrisch an den Ecken des Gebäudes in seiner Wirkung unterstreichen.

Der Eindruck der Fassaden wird durch die überhohen, sehr breiten Fenster mit ihrem reichen Sprossenwerk im Erdgeschoß und etwas kleinere Fenster im Obergeschoß bestimmt, während die verschieden hohen Dachpartien durch zahlreiche Giebel belebt werden.

Nach dem Wunsche der Kaiserin ist ein im Sinne jener Zeit wahrhaft ›Königliches Haus‹ entstanden, das über dem Eingang die Inschrift ›Friderici memoriae‹ trägt, womit Friedrichshof gleichzeitig zu einem Denkmal für den geliebten Gatten geworden ist. In einem Brief der Kaiserin heißt es: »Ich werde dort alle Erinnerungen an ihn sammeln, und das ganze Haus soll seinem Andenken gewidmet sein.« Im Jahre 1889 begonnen, wurde der innere Ausbau und seine Einrichtung unter stetiger Anteilnahme der Kaiserin erst 1893 fertiggestellt; in den Baujahren hat die Kaiserinwitwe häufig in dem benachbarten Schloß Homburg vor der Höhe geweilt, der ehemaligen Residenz der Landgrafen von Hessen-Homburg, die seit dem Jahre 1866 eine gern aufgesuchte Sommerresidenz der Hohenzollern war.

Die repräsentativen Innenräume von Friedrichshof, die alle Stile von der Renaissance bis zum Rokoko durchspielen, wurden in ihrem Eindruck entscheidend von den reichen

Kunstschätzen mitbestimmt, die Victoria zeitlebens gesammelt hat. Die damalige Ansicht, daß man den Inhalt der Galerien und Salons mit den Kunstwerken bester deutscher Museen vergleichen dürfte, bestand sicher zu Recht. Bis heute haben die Räume trotz Entnahme einzelner Stücke im wesentlichen ihren alten Charakter bewahren können, obwohl Schloß Friedrichshof sich in ein Hotel verwandelt hat. Noch immer atmen die Räume Haltung und haben nichts an Großzügigkeit eingebüßt.

Nach dem Tode der Kaiserin ist das Schloß als Erbteil in den Besitz ihrer Tochter Margarethe gekommen. In Artikel III ihrer letztwilligen Verfügung hatte die Kaiserin bestimmt: »... Da dieser Besitz keine Annehmlichkeit, vielmehr eine Last für die Krone Preußens sein würde, die schon jetzt eine Überzahl an Schlössern hat; da mein Sohn Heinrich bereits Opatow und Paretz besitzt, ich auch keine Gründe habe, anzunehmen, daß ein Besitz entfernt vom Meere ihm angenehm sein würde; da meine Tochter Charlotte, Erbprinzessin von Meiningen, bereits durch ihren Gemahl verschiedene der schönsten Residenzen zu ihrer Verfügung hat; da meine Tochter Victoria, Prinzessin Adolf zu Schaumburg Lippe, den Mittelpunkt ihrer Existenz in Bonn gefunden hat; da meine Tochter Sophie, Kronprinzessin von Griechenland, einem fremden und entfernten Lande angehört, wodurch sie außer Stand gesetzt ist, einen hiesigen Besitz zu genießen; da endlich das kurhessische Haus durch die politischen Ereignisse des Jahres 1866 den größten Teil seiner schönen Besitzungen eingebüßt hat und zugleich mit der Gegend um Frankfurt so eng verbunden ist: so habe ich befunden, daß Schloß Friedrichshof und Burg Kronberg in den Händen meiner Tochter Margarethe und meines Schwiegersohnes, des Prinzen Friedrich Karl von Hessen, am besten aufgehoben seien und meinen Absichten entsprechend erhalten und fortgeführt werden wird... Ich hinterlasse daher meiner Tochter Margarethe – als Erbteil, Prälegat oder Schenkung von Todes wegen – mein schuldenfreies Schloß und Landgut Friedrichshof in seinem vollen Bestande... an gesamter Ausrüstung mit Mobiliar und Inventar jeder Art...«

Die Kaiserinwitwe hat in Friedrichshof bis zu ihrem Tode ein zurückgezogenes Leben geführt, entschlossen, ihren Feinden keinen Grund für den Vorwurf zu geben, daß sie sich in politsche Angelegenheiten mische. Diese Zurückhaltung ist ihr sicher nicht immer leicht gefallen, wie man aus den Briefen an ihre Mutter schließen darf, aus denen hervorgeht, welch außerordentlichen Anteil sie noch an den politischen Ereignissen genommen hat und dabei nicht selten über die ungeschickten Handlungen ihres Sohnes zutiefst erschrocken war. Im Gegensatz zur regierenden Kaiserin war Victoria eine Frau mit höchst vielseitigen Interessen, vornehmlich künstlerischer Art, die ihr genügend Beschäftigung und Ablenkung gaben. Hinzu kam der Besuch treuer und ergebener Freunde und Verwandter, die sie in Friedrichshof aufgesucht haben, darunter auch Marie von Bunsen, deren Großeltern vornehmer englischer Abstammung waren. In ihren Erinnerungen ›Die Welt, in der ich lebte‹ hat sie der Kaiserin Friedrich ein Kapitel gewidmet und auch von wiederholten Besuchen in Friedrichshof erzählt:

»Oft bin ich dort zu Gast gewesen, das erstemal im Mai 1895 mit meinem Vater, kurz bevor wir ihn verloren. – Mittags kamen wir in dem stattlichen steinernen Renaissanceschloß an. In dem hellen steinernen Portal empfing uns Graf Seckendorff, die Kaiserin stand in der prachtvollen Halle. Von all den Kostbarkeiten wie geblendet, gingen wir durch den Flur, an alten Stühlen und Truhen vorbei, in ein kleines rundes Eßzimmer. Eine gewölbte und sandsteinerne Decke, ein mächtiger Kamin mit kupfernem und messingnem Gerät. Weiße Blumen in Opalgläsern auf dem Tisch, lautlose Lakaien, einen roten und einen weißen Wein, wenige, vorzüglich zubereitete Gerichte herumreichend. Die Unterhaltung war zwanglos und allgemein. Der Kaffee wurde inmitten von Kunstschätzen – die sich zum Teil heute in Museen befinden – eingenommen, dann verabschiedete sich die Kaiserin, und wir wurden in unsere entzückenden Zimmer geführt. Bis in die geringfügigste Einzelheit hat alles im Schloß Qualität, das Parkett, die eichenen Fensterrahmen, die messingnen Griffe, alles war ausgetüftelt geschmackvoll und praktisch. In meinem Zimmer stand eine alte Bettstelle mit geschwungenen Säulen und grüner Damastdecke, der Schreibtisch war mit allem Erdenklichen ausgestattet... Vom Fenster sah ich auf eine gelbe und lachsrosa Azaleenpracht, zwischen ihnen ein altvenezianischer Brunnen und Taxusbäume.

Nach dem Tee hatten mein Vater und ich in der großen, reich und schön ausgefüllten Bibliothek stehend (!) mit der Kaiserin ein anderthalbstündiges Gespräch. Es war höchst interessant. Ein Vollblutmensch, mit Leidenschaft ihre Ansichten verfechtend, mit Erbitterung, mit Tränen über das ihr widerfahrene Unrecht klagend... Zu Tisch um 8 Uhr zogen wir uns um (nur ein hohes, seidenes Kleid) und versammelten uns in der Halle, bis die einsame Witwengestalt in ihren schleppenden, schwarzen Kleidern, mit dem schwarzen Schleier, die prachtvolle Treppe herunterschritt. Nachher saßen wir um den runden Tisch in der Halle, bis sie um 10 Uhr sich zurückzog und Graf Seckendorff, der die Rolle des Hausherrn übernahm, mich auf mein Schlafzimmer führte, um mir das elektrische Licht anzudrehen.

Am nächsten Tag ging die Kaiserin mit mir im Haus umher. Erst in den unteren Räumen, durch geschmackvolle Wäschekammern, Haushälterinzimmer, Eßzimmer des Intendanten. Überall Täfelung und hübsche, eichene Möbel. Dann kamen die Spülküchen, das Eßzimmer der Aufwartefrau mit grünem Kachelofen und grün angestrichenen Türen; überall Behaglichkeit und Sorgfalt... Darauf ging es nach oben, und dies war eigentlich das Überwältigende; jeder Raum dieser Fürstenquartiere war anders, jeder mit kostbaren alten Möbeln ausgestattet. Man sah goldlederne Tapeten und altvenezianische Kamine. Eine reichgeschnitzte, dunkeleichene Bettstelle hatte sie früher benutzt: ›Wie unzählige Tränen ich in diesem nach Waldemars Tod und später geweint habe, weiß niemand.‹ Nirgends auch nur ein Durchschnittsstuhl, ein philiströser Rahmen, alles gediegen, das meiste prächtig. Aber eine rührende Ausnahme – ihr Schlafzimmer, mit Erinnerungen aus früherer Zeit mit altmodischen Kronleuchtern und Möbeln.

Nach dem Tee gingen wir mit ihr und Seckendorff nach Königstein spazieren...

Am nächsten Morgen wollte sie uns die Treibhäuser zeigen, so wurden die Wagen dorthin bestellt, denn eigentlich reichte die Zeit nicht. Trotzdem wurde in Seelenruhe besichtigt, die schönen Blumen, die Beete, die Waschhäuser, der Wirtschaftshof – alles. – Mein Vater und ich betrachteten verstohlen uns und die Uhr, der Zug mußte schon in Cronberg sein, aber gemütlich plaudernd erzählte sie uns noch allerhand, entließ uns schließlich mit vielen liebenswürdigen Worten. Natürlich kamen wir mit einer viertelstündigen Verspätung am Bahnhof an, aber ebenso ›natürlich‹ wartete der Zug auf uns!

Friedrichshof war nicht nur in seiner äußeren Gestalt, sondern, was auf dem Festland weit seltener, auch in der Aufmachung und Instandhaltung ein abgerundetes Kunstwerk, und um die makellose Qualität jeder Einzelheit zu erreichen, bedurfte es der ungewöhnlich guten Hausfrau...«

Schloß Friedrichshof genießt vor manchen anderen Schlössern den Vorzug, bis heute, wenn auch unter veränderten Umständen, noch lebendig zu sein. Mit Takt und Geschmack hat man die Räume, ohne allzuviel verändern zu müssen, den jetzigen Zwecken angepaßt, und die noch immer imponierende Halle empfängt heute wie damals den Gast, dessen ästhetischer Sinn von den Räumen, auch bei einem inzwischen gewandelten Geschmack, befriedigt wird, wenn man die Ausstattung ohne Voreingenommenheit betrachtet. ›Friderici memoriae‹!

Adalbert, Prinz von Bayern: Die Herzen der Leuchtenberg. München 1963
Anonymus: Stephan Victor, Erzherzog von Österreich. Wiesbaden 1868
Bach, Adolf: Das Elternhaus des Freiherrn vom Stein. Bonn 1927
Bachmann, Erich: »Anfänge des Landschaftsgartens in Deutschland«, in: Zeitschrift für Kunstwissenschaft, Bd. IV, 1950
Backes, Magnus: Burgen und Residenzen am Rhein. Frankfurt 1960
Barkeley, Richard: Die Kaiserin Friedrich, Mutter Wilhelms II. 1959
Beenken, Hermann: Schöpferische Bauideen der deutschen Romantik. Mainz 1952
Benda *siehe* Wirth
Bergsträßer, Gisela: Amorbach – Die kleine Residenz im Odenwald. Amorbach 1968
Beseler, Hartwig: Kunsttopographie Schleswig-Holsteins. Neumünster 1962
Biehn, Heinz: Die Löwenburg im Park Wilhelmshöhe. München, Berlin 1965
– Der Rheingau. Amorbach 1970
– und Johanna Baronin Herzogenberg: Große Welt reist ins Bad. München 1960
Bleibaum, Friedrich: »Schloß Wilhelmsthal«, in: Die Bau- und Kunstdenkmäler im Reg. Bezirk Cassel, Bd. VII, Kreis Hofgeismar. Kassel 1926
Boeck, Urs: »Karl Alexander von Heideloff«, in: Mitteilungen f. d. Geschichte der Stadt Nürnberg, Bd. 48. Nürnberg 1958
Bornheim, genannt Schilling, Werner: Schloß Stolzenfels. München, Berlin 1956
– »Stolzenfels und Marienburg«, in: Bewahren und Gestalten (Festschrift für Günther Grundmann). 1962
– Rheinische Höhenburgen. Neuß 1962
Bott, Gerhard: »Die Burg auf der Insel in Wilhelmsbad, ein frühes Zeugnis romantischer Baukunst in Deutschland«, in: Hanauer Geschichtsblätter, Bd. 21 (Festschrift für Heinrich Bott). Hanau 1966
Brückner, Carl: »Callenberg«, in: Coburger Heimatblätter, Heft 1. Coburg 1921
Brues, Eva: Die Rheinlande in Schinkels Lebenswerk. München 1968
Buberl, Paul: »Die Denkmale des Gerichtbezirkes Salzburg«, in: Österreichische Kunsttopographie, Bd. 11, III. Teil. Wien 1916
Bülow, Bernhard, Fürst von: Denkwürdigkeiten. Dresden 1926 und Berlin 1930-31

Burckhardt, Jacob: Briefe. Bd. 1: Jugend und Schulzeit. Basel 1949
Burmeister, Werner: Mecklenburg. Berlin 1926
Carus, Carl Gustav: Reisen und Briefe. Dresden 1926
Clark, Kenneth: The Gothic Revival, An Essay in the history of taste. 3. Auflage. London 1962
Clemen, Paul: »Strawberry Hill und Wörlitz, von den Anfängen der Neugotik«, in: Neue Beiträge deutscher Forschung. 1943
Coburgisches Taschenbuch. Leipzig 1821
Corti, Egon Caesar, Conte: Maximilian und Charlotte von Mexiko. 2 Bde. Zürich, Leipzig, Wien 1923
– Ludwig I. von Bayern. München 1937
– Wenn... Sendung und Schicksal einer Kaiserin. Graz, Wien, Köln 1954
– Leopold I. von Belgien. Sein Weltgebäude Koburger Familienmacht. Wien, Leipzig, München 1922
Dalberg, Maria Feodora, Freifrau von: Aus dem Leben einer deutschen Fürstin. Karlsruhe 1847
Deckert, Hermann: Die Kunstdenkmäler der Provinz Hannover, Reg. Bez. Hannover, Kreis Springe. Bd. 29 des Denkmälerwerks. Hannover 1941
Dehio, Ludwig: Friedrich Wilhelm von Preußen, ein Baukünstler der Romantik. Berlin 1961
Dino, Duchesse de, puis Duchesse de Talleyrand et de Sagan: Chronique 1831-1862, publiée avec des annotations et un index biographique par la Princesse Radziwill née Castellane, Bd. II (1841-50). Paris 1910
Domke *siehe* Griese
Duff, David: Queen Victoria in the Highlands. London o.J.
Duncker, Alexander: Die ländlichen Wohnsitze, Schlösser und Residenzen der Ritterschaftlichen Grundbesitzer in der Preußischen Monarchie. Berlin 1869
Ernst II., Herzog von Sachsen-Coburg-Gotha: Aus meinem Leben und der neuen Zeit. 1887-89
Eueren, L.: »Briefe des Freiherrn vom Stein an den Bildhauer Peter Joseph Imhof in Köln«, in: Annalen des Histor. Vereins f. d. Niederrhein. 1876. Heft 28 u. 29
Euringer, Richard: Die Fürsten fallen. Leipzig 1935
Feldbusch, Hans: Johann Claudius von Lassaulx. Phil. Dissertation. Köln 1939
Fleischhauer, Walter: Die schwäbische Kunst im 19. und 20. Jahrhundert. Stuttgart 1952
Fink, Otto: »Die Mosburg im Biebricher Schloßpark«, in Zeitschrift: Burgen und Schlösser. 1968, Heft II
Frey, Dagobert: Englisches Wesen in der bildenden Kunst. Stuttgart 1942
Frölich, Marie und Hans Günther Sperlich: Georg Moller, Baumeister der Romantik. Darmstadt 1959
Garde, Graf de la: Gemälde des Wiener Kongresses. Wien 1814-1815
Genzmer, Walter: Hohenzollern. Berlin, München 1940

– »Burg Hohenzollern«, in Zeitschrift: Burgen und Schlösser. 1968, Heft II
Gerhardt, Oskar: Stuttgarts Kleinod - die Geschichte der Schloßgärten Rosensteins, sowie der Wilhelma. Stuttgart 1936
Geyer, Albert: »Friedrich Wilhelm IV. von Preußen als Architekt«, in: Deutsche Bauzeitung, Jhg. 56, 1922
Girouard, Marc: »Schloß Anif«, in: Country Life, April 1963
Gottgetreu *siehe* Strack
Graeb, C.: Album von Schloß Babelsberg. (Wiedergabe von 12 Aquarellen). Berlin 1853–1856
Granier, Hermann: Hohenzollernbriefe aus den Freiheitskriegen 1813-15. Leipzig 1913
Grauer, Karl Johannes: Wilhelm I., König von Württemberg. Stuttgart 1960
Griese, Friedrich und Helmut Domke: Pommern und Mecklenburg. Frankfurt 1957
Grisebach, August: Carl Friedrich Schinkel. Leipzig 1924
Grundmann, Günther: »Schlesien«, in: Karl Friedrich Schinkel - Lebenswerk. Berlin 1941
– und Wulf Schadendorf: Schlesien. Berlin 1962
– Kunstwanderungen in Schlesien. München-Pasing 1966
Hacker, Rupert: Ludwig II. in Augenzeugenberichten. Düsseldorf 1966
Haferkorn, Reinhart: Gotik und Ruine in der englischen Dichtung. Leipzig 1924
Hager, Luisa: Nymphenburg, V–V Schloß, Park und Burgen. München o.J.
Hahn-Hahn, Ida, Gräfin: Reisebriefe. Berlin 1841
Hammer-Purgstall, Joseph von: Geschichte der Chane der Krim unter osmanischer Herrschaft. Wien 1856
Harksen, Marie Luise: Die Kunstdenkmale des Landes Anhalt - Stadt, Schloß und Park Wörlitz. Burg 1939
– Führer durch das Museum Gotisches Haus Wörlitz. Dessau 1963
Hassel, Paul: König Albert von Sachsen. Leipzig, Berlin 1898-1900
Heeringen, Gustav von: »Franken«, in Reihe: Das malerische und romantische Deutschland (3). Leipzig o.J.
– Reisebilder aus Süddeutschland und der Schweiz. Leipzig 1839
Heideloff, Carl Alexander von: Architektonische Entwürfe und ausge-
– führte Bauten im byzantinischen und altdeutschen Styl. 1850
– Der kleine Altdeutsche oder Grundzüge des altdeutschen Baustyles. Nürnberg 1849-52
– Die Ornamente des Mittelalters. Nürnberg 1838-47
Heigel, Karl Theodor: Ludwig I. König von Bayern. Leipzig 1872
Heinz, Walter: »Schloß Rosenau und seine Geschichte«, in: Oberfränkischer Heimatkalender 1954. Coburg 1953
Herloszohn: Wanderungen durch das Riesengebirge. Leipzig 1841
Herzogenberg *siehe* Biehn
Husarski, V.: Le style romantique. 1931
Jagow, Kurt: Queen Victoria, ein Frauenleben unter der Krone. Berlin 1936
Kamphausen, Alfred: Gotik ohne Gott. Tübingen 1952

Kander, Lotte: Die deutsche Ruinenpoesie des 18. Jhs. bis in die Anfänge des 19. Jhs. Heidelberg 1933
Kania, Hans und Hans Herbert Möller: »Mark Brandenburg«, in: Carl Friedrich Schinkel - Lebenswerk. Berlin 1960
Kaufhold, Walter und Rudolf Seigel: Schloß Sigmaringen. Konstanz, Stuttgart 1966
Kiesow, Gottfried: Schloß Marienburg. München, Berlin 1963
Klapheck, Richard: Goethe und das Rheinland. Düsseldorf 1932
Kopisch, August: Die Königlichen Schlösser und Gärten zu Potsdam. Berlin 1852-1854
Kramm, Walter: Kassel, Wilhelmshöhe, Wilhelmsthal. Berlin, München 1951
Kraus, Georg: »Die Mosburg im Schloßpark zu Biebrich«, in: Nassovia 21, 1920
Kreisel, Heinrich: Die Schlösser Ludwigs von Bayern. Darmstadt 1953
– Schloß Hohenschwangau. München 1953
Kudlich, Hans: Rückblick und Erinnerungen. Leipzig 1873
Künstler, Ch.: L'art à l'époque romantique et Napoléon III en France (1815-70). Paris 1955
Kuerenberg, Joachim von: Carol II. und Madame Lupescu. Bonn 1952
Lacroix, Ludwig und Heinrich Niester: Kunstwanderungen in Baden. Stuttgart 1959
Lampe, E.: Lose Tagebuchblätter. Osterwiek 1875
Lehfeld: Bau- und Kunstdenkmäler von Thüringen, Sachsen, Coburg und Gotha. III. Bd. (Jena 1891) und IV. Bd. (Jena 1907)
Lein, Kurt: Führer durch den Landschaftspark Wörlitz. Halle o.J.
Leitner, Quirin, Ritter von: Monographie des kaiserlichen Lustschlosses Laxenburg. Wien 1878
Lewis, W.S.: »The Genesis of Strawberry Hill«, in: Metropolitan Studies V. New York 1934
Lindenberg, Paul: König Carol von Rumänien, Lebensbild unter Mitwirkung des Königs. Berlin 1923
Lorck, Carl E.L. von: Burgen und Schlösser. Frankfurt 1965
Loudon, I.C.: Encyclopedia of Rural Architecture. 1832
Lüpke, Gerd: Mecklenburg und Vorpommern. Frankfurt 1960
Lüstner, L.: »Karl Boos«, in: Nassovia 1906
Lugar, R.: Architectural Sketches for Cottages, Rural Dwellings and Villas in the Grecian, Gothic and Fancy Styles. London 1815
Martin, Th.: Das Leben des Prinzen Albert, Prinzgemahls der Königin von England, übersetzt von Emil Lehmann. Bd. IV. Gotha 1881
Maximilian, Kaiser von Mexiko: Reiseskizzen, Aphorismen, Gedichte. Bd. 1. Leipzig 1867
Meier, P.J.: Bau- und Kunstdenkmäler des Kreises Braunschweig. Bd. 2. (1900)
Merbach, Paul Alfred: Wilhelms I. Briefe an seinen Vater König Friedrich Wilhelm III. (1827-39). Berlin 1922
Meyer-Scharffenberg *siehe* Nitsche
Moltke, Helmuth, Graf von: Briefe an Braut und Frau. Leipzig 1892

Moy, Johannes: »Schloß Anif und die Neugotik«, in: Österreichische Zeitschrift für Kunst und Denkmalpflege. VIII. Jhg. Wien 1954
Müller, Karl Alexander von: König Ludwig II. Stuttgart 1952
Nash, Joseph: The Mansions of England in the Olden Time. 1839/49
Neumann, M. von: Die Schlösser des bayerischen Rheinkreises. Zweibrücken 1837
Neumeyer, Alfred: »Die Erweckung der deutschen Kunst des späten 18. Jahrhunderts«, in: Rep. f. Kunstwissenschaft. Bd. 49. 1928
Niester *siehe* Lacroix
Nitsche, Klaus und Fritz Meyer-Scharffenberg: Schwerin und seine sieben Seen. Schwerin o. J.
Nöll von der Nahmer, Robert: Bismarcks Reptilienfonds - Aus den Geheimakten Preußens und des Deutschen Reiches. Mainz 1968
Nonn, Konrad: »Christian Wilhelm Tischbein, Maler und Architekt«, in: Studien zur deutschen Kunstgeschichte, Bd. 148. Straßburg 1912
Paetow, Karl: Klassizismus und Romantik auf Wilhelmshöhe. Kassel 1929
Papworth, J.B.: Rural Residences. 1818
Paretz, Lily: Tagebücher aus der Berliner Biedermeierzeit. Berlin und Leipzig 1926
Paulus, E.: Die Kunst- und Altertumsdenkmäler im Königreich Württemberg, Neckarkreis. Stuttgart 1889
Petzet, Michael: König Ludwig II. und die Kunst. München 1968
Pevsner, Nikolaus: Europäische Architektur. München 1957
Poensgen, Georg: Schloß Babelsberg. Berlin 1929
– Die Bauten Friedrich Wilhelms IV. in Potsdam und Berlin. Berlin 1930
– Die Pfaueninsel. Berlin 1959
Ponsonby, Sir Frederick: Briefe der Kaiserin Friedrich. Berlin o. J.
Potocka *siehe* Stryienski
Pückler-Muskau, Hermann, Fürst von: Aus dem Nachlaß des Fürsten Pückler-Muskau, hrsg. von Ludmilla Assing. 1873
Réau, Louis: L'art roumain. Paris 1946
Riegel, Hermann: Deutsche Kunststudien. Hannover 1868
Rode, A. von: Beschreibung des fürstlichen Anhalt-Dessauischen Landhauses und Englischen Gartens zu Wörlitz. Dessau 1788 und 1798. Neudruck 1928
Sachsen, Prinz Ernst Heinrich von: Mein Leben vom Königsschloß zum Bauernhof. München 1968
Schadendorf *siehe* Grundmann
Schefold, Max: Alte Ansichten aus Württemberg. Stuttgart 1956/57
Schilling *siehe* Bornheim
Schimmer, Karl August: Geschichte der Wildensteiner Ritterschaft zur blauen Erde auf Burg Seebenstein. Wien 1851
Schmitt, Otto: Mecklenburg. Wismar 1923
Schmitz, Hermann: Die Gotik im deutschen Kunst- und Geistesleben. Berlin 1921
Schumacher, Fritz: Strömungen in der Deutschen Baukunst seit 1800. Leipzig 1935

Schumacher, Tony: Was ich als Kind erlebt. Stuttgar, Leipzig 1901
Schwind, Moritz von: Wandgemälde in Schloß Hohenschwangau. 46 Kompositionen nach den Aquarell-Entwürfen in Kupfer gestochen von J. Naue und H. Welde. Leipzig o. J.
Seigel *siehe* Kaufhold
Sieber, Helmut: Schlösser und Herrensitze in Pommern. Frankfurt 1959
– Burgen und Schlösser in Schlesien. Frankfurt 1961 und 1962
Sievers, Johannes: »Die Arbeiten von Karl Friedrich Schinkel für Prinz Wilhelm, späteren König von Preußen«, in: Karl Friedrich Schinkel – Lebenswerk. Berlin 1955
Sommer, Friedrich: »Wilhelm Ludwig von Eschwege«, in: Schriften des Deutschen Auslandsinstitutes. Bd. 2. Stuttgart 1928
Sperlich *siehe* Frölich
Spielmann, C.: Erzherzog Stephan. Bad Ems 1900
Stackelberg, Natalie, Freiin von: Aus Carmen Sylvas Leben. Heidelberg 1900
Steinberger, Hans: Die bayerischen Königsschlösser. München 1907
Strack, H. und M. Gottgetreu: Schloß Babelsberg. Berlin 1857
Strobel, Otto: König Ludwig II. und Richard Wagner. Briefwechsel. Karlsruhe 1936-39
Stryienski, Casimir: Memoiren der Gräfin Potocka (1794-1820). Leipzig 1899
Sturm, Vilma: »Die Riesenspielzeuge - Rheinburgen, Romantik und Rendite«, in: Frankfurter Allgemeine Zeitung Nr. 245 v. 21. Oktober 1967
Teufel, Richard: Bau- und Kunstdenkmäler im Lande Coburg. 1956
Tichy, Wolfgang: Über Kunst und Altertumskunde in den Rhein- und Mayngegenden. Goethes Schrift, ihre Entstehung und ihre Bedeutung. Phil. Dissertation. Marburg 1954
Valdenaire, Arthur: Friedrich Weinbrenner, sein Leben und seine Bauten. Karlsruhe 1919
Varnhagen von Ense, Karl August: Tagebücher, Bd. 1. Leipzig 1861
Victoria, Königin von Großbritannien: Briefwechsel und Tagebuchblätter, Bd. 1 (1821-49) u. Bd. 2 (1850-61). Berlin 1908
Voegelen, Mina: Schloß Lichtenstein. Stuttgart 1936
Vogel, Hans: Die Burg Hohenzollern und die Landessammlung. Hechingen 1937
– »Pommern«, in: Karl Friedrich Schinkel - Lebenswerk. Berlin 1952
– »Englische Kultureinflüsse am Kasseler Hof des späteren 18. Jahrhunderts«, in: Hessisches Jahrbuch für Landesgeschichte, Bd. 6. Marburg 1956
– Heinrich Christoph Jussow (1754-1825). Baumeister in Kassel und Wilhelmshöhe. Katalog der Nachlaßausstellung im Hessischen Landesmuseum Kassel. Kassel 1958
Walter, Max: »Die Kunstbestrebungen des Fürstenhauses Leiningen im 19. Jahrhundert«, in: Mainfränkische Hefte Nr. 5. Würzburg 1950
Weiler, Clemens: »Romantische Baukunst in Nassau«, in: Nassauische Annalen, Bd. 63. Wiesbaden 1952

Weller, Franz: Die kaiserlichen Burgen und Schlösser. Wien 1880
Wiese, Erich: Schlesische Ansichten aus Romantik und Biedermeier. Katalog der Ausstellung des Kunstvereins Darmstadt. Darmstadt 1963
– Biedermeierreise durch Schlesien. Darmstadt 1966
Wirth Zdenek und Jaroslaw Benda: Burgen und Schlösser der Tschechoslowakei. Prag 1954
Wolzogen, Alfred, Freiherr von: Aus Schinkels Nachlaß, 4 Bde. Berlin 1862-64
Zanth, Karl Ludwig: Die Wilhelma. Stuttgart 1855
Zemplin, August: Fürstenstein in der Gegenwart und Vergangenheit. 1822
Zichner, Rudolf Arthur: Der Niederwald über Rüdesheim. o. J.
– Burg Rheinstein. Mainz 1953
Zykan, Josef: Laxenburg. Wien 1969

VERZEICHNIS DER ABBILDUNGEN

Verlag und Autor sind den bei den einzelnen Nachweisen verzeichneten privaten und öffentlichen Leihgebern von Originalen, Ansichtenwerken oder Fotografien für wertvolle Unterstützung bei der Bildbeschaffung und die freundliche Erteilung von Abdruckgenehmigungen zu großem Dank verpflichtet. Bücher, deren Verwahrungsort nicht gesondert angegeben ist, stammen aus der Bayerischen Staatsbibliothek in München.

FARBTAFELN

ABBILDUNGEN IM TEXT

Die Zahlen am linken Rand verweisen auf Buchseiten

ABBILDUNGEN AUF TAFELN

Die Zahlen am linken Rand beziehen sich auf die Bildnummern der Offsetbeilagen

REGISTER

Die Verweise erfolgen in geraden Zahlen auf Textseiten, in Kursivzahlen auf Seiten mit Textillustrationen; die Bildverweise auf die Nummern der Farbtafeln (mit Seitenangabe in Klammern) sowie – mit dem Zusatz ›Bild‹ – auf die Nummern der Abbildungen in den Offsetbeilagen.

BAUHERREN

KÜNSTLER

BURGEN UND SCHLÖSSER

Dieses Verzeichnis bringt nur die Burgen und Schlösser, die als Denkmäler der Romantik im Text ausführlich gewürdigt oder als weitere Beispiele der romantischen Architektur kurz aufgezählt werden. Bauten aus anderen Stilepochen, die nur als Vorbilder erwähnt sind, fehlen hingegen. Die praktischen Angaben über Eintrittszeiten, Gebühren und besondere Veranstaltungen geben den Stand von Frühjahr 1970 wieder und erfolgen ohne Gewähr.

Die Bauwerke sind – sofern ihr Name nicht mit dem Ortsnamen identisch oder zu allgemein gefaßt ist – unter dem Namen der betreffenden Burgen und Schlösser eingereiht, einzelne Parkburgen jedoch unter dem Namen der ganzen Schloßanlage.

Raumausstattungen der Romantik mehr auf, die wenigen Reste wurden dem Ludwig-II.-Museum – das früher einmal in Schloß Berg beheimatet war und demnächst auf Schloß Herrenchiemsee wiedereröffnet werden soll – einverleibt. Der südliche Teil des 1807 unter König Max I. Joseph im Landschaftsstil umgestalteten Schloßparks steht jedoch dem Publikum offen: hier befindet sich auch die im Jahre 1900 am Ufer gegenüber der Unglücksstelle errichtete Gedächtniskapelle für den am 13. Juni 1886 ertrunkenen König Ludwig II.

Berlin, Palais des Prinzen Albrecht 251, 252
Das im Stadtteil Kreuzberg an der Wilhelmstraße gelegene Palais ist samt Park im Zweiten Weltkrieg zerstört worden.

Blankenburg, Schloß 217, 311
D X 372 Blankenburg/Harz, Bezirk Magdeburg, Kreis Wernigerode (DDR).

Blomenburg 109
D 2309 Selent, Kreis Plön (Schleswig-Holstein), Landesjugendheim; Ruf 04304/153 und 238. 21 km ö von Kiel, Anfahrt über Bundesstraße 202 (Kiel-Oldenburg) oder Bundesstraße 430 (Plön-Lütjenburg) und die links abzweigende Landstraße über Lebrade - Mucheln. Von Kiel aus Omnibusverbindung. Das Schloß im Besitz der Landesregierung Schleswig-Holstein dient heute als Landesjugendheim und ist nicht zu besichtigen.

Braunfels 109, 110
D 6333 Braunfels an der Lahn (Hessen). 10 km wsw von Wetzlar an der Bundesstraße 49 (Wetzlar-Limburg) gelegen.

Braunschweig 212, 217
Das Residenzschloß wurde in den letzten Kriegsjahren 1944/45 schwer getroffen, seine Reste 1960 gänzlich abgetragen.

Brighton, Royal Pavilion 229
Brighton/Sussex (Großbritannien). 82 km s von London an der Kanalküste. Geöffnet täglich (einschließlich Sonntag) von Anfang Juli mit September 10-20 Uhr (›Regency Exhibition‹ mit allen Staats- und Privatgemächern), von Oktober mit Juni 10-17 Uhr (nur ein Teil der Gemächer). Eintritt £ -/3/- bis -/4/- je nach Jahreszeit.

Buchwald (Bukowiec), Kesselburg 39, 146
Früher Regierungsbezirk Liegnitz/Niederschlesien, jetzt Wojewodschaft Breslau (Wrocław), Kreis Hirschberg (Jelenia Góra). 14 km ssö von Hirschberg. Zustand unbekannt.

Buckingham Palace 181
London. Die am Ende der Mall und Westende des St. James's Park gelegene königliche Stadtresidenz ist für Besichtigungen nicht zugänglich.

Callenberg 175-176, *Bild 37*
D 8631 Callenberg, Post Beiersdorf über Coburg (Bayern), Ruf 09561/4690. Etwa 5 km wnw von Coburg, von der Straße Coburg-Rodach aus zu erreichen. Das im Besitz von Victoria Adelheid Herzogin von Sachsen-Coburg-Gotha befindliche Schloß beherbergt derzeit eine Heimfrauenschule der Mathilde-Zimmer-Stiftung und kann deshalb nicht besichtigt werden.

Charlottenthal 306
D X 2601 Charlottenthal über Güstrow, Bezirk Schwerin, Kreis Güstrow (DDR). Nördlich des Krabower Sees unfern Güstrow

und 13-17 Uhr. Eintritt Erwachsene Kčs 3,–, Kinder Kčs 1,50.

Emichsburg 64-65
Im Park von Schloß Ludwigsburg. D 714 Ludwigsburg (Württemberg); Ruf 07141/24241. Die Burg ist nur im Äußeren und zusammen mit dem Märchengarten des ›Blühenden Barock‹ zu besichtigen, da einige Märchendarstellungen in die Räume des Turmes eingebaut sind. Geöffnet sommers von 8-19 Uhr. Eintritt (mit Park und Märchengarten) Erwachsene DM 1,50, in Gruppen DM 1,30, Kinder DM 0,70.

Erdmannsdorf (Mysłakowice) 146 bis 150, 153, *Bild 34*
Früher Regierungsbezirk Liegnitz/Niederschlesien, jetzt Wojewodschaft Breslau (Wrocław), Kreis Hirschberg (Jelenia Góra). 10 km ssö von Hirschberg gelegen. Zustand unbekannt.

Eremitage Bayreuth 18, *Bild 4*
D 858 Bayreuth (Oberfranken); Ruf 0921/5361. 4 km ö von Bayreuth; Anfahrt über die Landstraße in Richtung Marktredwitz, kurz vor der Autobahnüberführung Abzweigung zur Eremitage. Geöffnet täglich außer Montag 1.4.-30.9. von 9-12 und 13-17.30 Uhr; 1.10-31.3. von 10-12 und 13-15 Uhr; geschlossen 1.1., Faschingsdienstag, Karfreitag, 1.11. 24., 25. und 31.12. Wasserspiele vom 1.5. bis 15.10. Eintritt: DM 1,–, Kinder DM 0,50.

Falkenburg (Czaplinek) 168
Früher Regierungsbezirk Grenzmark, jetzt Wojewodschaft Köslin (Koszalin), Kreis Dramburg/Pommern (Drawsko Pomorskie). Zustand unbekannt.

Fischbach (Karpniki) 146-148, 150 bis 151, 153, *Farbt. II (S. 96/97)*, *Bild 31*
Früher Regierungsbezirk Liegnitz/Niederschlesien, jetzt Wojewodschaft Breslau (Wrocław), Kreis Hirschberg (Jelenia Góra). Schloß Fischbach liegt 10 km sö von Hirschberg, ist erhalten und in Benutzung.

Fonthill Abbey 25
Fonthill Abbey, Wiltshire (Großbritannien). Etwa 25 km w von Salisbury bei Tisbury gelegen.

Franzensburg 21, 82-95, 101, 103, 228, *Bild 16, 17, 18, 19, 20, 21*
Im Park von Schloß Laxenburg. A 2361 Laxenburg/Niederösterreich, Schloßplatz 1; Ruf 02236/7226. 16 km südlich Wiens gelegen, Zufahrt über die Bundesstraße 16 oder die Landstraße Wien-Laxenburg; von Wien aus mehrere Autobuslinien. Die im Besitz der Stadt Wien befindliche und von der ›Schloß Laxenburg Betr. GmbH‹ verwaltete Anlage ist ganztägig geöffnet, die Franzensburg im Winter allerdings geschlossen. Eintritt: Park öS 3,–, Franzensburg öS 5,–, Kinder ab 14 Jahren öS 3,–.

Frauenberg (Hluboká) 245, 246
Anschrift: Státní zámek Hluboká nad Vltavou, okres České Budějovice (ČSSR); Ruf 9610. 8 km nördlich von Budweis (České Budějovice), Zufahrt über die Staatsstraße 22 (Budweis-Pisek) oder 3 (E 14, Budweis-Prag). Geöffnet vom 1.4. bis 31.10. täglich außer Montag von 8-16 Uhr, zwischen 1.11. und 31.3. täglich außer Samstag und Sonntag nur für vorangemeldete Gruppen. Eintritt: Kčs 4,–, Kinder, Studenten Kčs 2,–.

Friedersdorf 163
DX 1211 Friedersdorf (Mark Brandenburg), Bezirk Frankfurt an der Oder, Kreis Seelow (DDR). Zustand unbekannt.

22 km ssö von Posen (Poznań) in Polen an der Staatsstraße 38 (Posen-Kalisch) gelegen.

Lahneck 145
D 542 Oberlahnstein; Ruf 02621/7789 und 8344. 8 km s von Koblenz über dem Zusammenfluß von Lahn und Rhein gelegen. Anfahrt von Koblenz auf der Bundesstraße 42 (Koblenz-Rüdesheim). Bequeme Autoauffahrt zur Burg, Fußweg 15 Minuten, auch Omnibus- und Schiffsverbindung. Führungen durch die im Besitz der Erbengemeinschaft Mischke - von Preuschen befindliche Burg im Sommer (Ostern bis Mitte Oktober) jederzeit. Eintritt: DM 1,20, in Gruppen und Kinder je DM 0,80. Von Mitte Juli bis Anfang September sonntags 16 Uhr Freilichtaufführungen des Stadttheaters Koblenz.

Landsberg 184-190, 222, 224, *Bild 38*
D X 4105 Landsberg, Bezirk Suhl, Kreis Meiningen (DDR). Die 4 km nw Meiningen gelegene Burg dient heute als Gaststätte.

Langenburg 108, 109, *Bild 24*
D 7183 Langenburg (Württemberg, Kreis Crailsheim); Ruf 07905/241. Auf dem Hochufer über der Jagst und an der Landstraße zwischen Schwäbisch Hall und Rothenburg ob der Tauber gelegen. Das im Besitz des Fürsten zu Hohenlohe-Langenburg befindliche Schloß ist in großen Teilen als Museum zugänglich. Geöffnet von Ostern bis Mitte Oktober täglich 8-12 und 14-18 Uhr. Eintritt: DM 1,50, Gruppen ab 20 Personen je DM 1,20, Kinder, Schüler und Studenten DM 0,80. Der in diesem Zusammenhange als romantisches Bauelement wichtige Trakt über der Bastei Lindenstamm von außen wegen schwierigen Geländes kaum zu besichtigen.

Laxenburg *siehe* Franzensburg

Leezen 306
D X 2711 Leezen über Schwerin (Mecklenburg), Bezirk Schwerin (DDR). Am östlichen Ufer des Schweriner Sees gelegen. Zustand unbekannt.

Lichtenstein 219-228, *Bild 46*
D 7411 Schloß Lichtenstein, Gemeinde Honau (Württemberg); Ruf 07129/102. Etwa 15 km ssö von Reutlingen, Zufahrt von der Bundesstraße 312 (Reutlingen-Riedlingen) und der hinter Honau rechts nach Genkingen abzweigenden Landstraße (Bahnbusverbindung). Das im Besitz der Familie ›Herzog von Urach‹ befindliche Schloß ist vom 16.3. bis 31.10. täglich von 8-18 Uhr, vom 1.11. bis 15.3. nur samstags und sonntags von 9-17 Uhr geöffnet. Geschlossen am 25.12. Eintritt: DM 1,–, Gruppen ab 15 Personen je DM 0,50, Kinder DM 0,30. Das stark kriegsbeschädigte Schloß ist bis auf den noch nicht wieder zugänglichen Turm restauriert

Liechtenstein 317
A 2344 Maria Enzersdorf am Gebirge (Niederösterreich). Etwa 15 km ssw von Wien bei Mödling gelegen. Anfahrt von Wien über die Bundesstraße 17 Richtung Wiener Neustadt und die Landstraße 224 bei Wiener Neudorf nach Mödling. Die wiederhergestellte Burg im Besitz des Fürsten Liechtenstein ist derzeit nicht zu besichtigen, soll aber in Zukunft fallweise Ausstellungen beherbergen.

Linderhof 291, 296-297, *Bild 57, 58, 59, 60*
D 8103 Oberammergau (Oberbayern); Ruf 08822/512. 11 km

fahrt über Königstraße und Nikolskoer Weg sowie mit Omnibus A 6 vom Bahnhof Wannsee aus zur Fähranlegestelle. Geöffnet April bis September 10-18 Uhr, im März und Oktober von 10-17 Uhr; geschlossen November bis Februar, montags und Karfreitag. Eintritt: DM 0,50, in Gruppen je DM 0,30, Kinder DM 0,20.

Potsdam 65-66
Das Belvedere auf dem Brauhausberg bei Potsdam (DDR) war nach dem Kriege in ruinösem Zustand und wurde in den fünfziger Jahren abgerissen.

Prillwitz (Przelewice), ›Turm‹ 42, 43
Früher Regierungsbezirk, jetzt Wojewodschaft Stettin (Szczecin), Kreis Pyritz (Pyrzyce). Zustand unbekannt.

Primkenau (Przemków) 153, 323
Früher Regierungsbezirk Liegnitz/Niederschlesien, jetzt Wojewodschaft Grünberg (Zielona-Góra), Kreis Sprottau (Szprotawa). Das 19 km ö von Sprottau an der Straße Sprottau-Glogau (Sprotawa-Głogów) gelegene Schloß Primkenau wurde 1945 von der SS in Brand gesteckt.

Puławy 40-42, *42*
135 km ssö von Warschau (Warszawa, Polen) an der Straße Radom-Lublin gelegen. Im zugänglichen Park von Schloß Czartoryski, das seit 1862 als Staatliches agronomisches Institut dient, das ›Gotische Haus‹ (Domek gotycki).

Puschine (Puszyna) 153
Früher Regierungsbezirk Frankfurt/Oder, jetzt Wojewodschaft Grünberg (Zielona Góra), Kreis Falkenburg/Oberschlesien (Niemodlin). Das Schloß ist 1945 völlig niedergebrannt.

Reichenschwand 222
D 8561 Reichenschwand (Bayern, Regierungsbezirk Mittelfranken). 25 km ö von Nürnberg an der Bundesstraße 14 (Nürnberg-Hersbruck).

Reichenstein (Falkenburg) 145
D 6531 Trechtingshausen am Rhein (Rheinland-Pfalz, Regierungsbezirk Koblenz). 6 km nw von Bingen an der Bundesstraße 9 (Bingen-Bonn). Die Burg im Besitz von Baron Dr. Paul Kirsch-Puricelli dient als Heimat- und Familienmuseum und ist der Öffentlichkeit zugänglich.

Reinhardsbrunn (Thüringen) 176 bis 180, 222, *Bild 35, 36*
D X 5804 Friedrichroda, Bezirk Erfurt, Kreis Gotha (DDR). 30 km sö von Eisenach an der Fernverkehrsstraße 88 (Eisenach-Ilmenau). Das unweit des Kurhauses inmitten eines Parkes liegende Schloß dient heute als Hotel des Reisebüros der DDR.

Rheineck 145
D 5481 Rheineck bei Bad Niederbreisig (Rheinland-Pfalz, Regierungsbezirk Koblenz); Ruf 02633/712. 38 km ssö von Bonn, Zufahrt von der Bundesstraße 9 (Bonn-Koblenz), dann zu Fuß über den Burgweg oder mit Seilbahn von der Talstation Vinxtbachtal aus. Die im Besitz der Seilbahngesellschaft Horst & Jüssen KG, Altenahr, befindliche Burg steht vom 15. März bis Ende Oktober der Besichtigung offen. Eintritt: DM 1,–, in Gruppen je DM 0,80, Kinder DM 0,50.

Rheinstein 130-134, 136, 141, 155, *Bild 28*
D 6531 Trechtingshausen (Rheinland-Pfalz). 5 km nnö von Bingen an der Bundesstraß 9 (Bingen-Koblenz) gelegen. Die in Privatbesitz befindliche Burg birgt eine bemerkenswerte Kunst- und Waffensammlung.

ERRATA

Bei den Legenden zu Bild 12 lies: *Kurfürstliche* statt Großherzogliche Familie; zu Bild 36: *heutige* Ansicht; zu Bild 41: *Maximilian* II. statt Maximilian V.